Aus Freude am Lesen

btb

Buch
»Jim Williams hat den knackigsten Po in ganz Savannah erschossen«, mit diesen Worten kommentiert die feine Gesellschaft Savannahs die sensationellen Nachrichten, die ihnen zum Frühstück serviert werden. Im frühen Morgengrauen verblutete nach einem Schußwechsel der junge Danny, Bett- und Hausgenosse des angesehenen und schwerreichen Antiquitätenhändlers Jim Williams, auf dessen Perserteppichen. War es ein kaltblütiger Mord? Oder doch Notwehr? Welche Rolle spielten bei diesem »Unfall« so illustre Mitglieder der Gesellschaft wie die Voodoo-Priesterin Minerva, der Hochstapler Joe Odom und Chablis, die »Kaiserin« der Transvestiten? John Berendt macht sich daran, das dunkle Geheimnis zu lüften und stößt dabei auf eine verblüffende Wahrheit ...

Eine ungewöhnliche Story über ein – angebliches? – Verbrechen aus – vorgeblicher? – Leidenschaft, in der neben Voodoo, einem mysteriösen Helden und dem exzentrischen Lebensgefühl vor allem Savannah, die Perle des Südens, eine Rolle spielt. »John Berendts Savannah-Story könnte der erste Krimi sein, der seine Leser veranlaßt, einen Flug mit Übernachtung zu buchen, um das Wochenende am Tatort zu verbringen.« *New York Times Book Review*

Autor
John Berendt arbeitete als Redakteur für den renommierten *New Yorker* und schreibt heute Kolumnen für den *Esquire*. Den größten Teil der achtziger Jahre verbrachte er in Savannah, Georgia. Seine Erlebnisse dort lieferten die Grundlagen für sein erstes Buch, »Mitternacht im Garten von Gut und Böse«, das wochenlang ganz oben auf den amerikanischen Bestsellerlisten stand und soeben von Clint Eastwood als Regisseur verfilmt wird. John Berendt lebt in New York.

John Berendt

Mitternacht im Garten von Gut und Böse

*Aus dem Amerikanischen
von Elke Hosfeld*

btb

Die Originalausgabe erschien 1994 unter dem Titel
»Midnight in the Garden of Good and Evil«
bei Random House, Inc., New York

Umwelthinweis:
Alle bedruckten Materialien dieses Taschenbuches
sind chlorfrei und umweltschonend.

btb Taschenbücher erscheinen im Goldmann Verlag,
einem Unternehmen der Verlagsgruppe Bertelsmann.

2. Auflage
Genehmigte Taschenbuchausgabe Dezember 1997
Copyright © 1994 by John Berendt
Copyright © der deutschsprachigen Ausgabe 1995
by C. Bertelsmann Verlag GmbH, München
Umschlaggestaltung: Design Team München
Umschlagfoto: TIB, München
Satz: Uhl + Massopust, Aalen
MD · Herstellung: Augustin Wiesbeck
Made in Germany
ISBN 3-442-72250-0

Für meine Eltern

Inhalt

ERSTER TEIL

1 Ein Abend im Mercer House ... 11
2 Mit unbekanntem Ziel ... 37
3 Ein Gentleman mit viel Gefühl ... 53
4 Eingewöhnung ... 69
5 Der Erfinder ... 81
6 Die Dame mit den sechstausend Liedern ... 100
7 Die große Kaiserin von Savannah ... 121
8 Sweet Georgia Brown's ... 158
9 Der wandelnde Sex-Appeal ... 162
10 Hauptsache, es geschieht etwas ... 178
11 Kurzmeldung ... 208

ZWEITER TEIL

12 Schußwechsel ... 213
13 Schecks und Schulden ... 224
14 Die Party des Jahres ... 232
15 Bürgerpflicht ... 252
16 Der Prozeß ... 262
17 Ein Loch im Fußboden ... 289
18 Mitternacht im Garten der Lüste ... 296

19	Lafayette Square, wir sind da!	316
20	Sonny	327
21	Anmerkungen zur zweiten Runde	343
22	Die Zelle	361
23	Lunch	371
24	Schwarzes Menuett	383
25	Stadtgespräch	409
26	Eine andere Geschichte	423
27	Glückszahl	436
28	Triumph	453
29	Und die Engel singen	460
30	Epilog	476

Anmerkung des Autors	479
Danksagung	479
Textnachweis	480

ERSTER TEIL

KAPITEL I

Ein Abend im Mercer House

Er war groß, um die Fünfzig, hatte düster schöne, fast finstere Züge, einen sorgsam gestutzten Schnurrbart, silbrige Schläfen und Augen, die so schwarz waren, daß sie wie die getönten Scheiben einer eleganten Limousine wirkten – er konnte hinaussehen, aber niemand konnte hineinsehen. Wir saßen im Wohnzimmer seines viktorianischen Hauses, einer wahrhaft herrschaftlichen Stadtvilla mit fünf Meter hohen Decken und großen, gutgeschnittenen Räumen. In der zentralen Eingangshalle schwang sich eine grazile Wendeltreppe zu einem lichtdurchfluteten gläsernen Kuppeldach empor. Im oberen Stock befand sich ein Ballsaal. Das also war das Mercer House, eines der letzten großen Häuser von Savannah, das in privaten Händen lag. Mit dem ummauerten Garten und der Remise dahinter nahm es fast einen ganzen Straßenblock ein. Wenn das Mercer House auch nicht das allergrößte Privathaus in Savannah war, so doch mit Sicherheit das am prachtvollsten eingerichtete. Der *Architectural Digest* hatte ihm volle sechs Seiten gewidmet. Ein Buch über das Innenleben der großen Häuser dieser Welt stellte es neben Sagamore Hill, Biltmore und Chartwell. Das Mercer House erregte den Neid von ganz Savannah, das so stolz auf seine alten Häuser ist. Jim Williams lebte darin ganz allein.

Williams rauchte einen King-Edward-Zigarillo. »Was mir am meisten gefällt«, sagte er, »ist, wie ein Aristokrat zu leben, ohne einer *sein* zu müssen. Blaublütige sind so überzüchtet und schwach. All die Generationen voller Bedeutsamkeit und Größe, an denen sie sich messen lassen müssen. Kein Wunder, daß es ihnen an Ehrgeiz fehlt. Ich beneide sie nicht. Allein das aristokratische Zierwerk scheint mir erstrebenswert, die schönen Möbel, Gemälde, das Silber – all die Dinge, die verkauft werden, wenn das Geld knapp wird. Und das ist immer irgendwann der Fall. Dann bleiben ihnen nur noch die reizenden Umgangsformen.«

Er sprach mit den samtig gedehnten Vokalen des Südens. An den Wänden seines Hauses hingen Porträts europäischer und amerikanischer Aristokraten – von Gainsborough, Hudson, Reynolds, Whistler. Was er besaß, stammte von Herzögen und Herzoginnen, Königen und Königinnen, Zaren, Kaisern und Diktatoren. »Wie dem auch sei«, sagte er, »königliches Blut ist besser.«

Williams schnippte etwas Zigarilloasche in einen silbernen Aschenbecher. Eine dunkelgraue Tigerkatze ließ sich auf seinem Schoß nieder. Sanft strich er ihr übers Fell. »Natürlich weiß ich, daß ich durch meinen Lebensstil leicht einen falschen Eindruck vermittle. Aber das ist nicht meine Absicht. Als ich vor Jahren eine Besuchergruppe durch mein Haus führte, fiel mir auf, wie ein Mann seiner Frau durch seinen erhobenen Daumen Anerkennung signalisierte und ›altes Geld!‹ flüsterte. Es war David Howard, der weltbeste Experte für chinesische Porzellanwappen. Nachher nahm ich ihn beiseite und sagte: ›Mr. Howard, ich bin in Gordon, Georgia, geboren, einer kleinen Stadt bei Macon. Das Bedeutendste in Gordon ist ein Kalkwerk. Mein Vater war Friseur, meine Mutter Sekretärin in der Minengesellschaft. Mein Geld – alles, was ich habe – ist etwa elf Jahre alt.‹ Der Mann war völlig überrascht. ›Wissen Sie, warum ich glaubte, daß Sie aus alter Familie stammen?‹ fragte er, ›abgesehen von den Porträts und Antiquitäten? Diese Sessel dort drüben. Die Stickerei auf den Bezügen beginnt sich aufzulösen. Neues Geld würde sie umgehend reparieren. Altes Geld würde sie einfach so lassen.‹ ›Ich weiß‹, erwiderte ich, ›einige meiner besten Kunden gehören zum alten Geld.‹«

Während der sechs Monate meines Aufenthalts in Savannah hatte ich den Namen Jim Williams häufig gehört. Ein Grund dafür war das Haus, aber nicht der einzige. Er war ein erfolgreicher Antiquitätenhändler und Restaurator alter Häuser. Er war Präsident der Telfair Academy gewesen, dem örtlichen Kunstmuseum. Mit seiner Nebenbeschäftigung erschien er im *Antiquies*-Magazin, und der Herausgeber Wendell Garrett nannte ihn ein Genie. »Er hat ein außerordentliches Gespür, das Zeug zu finden. Er verläßt sich auf sein eigenes Urteil und ist risikofreudig. Ständig fliegt er zu Auktionen – nach New York, London, Genf. Doch tief im Herzen ist er ein Südstaaten-Chauvinist, ein echter Sohn dieses Landes. Für Yankees hat er, glaube ich, nicht besonders viel übrig.«

Williams spielte eine entscheidende Rolle bei der Restauration des historischen Kerns von Savannah, die Mitte der fünfziger Jahre begann. Georgia Fawcett, seit langem mit Stadtsanierung beschäftigt, erinnerte sich, wie schwer es anfangs war, Menschen dafür zu interessieren, die Altstadt von Savannah zu retten. »Das historische Viertel der Stadt war zum Slum verkommen, denn die Banken hatten der ganzen Gegend ihre Unterstützung entzogen. Die großen alten Häuser verfielen oder wurden abgerissen, um Platz für Tankstellen und Parkplätze zu schaffen, und keine Bank gab Kredite, um sie zu retten. Auf den Straßen zogen Prostituierte ihre Bahnen. Familien mit Kindern hatten Angst, hier zu wohnen, weil die Gegend als gefährlich galt.« Mrs.

Fawcett gehörte zu einer kleinen Gruppe vornehmer Leute, die seit den dreißiger Jahren für den Abriß der Tankstellen und den Erhalt der alten Häuser eintraten. »Zum Glück gelang es uns, das Interesse der Junggesellen zu wecken.«

Jim Williams war einer dieser Junggesellen. Er kaufte eine Reihe einstöckiger Mietshäuser, restaurierte sie und verkaufte sie wieder. Schon bald kaufte, sanierte und verkaufte er Dutzende von Häusern überall in der Innenstadt. Die Zeitungen schrieben darüber, und sein Antiquitätenhandel florierte. Einmal im Jahr fuhr er nach Europa, um einzukaufen. Die tonangebenden Damen der Gesellschaft wurden auf ihn aufmerksam. Sein Vermögen wuchs in gleichem Maß wie die Erneuerung des historischen Viertels von Savannah. Anfang der siebziger Jahre kehrten die Familien in die Altstadt zurück, und die Prostituierten zogen zur Montgomery Street hinüber.

Im Vollgefühl seines Wohlstands erwarb Williams Cabbage Island, eine der Inseln des Archipels, der sich vor der Küste Georgias entlangzieht. Cabbage Island war ein närrisches Abenteuer. Vier Fünftel seiner Fläche von 1800 Acres lagen bei Flut unter Wasser. Die Insel kostete ihn 1966 fünftausend Dollar, und im Jachthafen mußte er von alten Seebären erfahren, daß er hereingelegt worden war. Cabbage Island hatte im vorigen Jahr für die Hälfte der Summe zum Verkauf gestanden. Fünftausend Dollar waren viel Geld für eine sumpfige Immobilie, auf der man nicht einmal ein Haus errichten konnte. Wenige Monate später jedoch wurden auf mehreren Inseln vor der Küste Phosphate gefunden, darunter auch auf Cabbage Island. Williams verkaufte für 660 000 Dollar an Kerr-McGee aus Oklahoma. Einige Landbesitzer auf den benachbarten Inseln belachten sein vorschnelles Zupacken. Sie hielten sich zurück und hofften, daß die Preise noch steigen würden. Ein paar Wochen später verbot der Staat

Georgia alle Bohrungen entlang der Küste. Das Geschäft mit dem Phosphat war gestorben, und Williams war tatsächlich der einzige, der rechtzeitig verkauft hatte. Sein Nettogewinn nach Abzug der Steuern betrug eine halbe Million Dollar.

Nun erwarb er weit prächtigere Häuser. Eines war das Armstrong House, ein monumentaler Palazzo im Stil der italienischen Renaissance direkt gegenüber dem vornehmen Oglethorpe Club in der Bull Street. Das Armstrong House stellte den Oglethorpe Club in den Schatten – und zwar mit voller Absicht, wenn man der örtlichen Überlieferung glauben durfte. George Armstrong, ein reicher Reeder, soll das Haus 1919 aus Verärgerung darüber, daß man ihn nicht in den Club aufnahm, gebaut haben. Die Geschichte entsprach nicht der Wahrheit, aber Armstrong House besaß tatsächlich die furchteinflößende Ausstrahlung eines Löwen. Finster lauernd und hämisch grinsend lag es auf dem Sprung. Seine gewölbten Kolonnaden wirkten wie eine gigantische Pranke, die gleich den Oglethorpe Club auf der anderen Straßenseite von seinem hohen Roß herunterfegen würde.

Die unverschämte Pracht des Armstrong House gefiel Williams, den es immer mehr nach hochherrschaftlicher Größe verlangte. Er war kein Mitglied im Oglethorpe Club, der sich nicht gerade um Junggesellen riß, die aus dem mittleren Georgia stammten und mit Antiquitäten handelten – was ihn jedoch nicht weiter bekümmerte. Ein Jahr lang betrieb er sein Antiquitätengeschäft im Armstrong House, dann verkaufte er das Gebäude an die Anwaltskanzlei Bouhan, Williams und Levy und fuhr fort, wie ein Aristokrat zu leben, ohne einer zu sein. Immer häufiger reiste er zum Einkaufen nach Europa – jetzt stilvoll mit der *QE2* – und schickte ganze Containerladungen mit bedeutenden Gemälden und schönen englischen Möbeln zurück. Er erwarb die ersten Stücke von Fabergé. Williams wurde ein wichtiger Mann in Savannah, zum Ärger manch eines Blaublütigen. »Wie fühlt man sich denn so als *nouveau riche*?« fragte ihn einmal jemand. »Mir kommt es vor allem auf das *riche* an«, entgegnete Williams und kaufte kurz darauf das Mercer House.

Das Mercer House, das seit über zehn Jahren leergestanden hatte, befand sich am westlichen Ende des Monterey Square, dem elegantesten unter den vielen baumbeschatteten Plätzen Savannahs. Die nach italienischem Vorbild erbaute Stadtvilla aus rotem Backstein mit hohen Rundbogenfenstern, die von verzierten Eisenbalkonen betont wurden, thronte in vornehmer Zurückhaltung hinter einer Rasenfläche und einem gußeisernen Zaun über dem Platz. Die letzten Bewohner des Hauses, die Shriners, hatten sich hier sehr persönlich entfaltet. Sie hatten einen neonbeleuchteten Krummsäbel über die Tür gehängt und waren drinnen auf Motorrädern umhergefahren. Williams begann nun, das Haus noch eleganter auszubauen, als es ursprünglich gewesen war. Nachdem die Arbeiten 1970 beendet waren, lud er die vornehmste Gesellschaft Savannahs zur Weihnachtsparty im Smoking ein. Am Festabend erstrahlten alle Fenster im Mercer House in hellem Kerzenschein, in jedem Raum funkelten die Kronleuchter. Draußen drängelten sich die Zuschauer, um die Ankunft der schicken Gäste zu beobachten und das herrliche Haus zu bestaunen, das so lange dunkel gewesen war. Im unteren Stock spielte ein Pianist Cocktailmusik auf dem Flügel; oben im Ballsaal erklangen auf der Orgel klassische Melodien. Überall huschten Butler in weißen Jacketts mit silbernen Tabletts umher. Damen in langen Kleidern rauschten in Wolken von Satin und Seidenchiffon die Wendeltreppen hinauf und herunter. Old Savannah war geblendet.

Die Party wurde bald zu einem festen Bestandteil des gesellschaftlichen Lebens von Savannah. Sie fand immer auf dem Höhepunkt der Wintersaison statt – am Abend vor dem Cotillion-Debütantinnenball. Dieser Freitagabend wurde als Jim Williams' Weihnachtsnacht bekannt. Es war das Fest des Jahres, eine ganz große Anerkennung für den Antiquitätenhändler aus Gordon. »Man muß nämlich wissen«, erklärte mir jemand, der seit sechs Generationen in Savannah lebte, »daß Savannah seine gesellschaftlichen Ereignisse sehr ernst nimmt. In dieser Stadt besitzt ein Gentleman seine eigene weiße Schleife und einen Frack. Wir leihen sie nicht aus. Es spricht sehr für Jim, daß er sich in der Gesellschaft einen solchen Rang erworben hat, obwohl er nicht in Savannah geboren und Junggeselle ist.«

Das Essen für Williams' Parties stammte immer von Lucille Wright, der begehrtesten Lieferantin von Savannah. Mrs. Wright war eine hellhäutige Schwarze, deren Dienste so gefragt waren, daß die führenden Gastgeberinnen Savannahs schon einmal den Termin eines Festes verschoben, wenn sie nicht zu haben war. Mrs. Wrights Küche war unverkennbar. Die Gäste knabberten an einer Käsestange, aßen von den marinierten Shrimps oder ein Tomatensandwich und lächelten wissend. »Lucille...!« sagten sie dann, und es bedurfte keiner weiteren Worte. (Lucille Wrights Tomatensandwiches waren nie matschig. Sie tupfte nämlich die Tomatenscheiben mit Papierhandtüchern ab, bevor sie sie auf das Brot legte. Das war eines ihrer vielen Geheimnisse.) Ihre Kunden hielten große Stücke auf sie. »Sie ist eine echte Lady«, sagten sie oft, und die Art, wie sie das sagten, verriet, was das für ein großes Lob für eine schwarze Frau war. Mrs. Wright wiederum bewunderte ihre Auftraggeber, gab aber im Vertrauen zu, daß selbst die reichen Gastgeberinnen von Savannah dazu neigten, zu ihr zu kommen und zu sagen: »Sicher, Lucille, ich möchte eine schöne Party, sie soll aber nicht zuviel kosten.« Jim Williams war da anders. »Er liebt es, in großem Stil zu feiern«, erzählte Mrs. Wright, »und ist sehr großzügig mit seinem Geld. Sehr, sehr großzügig. Er sagt mir immer: ›Lucille, ich habe zweihundert Gäste und möchte Low-Country-Küche, und davon nicht zu knapp. Kaufen Sie, was Sie brauchen. Egal, was es kostet.‹«

Jim Williams' Weihnachtsparty war, mit den Worten der *Georgia Gazette*, das Ereignis, für das die oberen Zehntausend in Savannah lebten. Oder ohne das sie lebten – denn es gefiel Williams, seine Gästeliste von Jahr zu Jahr zu ändern. Er schrieb Namen auf Karteikarten und teilte sie in zwei Stapel ein: einen In-Stapel und einen Out-Stapel. Er machte kein Geheimnis daraus, daß er Karten von einem zum anderen Stapel schob. Wenn ihn jemand im Lauf des Jahres irgendwie verärgert hatte, mußte er das spätestens Weihnachten bereuen. »Mein Out-Stapel«, verriet er einst der *Gazette*, »ist ein paar Zentimeter dick.«

Ein frühabendlicher Nebel hatte den Montgomery Square in sanftes Licht getaucht. Rosa Azaleen bauschten und blähten sich unter dem zerrissenen Volant aus Spanischem Moos und Virginischen Eichen. Im Hintergrund schimmerte verschwommen der bleiche Marmorsockel des Pulaski-Denkmals. Auf Jim Williams' Couchtisch lag ein Exemplar von *At Home in Savannah – Great Interiors*. Das Buch hatte ich schon auf mehreren Couchtischen in Savannah liegen sehen, hier aber erhielt es eine surreale Note: Das Umschlagfoto zeigte genau den Raum, in dem wir uns befanden.

Fast eine Stunde hatte mich Williams durch sein Haus geführt und mir sein Antiquitätengeschäft gezeigt, das in der Remise untergebracht war. Im Ballsaal spielte er auf der Orgel erst ein Stück von Bach, dann »I Got Rhythm«. Und um die ohrenbetäubende Kraft des Instruments vorzuführen, ließ er noch eine Passage aus César Francks »Pièce Héroique« erschallen. »Wenn meine Nachbarn ihre Hunde die ganze Nacht über heulen lassen, dann antworte ich ihnen hiermit.« Im Eßzimmer zeigte er mir seine königlichen Schätze: Kaiserin Alexandras Tafelsilber, das Porzellan der Herzogin von Richmond und ein silbernes Service für sechzig Personen, das einem russischen Großherzog gehört hatte. An der Wand seines Arbeitszimmers hing das Wappen von der Tür der Kutsche, mit der Napoleon zur Krönung gefahren war. Hier und da sah man Fabergé-Objekte: Zigarettenetuis, Schmuckstücke, Juwelenkästen – das kleine Beiwerk des Adels, Hochadels, der Prinzen und Könige. Als wir von Zimmer zu Zimmer gingen, flammten kleine rote Lämpchen auf, die elektronisch unser Kommen registrierten.

Jim Williams trug graue Hosen und ein blaues Baumwollhemd mit aufgekrempelten Ärmeln. Seine schweren, schwarzen Schuhe mit dicken Gummisohlen waren inmitten der Eleganz des Mercer House nicht ganz passend, aber praktisch – denn er verbrachte mehrere Stunden am Tag damit, in seiner Werkstatt im Keller antike Möbel zu restaurieren. Seine Hände waren rauh und schwielig, aber saubergebürstet von all den Flecken und Fetten.

»Die Menschen in Savannah haben eines gemeinsam«, sagte er, »sie lieben das Geld und geben es nur ungern aus.«

»Aber wer kauft dann diese teuren Antiquitäten, die ich in Ihrem Laden gesehen habe?« fragte ich.

»Das ist der springende Punkt. Leute von auswärts. Aus Atlanta, New Orleans, New York. Dort mache ich die meisten Geschäfte. Wenn ich ein besonders schönes Möbelstück entdecke, schicke ich ein Foto an einen New Yorker Händler. Ich bemühe mich erst gar nicht, es in Savannah zu verkaufen. Nicht daß die Menschen hier nicht reich genug wären. Sie sind nur bis zur Schäbigkeit knickrig. Nur ein Beispiel:

Hier gibt es eine *grande dame* aus der obersten Schicht der Gesellschaft, eine der reichsten Frauen im Südosten, von Savannah ganz zu schweigen. Sie besitzt eine Kupfermine und hat sich in einem vornehmen Viertel der Stadt ein großes Haus gebaut, die Nachbildung eines berühmten Herrensitzes auf einer Plantage in Louisiana mit riesigen weißen Säulen und geschwungenen Treppen. Man kann es vom Wasser aus sehen. Jeder, der hier vorbeigeht, bricht in staunende Rufe aus. Ich verehre sie sehr. Sie ist wie eine Mutter zu mir gewesen. Und doch ist sie die geizigste Frau, die je gelebt hat! Vor ein paar Jahren bestellte sie ein Paar Eisentore für ihr Haus. Sie wurden eigens für sie entworfen und hergestellt. Bei der Lieferung jedoch bekam sie einen Anfall und schrie, sie seien grauenhaft, einfach Dreck. ›Nehmen Sie sie weg‹, rief sie, ›ich will sie nie wieder sehen!‹ Dann zerriß sie die Rechnung, die 1400 Dollar betrug – zu jener Zeit ein völlig angemessener Preis.

Die Gießerei nahm die Tore zurück, wußte aber nicht, was sie mit ihnen anfangen sollte. Schließlich war die Nachfrage nach solchen verzierten, riesigen Toren nicht allzugroß. Es blieb ihnen nichts anderes übrig, als das Eisen zum Schrottwert zu verkaufen. So sank der Preis von 1400 Dollar auf 190 Dollar. Tags darauf schickte die Frau natürlich einen Mann zur Gießerei, der die 190 Dollar bezahlte, und heute hängen diese Tore an dem Platz, der ihnen ursprünglich zugedacht war. Das ist Savannah in Reinkultur. Und das meine ich mit schäbig und knickrig. Lassen Sie sich nicht vom Mondlicht und den Magnolien betören. Hier kann es auch ziemlich düster werden.« Williams streichelte seine Katze und klopfte noch einmal Asche in seinen Aschenbecher.

»In den dreißiger Jahren lebte in Savannah ein Richter, der aus einer vornehmen alten Familie stammte. Er wohnte hier ganz in der Nähe in einem großen Haus mit hohen weißen Säulen. Sein älterer Sohn zog mit dem Mädchen eines Gangsters durch die Stadt. Der Gangster warnte ihn, doch den Sohn des Richters kümmerte das nicht. Eines Abends schellte es an der Tür, und als der Richter öffnete, fand er seinen Sohn verblutend auf der Veranda liegen; die Genitalien hatte man ihm unters Revers gesteckt. Die Ärzte nähten ihm die Geschlechtsteile wieder an, doch der Körper stieß sie ab, und er starb. Am nächsten Tag lautete die Schlagzeile in der Zeitung: TÖDLICHER STURZ VON DER VERANDA. Die meisten Familienmitglieder leugnen den Mord noch immer; von der Schwester des Opfers weiß ich, was in Wahrheit passiert ist.«

Williams nahm die Karaffe mit Madeira und füllte unsere Gläser nach. »In Savannah ist Madeira ein rituelles Getränk. Und zelebriert wird damit eigentlich ein Mißgeschick. Im 18. Jahrhundert schickten die Briten ganze Schiffsladungen mit Weinstöcken aus Madeira herüber, in der Hoffnung, daß die Kolonie Georgia in Zukunft Wein anbauen würde. Savannah liegt auf demselben Breitengrad. Die Weinstöcke gingen ein, doch Georgia behielt seine Vorliebe für Madeira. Wie auch für alle anderen alkoholischen Getränke. Die Prohibition konnte hier nicht einmal ansatzweise Fuß fassen. Jedermann kam irgendwie an seinen Schnaps, selbst feine alte Damen. Besonders die alten Damen. Ein paar von ihnen kauften sich ein kubanisches Schiff zum Alkoholschmuggeln und ließen es zwischen Savannah und Kuba hin- und herfahren.«

Williams nahm einen Schluck Madeira. »Eine dieser Damen ist erst vor ein paar Monaten gestorben. Die alte Mrs. Morton. Sie war ein Phänomen; ihr ganzes Leben tat sie nur, was sie wollte, Gott hab sie selig. Einmal kam ihr Sohn zu den Weihnachtsferien nach Hause und brachte seinen Zimmergenossen vom College mit. Mama verliebte sich in den Collegestudenten, der ins eheliche Schlafzimmer zog; Daddy schlief im Gästezimmer. Der Sohn ging zurück ins College und kam nie wieder nach Hause. Mr. und Mrs. Morton und der Zimmergenosse lebten auf diese Weise in diesem Haus weiter, bis der alte Mann starb. Sie wahrten den Schein und taten so, als wäre nichts Ungewöhnliches geschehen. Mamas junger Liebhaber wurde ihr Chauffeur. Immer wenn er sie zu den Bridgeparties fuhr oder sie abholte, spähten die anderen Damen durch die Jalousien. Aber sie ließen sich ihr Interesse nicht anmerken, und niemand, *niemand* erwähnte jemals seinen Namen in ihrer Gegenwart.«

Williams verstummte eine Weile und dachte wohl an die kürzlich verstorbene Mrs. Morton. Durch das offene Fenster hörte man nur das Zirpen einer Grille und dann und wann einen Wagen, der gemächlich seine Kurven um den Monterey Square zog.

»Was würde wohl passieren«, fragte ich, »wenn die Stadtführer den Touristen in den Bussen solche Geschichten erzählten?«

»Unmöglich«, sagte Williams. »Dazu sind sie zu fein und förmlich.«

Ich erzählte Williams, daß ich bei meinem letzten Spaziergang zum Monterey Square gehört hatte, wie eine Reiseführerin über dieses Haus sprach.

»Ach, gesegnet seien ihre kleinen Langweilerherzen«, meinte er. »Was hat sie gesagt?«

»In diesem Haus sei Johnny Mercer geboren, der Songwriter so berühmter Lieder wie ›Moon River‹, ›I Wanna Be Around‹, ›Too Marvellous for Words‹ und anderer Klassiker.«

»Falsch, aber nicht völlig aus der Luft gegriffen. Was noch?«

»Daß Jacqueline Onassis im letzten Jahr zwei Millionen Dollar für das Haus geboten hätte mit allem, was darin sei.«

»Die Frau verdient eine Fünf in Zuverlässigkeit. Und jetzt erzähle ich Ihnen, was wirklich geschehen ist:

Im Jahr 1860 begann der Konföderiertengeneral Hugh Mercer, Johnny Mercers Urgroßvater, mit dem Bau des Hauses. Es war noch nicht fertig, als der Bürgerkrieg ausbrach, und nach dem Krieg wurde General Mercer verhaftet und wegen Mordes an zwei Deserteuren angeklagt. Schließlich wurde er freigesprochen – vor allem aufgrund der Zeugenaussage seines Sohnes – und aus dem Gefängnis als gebrochener und gänzlich verbitterter Mann entlassen. Er verkaufte das Haus, und die neuen Besitzer vollendeten es. So kam es, daß kein Mercer je in der Villa am Monterey Square gelebt hat, auch Johnny nicht. Der allerdings schaute in seinen späten Jahren immer hier vorbei, wenn er in der Stadt war. Er hat sogar eine Mike-Douglas-Show im Vorgarten aufgenommen. Einmal wollte er das Haus kaufen, doch ich sagte ihm: ›Johnny, das ist nichts für dich, das Haus macht einen zum Sklaven, wie man an mir sieht.‹ Danach hat er nie wieder Anstalten gemacht, dieses Haus zu kaufen.«

Williams lehnte sich zurück und blies einen Rauchfaden zur Decke. »Ich komme gleich auf Jacqueline Onassis zu sprechen«, sagte er, »zuerst aber will ich Sie noch mit einer Geschichte vertraut machen, die die Stadtführer bestimmt nicht erzählen. Es war der Tag, an dem ich ›Flagge zeigte‹. Es ist schon ein paar Jahre her.«

Er stand auf und ging zum Fenster. »Der Monterey Square ist wunderschön. Meiner Meinung nach der schönste Platz von allen in Savannah. Die Architektur, die Bäume, das Denkmal, wie alles zusammenwirkt. Filmemacher lieben diesen Ort. In den letzten sechs Jahren sind etwa zwanzig Spielfilme in Savannah gedreht worden, und Monterey Square ist einer ihrer Lieblingsdrehorte.

Immer wenn die Dreharbeiten beginnen, spielt die Stadt verrückt. Alle wollen Komparsen werden und den Stars begegnen oder wenigstens Zuschauer sein. Der Bürgermeister und die Stadträte sind begeistert, weil sie glauben, daß die Filmgesellschaften hier Geld ausgeben und Savannah berühmt wird, was wiederum dem Tourismus nützt. Aber so herrlich ist das alles gar nicht. Die Filmleute bezahlen den Einheimischen Niedrigstlöhne, und Savannah wird schließlich doch nicht berühmt, weil das Filmpublikum gewöhnlich überhaupt nicht weiß, wo die Filme gedreht wurden. In Wahrheit sind die Kosten für Savannah höher als der Gewinn, wenn man die Überstunden für die Stadtreinigung und die Polizeikräfte und die Verkehrsstörungen dazurechnet. Und die Filmleute sind alles andere als zimperlich. Sie hinterlassen Berge von Müll. Sie zerstören Sträucher. Sie zertrampeln das Gras. Eine Truppe hat sogar eine Palme dort drüben auf dem Platz gefällt, weil sie ihr nicht gefiel.

Vor ein paar Jahren nun kam ein besonders ungehobelter Haufen in die Stadt, um für CBS einen Fernsehfilm über das Attentat auf Abraham Lincoln zu drehen. Für eine wichtige Straßenszene wählten sie den Monterey Square, und natürlich fragten sie die Anwohner nicht. Am Abend vor Beginn der Dreharbeiten ging die Polizei überall herum und erteilte uns den barschen Befehl, unsere Autos vom Platz zu fahren und unsere Häuser von zehn Uhr morgens bis fünf Uhr nachmittags weder zu betreten noch zu verlassen. Dann kippten die Filmleute acht Lastwagenladungen voller Erde auf die Straße, um die ungepflasterten Straßen von 1865 vorzutäuschen. Am nächsten Morgen wimmelte es auf dem von Staub überzogenen Platz nur so von Pferdewagen und Damen in Reifröcken. Es war unerträglich. Die Kameras in der Mitte des Platzes waren direkt auf dieses Haus gerichtet.

Einige meiner Nachbarn fragten mich, ob ich als Gründer und ehemaliger Vorsitzender der Downtown Neighborhood Association nicht etwas unternehmen könnte. Ich ging raus und bat den Produzenten um eine Tausenddollarspende für die Humane Society, nur um seinen guten Willen zu zeigen. Er sagte, er würde darüber nachdenken und mittags wiederkommen.

Der Mittag kam und ging. Kein Produzent ließ sich blicken. Statt dessen begannen die Kameras zu surren. Da beschloß ich, die Aufnahme zu ruinieren.«

Williams öffnete einen Wandschrank links vom Fenster und nahm einen Ballen roten Tuchs heraus. Er hielt ihn hoch über den Kopf und entrollte mit einem kurzen Ruck seiner Handgelenke: eine drei Meter lange Nazifahne.

»Ich machte sie vorn am Balkon vor dem Fenster fest«, sagte er und hielt die Fahne hoch, so daß ich das schwarze Hakenkreuz im weißen Kreis auf leuchtendrotem Grund sehen konnte.

»Das war ja wohl das Ende der Aufnahmen«, meinte ich.

»Ja, aber nur vorübergehend. Der Kameramann schwenkte zur anderen Seite des Hauses, und ich hängte die Fahne vor das Fenster des Arbeitszimmers. Schließlich bekamen sie ihre Aufnahme doch noch, aber ich hatte mich zumindest gewehrt.«

Williams rollte die Fahne wieder ein und legte sie in den Schrank zurück. »Mit dem Aufruhr, der das auslöste, hatte ich allerdings nicht gerechnet. Die *Savannah Morning News* brachte die Geschichte auf der ersten Seite, zusammen mit Fotos. Sie schrieben bissige Kommentare und veröffentlichten zornige Briefe. Der Rundfunk nahm sich der Sache an, ebenso wie die Abendnachrichten im Fernsehen.

Ich sah mich gezwungen zu erklären, daß ich kein Nazi sei und die Fahne nur benutzt hatte, um einige rücksichtslose Filmemacher, die meines Wissens keine Juden waren, durch diesen Zeitsprung in die Schranken zu weisen. Doch eines hatte ich bedauerlicherweise übersehen. Die Synagoge der Gemeinde Mickve Israel lag direkt gegenüber. Der Rabbi schrieb mir und fragte, wieso ich zufällig eine Nazifahne zur Hand gehabt hätte. Ich schrieb zurück, mein Onkel Jesse habe sie als Trophäe aus dem Zweiten Weltkrieg mitgebracht. Ich fügte hinzu, daß ich viele solcher Relikte von untergegangenen Imperien besäße und daß diese Flagge und ein paar andere Stücke aus dem Zweiten Weltkrieg einfach dazugehörten.«

»Dann habe ich mich also nicht getäuscht«, sagte ich. »Das war ein Nazidolch auf dem Tisch im hinteren Zimmer.«

»Davon besitze ich mehrere«, erwiderte Williams, »dazu noch ein paar Seitenwaffen und eine Kühlerfigur eines Nazidienstwagens. Das ist allerdings schon alles. Gegenstände aus Hitlers Reich sind nicht populär, aber von historischem Wert. Die meisten Leute verstehen das und wissen, daß mein Protest keinen politischen Hintergrund hatte. Nach ein paar Wochen legte sich der Sturm, doch hin und wieder wehen mich noch rauhe Lüfte an in Form von funkelnden Augen oder Menschen, die auf die andere Straßenseite wechseln, wenn sie mich sehen.«

»Aber geächtet hat man sie vermutlich nicht.«

»Überhaupt nicht. Sechs Monate nach dem Flaggentag kam Jacqueline Onassis vorbei.«

Williams ging durch das Zimmer und hob die Klappe eines Sekretärs mit schrägem Oberteil. »Zweimal im Jahr«, sagte er, »werden bei Christie's in Genf Fabergé-Stücke versteigert. Im letzten Jahr war das Spitzenobjekt ein kleines Jadekästchen. Man hatte es überall angekündigt, und es gab viel Wirbel darum. Der Mann, der die Auktion leitete, war Geza von Habsburg, der heute Erzherzog von Österreich-Ungarn wäre, wenn es diese Monarchie noch gäbe. Geza ist ein Freund von mir, und ich nehme seit Jahren an diesen Versteigerungen teil. Natürlich flog ich auch diesmal hin und sagte: ›Geza, ich will dieses Kästchen haben.‹ Geza lachte und meinte, da wäre ich sicher nicht der einzige. Ich sah mich schon gegen Leute wie Malcolm Forbes bieten, wollte mir aber das Vergnügen nicht nehmen lassen, den Preis hochzutreiben. ›Wenn mir also jemand dieses Kästchen wegschnappt‹, sagte ich zu Geza, ›dann soll er bei Gott spüren, was er für ein Schmuckstück gekauft hat!‹ Die Versteigerung begann mit hohem Einsatz. Schließlich erwarb ich das Kästchen für siebzigtausend Dollar. Dann flog ich mit der Concorde über den Atlantik zurück; das Jadekästchen ruhte neben dem Champagnercocktail auf dem Leinentuch auf meinem Tablett.

Am nächsten Morgen restaurierte ich, noch unrasiert und mitgenommen von der Zeitverschiebung, unten in meiner Werkstatt Möbel, als es an der Tür läutete. Ich schickte einen meiner Assistenten, Barry Thomas, an die Tür. Außer Atem kam er wieder die Treppe heruntergerannt und sagte, eine Reiseführerin ließe fragen, ob ich Jacqueline Onassis das Haus zeigen würde. Das ist wohl ein schlechter Scherz, dachte ich, ging aber doch zur Tür – und da stand die Stadtführerin, auf die im Wagen tatsächlich Mrs. Onassis wartete.

Ich bat sie, ein paarmal um den Block zu fahren, damit ich mich rasieren und das Haus in Ordnung bringen konnte. Dann machte ich mich zurecht und sagte meinen Jungs, sie sollten das Haus für die Besichtigung herrichten. Licht einschalten, Fensterläden öffnen, Aschenbecher leeren und Zeitungen wegräumen – das ist für uns zur Routine geworden und dauert gut zehn Minuten. Gerade als wir fertig wurden, schellte es wieder, und Mrs. Onassis und ihr Freund Maurice Tempelsman standen vor der Tür. ›Es tut mir schrecklich leid, daß ich Sie vorhin wegschicken mußte‹, sagte ich, ›aber ich bin erst gestern abend von der Fabergé-Auktion in Genf zurückgekommen.‹ – ›Und wer hat das Kästchen gekauft?‹ fragte Mr. Tempelsman. ›Wollen Sie nicht hereinkommen und es sich ansehen?‹ gab ich zur Antwort. Wortlos nahm er Mrs. Onassis am Arm und sagte: ›Da ist es. Wir hätten es wirklich kaufen sollen.‹«

Williams gab mir das Kästchen. Es war tiefgrün und maß ungefähr zehn Zentimeter im Quadrat. Den Deckel zierte ein Gitterwerk aus blitzenden Diamanten, dazwischen thronten konvexe Rubine. In der Mitte trug ein weißes Emailmedaillon das Monogramm von Nikolaus II. in Diamanten und Gold.

»Etwa eine Stunde lang waren sie hier im Haus«, sagte Williams. »Sie sahen sich alles an. Wir gingen nach oben, ich führte ihnen die Orgel vor, dann spielten wir zusammen Roulette. Sie waren ganz bezaubernd. Tempelsman hatte sich die Haare so gefärbt, als hätte man ihn kopfüber in eine Schale mit Farbe gesteckt, die nur bis zu den Ohren reichte. Er war eine interessante Persönlichkeit und verstand viel von Antiquitäten. Beide verstanden viel davon. Sie waren auf seiner Jacht die Küste hinabgefahren; Mrs. Onassis jedoch gab sich sehr bodenständig. Sie trug ein weißes Leinenkostüm und wischte nicht einmal den Staub vom Stuhl, als wir uns im Garten niederließen. Sie lud mich ein, sie in ihrer ›Bruchbude‹ zu besuchen, wenn ich wieder in New York wäre. Beim Abschied fragte sie nach dem Weg zum nächsten Burger-King-Restaurant.«

»Und hat sie nun zwei Millionen Dollar für das Haus geboten?«

»Mir gegenüber nicht, aber zu Mr. Tempelsman hat sie in Gegenwart der Stadtführerin – die das natürlich an die Presse weitergab – gesagt, sie würde dieses Haus gern besitzen mit allem, was darin sei. Bis auf Jim Williams, den könne sie sich nicht leisten.«

Ich spielte mit den Händen an dem Jadekästchen herum. Der Deckel wippte weich in den Scharnieren und fiel geräuschlos ins goldene Schloß. Während ich in den Anblick des glänzenden Gegenstands versunken war, hörte ich den Schlüssel nicht, der sich im Schloß drehte, und die Schritte, die durch die Eingangshalle näher kamen. Plötzlich schrillte eine Stimme durch den Raum.

»Verdammt noch mal! Verdammtes Miststück!«

In der Tür stand ein blonder junger Mann von vielleicht neunzehn oder zwanzig Jahren. Er trug blaue Jeans und ein ärmelloses schwarzes T-Shirt mit der weißen Aufschrift *Fuck You* über der Brust. Er war außer sich vor Wut. Seine saphirblauen Augen sprühten.

»Was ist denn los mit dir, Danny?« fragte Williams ruhig und blieb in seinem Sessel sitzen.

»Bonnie! Das verdammte Miststück! Sie hat mich versetzt! Jetzt zieht sie durch alle die Bars an der Southside. Verdammt! Ich nehm ihr'n Shit nich mehr!«

Der Junge grapschte sich eine Flasche Wodka vom Tisch, füllte ein Kristallglas bis zum Rand und stürzte es hinunter. An den Armen hatte er Tätowierungen – eine Fahne der Konföderation auf dem einen, eine Marihuanapflanze auf dem anderen.

»Nun komm mal wieder zu dir, Danny«, sagte Williams in gleichmütigem Ton. »Erzähl mir einfach, was passiert ist.«

»Vielleicht war ich ja ein paar Minuten zu spät! Mir war was dazwischengekommen! Na und? Verdammt! Ihre Freundin sagte, sie wär gegangen, weil ich nich rechtzeitig dagewesen wär.« Er starrte Williams an. »Gib mir zwanzig Dollar! Ich brauch das Geld. Ich bin echt sauer!«

»Wofür brauchst du es?«

»Geht dich 'nen Scheißdreck an! Aber schön, wenn du's unbedingt wissen willst, ich muß mich heut abend vollaufen lassen. Dafür!«

»Das hast du doch schon erledigt, Sportsfreund.«

»Ich bin noch nicht mal halb so voll wie nötig!«

»Hör mal, Danny, nimm nicht den Wagen, wenn du das tust. Sonst landest du unter Garantie im Gefängnis. Du hast noch ein Verfahren am Hals vom letztenmal, als du dich hast vollaufen lassen, wie du es nennst. Diesmal kommst du nicht mit einem blauen Auge davon.«

»Zur Hölle mit dir oder Bonnie oder der gottverdammten Polizei!«

Damit drehte sich der Junge um und rannte aus dem Zimmer. Die Haustür krachte ins Schloß. Draußen hörte ich eine Wagentür aufgehen und zuschlagen. Quietschende Reifen zerrissen die Abendstille. Als der Wagen um den Monterey Square fuhr, quietschten sie noch einmal und schließlich zum drittenmal, als er wieder um die Ecke bog und die Bull Street entlangraste. Dann kehrte Ruhe ein.

»Entschuldigen Sie bitte«, sagte Williams. Er stand auf und nahm sich einen Drink, diesmal keinen Madeira, sondern puren Wodka. Dann seufzte er kaum vernehmlich und nahm eine entspanntere Haltung ein.

Ich schaute an mir herunter und bemerkte, daß ich noch immer das Fabergé-Kästchen in den Händen hielt. Ich umklammerte es so fest, daß ich einen Moment lang befürchtete, ich könnte ein oder zwei Juwelen aus dem Deckel brechen. Doch es schien alles in Ordnung, und ich gab es Williams zurück.

»Das war Danny Hansford«, sagte er. »Er arbeitet für mich, stundenweise, und gibt den Möbeln in meiner Werkstatt den letzten Schliff.«

Williams betrachtete sein Zigarillo. Er war ruhig und gefaßt.

»Das ist nicht das erste Mal, das so etwas passiert. Ich kann mir schon vorstellen, wie es weitergeht. Irgendwann heute nacht, so um halb vier, wird das Telefon klingeln. Danny wird dran sein, gutgelaunt und charmant. Er wird sagen: ›Hey, Jim! Hier ist Danny! Tut mir wirklich leid, dich zu wecken. Mann, war ich heut abend besoffen! Maaann, was hab ich bloß für Dummheiten gemacht!‹ Und ich sage dann: ›Nun, Danny, was ist diesmal geschehen?‹ Und er: ›Ich ruf aus dem Gefängnis an. Yeah, sie haben mich wieder geschnappt. Ich hab aber nichts Schlimmes gemacht, wirklich. Ich war in der Abercorn Street, wollte gukken, ob Bonnie da war, und fuhr echt schnell linksrum, ließ die Reifen 'n bißchen durchdrehn. Dann sah ich diesen verdammten Polizeiwagen. Blaulicht, Sirenen! Mann, ich stecke in der Tinte. Hey, Jim? Wie wär's, wenn du kommst und mich rausholst?‹ – ›Danny, es ist spät, ich hab es satt‹, werde ich ihm antworten. ›Warum regst du dich nicht ab und ruhst dich heute nacht aus? Im Gefängnis!‹

Das wird Danny gar nicht recht sein, aber er wird cool bleiben, jedenfalls jetzt noch, und auf mein Mitleid spekulieren: ›Ich weiß, was du sagen willst, und du hast ja recht. Ich sollte mein gottverdammtes Leben in diesem Gefängnis verbringen, das verflucht verpfuschte Leben. Schon in Ordnung, Jim. Laß mich nur hier. Mach dir keine Sorgen. Eigentlich isses mir auch egal. Hoffentlich hab ich dich nich aufgeregt. Hoffentlich kannst du wieder schlafen. Bis später.‹

Innerlich wird Danny kochen vor Wut, weil ich mich nicht sofort auf den Weg mache. Aber er wird es nicht zeigen, denn er weiß, daß nur ich ihm helfen kann. Er weiß, daß ich die Leute anrufe, die eine Kaution stellen und ihn rausholen werden. Aber das werde ich erst am Morgen tun, wenn er ausgenüchtert ist.«

Williams ließ sich nicht anmerken, ob ihn dieser menschliche

Wirbelsturm, der gerade durch sein Haus gefegt war, irgendwie aufgeregt hatte.

»Danny hat zwei verschiedene Persönlichkeiten«, sagte er. »Er kann von einer zur anderen wechseln, als schlage er eine Buchseite um.« Williams sprach über Danny genauso unbeteiligt wie zuvor über den kristallenen Waterford-Kronleuchter im Eßzimmer, das Porträt von Jeremiah Theus im Salon und den Sohn des Richters und die Gangsterbraut. Die spannende Frage jedoch, warum Danny hier im Mercer House war und sich so aufführen durfte, berührte er nicht. Das war doch mehr als eigentümlich. Mein Gesichtsausdruck veranlaßte ihn wohl zu einer gewissen Erklärung.

»Ich leide an Hypoglykämie«, sagte er, »und erst kürzlich bin ich ohnmächtig geworden. Danny bleibt manchmal hier, um auf mich aufzupassen, wenn es mir nicht gutgeht.«

Vielleicht war es der Madeira, vielleicht auch die offene Atmosphäre, die Williams durch seine Geschichten geschaffen hatte – ich faßte mir jedenfalls ein Herz und bemerkte, ich würde doch lieber allein sein und ohnmächtig werden, als daß diese Person frei im Haus herumliefe. Williams lachte. »Eigentlich hat Danny schon Fortschritte gemacht.«

»Fortschritte? Worin?«

»Vor zwei Wochen gab es eine ähnliche Szene, die aber viel dramatischer ausging. Damals regte Danny sich auf, weil sein bester Freund sich abfällig über seinen Wagen geäußert hatte und seine Freundin ihn nicht heiraten wollte. Er kam nach Hause, und noch bevor ich begriff, hatte er einen kleinen Tisch zerhauen, eine Bronzelampe gegen die Wand geschleudert und einen geschliffenen Glaskrug mit solcher Wucht auf den Boden geknallt, daß er einen bleibenden Abdruck auf der harten Piniendiele hinterließ. Doch das war noch nicht alles. Er nahm eine meiner deutschen Lugerpistolen und feuerte in den Fußboden im oberen Stock. Dann rannte er vor die Haustür und schoß auf die Straßenbeleuchtung am Monterey Square.

Natürlich rief ich die Polizei. Aber als Danny die Sirene hörte, warf er die Waffe ins Gebüsch, rannte ins Haus, die Treppe hoch und sprang mit allen Kleidern ins Bett. Die Polizisten waren ihm dicht auf den Fersen, aber als sie oben ankamen, tat er so, als schliefe er fest. Sie weckten ihn, und er rieb sich verwirrt die Augen und stritt ab, etwas zerbrochen oder geschossen zu haben. Die Polizei jedoch bemerkte winzige Blutspuren auf seinen Armen von den Glassplittern, die abgesprungen waren, als er den Krug auf den Boden knallte. Da haben sie ihn mitgenommen. Er dreht ja noch völlig durch, dachte ich mir dann, wenn ich ihn lange dort schmoren lasse. Also zog ich am nächsten Morgen die Anzeige zurück und holte ihn raus.«

Statt der offensichtlichen Frage, was er denn überhaupt mit ihm zu tun habe, stellte ich eine weniger verfängliche: »Sie erwähnten, daß Danny aus *einer* Ihrer deutschen Lugerwaffen geschossen habe. Wie viele davon besitzen Sie denn?«

»Einige«, sagte Williams. »Aus Sicherheitsgründen. Ich bin hier viel allein, und es ist schon mehrfach eingebrochen worden. Beim zweiten Einbruch war der Mann mit einer Maschinenpistole bewaffnet, und ich schlief tief und fest im ersten Stock. Damals habe ich das Alarmsystem einbauen lassen. Es funktioniert prima, wenn ich nicht zu Hause oder oben bin; nur wenn ich hier unten herumlaufe, kann ich die Anlage nicht einschalten, sonst ruft sie die Polizei herbei. Daher habe ich an strategisch wichtigen Orten Revolver deponiert. Eine Luger in der rückwärtigen Bibliothek, eine in der Schreibtischschublade in meinem Büro, eine dritte in der Halle in dem Schrank mit irischem Leinen, dazu eine Smith and Wesson im Wohnraum. Oben befinden sich noch eine Schrotflinte und drei oder vier Gewehre. Die Pistolen sind geladen.«

»Das sind vier geladene Pistolen«, sagte ich.

»Ein Risiko, ich weiß. Doch ich bin schon immer ein Spieler gewesen. Mein ganzes Leben. Das muß man sein, wenn man mit Antiquitäten handelt und Häuser restauriert und sich dafür verschuldet, wie ich es getan habe. Doch wenn ich spiele, sorge ich schon dafür, daß ich gute Karten habe. Kommen Sie, ich zeige Ihnen etwas.«

Mr. Williams führte mich an einen kleinen Backgammontisch und tauschte das Backgammonbrett gegen ein anderes aus, das schlicht mit grünem Filz überzogen war.

»Ich glaube an die Macht des Geistes«, sagte er, »daran, daß man die Dinge durch geistige Konzentration beeinflussen kann. Dazu habe ich ein Psycho-Würfelspiel erfunden, das ganz einfach geht. Man nimmt vier Würfel und ruft vier Zahlen zwischen eins und sechs – zum Beispiel eine Vier, eine Drei und zwei Sechsen. Dann würfelt man, und wenn man irgendeine der gerufenen Zahlen geworfen hat, läßt man diese Würfel auf dem Brett stehen. Man würfelt munter weiter, bis man alle fraglichen Zahlen zusammenhat. Wenn man dreimal hintereinander nicht getroffen hat, muß man ausscheiden. Das Ziel besteht darin, mit möglichst wenig Würfen alle vier Zahlen zu bekommen.«

Williams war überzeugt, daß er seine Chancen durch bloße Konzentration verbessern könnte. »Würfel haben sechs Seiten«, sagte er, »daher stehen die Chancen, die richtige Zahl zu werfen, eins zu sechs. Wenn man also irgendwie besser ist, hat man über das Gesetz der Wahrscheinlichkeit gesiegt. Konzentration hilft, das ist bewiesen. In den dreißiger Jahren des vorigen Jahrhunderts gab es an der Duke University eine Untersuchung mit einer Maschine, die würfeln konnte. Zuerst ließ man sie würfeln, wenn niemand im Gebäude war, und die Zahlen entsprachen durchschnittlicher Wahrscheinlichkeit. Dann setzte sich ein Mann ins Zimmer nebenan und konzentrierte sich auf bestimmte Zahlen, um den Zufall zu beeinflussen. Es gelang. Dann ging er in denselben Raum, konzentrierte sich, und die Maschine würfelte noch mehr zu seinen Gunsten. Und als der Mann mit Hilfe eines Bechers selbst würfelte, hatte er den größten Erfolg.«

Die paar Runden, die wir spielten, verrieten mir nicht, ob sein Psychospiel funktionierte. Williams zweifelte nicht daran. In jedem Wurf sah er einen Beweis. Wenn ich eine Fünf brauchte und eine Zwei würfelte, rief er: »Aha! Sie wissen, was auf der anderen Seite der Zwei liegt. Die Fünf!«

Das konnte ich nicht durchgehen lassen. »Trotzdem hätte ich jetzt verloren, wenn wir um Geld gespielt hätten.«

»Ja, aber sehen Sie, wie nah Sie gekommen sind. Mit derselben Konzentration können Sie die meisten Dinge im Leben beeinflussen. Danny hat heute abend nur etwas Dampf abgelassen, weil ich mich darauf konzentrierte, auf ihn beruhigend zu wirken.«

Auch diese Bemerkung reizte mich zum Widerspruch. Doch es war spät, und ich stand auf. »Wäre es nicht möglich, daß andere Menschen mit ihrer geistigen Energie auf *Sie* einwirken?« fragte ich noch.

»Das versuchen sie ja schon dauernd«, sagte Williams mit einem schrägen Lächeln. »Ich höre immer wieder, daß viele Leute allabendlich inständig darum bitten, zu meiner Weihnachtsparty eingeladen zu werden.«

»Verständlicherweise«, sagte ich. »Es soll ja die beste Party in Savannah sein.«

»Ich lade Sie zur nächsten ein, dann können Sie sich ein eigenes Urteil bilden.« Williams starrte mich mit seinen undurchdringlichen Augen an. »Allerdings gebe ich nicht nur eine Weihnachtsparty, sondern zwei. Beide mit großer Abendgarderobe. Die erste Party ist die berühmte, über die die Zeitungen schreiben, zu der die Großen und Mächtigen in Savannah kommen. Die zweite findet am nächsten Abend statt. Über sie steht nie etwas in der Zeitung. Sie ist nur ... für Gentlemen. Wohin würden Sie lieber gehen?«

»Dahin, wo voraussichtlich am wenigsten geschossen wird.«

KAPITEL 2

Mit unbekanntem Ziel

Es wäre wohl ein wenig übertrieben zu sagen, ich hätte New York verlassen und sei nach Savannah gegangen, weil man mir ein dünnes Kalbsschnitzel auf welkem Radicchio serviert hatte. Und doch gibt es eine Verbindung.

Zwanzig Jahre lang hatte ich in New York gelebt, als Autor und Redakteur. Thomas Carlyle bemerkte einmal, daß die Arbeit für Magazine noch unter der des Straßenfegers anzusiedeln sei, doch in der Mitte des 20. Jahrhunderts war dieses Gewerbe in New York ziemlich angesehen. Ich schrieb für den *Esquire* und war eine Zeitlang Chefredakteur der Zeitschrift *New York*. In den frühen achtziger Jahren erlag New York City dann den Verlockungen der *nouvelle cuisine*. Woche für Woche machten mit großem Pomp zwei oder drei elegante neue Restaurants auf. Mit schickem, postmodernem Dekor, Spitzenessen und gepfefferten Preisen. Essengehen wurde die beliebteste Freizeitbeschäftigung in der ganzen Stadt; sie verdrängte Diskothekenbesuche, leerte Theater und Konzerthallen. Man sprach nur noch über Essen und Restaurants. Eines Abends, während ich an einem dieser Orte den längeren Ausführungen des Kellners zu den Spezialitäten des Tages lauschte, überflog ich die Preise der Gerichte auf der Karte – 19, 29, 39, 49 Dollar –, und es kam mir so vor, als hätte ich dieselben Zahlenreihen heute schon einmal gesehen. Aber wo? Plötzlich fiel es mir ein. In der Zeitung war mir eine Anzeige für Supersparflüge von New York zu Zielen in ganz Amerika aufgefallen. Ich glaube, das Kalbfleisch-Radicchio-Gericht kostete soviel wie ein Flug von New York nach Louisville oder sechs anderen gleich weit entfernten Städten. Mit allem Drum und Dran – Getränken, Dessert, Kaffee und Trinkgeld – hätte man für das, was jede Person an diesem Abend bezahlen mußte, auch ein dreitägiges Wochenende in einer anderen Stadt verbringen können.

Eine Woche später verabschiedete ich mich von Kalbfleisch auf Radicchio und flog nach New Orleans.

Von da an machte ich mir die neue Freigabe der Flugpreise zunutze und flog alle fünf oder sechs Wochen mit ein paar Freunden, die auch mal aus Manhattan heraus wollten, in eine andere Stadt. Einer dieser Wochenendtrips führte uns nach Charleston, South Carolina. Auf dem Vordersitz des Mietwagens, mit dem wir herumfuhren, hatten wir eine Landkarte ausgebreitet. Ganz unten auf der Karte, etwa hundert Meilen die Küste abwärts, lag Savannah.

Ich war noch nie in Savannah gewesen, hatte aber lebhafte Vorstellungen von dieser Stadt. Das nachdrücklichste Bild stammte aus meiner Kindheit und war mit der *Schatzinsel* verbunden, die ich mit zehn Jahren gelesen hatte. In Stevensons Roman ist Savannah der Ort, wo Captain John Flint, der blutdürstige Pirat mit dem blauen Gesicht, dem Rum erlegen ist, bevor die Geschichte beginnt. Auf dem Totenbett in Savannah brüllt er seinen letzten Befehl – *Geh und hol Rum, Darby!* – und übergibt Billy Bones eine Karte der Schatzinsel. »Er hat's mir in Savannah gegeben«, sagt Bones, »als er im Sterben lag...« Mein Buch enthielt eine Zeichnung von Flints Karte mit einem X an der Stelle, wo der Schatz vergraben lag. Oft schaute ich mir die Karte an, und jedesmal wurde ich an Savannah erinnert, wenn ich die von Billy Bones daruntergekritzelten Worte las: »Überreicht vom obigen JF an Mr. W. Bones. Savannah, am heutigen 20. Juli 1754.«

Als nächstes begegnete ich Savannah wieder in *Vom Winde verweht,* das ein Jahrhundert später spielt. Um 1860 war Savannah nicht mehr der Treffpunkt für Piraten, den ich mir vorgestellt hatte, sondern, mit den Worten von Margaret Mitchell, »die vornehme Stadt am Meer«. In *Vom Winde verweht* konnte man Savannahs Gegenwart hinter den Kulissen ebenso spüren wie in der *Schatzinsel.* Würdevoll, gelassen und kultiviert thronte die Stadt an der Küste Georgias und sah hochnäsig auf Atlanta herab, eine zur Zeit von Margaret Mitchells Roman zwanzig Jahre alte Grenzstadt, die dreihundert Meilen landeinwärts lag. In Atlanta hingegen war man der Ansicht – und besonders die junge Scarlett O'Hara –, daß Savannah und Charleston »alten Großmüttern« glichen, »die friedlich in der Sonne mit ihren Fächern wedelten«.

Mein dritter Eindruck von Savannah war etwas eigenartiger. Ich gewann ihn aus den vergilbten Seiten einer alten Zeitung, mit der das Innere der antiken Holztruhe ausgekleidet war, die ich am Fuße meines Bettes stehen hatte. Es war die *Savannah Morning News* vom 2. April 1914. Immer wenn ich den Deckel der Truhe hob, hatte ich die folgende kurze Geschichte vor Augen:

TANGOTANZEN IST KEIN ZEICHEN VON WAHNSINN,

MEINT JURY

Sadie Jefferson ist nicht wahnsinnig, lautet ihr Urteilsspruch
Tangotanzen ist kein Anzeichen von Wahnsinn. Das wurde gestern von einer Kommission entschieden, die Sadie Jefferson Zurechnungsfähigkeit bescheinigte. Es war behauptet worden, daß die Frau kürzlich den ganzen Weg zum Polizeihauptquartier Tango tanzend zurückgelegt habe, als sie verhaftet wurde.

Das war die ganze Geschichte. Über Sadie Jefferson erfuhr man nichts Näheres und auch nicht darüber, warum sie überhaupt erst verhaftet worden war. Wahrscheinlich hatte sie mehr als genug von dem Rum getrunken, den Captain Flint übriggelassen hatte. Jedenfalls war Sadie Jefferson wohl aus demselben Holz geschnitzt wie die Heldin des Lieds »Hard-hearted Hannah, the Vamp of Savannah«. Jene beiden Frauen erweiterten meine Vorstellung von Savannah um eine exotische Dimension.

Dann starb Mitte der siebziger Jahre Johnny Mercer, und ich las, daß er in Savannah geboren und aufgewachsen war. Von Johnny Mercer stammte der Text und manchmal auch die Musik vieler Lieder, die ich seit meiner Kindheit kannte – sanfter Lieder von betörender Rhetorik: »Jeepers Creepers«, »Ac-Cent-Tchu-Ate the Positive«, »Blues in the Night«, »One for My Baby«, »Goody Goody«, »Fools Rush In«, »That Old Black Magic«, »Dream«, »Laura«, »Satin Doll«, »In the Cool, Cool, Cool of the Evening« und »On the Atchison, Topeka and the Santa Fe«.

In seinem Nachruf stand, er sei seiner Heimatstadt immer verbunden geblieben. »Savannah war für einen Jungen ein lieblicher Ort stiller Geborgenheit«, sagte er. Selbst als er woanders lebte, behielt er ein Haus vor der Stadt, so daß er herkommen konnte, wann immer er wollte. Von der hinteren Veranda seines Hauses hatte man einen Blick auf einen Bach, der sich durch weites Sumpfland schlängelte. Um Johnny zu ehren, hatte Savannah diesen Bach »Moon River« genannt, nach einem der vier mit einem Oscar ausgezeichneten Songs, für die er die Texte geschrieben hatte.

Das also waren die Bilder von Savannah, die ich in meinem Kopf abgespeichert hatte: Rum trinkende Seeräuber, eigensinnige Frauen, vornehme Umgangsformen, exzentrisches Verhalten, sanfte Worte und bezaubernde Musik. Und dazu der klangvolle Name: Savannah.

Am Sonntag flogen meine Reisegefährten nach New York zurück; ich aber blieb in Charleston, weil ich beschlossen hatte, nach Savannah zu fahren, dort zu übernachten und von da aus nach New York zurückzufliegen.

Da es keine direkte Route von Charleston nach Savannah gibt, folgte ich einem Zickzackkurs, der mich durch die Marschen der Küstenebene South Carolinas führte. Als ich mich Savannah näherte, fuhr ich auf einer zweispurigen Asphaltstraße, die im Schatten hoher Bäume lag. Hin und wieder tauchten am Straßenrand Obst- und Gemüsestände auf. Ein paar Hütten schauten aus dem Grün hervor; nichts jedoch deutete auf großstädtische Ausbreitung hin. Aus dem Autoradio erfuhr ich, daß ich mich in einer Gegend befand, die Coastal Empire hieß. »Und das sind die Wetteraussichten für das Coastal Empire«, sagte die Stimme, »Temperaturen bis zu 30 Grad, ruhige See und leichter Wellengang auf den Binnengewässern.«

Urplötzlich hörten die Bäume auf, und rundherum erstreckte sich das weizenblonde Gras des Marschlandes. Direkt vor mir erhob sich unverhofft eine hohe Brücke aus der flachen Ebene. Von oben konnte ich auf den Savannah River hinunterblicken, und auf der anderen Seite erschien in weiter Ferne eine Reihe alter Backsteinhäuser mit einem kleinen Platz davor. Hinter den Häusern erstreckten sich Bäume, so weit man blicken konnte, durchsetzt von Kirchtürmen, Gesimsen, Dachspitzen und Kuppeln. Als ich die Brücke hinabfuhr, tauchte ich in einen verschwenderischen grünen Garten ein.

Zu allen Seiten erhoben sich dichte Pflanzenwände, die über mir zu einem blättrigen Baldachin zusammenwuchsen, der das

Sonnenlicht in ein sanftes Spiel von Licht und Schatten verwandelte. Es hatte gerade geregnet, die Luft war heiß und dampfig. Ich fühlte mich plötzlich wie in einem Tropengarten, abgeschnitten und meilenweit entfernt von der Welt, die ich kannte.

Die Straßen waren gesäumt von stuckverzierten Backsteinhäusern, schönen alten Gebäuden mit hohen Veranden und geschlossenen Fensterläden an der Vorderseite. Ich fuhr auf einen Platz mit blühenden Büschen und einem Denkmal in der Mitte. Ein paar Blocks weiter befand sich wieder ein Platz. Und geradeaus konnte ich einen dritten sehen, dahinter noch einen vierten. Links und rechts waren wieder zwei Plätze. Plätze, wohin das Auge sah. Ich zählte allein acht. Zehn. Vierzehn. Oder waren es zwölf?

»Es sind genau einundzwanzig Plätze«, sagte mir später am Nachmittag Mary Harty, eine ältere Dame. Bekannte in Charleston hatten uns zusammengebracht. Sie erwartete mich bereits. Ihr Haar war weiß, ihre gewölbten Augenbrauen verliehen ihr einen Ausdruck permanenter Überraschung. In ihrer Küche mixte sie für uns Martinis in einem silbernen Shaker, den sie in einem Weidenkorb verstaute. Sie wolle einen Ausflug machen mit mir, sagte sie. Der Tag sei so schön und mein Aufenthalt in Savannah zu kurz, um drinnen zu bleiben.

In Miss Hartys Augen waren die Plätze die Juwelen von Savannah. Keine andere Stadt der Welt hatte so etwas zu bieten. Fünf gab es in der Bull Street, fünf in der Barnard Street, in der Abercorn Street vier... und so weiter. James Oglethorpe, der Gründer von Georgia, sei dafür verantwortlich. Er habe Savannah um Plätze herum entworfen, nach dem Vorbild eines römischen Militärlagers, noch bevor er von England aus in See stach – bevor er überhaupt wußte, wo diese Stadt liegen sollte. Bei seiner Ankunft im Februar 1733 entschied er sich für einen Platz auf der Steilküste am südlichen Ufer des Savannah River, achtzehn Meilen vom Atlantischen Ozean entfernt. Nach seinen Plänen, die er schon mit sich trug, bildeten die rechtwinklig kreuzenden Straßen ein Gittermuster, dazwischen lagen in regelmäßigen Abständen die Plätze. Oglethorpe hatte die Stadt wie einen riesigen französischen Garten entworfen und die ersten vier Plätze selbst angelegt. »Das Schönste an diesen Plätzen ist«, sagte Miss Harty, »daß man sie mit dem Auto nicht überqueren kann, sondern um sie *herum* fahren muß. So fließt der gesamte Verkehr in einem sehr gemächlichen Tempo dahin. Die Plätze sind unsere kleinen Oasen der Ruhe.«

Während sie sprach, erkannte ich den Akzent der Küstenregion, der in *Vom Winde verweht* beschrieben wird – »sanft und silbenschluckend, fließend die Vokale, weich die Konsonanten«.

»Aber eigentlich«, sagte sie, »ist ganz Savannah eine Oase. Wir sind isoliert. Herrlich abgeschirmt! Eine kleine Enklave an der Küste – ganz für uns allein, umgeben nur von Marschen und Pinienwäldern! Wie Sie vielleicht bemerkt haben, ist es gar nicht so leicht, uns zu besuchen. Mit dem Flugzeug muß man mindestens einmal umsteigen. Mit dem Zug geht es auch nicht viel besser.

In den fünfziger Jahren schrieb Hamilton Basso einen Roman, der darauf anspielt. *The View from Pompey's Head*. Kennen Sie ihn? Die Geschichte beginnt damit, daß ein junger Mann zur unchristlichen Zeit von fünf Uhr morgens aufstehen muß, um mit dem Zug von New York nach Pompey's Head zu fahren. Pompey's Head steht wahrscheinlich für Savannah. Wir sind ein schrecklich unbequemes Ziel!«

Miss Hartys Lachen klang silberhell wie ein Glockenspiel im Wind. »Früher fuhr ein Zug von hier nach Atlanta. Der *Nancy*

Hanks. Vor zwanzig Jahren wurde er stillgelegt, und wir vermissen ihn überhaupt nicht.«

»Fühlen Sie sich nicht abgeschnitten?« fragte ich.

»Abgeschnitten wovon?« gab sie zur Antwort. »Nein, eigentlich fühlen wir uns wohl in dieser Isolation. Ob das nun gut ist oder nicht, kann ich nicht beurteilen. Zahnpasta- und Waschmittelhersteller testen hier gern ihre Produkte – weil Savannah alle äußeren Einflüsse verhindert. Dabei hat man weiß Gott versucht, uns zu beeinflussen! Man versucht es immerzu. Von überall her kommen Menschen und verlieben sich in unsere Stadt. Dann ziehen sie hierher und erzählen uns über kurz oder lang, wieviel lebendiger und wohlhabender Savannah sein könnte, wenn wir nur etwas mehr aus diesem Schatz machen würden. Ich nenne diese Leute ›Gucci-*carpetbaggers*‹ – *carpetbaggers* hießen die Spekulanten aus dem Norden, die den Süden nach dem Bürgerkrieg heimsuchten, um hier Geschäfte zu machen. Sie können ziemlich hartnäckig sein. Sogar unhöflich. Wir lächeln freundlich und nicken, weichen aber nicht einen Deut zurück. Die Städte um uns herum boomen in urbanem Übermut: Charleston, Atlanta, Jacksonville – nur Savannah nicht. In den fünfziger Jahren wollten die Leute von der Prudential-Versicherung hier ihren Regionalstandort einrichten. Das hätte Tausende von Arbeitsplätzen geschaffen und Savannah zu einem Zentrum einer netten, profitablen und umweltfreundlichen Industrie gemacht. Wir lehnten ab. Zu groß. Da gingen sie nach Jacksonville. In den Siebzigern faßte Gian Carlo Menotti Savannah als festen Ort für sein Spoleto U.S.A. Festival ins Auge. Wieder waren wir nicht interessiert. So bekam es Charleston. Dabei wollen wir nicht unbedingt schwierig sein. Wir mögen nur die Verhältnisse so, wie sie nun einmal sind!«

Miss Harty öffnete einen Schrank und nahm zwei silberne

Kelchgläser heraus. Sie wickelte jedes in eine Leinenserviette und stellte sie vorsichtig neben den Martinishaker in den Weidenkorb. »Vielleicht sind wir ein wenig reserviert, aber gewiß nicht abweisend. Selbst nach südstaatlichen Standards gelten wir als außergewöhnlich gastfreundlich. Man nennt Savannah auch ›die Gastgeberin des Südens‹. Denn wir sind schon immer eine Stadt der Parties gewesen. Wir lieben Geselligkeit und pflegen sie. Vielleicht weil wir eine Hafenstadt sind und schon immer viel Besuch aus fernen Gegenden hatten. In Savannah war das Leben leichter als draußen auf den Plantagen. Hier wohnten reiche Baumwollhändler in eleganten Häusern nur einen Steinwurf voneinander entfernt. Und Gesellschaften wurden ein wesentlicher Teil des Lebens – das hat uns geprägt. Wir sind ganz anders als das übrige Georgia. Bei uns sagt man: Wenn du nach Atlanta kommst, fragt man dich zuerst, womit du dein Geld verdienst. In Macon, in welche Kirche du gehst. In Augusta fragen sie nach dem Mädchennamen deiner Großmutter. In Savannah jedoch lautet die erste Frage: ›Was möchten Sie gern trinken?‹«

Sie strich über den Korb mit den Martinis. Ich vernahm das späte Echo von Captain Flint, der nach Rum brüllte.

»Savannah hat immer viel getrunken«, sagte sie, »auch als ganz Georgia trocken war. Während der Prohibition. Tankstellen in der Abercorn Street verkauften Whiskey aus den Benzinpumpen! In Savannah bekam man immer einen Drink. Das war nie ein Geheimnis.«

Miss Harty gab mir den Korb und führte mich durch die Halle und die Haustür zu meinem Wagen. Mit dem Korb auf dem Vordersitz zwischen uns wies sie mir den Weg durch die Straßen.

»Jetzt statten wir den Toten einen Besuch ab«, sagte sie.

Wir waren soeben in den Victory Drive gebogen, eine lange Allee, die ganz von Virginischen Eichen und herabhängendem

Spanischen Moos überwölbt war. Auf dem Mittelstreifen paradierten zwei Reihen hoher Palmen, als müßten sie den Baldachin aus Eichen und Moos architektonisch unterstützen.

Verunsichert blickte ich sie von der Seite an. »Den Toten?«

»In Savannah sind die Toten gegenwärtig. Überall stehen Zeichen für das Vergangene, für die Verstorbenen. Wir erinnern uns gern an die Vergangenheit. Zum Beispiel diese Palmen dort. Sie wurden zu Ehren der Soldaten aus Georgia gepflanzt, die im Ersten Weltkrieg gestorben sind.«

Nach drei bis vier Meilen Fahrt verließen wir den Victory Drive und fuhren auf einer kurvigen Straße an das Tor des Bonaventure-Friedhofs. Vor uns tauchte ein Wald aus Virginischen Eichen urzeitlicher Ausmaße auf. Wir parkten den Wagen gleich hinter dem Tor, gingen zu Fuß weiter und kamen nach wenigen Schritten an ein großes, weißes Marmormausoleum.

»Wenn Sie nun während Ihres Aufenthalts in Savannah sterben sollten«, sagte Miss Harty mit zartem Lächeln, »werden Sie hier liegen. Das ist unser Fremdengrab. Es wurde zu Ehren von William Gaston gebaut, der für seine Gesellschaften in Savannah berühmt war und im 19. Jahrhundert gestorben ist. Dieses Mausoleum erinnert an seine Gastlichkeit. Darin befindet sich ein leeres Grab, das für Fremde bestimmt ist, die während ihres Besuches in Savannah sterben. So haben sie Gelegenheit, sich auf einem der schönsten Friedhöfe der Welt ein wenig auszuruhen, bevor ihre Familien sie abholen können.«

Ich bemerkte, daß ich Savannahs Gastfreundschaft nur ungern in solchem Maß beanspruchen würde. Wir spazierten an dem Grabmal vorbei auf einem Weg, der von prachtvollen Eichen gesäumt war. Zu beiden Seiten standen in dichtem Gebüsch moosbewachsene Statuen, die wie die Überreste eines verlassenen Tempels wirkten.

»In kolonialer Zeit war das hier eine wunderschöne Plantage«, erzählte Miss Harty weiter. »Die Steine des Herrenhauses stammten aus England. Bis zum Fluß hinunter zogen sich terrassenförmige Gärten. Colonel John Mulryne baute diesen Landsitz. Als seine Tochter Josiah Tatnall heiratete, pflanzte der Vater der Braut zum Andenken an die glückliche Verbindung der beiden Familien lange Alleen mit Bäumen, die zu den verschränkten Initialen M und T geformt wurden. Da es noch genügend von diesen ursprünglichen Bäumen geben soll, kann man das Monogramm erkennen, wenn man sich Mühe gibt.« Bei diesen Worten hatten wir einen Hügel mit Weinreben erreicht.

»Das ist alles, was vom Herrenhaus übriggeblieben ist«, sagte sie. »Ein paar Grundmauern. Das Haus ist irgendwann im späten 17. Jahrhundert abgebrannt. Nach allem, was man hört, soll es ein gewaltiges Feuer gewesen sein. Man saß gerade bei einem festlichen Dinner mit livrierten Dienern hinter jedem Stuhl, als der Butler dem Gastgeber zuflüsterte, daß das Dach in Flammen stünde und man nichts mehr tun könne. Der Gastgeber erhob sich ganz ruhig, klopfte an sein Glas und lud seine Gäste ein, ihm mit Gläsern und Tellern in den Garten zu folgen. Die Diener trugen Tisch und Stühle hinterher, und die Abendgesellschaft tafelte beim Schein der tobenden Flammen weiter. Der Gastgeber bewahrte Haltung und unterhielt seine Gäste mit amüsanten Geschichten, während die Flammen sein Haus verzehrten. Im Gegenzug erhob sich jeder Gast und sprach einen Toast auf den Hausherrn, das Haus und das köstliche Mahl aus. Danach warf der Gastgeber sein Kristallglas gegen den Stamm einer alten Eiche, und alle Gäste taten es ihm nach. Der Überlieferung nach kann man in ruhigen Nächten immer noch Gelächter und das Zerspringen der Kristallgläser vernehmen, wenn man genau hinhört. Ich stelle mir diesen Ort gern als das ewige Fest vor. Was kann es für einen besseren Platz geben, um in Frieden zu ruhen, als hier in Savannah, wo die Party kein Ende nimmt?«

Wir setzten unseren Spaziergang fort und gelangten zu einer kleinen Familiengrabstätte unter einer hohen Eiche. Innerhalb einer niedrigen Einfassung befanden sich fünf Gräber und zwei Dattelpalmen. Ein Grab, auf dem eine lange, weiße Marmorplatte lag, war von trockenen Blättern und Sand bedeckt. Miss Harty wischte mit der Hand die Inschrift frei: JOHN HERNDON MERCER (JOHNNY).

»Kannten Sie ihn?« fragte ich.

»Alle hier kannten ihn«, sagte sie, »und liebten ihn. Für uns lebte Johnny in seinen Liedern. Sie waren so heiter und lebendig – genau wie er. Es war, als hätte er Savannah nie verlassen.« Sie fegte noch mehr Blätter beiseite und enthüllte die Worte: AND THE ANGELS SING.

»Für mich war Johnny wirklich der Junge von nebenan. Ich wohnte East Gwinnett Street Nummer 222 und er 226. Johnnys Urgroßvater hat ein großes Haus am Monterey Square gebaut. Der Mann, der heute dort lebt, hat es so hervorragend restauriert, daß es eine echte Sehenswürdigkeit geworden ist. Jim Williams. Meine Freunde aus der Gesellschaft sind ganz verrückt nach ihm. Ich nicht.«

Miss Harty straffte die Schultern und sagte kein Wort mehr über die Mercers oder Jim Williams. Unser Weg führte zum Fluß, der in diesem Augenblick unter den Bäumen auftauchte. »Und jetzt muß ich Ihnen noch etwas zeigen«, sagte sie.

Wir betraten den flachen Gipfel eines niedrigen Uferfelsens und sahen über das breite, träge Wasser. Miss Harty führte mich in eine kleine Umfriedung mit einem Grabstein und einer steinernen Bank. Sie setzte sich und bedeutete mir, neben ihr Platz zu nehmen.

»Endlich können wir unsere Martinis trinken.« Sie öffnete den Weidenkorb und füllte die silbernen Kelche. »Fällt Ihnen an diesem Grabstein etwas Ungewöhnliches auf?« Es war ein Doppelstein mit den Namen von Dr. William F. Aiken und seiner Frau, Anna. »Das waren die Eltern des Schriftstellers Conrad Aiken. Schauen Sie sich die Daten an.«

Dr. und Mrs. Aiken waren am selben Tag gestorben: am 27. Februar 1901.

»Und das kam so«, sagte sie. »Die Aikens wohnten in einem großen Backsteinhaus in der Oglethorpe Avenue. Im Erdgeschoß hatte Dr. Aiken seine Praxis, die Familie lebte in den zwei oberen Stockwerken. Conrad war elf Jahre alt. Eines Morgens wachte er auf und hörte, wie sich seine Eltern in ihrem Schlafzimmer am andern Ende des Flurs stritten. Einen Moment war Stille, dann zählte sein Vater von eins bis drei. Darauf folgte ein halberstickter Schrei und ein Revolverschuß. Dann wieder das Eins! Zwei! Drei!, ein zweiter Schuß und ein dumpfer Aufprall. Conrad rannte mit bloßen Füßen über die Oglethorpe Avenue zur Polizeiwache und erklärte: ›Papa hat erst Mama erschossen und dann sich selbst.‹ Er führte die Beamten zu dem Haus und in das Schlafzimmer seiner Eltern im obersten Stock.«

Miss Harty hob ihr Glas in stillem Gedenken an Dr. und Mrs. Aiken. Dann schüttete sie ein paar Tropfen auf die Erde.

»Ob Sie es glauben oder nicht«, sagte sie, »einer der Gründe, warum er sie tötete, waren ... Parties. Aiken hat es in der Kurzgeschichte ›Strange Moonlight‹ angedeutet. Dort hält der Vater der Mutter vor, sie würde die Familie vernachlässigen. ›Zwei Gesellschaften *jede* Woche, manchmal sogar drei oder vier, das geht zu weit‹, sagt er. Die Geschichte ist natürlich autobiographisch. Die Aikens lebten zu der Zeit entschieden über ihre Verhältnisse. Anna Aiken ging praktisch jeden zweiten Abend zu einer Gesellschaft und hatte in dem Monat, in dem ihr Mann sie tötete, schon sechs Dinnerparties gegeben.

Nach den Schüssen nahmen Verwandte im Norden Conrad zu sich und zogen ihn auf. Er ging nach Harvard und hatte schnell Erfolg. Er erhielt den Pulitzerpreis und wurde zum Professor für Poetry an der Library of Congress ernannt. Im Ruhestand kehrte er zurück, um seine letzten Jahre in Savannah zu verbringen. Er wußte immer, daß es so kommen würde. Sein Roman *Great Circle* handelt davon, dort aufzuhören, wo man begonnen hat. Und das hat Aiken getan. Er verbrachte die ersten elf Jahre und die letzten elf in Savannah. In jenen letzten Jahren wohnte er unmittelbar neben dem Haus, in dem er als Kind gelebt hatte: von seiner tragischen Vergangenheit nur durch eine einzige Backsteinmauer getrennt.

Sehr oft packte er den Martinishaker und die silbernen Kelchgläser ein und kam mit seiner Frau hierher. Dann sprachen sie mit seinen Eltern und schütteten etwas Wein auf ihr Grab.«

Miss Harty hob ihr Glas und stieß mit mir an. Ein Paar Spottdrosseln unterhielt sich in den Bäumen. Ein Garnelenkutter zog langsam vorüber.

»Aiken liebte es, hier zu sitzen und den Schiffen zuzusehen. Eines Nachmittags entdeckte er eins mit dem Namen *Cosmos Mariner* auf dem Bug. Er war hingerissen. Das Wort ›cosmos‹ kommt nämlich häufig in seinen Gedichten vor. Abends schaute er zu Hause in der Zeitung nach, ob der *Cosmos Mariner* dort erwähnt wurde. Und da war er in winziger Schrift auf der Liste der Schiffe, die im Hafen lagen. Hinter dem Namen stand ›mit unbekanntem Ziel‹. Das freute ihn noch mehr.«

»Wo liegt Aiken begraben?« fragte ich. Ich sah keinen weiteren Grabstein an diesem Platz.

»Oh, er liegt hier. Wir sind ihm sogar sehr nahe in diesem

Moment. Aiken wollte, daß nach seinem Tod Menschen an diesen schönen Ort kommen, Martinis trinken und genau wie er die Schiffe beobachten würden. Dazu hat er sie auf liebenswürdige Art eingeladen. Er hat sich einen Grabstein in Form einer Bank bauen lassen.«

Unwillkürlich sprang ich auf. Miss Harty lachte und erhob sich ebenfalls. Auf der Bank stand Aikens Name zusammen mit den Worten COSMOS MARINER, MIT UNBEKANNTEM ZIEL.

Die Stadt Savannah zog mich in ihren Bann. Vor meiner Abreise am nächsten Morgen fragte ich die Dame an der Rezeption meines Hotels, wie man hier für einen Monat oder länger ein Apartment mieten könne – nicht sofort, aber vielleicht später.

»Wählen Sie ›Pension‹«, sagte sie. »P-E-N-S-I-O-N auf der Tastatur. Das ist eine Vermittlung für Gästehäuser. Dort kann man Ihnen weiterhelfen.«

Langsam bekam ich das Gefühl, daß Savannah ein rares Überbleibsel des alten Südens war. Die Stadt schien mir in mancher Hinsicht so abgeschieden wie Pitcairn Island, die winzige Felsinsel in der Mitte des Pazifiks, wo die Nachfahren der Meuterer der H.M.S. Bounty seit dem 18. Jahrhundert in inzüchtiger Abgeschiedenheit gelebt hatten. Ungefähr die gleiche Zeit hatten sich sieben Generationen in Savannah still und leise in ihrem Bau an der Küste von Georgia eingeigelt. »Wir sind ein Völkchen von Cousins und Cousinen«, erzählte mir Miss Harty. »Man muß hier sehr vorsichtig sein: Jeder ist mit jedem verwandt.«

In meinem Kopf formte sich eine Idee, die Alternative zum Pendeln am Wochenende. Savannah könnte doch meine zweite Heimat werden. Ich würde immer wieder einen ganzen Monat dort zubringen, lang genug, um mehr als ein Tourist zu werden. Ich würde forschen, beobachten und überall herumschnüffeln, wo mich meine Neugier oder eine Einladung hinführte. Ich würde keine Vermutungen anstellen, sondern alles notieren.

Acht Jahre lang machte ich das so, und meine Aufenthalte in Savannah wurden länger und die in New York kürzer. Manchmal hatte ich das Gefühl, in Savannah zu leben. Ich tauchte ein in einen Abenteuerroman mit ungewöhnlichen Charakteren und seltsamen Geschehnissen, Mord inbegriffen. Aber zuerst einmal griff ich zum Telefon und wählte »Pension«.

KAPITEL 3

Ein Gentleman mit viel Gefühl

Die Stimme am Telefon nannte mir mein neues Zuhause in Savannah – den oberen Stock einer Remise in der East Charlton Street. Dort bewohnte ich zwei kleine Zimmer, die auf einen Garten und die Rückseite eines Reihenhauses blickten. Im Garten stand eine duftende Magnolie und ein kleiner Bananenbaum.

Zur Einrichtung des Apartments gehörte auch ein alter Globus auf einem Ständer. An meinem ersten Abend in der neuen Umgebung legte ich den Finger auf Savannah, drehte den Globus und folgte dem 32. Breitengrad um die Welt. Marrakesch, Tel Aviv und Nanking glitten unter meinem Finger vorüber. Savannah befand sich am westlichsten Punkt der Ostküste, genau südlich von Cleveland. New York lag neun Breitengrade weiter nördlich. Das reichte, so vermutete ich, um den Winkel des Mondes zu verändern. Die Sichel würde heute nacht leicht nach rechts gedreht erscheinen und eher wie ein auf den Kopf gestelltes U aussehen als wie das C, das gestern abend noch über New York zu sehen war. Oder war es andersrum? Ich schaute aus dem Fenster, doch der Mond hatte sich hinter einer Wolke verkrochen.

Während ich noch versuchte meinen genauen Standort im Universum auszumachen, wurden mir die lachenden Stimmen und die Klaviermusik bewußt, die über die Gartenmauer drangen. Eine weiche Baritonstimme sang »Sweet Georgia Brown«. Ein paar Häuser weiter feierte man wohl eine Party, was ich als gutes Zeichen nahm. Die Musik war ein angenehmer, wenn auch etwas schmalziger Hintergrund. Das letzte Lied, an das ich mich erinnere, bevor ich einschlief, war »Lazybones« von Johnny Mercer – wie konnte es auch anders sein.

Ein paar Stunden später, kurz nach Morgengrauen, fing die Musik wieder an. »Piano-roll Blues« war die erste Melodie des Morgens. Mit kurzen Unterbrechungen ging es den ganzen Tag und bis spät in die Nacht weiter. Am nächsten Tag das gleiche Spiel und am übernächsten ebenso. Das Klavier gehörte offenbar zur Atmosphäre dieses Ortes, und die Party auch – wenn es denn eine Party war, die dort vonstatten ging.

Ich fand heraus, daß die Musik aus der Nummer 16 der East Jones Street kam, einem gelben, stuckverzierten Gebäude in der Parallelstraße. Das Haus unterschied sich im großen und ganzen nicht von den anderen in dem Block, bis auf den ständigen Strom von Besuchern, die hier Tag und Nacht ein und aus gingen. Sie waren nicht auf einen Nenner zu bringen – alt und jung, allein und in Gruppen, weiß und schwarz –, aber, wie ich feststellte, keiner läutete oder klopfte an der Tür. Sie stießen die Haustür einfach auf und gingen hinein. Selbst in Savannah waren derart unverschlossene Türen höchst ungewöhnlich. Nun, zu gegebener Zeit würde sich schon eine einfache Erklärung finden, dachte ich und machte mich auf, meine neue Umgebung zu erkunden.

Die alte Gartenstadt mit ihrer geometrischen Ordnung der Plätze umfaßte drei Quadratmeilen des historischen Viertels, das vor dem Bürgerkrieg gebaut worden war. Später, als sich die Stadt nach Süden ausbreitete, verzichtete man auf die Plätze. Unmittelbar südlich ans historische Viertel schloß sich ein breiter Streifen überreich verzierter viktorianischer Bauten an. Dann folgte Ardsley Park, ein Gebiet mit Häusern aus dem frühen 20. Jahrhundert. Südlich vom Ardsley Park wurde das Bild der

Stadt eintöniger und schlichter. Da gab es Bungalows aus den dreißiger und vierziger Jahren, dann Farmhäuser der fünfziger und sechziger und schließlich die Southside, eine flache, fast ländliche Gegend, die überall in Amerika hätte liegen können.

In der Georgia Historical Society klärte mich eine beflissene Bibliothekarin über einiges auf. Nein, sagte sie, eine Frau namens Hannah aus dem Lied »Hard-hearted Hannah« habe es nie gegeben. Der Name erkläre sich wahrscheinlich einfach aus den Reimbedürfnissen eines Liedertexters.

Die Bibliothekarin überschüttete mich mit den historischen Glanzleistungen ihrer Stadt: In Savannah sei 1736 die erste Sonntagsschule Amerikas gegründet worden, das erste amerikanische Waisenhaus 1740, die erste schwarze Baptistengemeinde Amerikas 1788, der erste Golfplatz 1796. John Wesley, der Begründer des Methodismus, sei hier im Jahre 1736 an der Christ Church Pfarrer gewesen. Ein Kaufmann aus Savannah hatte das erste Dampfschiff finanziert, das den Atlantik überqueren sollte – die *Savannah*, die 1819 auf ihre Jungfernfahrt von Savannah nach Liverpool ging.

All diese gewichtigen historischen Ersttaten ließen vermuten, daß diese schläfrige Stadt von 150 000 Einwohnern früher stärker in den Gang der Geschichte eingegriffen hatte als heute. Die Finanzierung des ersten Hochseedampfers im Jahre 1819 käme in unserer Zeit zum Beispiel der Förderung der ersten Raumfähre gleich. Präsident James Monroe reiste eigens zur Jungfernfahrt des Schiffes nach Savannah – was für die Bedeutung des Ereignisses spricht.

Ich stöberte in den Büchern, Drucken und Karten im Lesesaal der Society, einer geräumigen Halle mit hoher Decke und doppelreihigen Bücherregalen an den Wänden. Der Bürgerkrieg war allgegenwärtig in diesem Raum, und die Rolle, die

Savannah darin spielte, sagte viel über den Charakter dieser Stadt.

Beim Ausbruch der Kämpfe war Savannah der führende Baumwollhafen der Welt. General William Tecumseh Sherman erlebte hier die Krönung seines triumphalen Marsches an die Küste und zog mit siebzigtausend Mann gegen Savannahs zehntausend. Im Unterschied zu ihren Kollegen in Atlanta und Charleston waren Savannahs Stadtväter jedoch praktische Geschäftsleute, deren sezessionistischer Überschwang durch den ernüchternden Gedanken an die Zerstörung, die ihnen bevorsteht, gebremst wurde. Als Sherman näher rückte, ging ihm der Bürgermeister von Savannah an der Spitze einer Delegation entgegen und bot an, die Stadt ohne Gegenwehr zu übergeben, wenn Sherman verspräche, sie nicht niederzubrennen. Sherman nahm das Angebot an und sandte das berühmte Telegramm an Präsident Lincoln: ICH ÜBERREICHE IHNEN HIERMIT ALS WEIHNACHTSGESCHENK DIE STADT SAVANNAH MIT EINHUNDERTFÜNFZIG KANONEN UND REICHLICH MUNITION, DAZU UNGEFÄHR FÜNFUNDZWANZIGTAUSEND BALLEN BAUMWOLLE. Sherman blieb einen Monat, zog dann nach Columbia, South Carolina, und machte den Ort dem Erdboden gleich.

Savannah war durch den Krieg verarmt, erholte sich aber bald wieder und prosperierte. Zu der Zeit allerdings begannen die wirtschaftlichen Grundfesten der Stadt zu wanken. Die Landarbeiter wanderten in den industriellen Norden ab; durch die Jahre der Monokultur der Baumwolle war der Boden ausgelaugt, und das Zentrum des Baumwollgürtels hatte sich nach Westen verlagert. In der Finanzkrise von 1892 fiel der Preis für das Pfund Baumwolle von einem Dollar auf neun Cents. Und 1920 hatte der Samenkäfer den letzten Rest der Baumwollwirtschaft vernichtet. Von da an ging es mit Savannah bergab. Viele der einstmals großen Häuser verfielen, und Lady Astor bemerkte 1946 auf der Durchreise, Savannah sei wie »eine schöne Frau mit schmutzigem Gesicht«. Tief getroffen von dieser Kritik, begannen besorgte Bürger in den fünfziger Jahren, das historische Viertel von Savannah zu restaurieren. Ihren Bemühungen ist der Erhalt der Altstadt von Savannah zu verdanken.

Bevor ich den Lesesaal verließ, wollte ich noch im städtischen Einwohnerverzeichnis von 1914 nach Sadie Jefferson fahnden, der Frau, die den ganzen Weg zur Polizeiwache Tango tanzend zurückgelegt hatte. Ihr Name war nicht aufgeführt, ja, es gab überhaupt keinen Jefferson. Die Bibliothekarin sah sich meinen alten Zeitungsausschnitt an und meinte, ich hätte vermutlich im falschen Teil des städtischen Adreßbuches nachgeschlagen.

»Dem Wortlaut dieser Zeitungsmeldung können Sie entnehmen, daß Sadie Jefferson eine Schwarze war«, sagte sie, »denn die höfliche Anrede ›Mrs.‹ oder ›Miss‹ fehlt. Das war so üblich vor der Integration. Üblich war auch, die Schwarzen in einem eigenen Abschnitt des Adreßbuches aufzulisten. Deswegen konnten Sie die Frau nicht finden, glaube ich.« Sie hatte recht: Sadie Jefferson – Ehefrau des Friseurs James E. Jefferson – stand im städtischen Einwohnerverzeichnis von 1914 in dem Abschnitt für Schwarze. Sie war in den siebziger Jahren gestorben.

Die Geschichte der Schwarzen in Savannah ist natürlich ganz anders verlaufen als die der Weißen. 1735 wurde in Georgia die Sklaverei verboten (Oglethorpe nannte sie ein »schändliches Verbrechen«), aber 1749 gaben die Treuhänder der Kolonie dem Druck der Siedler nach und legalisierten sie wieder. Trotz der langen Zeit der Unterdrückung verlief die Bürgerrechtsbewegung der sechziger Jahre in Savannah fast gewaltlos. Die Bürgerrechtler organisierten Sit-ins in Restaurants, Swim-ins am Strand, Kneel-ins in Kirchen und einen fünfzehnmonatigen

Boykott der Geschäfte mit Rassentrennung. Die Spannung wuchs, doch alles blieb friedlich – nicht zuletzt aufgrund der unermüdlichen Bemühungen des weitsichtigen Bürgermeisters, Malcolm Maclean, und einer gewaltfreien Strategie der schwarzen Führer. Im Jahre 1964 erklärte Martin Luther King, daß Savannah die Stadt in den Südstaaten sei, die die Rassentrennung am weitesten überwunden habe. 1980 war die Bevölkerung von Savannah zur Hälfte weiß und zur Hälfte schwarz.

In den Dokumenten der historischen Gesellschaft gab es reichlich Belege, daß die Stadt Savannah in ihrer Blütezeit kosmopolitische Züge trug und ihre Bürger sehr weltlich gesinnt waren. Bürgermeister Richard Arnold, der General Sherman im Bürgerkrieg besänftigt hatte, repräsentierte diesen Menschenschlag. Er war Arzt, Gelehrter, Epikureer, ein Liebhaber großer Weine und ein Gentleman, der seine gesellschaftlichen Pflichten ernst nahm. In einem Brief schrieb er: »Gestern hatte ich den ehrwürdigen Howell Cobb zu einer zwanglosen Dinnerparty eingeladen. Wir setzten uns um drei Uhr zu Tisch und standen um halb zehn wieder auf.« Bürgermeister Arnolds sechseinhalbstündiges Dinner verstärkte meinen Eindruck von Savannah als einer Stadt, die Gesellschaften liebte, und erinnerte mich wieder an das fröhliche Treiben, das ohne Unterlaß in dem Reihenhaus in meiner Nachbarschaft, East Jones Street Nummer 16, im Gange war.

Eines Tages um die Mittagszeit zahlte es sich aus, daß ich ab und zu ein wachsames Auge auf das Haus warf. Ein Wagen fuhr vor und hielt mit kreischenden Bremsen ruckartig an. Am Steuer saß eine vornehm gekleidete ältere Dame mit einem weißen Haardutt, der so hübsch geformt war wie eine kleine Pastete. Sie hatte erst gar nicht versucht, rückwärts einzuparken, sondern war von vorn in die Lücke eingeschert, als wolle sie ein Pferd am Pfosten festbinden. Nun stieg sie aus, ging zur Haustür, zog einen Schusterhammer aus ihrer Handtasche und zerschlug mit Bedacht all die kleinen Glasscheiben um die Tür herum. Dann steckte sie den Hammer wieder in ihre Tasche und ging zum Wagen zurück. Der Vorfall schien die Leute in dem Haus nicht zu berühren. Die Klaviermusik und das Lachen gingen weiter wie bisher. Erst ein paar Tage darauf wurden die Scheiben ersetzt.

Wie erwartet klärte sich alles bald auf. Eines Abends nach dem Essen hörte ich, wie jemand auf Pfennigabsätzen die Treppe hochstakste, dann folgte ein leises Klopfen an der Tür. Draußen stand im Mondlicht eine schöne Frau mit einer Wolke von platinblondem Zuckerwattehaar um den Kopf. Sie trug ein rosafarbenes Minikleid über ihren üppigen Formen und kicherte.

»Wissen Sie schon«, sagte sie, »daß sie bei Joe wieder mal den Strom abgestellt haben?«

»Ja wirklich?« gab ich zur Antwort. »Wer ist Joe?«

Einen Moment lang war sie verwirrt. »Sie kennen Joe nicht? Ich dachte, jeder würde ihn kennen. Er ist Ihr Nachbar. Ich meine, fast Ihr Nachbar. Joe Odom.« Sie wedelte mit der Hand in westliche Richtung. »Er wohnt ein paar Häuser weiter – dort entlang.«

»Etwa in dem Haus mit dem Klavier?«

Die Frau schüttelte sich vor Lachen. »Ja. Genau.«

»Und ist Joe Odom auch der Klavierspieler?«

»Aber klar, und ich bin Mandy. Mandy Nichols. Ich wollte Sie wirklich nicht stören, aber bei Ihnen brannte noch Licht. Und außerdem haben wir kein Eis mehr, und ich hoffte, Sie hätten etwas übrig.«

Ich bat sie herein. Als sie an mir vorüberfegte, roch ich den Duft von Gardenien und erkannte sie als eine der vielen, die in das Haus unten an der Straße gegangen waren. Man hätte sie auch kaum übersehen können, diese großgewachsene Schönheit mit ihrem wundervoll gerundeten Körper. Ein farbenfroher Rahmen üppiger Schminke betonte ihre blauen Augen. Ich nahm vier Eiswürfelschalen aus dem Kühlschrank, schüttete sie in einen Eiskübel und sagte zu ihr, daß ich mich schon gefragt hätte, wer wohl in diesem Haus leben würde.

»Offiziell nur Joe«, erwiderte sie, »aber bei den vielen Leuten, die dort über Nacht oder eine Woche oder ein paar Monate bleiben, ist es manchmal schwer zu sagen. Ich wohne in Waycross und fahr an sechs Tagen in der Woche nach Savannah, um hier in den Clubs der Innenstadt zu singen. Wenn ich zu müde bin, um noch nach Haus zu fahren, übernacht ich einfach bei Joe.«

Sie habe mit einem halben Stipendium an der University of Tennessee studiert, erzählte sie weiter, eigentlich aber nur Däumchen gedreht. Außerdem sei sie vor einem Jahr in Las Vegas zur Miss BBW gekrönt worden.

»Zur Miss BBW?«

»Miss Big Beautiful Woman. Das ist ein Schönheitswettbewerb für große Frauen, der sogar eine eigene Zeitschrift herausgibt und eine Kleiderkollektion entwirft – all so was. Doch eigentlich wollte ich an dem Rummel gar nicht teilnehmen; meine Freunde haben die Bewerbung losgeschickt.«

Ich gab ihr den Eiskübel.

»Hey«, sagte sie, »warum kommen Sie nicht auf einen Drink rüber?«

Da ich das gerade selbst hatte vorschlagen wollen, nahm ich die Einladung ohne Zögern an und folgte ihr die Treppen hinab auf den Kiesweg. Mandy ging vorsichtig; die Steine rutschten und hopsten unter ihren hohen Absätzen.

»Es ist ein langer Weg von Waycross nach Savannah, nicht wahr?« fragte ich.

»Ungefähr anderthalb Stunden eine Strecke.«

»Wird das nicht etwas langweilig jeden Tag?«

»Eigentlich nicht. Ich lackiere mir unterwegs die Nägel.«

»Die Nägel?«

»Natürlich«, kicherte sie. »Warum nicht?«

»Nun ja, das scheint etwas kompliziert. Die Nägel zu lackieren und gleichzeitig Auto zu fahren.«

»Es geht ganz leicht, wenn man die Sache einmal raus hat. Ich fahre mit meinen Knien.«

»Ihren Knien?«

»Haha. Eigentlich mache ich die Nägel erst am Schluß. Vorher schminke und frisiere ich mich.«

Ich sah mir die schimmernde Farbpalette auf Mandys lächelndem Gesicht an. Das war nicht nur einfach Lippenstift und Maskara, sondern eine sorgfältige Komposition, die den Übergang vieler Töne und Schattierungen verlangte: Rosa, Blau und Umbra – und über allem die platinblonde Wolke ihres Haares.

»Ich toupiere mein Haar«, sagte sie.

»Sie müssen viel Aufmerksamkeit auf der Straße erregen, während Sie damit beschäftigt sind«, gab ich zurück.

»Yeah, manchmal schon. Gestern, als ich an eine Tankstelle fuhr, folgte mir ein Lastwagenfahrer und hielt neben mir an. Er sagte: ›Ma'am, ich bin die letzten fünfundvierzig Minuten hinter Ihnen hergefahren und hab Sie beobachtet. Erst haben Sie sich geschminkt. Dann frisiert. Dann haben Sie sich die Nägel lackiert. Ich wollt nur mal sehn, wie Sie aussehen.‹ Er zwinkerte mir heftig zu und sagte, ich sähe toll aus. Aber er würde doch gern wissen, was da auf dem Sitz neben mir wär. Alle paar Minuten hätte ich mich rübergebeugt und Grimassen geschnitten. ›Das ist mein Fernseher‹, antwortete ich. ›Ich kann doch meine Serien nicht verpassen!‹«

Wir verließen den Kiesweg und betraten Joe Odoms Garten. In den Fenstern des dunklen Hauses flackerte Kerzenlicht. Zwei Männer krochen an der Gartenmauer entlang. Einer hielt eine Taschenlampe, während der andere vor dem Stromkasten kniete. Der kniende Mann trug lange Gummihandschuhe, mit denen er eine große Kneifzange hielt. Offenbar versuchte er, zwei Kabel zu verbinden.

»Vorsichtig, Joe«, sagte der Mann mit der Taschenlampe.

Aus dem Kabel sprühte ein Funkenregen, und die Lichter im Nachbarhaus wurden schwächer. Als sie wieder hell erstrahlten, ging das Licht in Joes Haus an. Von drinnen kam lauter Jubel. Joe stand auf.

»Nun, diesmal bin ich dem elektrischen Stuhl noch einmal entkommen«, sagte er. »Vielleicht klappt's beim nächsten Mal.« Er machte eine Verbeugung zum Nachbarhaus hin.

Joe Odom hatte einen Schnurrbart und blondes Haar, das allmählich ergraute. Er trug ein leichtes, blaues Hemd mit offenem Kragen, Khakihosen und weiße Halbschuhe mit braunem Aufsatz. Er war ungefähr fünfunddreißig und wirkte bemerkenswert ruhig für jemanden, der gerade einen lebensgefährlichen Akt von Stromdiebstahl überstanden hatte.

»Ich habe Eis mitgebracht«, sagte Mandy.

»Und dazu auch einen Eismann, wie ich sehe.« Joe warf mir ein strahlendes Lächeln zu. »Normalerweise hantiere ich nicht so spät noch im Garten herum«, sagte er, »aber heute hatten wir hier draußen... ein paar Probleme zu lösen.«

Er zog die Gummihandschuhe aus. »Ich werde immer besser,

glaube ich. Ich kann auch Wasser und Gas wieder anstellen. Merken Sie sich das, wenn Sie mal meine Dienste brauchen sollten. Nur mit dem Telefon bin ich nicht ganz so gut. Ich kann zwar eine durchgeschnittene Schnur reparieren, aber nur so, daß man Anrufe empfangen, nicht aber selbst anrufen kann.«

Irgendwo unter der Treppe schaltete sich der Kondensator der Klimaanlage ein.

»Was für ein lieblicher Ton!« sagte Joe. »Warum gehen wir nicht alle rein und erheben unsere Gläser – auf das Licht, den Geschirrspüler, die Mikrowelle, den Kühlschrank und die Elektrizitätswerke von Savannah. Und auf...« Er hob ein imaginäres Glas in Richtung des Nachbarhauses. »Auf wen auch immer!«

Joe Odoms Reihenhaus war ungewöhnlich möbliert für einen Schmarotzer der öffentlichen Stromversorgung. Im Salon erblickte ich ein elegantes englisches Sideboard, mehrere gute Ölporträts aus dem 18. Jahrhundert, ein Paar antiker, silberner Kerzenleuchter, einen prachtvollen Steinway-Flügel und zwei oder drei beeindruckende Orientteppiche. In jedem Zimmer schienen Menschen zu sein – nicht wie bei einer Party, sondern als ständige Gäste in einem offenen Haus.

»Ich bin Steueranwalt«, sagte Joe, »Grundstücksmakler und Pianist. Früher war ich Mitinhaber einer Anwaltskanzlei, vor ein paar Jahren jedoch machte ich mich selbständig und verlegte mein Büro in dieses Haus, damit ich Vergnügen und Geschäft nach eigener Lust und Laune verbinden konnte. Das war, als mich meine dritte Frau verließ.«

Mit einem Nicken deutete Joe auf einen jungen Mann, der auf einer Couch im Wohnzimmer schlief. »Das ist Clint. Wenn Sie nach Atlanta wollen, nimmt er Sie gern mit. Er fährt mit riesigen Trucks hin und zurück und ist froh, wenn er Gesellschaft in seiner Kabine hat. Allerdings sollte ich Sie warnen: Er macht die

Fahrt in knapp drei Stunden. Ich habe noch von niemandem gehört, daß er zweimal mit ihm auf Tour gegangen ist.«

Ein Mädchen mit rotem Pferdeschwanz telefonierte in der Küche. Joe erzählte mir, daß sie in einem der Top-40-Sender Savannahs als Diskjockey arbeitete. Ein Freund von ihr sei gerade wegen Kokainhandels und terroristischer Drohungen gegen die Polizei verhaftet worden. Im Eßzimmer schnitt ein blonder Mann mit weißem T-Shirt und weißen Baumwollhosen einer Frau die Haare. »Das ist Jerry Spence«, sagte Joe. »Er schneidet uns allen die Haare, und jetzt ist er gerade mit Ann beschäftigt, meiner ersten und zweiten Frau. Ann und ich haben schon als Kinder zusammen gespielt. Zum erstenmal heirateten wir, als ich noch Jura studierte, zum zweitenmal am Jahrestag unserer ersten Scheidung. Und natürlich haben Sie Mandy kennengelernt. Sie wartet darauf, meine vierte Frau zu werden.«

»Und worauf wartet sie da?« fragte ich.

»Auf ihre Scheidung«, sagte Joe. »Und wann die sein wird, kann niemand sagen, weil ihr Anwalt ein fauler Strick ist, der noch nicht einmal den Antrag eingereicht hat. Und da ich ihr Anwalt bin, können wir uns auch kaum beschweren.«

Der gesellige Mittelpunkt des Hauses war die Küche, die zum Garten hinaus lag. Darin stand ein Klavier, und von diesem Raum flutete die Musik über die Gartenmauern hinaus auf die ganze Straße.

»Mir ist aufgefallen, daß Sie Ihre Haustür nicht abschließen«, sagte ich.

»Das ist richtig. Es war einfach zu mühsam, ständig hinzugehen und jemand reinzulassen. Auch das hat meine dritte Frau sehr bekümmert.« Odom lachte.

»Also mich stört das auch«, sagte Mandy. »Vor allem seit dem Einbruch in der letzten Woche. Joe glaubt zwar nicht an einen

Einbruch, ich aber schon. Es war vier Uhr morgens, und wir lagen beide im Bett. Ich wachte auf, weil ich unten Geräusche hörte, und schüttelte Joe. ›Joe, das sind Einbrecher‹, sagte ich. ›Es könnte doch auch jemand anders sein‹, meinte er gleichmütig. Aber ich war mir sicher, daß es Einbrecher waren. Ich hörte, wie sie Schranktüren öffneten und Schubladen herauszogen. So puffte ich ihn wieder und sagte: ›Joe, geh runter und sieh nach.‹ Doch Mr. Ungerührt hob seinen Kopf ein paar Zentimeter vom Kissen und brüllte: ›Angus? Bist du's, Angus?‹ Natürlich keine Antwort. Nun, wenn da ein Einbrecher sei, hieße er jedenfalls nicht Angus, meinte Joe daraufhin und schlief wieder ein. Doch es *war* ein Einbrecher, und wir können von Glück sagen, daß er uns nicht ermordet hat.«

Während Mandy noch erzählte, fing Joe an, Klavier zu spielen. Am nächsten Morgen, sagte er, hätten drei Flaschen Schnaps und ein halbes Dutzend Gläser gefehlt. Das sähe doch eher nach einer Party als einem Einbruch aus. Und er ärgere sich nur darüber, daß man ihn nicht eingeladen habe.

Joes Lächeln drückte aus, daß für ihn die Sache erledigt war. »Jedenfalls ließ ich die Tür ursprünglich aus praktischen Gründen offen. Aber bald schon wurde mir klar, daß nur noch Unbekannte an der Tür klingelten. Also war es für mich das Signal, daß ein Fremder vor der Tür stand. Und allmählich ging ich gar nicht mehr hin, wenn die Glocke schellte, weil es wahrscheinlich ein Hilfssheriff war, der mich mit irgendwelchem Papierkram belästigen wollte. Und dafür brauche ich wirklich nicht zu Haus zu sein.«

»Oder für kleine, alte Damen mit Schusterhämmern«, sagte ich.

»Hämmern? Ich glaube kaum, daß ich eine alte Dame kenne, die einen Hammer mit sich herumträgt.«

»Die, die Ihre Scheiben eingeschlagen hat, hatte einen.«

»Das war eine kleine, alte Dame?« fragte Joe erstaunt. »Ich habe mich schon gewundert, wie das passieren konnte. Wir dachten, jemand hätte die Tür zu fest zugeschlagen. Haben Sie etwa gesehen, wie sie es tat?«

»Allerdings.«

»Nun ja, wir haben hier in Savannah einen besonderen Schlag kleiner alter Damen, und eine von ihnen ist wohl etwas unzufrieden mit mir.« Es schien ihn überhaupt nicht aufzuregen. »So, jetzt wissen Sie einiges über uns. Erzählen Sie von sich.«

Ich sei Schriftsteller und käme aus New York, sagte ich.

»Oh, dann sind Sie sicher der neue Yankee, von dem ich schon gehört habe. Nichts entgeht unserer Aufmerksamkeit; Savannah ist eine echte Kleinstadt. So klein, daß jeder alles vom anderen weiß, was durchaus nicht immer angenehm ist, aber auch bedeutet, daß wir alle Bullen in Zivil kennen, was wiederum von großem Vorteil sein kann. Ihnen sollte ich wohl erzählen, daß Sie schon eine Menge Neugier hervorgerufen haben. Die Leute denken nämlich, Sie hätten vor, eine Enthüllungsstory über Savannah zu schreiben, und nehmen sich daher ein wenig in acht vor Ihnen. Das braucht Sie aber nicht zu beunruhigen, denn insgeheim hoffen sie alle, in Ihrem Buch vorzukommen.« Joe lachte und zwinkerte mir zu.

»Savannah ist ein seltsamer Ort, aber wenn Sie auf Onkel Joe hören, werden Sie gut zurechtkommen. Sie müssen nur ein paar Grundregeln beachten. Regel Nummer eins: *Bleiben Sie immer noch auf einen Drink mehr.* Dann passieren die interessanten Dinge. Dann finden Sie alles heraus, was Sie wissen wollen.«

»Damit kann ich gut leben«, sagte ich.

»Regel Nummer zwei: *Gehen Sie nicht weiter südwärts als bis zur Gaston Street.* Ein wahrer Savannaher ist ein NOG. NOG bedeutet *North of Gaston*. Wir bleiben im alten Teil der Stadt. Wir gehen weder in Einkaufszentren noch in die Southside, außer wenn wir zu einer Party für reiche Leute draußen an der Anlegestelle eingeladen sind. Alles, was südlich der Gaston Street liegt, könnte auch in North Jacksonville sein. Dahin gehen wir nämlich auch nicht.

Regel Nummer drei: *Achten Sie auf die wichtigen Feiertage – Saint Patrick's Day und den Tag des Footballspiels zwischen Georgia und Florida*. In Savannah gibt es die drittgrößte Saint-Patrick's-Parade in Amerika. Aus dem ganzen Süden kommen Menschen, um dieses Ereignis zu sehen. Alle Geschäfte haben geschlossen, nur Restaurants und Bars nicht, und man fängt schon um sechs Uhr morgens mit dem Trinken an. Ähnlich feuchtfröhlich geht es auch beim Football zwischen Georgia und Florida zu, womit die Gemeinsamkeit auch schon ein Ende hat, da es sich bei diesem Spiel um einen wahrhaftigen Krieg zwischen den Gentlemen aus Georgia und den Barbaren Floridas handelt. Schon eine Woche vorher packt uns die Nervosität, und hinterher brauchen wir fast zehn Tage, um mit der emotionalen Belastung von Sieg oder Niederlage fertig zu werden. Die Männer von Georgia lernen von klein auf die Bedeutung dieses Spiels kennen.«

»Die Frauen von Georgia genauso«, sagte Mandy. »Frag irgendein Mädchen im Süden Georgias, und sie wird dir klipp und klar sagen, daß man erst *nach* dem Georgia-Florida-Spiel Strumpfhosen trägt.« Ich hatte das Gefühl, daß Mandy und Joe dicke Freunde von mir werden sollten.

»So«, sagte Joe, »da wir Sie nun unter unsere Fittiche genommen haben, versteht es sich von selbst, daß Sie fragen, wenn Sie etwas brauchen, und brüllen, wenn Sie Probleme haben. Sonst werden wir sehr böse auf Sie werden.«

Mandy kletterte auf Joes Schoß und liebkoste sein Ohr.

»Und sorgen Sie dafür, daß wir in Ihrem Buch vorkommen«, fuhr Joe fort, »denn wir würden ja gern uns selbst spielen, wenn es verfilmt wird. Nicht wahr, Mandy?«

»Mm-hmmm«, sagte sie.

»In Ihrem Buch können Sie meinen richtigen Namen verwenden. Oder Sie nennen mich einfach einen *sentimental gentleman* aus Georgia, einen Gentleman mit viel Gefühl.

> *I'm just a sentimental gentleman from Georgia, Georgia,*
> *Gentle to the ladies all the time.*
> *And when it comes to lovin' I'm a real professor,*
> *Yes Sir!*
> *Just a Mason-Dixon valentine.*
> *Oh, see those Georgia peaches*
> *Hangin' around me now.*
> *›Cause what this baby teaches nobody else knows how.*
> *This sentimental gentleman from Georgia, Georgia,*
> *Gentle to the ladies all the time.‹*

Joe sang mit einer solchen Hingabe, daß ich mich nur schwer daran gewöhnen konnte, daß er derselbe Mann war, der die Stromleitung des Nachbarhauses angezapft hatte und der, wie er selbst zugab, vor den Vorladungen flüchtete, die ihn wegen finanzieller Forderungen in beträchtlicher Höhe vor Gericht zwingen wollten. Durch seine hinreißende Art wirkte alles, was er tat, wie ein gutmütiger Spaß. Später, als er mich zur Tür brachte, lachte und scherzte er mit so anmutiger Leichtigkeit, daß mir erst zu Hause bewußt wurde, daß er sich beim Abschiednehmen zwanzig Dollar von mir geliehen hatte.

KAPITEL 4
Eingewöhnung

Nach diesem irgendwie vielversprechenden, wenn auch unorthodoxen Beginn eines sozialen Lebens fing ich an, mein Apartment so umzugestalten, daß ich dort behaglich leben und arbeiten konnte. Um so unentbehrliche Dinge wie Bücherregale, Aktenschränke und Leselampen zu erwerben, besuchte ich einen Trödelladen am Stadtrand. Es war ein vollgestopftes Warenlager in einer Art Scheune, in deren hinterem Teil sich mehrere Räume voller Resopal-Eßecken, Sofas und Haushaltsgeräte vom Wäschetrockner bis zum Apfelentkerner befanden. Der Eigentümer saß wie ein Buddha hinter seinem Schreibtisch und bellte den Kunden Begrüßungen zu und seinen Verkäufern Anweisungen.

Der Verkäufer, ein nichtssagender Mittdreißiger mit mausgrauem Haar und Mittelscheitel, ließ seine Arme schlaff an den Seiten herabbaumeln. Seine Kleidung war sauber, aber ebenso abgetragen wie die Anzüge und Hemden auf einem Ständer in einer Ecke des Ladens. Ich war zutiefst beeindruckt, als er den riesigen Warenbestand umstandslos aus dem Gedächtnis abrufen konnte. »Von der Sorte haben wir sieben Stück«, sagte er zum Beispiel. »Das eine ist wie neu, vier sind in Ordnung, eins ist kaputt, aber noch zu reparieren, und das andere für einen Kunden zurückgelegt.« Nicht nur als lebendes Inventarverzeichnis war der Verkäufer bemerkenswert, er kannte sich auch mit den Vorzügen und Nachteilen fast aller Haushaltsgerätemarken aus, besonders jener, die es gar nicht mehr gab.

Von all dem schwer beeindruckt, verblüffte mich aber noch mehr, daß auf seinem linken Augenlid ein sorgfältig gemalter purpurroter Schatten glühte – wie ein schwermütiger Sonnenuntergang.

Zuerst konnte ich mich, abgelenkt vom Purpurschatten auf seinem Lid, nur schwer auf das konzentrieren, was er sagte. Ich fragte mich, zu was für einer nächtlichen Verwandlung dieses farbige Auge gehören mochte, und stellte mir eine Tiara vor und ein schulterfreies Kleid und einen Arm mit langem weißen Handschuh, der einen Straußenfächer schwingt. Oder war es etwas ganz anderes? Vielleicht die Kriegsbemalung eines Punks? Lief dieser sanftmütige Kerl in seinen freien Stunden mit Stiefeln, zerschlissenen T-Shirts und bunten Stachelhaaren herum?

Schließlich gelang es mir wieder, dem Mann zuzuhören, und ich kaufte das, was er mir vorführte. In der nächsten Woche schaute ich erneut in dem Laden vorbei und versuchte diesmal energisch, nicht auf den Lidschatten auf dem linken Auge des Verkäufers zu starren. Von Zeit zu Zeit fragte der Boss vom Schreibtisch herüber, ob diese oder jene Ware am Lager sei. Dann spitzte der Verkäufer ein Ohr und warf die Antwort über die Schulter zurück, ohne seinen Chef direkt anzusehen. Nach einem dieser Wortwechsel sagte der Verkäufer mit leiser Stimme: »Was der Boss nicht weiß, macht ihn auch nicht heiß.«

»Was meinen Sie damit?« fragte ich ihn.

»Er konnte das da nicht leiden«, sagte der Verkäufer und deutete auf sein linkes Auge. »Dabei ziehe ich keine Frauenkleider an oder so was Krankes. Ich schminke mir nur die Augen, ursprünglich beide auf diese Art. Der Boss wollte das nicht mehr sehen, und ich war schon drauf und dran, meinen Hut zu nehmen und nie mehr wiederzukommen. Doch dann fiel mir ein, daß er ja immer in seinem Stuhl saß und daß mein Schreibtisch links von ihm stand. Und wenn ich mich nun nie mit der linken Seite zu ihm drehte, so dachte ich, würde er es vielleicht gar nicht merken. Das war vor zwei Jahren, und seitdem hat er nichts mehr gesagt.«

Bei meinem nächsten Besuch in dem Laden war der Verkäufer zum Lunch gegangen und wurde bald zurückerwartet. Also plauderte ich ein wenig mit dem Boss. »Jack ist ein guter Mann«, sagte er über seinen Verkäufer. »Der beste, den ich je hatte, aber auch ein seltsamer Vogel. Ein Einzelgänger. Dieser Laden mit all den Sachen drin – das ist sein ganzes Leben. Ich nenne ihn ›Jack, die einäugige Jill‹ – natürlich nur, wenn er nicht da ist. Früher hatte er ja beide Augen geschminkt. Gott, sah das fürchterlich aus! Das könne ich in meinem Geschäft nun wirklich nicht dulden, sagte ich, und wenn er das nicht ließe, müsse er gehen. Und was hat er gemacht? Kam am nächsten Morgen rein und trug gar kein Augen-Make-up, soweit ich sehen konnte. Aber er lief ständig seitwärts wie eine blöde Krabbe und drehte und wendete sich. Dann ging er an einem Schrank mit Spiegel vorbei, und ich konnte es genau erkennen: Er hatte das andere Auge geschminkt.

Zuerst wollte ich ihn auf der Stelle rausschmeißen. Aber er macht seine Arbeit gut, und die Kunden scheint es nicht zu stören. Also hielt ich meinen Mund, und er hielt sein buntes Auge von mir abgewandt. Er muß mich für blind halten oder für einen Idioten, aber was soll's. Er tut so, als wäre er nicht geschminkt, und ich tue so, als ob ich nicht wüßte, daß er sich meiner Anordnung widersetzt hat. Inzwischen läuft er immer noch seitwärts, verdreht sich und spricht aus dem Mundwinkel in der Hoffnung, ich würde nichts merken. Ich weiß nicht, wer von uns beiden verrückter ist: Jack, die einäugige Jill, oder ich. Aber wir kommen gut miteinander aus.«

Schon bald fand ich zu einem geregelten Tagesablauf. Morgens joggte ich im Forsyth Park, dann frühstückte ich in Clary's Drugstore, und am späten Nachmittag machte ich einen Spaziergang durch die Bull Street. Dabei stellte ich fest, daß meine Aktivitäten mit den täglichen Ritualen gewisser anderer Leute übereinstimmten. Wie weit sich unsere Wege auch während des übrigen Tages trennen mochten, sie kreuzten sich um dieselbe Zeit am selben Ort. Der Schwarze, der um den Forsyth Park joggte, war einer dieser Leute.

Er war schlank, sehr dunkel und ungefähr einen Meter achtzig groß. Als ich zum erstenmal hinter ihm lief, bemerkte ich, daß er einen kurzen, blauen Lederriemen trug. Den größten Teil hatte er um die Hand gewickelt, nur ein Stück von zwanzig oder dreißig Zentimetern hing frei herunter. Damit schlug er bei jedem Schritt gegen seinen Oberschenkel, und der rhythmische Klatsch zwang mich, entweder mit ihm im Gleichschritt zu laufen oder ganz anders. Ich lief im Gleichschritt, das ging leichter. Als er an diesem ersten Tag am südlichen Ende des Parks um die Ecke bog, blickte er zurück in meine Richtung, aber nicht direkt zu mir, sondern etwas weiter nach hinten. Ich drehte den Kopf zur Seite und sah etwa fünfzig Meter hinter mir eine blonde Frau, die mit einem kleinen Terrier joggte, der neben ihr hertrappelte.

Beim zweitenmal waren die blonde Frau und ihr Hund vor mir, als ich meinen Lauf begann. Gelegentlich flitzte der Hund in den Park und machte dann kehrt, um ihr wieder Gesellschaft zu leisten. Als ich näher kam, blickte sie seitwärts über den Park zur Drayton Street hinüber. Der schwarze Mann joggte in der Drayton Street, er hatte schon seine beiden Biegungen am anderen Ende des Parks hinter sich gebracht und drehte sich jetzt zu ihr um.

Von nun an sah ich den einen nie ohne den anderen. Er trug

immer den blauen Lederriemen. Sie war immer in Begleitung ihres Hundes. Manchmal führte er, manchmal sie. Doch immer lagen mindestens hundert Meter zwischen ihnen.

Eines Tages sah ich den Mann im M&M-Supermarkt einen Einkaufswagen schieben. Ein andermal erblickte ich ihn, als er am Wright Square in ein neueres Modell eines grünen Lincolns einstieg. Aber ohne blaues Band und ohne blonde Frau. Ein paar Tage später sah ich die blonde Frau aus einer Bank kommen. Sie war allein, nur ihr Terrier trabte neben ihr und zog gewaltig an einer blauen Lederleine.

»Savannah toleriert keine Verhältnisse zwischen Schwarz und Weiß«, erklärte mir Joe Odom, als ich ihm von dem Paar erzählte. »Besonders nicht zwischen schwarzen Männern und weißen Frauen. Das hat sich auch in den letzten zwanzig Jahren nicht geändert. Badness ist die einzige Frau, die ich kenne, die einen schwarzen Liebhaber hatte und damit durchkam. Sie war mit einem einflußreichen Geschäftsmann in Savannah verheiratet und hatte während ihrer Ehe fast immer Liebhaber. Das war kein Problem. Savannah ist eine Stadt, die Untreue selbst in ihrer krassesten Form duldet, ja sogar liebt. Man kann hier gar nicht genug davon kriegen. Aber sogar Badness riskierte es nicht, in Savannah zu bleiben, als sie eine Affäre mit einem Schwarzen anfangen wollte, und ging nach Atlanta.«

Das verstand ich alles, aber ich wunderte mich doch über gewisse Kleinigkeiten bei meinen joggenden Freunden. Warum trug er zum Beispiel die Leine? Und wann und wo kamen sie sich nah genug, damit sie sie ihm übergeben konnte? Schließlich sah ich ein, daß ich wohl nie ganz dahinterkommen würde.

Wenn ich am späten Nachmittag die Bull Street entlangspazierte, traf ich jedesmal auf einen sehr alten und sehr würdevollen schwarzen Mann. Er trug immer Anzug und Krawatte, ein blütenweißes Hemd und einen Filzhut. Seine Krawatten hatten klassische Paisley- oder Streifenmuster in gedämpften Farben, seine Anzüge waren maßgeschneidert und aus feinem Stoff, wenn auch wohl für einen etwas größeren Mann gemacht.

Jeden Tag zur selben Zeit trat der alte Mann durch die schmiedeeisernen Tore des grandiosen Armstrong House am Nordende des Forsyth Park. Dann ging er nach links und dann die Bull Street hoch den ganzen Weg bis zum Rathaus und wieder zurück. Er war ein vollkommener Gentleman. Zur Begrüßung tippte er sich an den Hut und verbeugte sich leicht. Doch zwischen ihm und den Menschen, die er grüßte – gewöhnlich gutgekleidete Geschäftsleute –, spielte sich ein seltsamer Wortwechsel ab, wie ich feststellte. Die Leute fragten ihn: »Immer noch mit dem Hund unterwegs?« Und obwohl weit und breit kein Hund zu sehen war, antwortete der Mann: »O ja. Immer noch mit dem Hund unterwegs.« Dann blickte er über die Schulter zurück, rief in die Luft: »Komm, Patrick!« und setzte seinen Weg fort.

Eines Tages, als ich den Madison Square überquerte, sah ich ihn am Denkmal vor einem Halbkreis von Touristen stehen. Er sang. Die Worte konnte ich nicht verstehen, aber ich hörte seine dünne Tenorstimme. Die Touristen klatschten Beifall, als er fertig war, und eine Reiseführerin steckte ihm etwas in die Hand. Er verbeugte sich und ging. Am Fußgängerüberweg trafen wir uns.

»Das war sehr schön«, sagte ich.

»Oh, vielen Dank«, gab er in seiner höflichen Art zurück. »Mein Name ist William Simon Glover.«

Ich stellte mich vor und sagte zu Mr. Glover, ich hätte den Eindruck, daß wir häufig den gleichen Weg zur gleichen Zeit nehmen würden. Den Hund erwähnte ich nicht, weil sich das Thema vermutlich von selbst ergeben würde.

»O ja«, sagte er. »Ich bin sechsundachtzig Jahre alt und jeden Morgen um sieben Uhr früh in der Stadt. Ich bin im Ruhestand, ohne mich auszuruhen. Ich arbeite als Portier für die Anwaltskanzlei Bouhan, Williams und Levy.« Mr. Glovers Sprechweise war schwungvoll. Er sprach den Namen der Firma aus, als stünde ein Ausrufezeichen hinter jedem der Partner.

»Ich bin zwar Pförtner, aber überall als Sänger bekannt«, sagte er, als wir über die Straße gingen. »Singen hab ich in der Kirche gelernt, als ich zwölf war. Für einen Vierteldollar trat ich die Pedale der Orgel, während eine Dame spielte und eine andere sang. Ich konnt kein Deutsch, kein Französisch oder Italienisch, aber weil ich die Dame immer singen hörte, hab ich die Worte sprechen gelernt, auch wenn ich keine Ahnung nich hatte, was sie bedeuteten. Einmal am Sonntag morgen konnte die Dame nicht singen, und ich sprang ein. Und ich sang das Halleluja auf italienisch.«

»Wie geht denn das?« fragte ich.

Mr. Glover blieb stehen und sah mich an. Er machte den Mund weit auf und atmete tief ein. Aus dem Innersten seiner Kehle kam ein hoher krächzender Laut: »Aaaaa lei *luuuu*-jah! Aleiiii-luu jah!« Er war aus dem Tenor in ein zitterndes Falsett gefallen. Für ihn war das »Halleluja« offenbar für immer ein Stück, das eine Sopranstimme in der Kirche vor so vielen Jahren gesungen hatte. »Allei-*luu*-jah, a-lei-luu jah, a-lei-luu jah, a-*lei*-luu jah, a-lei-luu-jah, a-lei-luu-jah!« Atem schöpfend hielt Mr. Glover einen Moment lang inne. – »Und dann am Schluß sang sie immer noch: ›AAAAAAAAhhh lei *luuuuuuuu* jah!‹«

»So fingen Sie also an.«

»Ganz recht! So begann alles. Die Dame brachte mir bei, auf deutsch, französisch und italienisch zu singen! O ja! Und ich bin seit 1916 musikalischer Leiter der First African Baptist

Church. Ich dirigierte einen Chor von fünfhundert Stimmen, als Franklin D. Roosevelt am 18. November 1933 Savannah besuchte. An das Datum erinner ich mich so genau, weil meine Tochter an demselben Tag geboren wurde. Ich hab ihr den Namen Eleanor Roosevelt Glover gegeben. Auch an das Lied, das wir sangen, kann ich mich erinnern: ›Come By Here‹. Der Doktor ließ mir ausrichten, ich könnte so lange für den Präsidenten ›Come By Here‹ singen, wie ich wollte, wenn ich nur danach bei ihm fünfzehn Dollar abliefern würde, denn er hätte gerade eine kleine Tochter bei mir abgeliefert.«

Als wir uns an der Ecke der Oglethorpe Avenue trennten, fiel mir ein, daß ich immer noch nichts über den eingebildeten Hund wußte, dessen Name Patrick war. Ungefähr eine Woche später lief ich Mr. Glover wieder über den Weg und nahm mir vor, das Thema zur Sprache zu bringen. Aber Mr. Glover wollte zuerst über andere Dinge reden.

»Sie wissen, was Psychologie ist«, sagte er. »Das lernt man in der Schule. Und im Pullmanwagen lernt man *Mensch*ologie. Ich war während des Kriegs Schaffner im Pullman. Man mußte die Passagiere ganz schön bei Laune halten für ein Trinkgeld von fünfzig Cents oder einem Dollar. Du sagst: ›Augenblick, Sir. Sie woll'n in den Salonwagen? Ihre Krawatte hängt schief.‹ Klar hängt die Krawatte schnurgerade, aber du ziehst sie schief und dann wieder grade, und er freut sich. Das ist Menschologie!

Außerdem soll man einen Mann nie fragen: ›Wie geht es Mrs. Brown?‹ Frag ihn lieber: ›Wie geht es Miss Julia? *Richten Sie ihr bitte meine Verehrung und Grüße aus.*‹ Ich hab Mr. Bouhan nie nach Mrs. Bouhan gefragt. Ich sagte: ›Wie geht es Miss Helen? *Richten Sie Miss Helen meine verehrten Grüße aus.*‹ Er mochte das und sie auch. Mr. Bouhan gab mir seine alten Kleider und Schuhe. Miss Helen gab mir Platten aus ihrer Sammlung, alle möglichen Platten. Ich habe Platten, von denen ich nich mal weiß, daß ich sie habe. Ich hab sogar Platten von dem großen Opernsänger da... Henry Coca-ruso!« Mr. Glover sah nachdenklich aus.

»Und ich bin immer beschäftigt«, meinte er. »Ich leg die Hände nich in den Schoß und guck in die Luft. Ich habe fünfhundert Dollar Lebensversicherung, alles bis auf den letzten Penny bezahlt. Siebzig Jahre lang jede Woche fünfundzwanzig Cents. Und letzte Woche hat mir die Metropolitan Life Insurance Company einen Scheck über tausend Dollar geschickt!«

Mr. Glovers Augen leuchteten. »Nein, Sir, ich lege die Hände nicht in den Schoß und drehe Däumchen.«

»Glover!« rief eine dröhnende Stimme hinter uns. Ein großer weißhaariger Mann in einem grauen Anzug kam auf uns zu. »Immer noch mit dem Hund unterwegs?«

»Aber ja doch, Sir, natürlich.« Mr. Glover verbeugte sich leicht, tippte an seinen Hut und machte dem unsichtbaren Hund hinter ihm Zeichen. »Ich geh immer noch mit Patrick spazieren.«

»Freut mich zu hören, Glover. Nur weiter so! Passen Sie gut auf sich auf.« Damit verabschiedete sich der Mann und ging weiter.

»Wie lange gehen Sie schon mit Patrick spazieren?« fragte ich.

Mr. Glover straffte seine Gestalt. »Oh, schon lange. Patrick war Mr. Bouhans Hund. Mr. Bouhan gab ihm regelmäßig Chivas Regal Scotch zu trinken. Ich hab den Hund ausgeführt und war auch sein Barmann. Mr. Bouhan sagte, daß ich nach seinem Tod zehn Dollar die Woche bekommen würde, um mich um Patrick zu kümmern. Er hat's auch in seinem Testament verfügt. Ich sollte ihn ausführen und ihm seinen schottischen Whisky kaufen. Als Patrick starb, ging ich zu Richter Lawrence, der Mr.

Bouhans Erbschaftsverwalter war, und sagte: ›Richter, Sie müssen mir jetzt die zehn Dollar nicht mehr bezahlen, weil Patrick tot ist.‹ Und der Richter meinte, das könne nicht sein, weil er den Hund dort liegen sähe. Dort auf dem Teppich! Ich sah mich um, aber da war kein Hund. Doch dann überlegte ich kurz und sagte: ›Oh! Ich glaub, ich seh ihn auch, Richter!‹ Und der Richter antwortete: ›Gut. Dann führen Sie ihn weiter spazieren, und wir bezahlen Sie weiter dafür.‹ Nun sind es schon zwanzig Jahre, seit der Hund tot ist, und ich führ ihn immer noch aus. Ich gehe die Bull Street rauf und runter und rufe über die Schulter nach hinten: ›Komm, Patrick! Mach schon!‹«

Die geheimnisvolle alte Dame, die Joe Odoms Fenster zerschlagen hatte, sah ich nie wieder. Allerdings erfuhr ich, daß es in Savannah eine ganze Reihe von Leuten gab, die sich berechtigt fühlen mochten, Joe die Scheiben einzuschlagen, nachdem sie mit ihm Geschäfte gemacht hatten. Unter diesen Leuten gab es auch jede Menge alter Damen.

Wenigstens ein halbes Dutzend Leute waren zum Beispiel durch Joes letzten Immobiliendeal zu Schaden gekommen – die Umwandlung eines Bürogebäudes in ein luxuriöses Apartmenthaus: das Lafayette. Kurz vor Ende der Renovierung veranstaltete Joe in dem Gebäude eine Abendgala mit Tanz als Besichtigungsparty für künftige Käufer. Sechzehn der Gäste unterschrieben auf der Stelle Kaufverträge für ein Apartment, sechs von ihnen blätterten Bargeld hin. Die neuen Besitzer wollten gerade ihre Wohnungen beziehen, als die Sache eine unerwartete Wende nahm: Eine Hypothekengesellschaft stürzte sich auf das Gebäude und nahm ihre Apartments wieder in Besitz. Wie konnte es dazu kommen? Die Leute hatten ihre Wohnungen voll bezahlt! Joe war mit den Raten für sein Baudarlehen in Verzug geraten und hatte sich nicht darum gekümmert, den neuen Eigentümern Besitzurkunden auszufertigen. Im Moment der Verfallserklärung der Hypothek liefen die Wohnungen also immer noch auf seinen Namen und wurden somit als Sicherheiten beschlagnahmt. Die rechtmäßigen Besitzer mußten vor Gericht gehen, um ihre Apartments wiederzuerlangen.

Während der ganzen Affäre verlor Joe seine gute Laune kein einziges Mal. Wie ein unerschütterlicher Conférencier versicherte er frohgemut seinen Klienten, daß sich noch alles zum Guten wenden würde. Ob sie ihm nun glaubten oder nicht, die meisten beschlossen, ihm zu verzeihen. Eine Frau setzte sich mit Gott in Verbindung, der ihr befahl, nicht zu klagen. Eine andere weigerte sich schlicht zu glauben, daß so ein reizender junger Mann irgend etwas Unrechtes tun könnte. »Ich sollte ihn vermutlich hassen«, sagte ein Arzt für Knochenkrankheiten, der Geld in einem anderen Finanzprojekt von Joe verloren hatte, »aber er ist so unglaublich sympathisch.«

Es gab Gerüchte, daß Joe das Geld aus dem Baudarlehen für das Lafayette verplempert hätte, daß er mit einer Handvoll Freunden in einem Privatflugzeug nach New Orleans geflogen sei, um dort einen Kronleuchter für die Lobby auszusuchen, und dabei gleich noch das Spiel im Sugar-Bowl besucht habe. Nach der Verfallserklärung jedoch wurde deutlich, daß Joe sich in keiner Weise an dem Fiasko bereichert hatte. Er hatte sogar seinen Wagen, sein Schiff, seinen Butler, seine Frau und das Eigentumsrecht an seinem Haus verloren.

Als Folge der Lafayette-Affäre sah sich Joe gezwungen, sein Einkommen aufzubessern, indem er auf privaten Gesellschaften Klavier spielte und sein Haus an mehreren Tagen in der Woche für Schwärme von Touristen öffnete; für drei Dollar pro Kopf gab es eine Stadtrundfahrt mit Lunch in einem historischen

Stadthaus. Die Reiseveranstalter sorgten dafür, daß die Lieferanten mit Platten und Schüsseln voll Essen um 11.45 Uhr vor Joes Haus standen; die Busse fuhren um zwölf Uhr vor; die Touristen gingen durchs Haus, bedienten sich am Buffet und hörten sich ein paar Lieder an, die Joe auf dem Klavier spielte. Um 12.45 Uhr stiegen dann die Touristen wieder in ihren Bus, und die Lieferanten packten ein und fuhren davon.

Lachen und Musik klangen immer noch Tag und Nacht durch die East Jones Street Nummer 16, doch Joe war jetzt nur noch ein gewöhnlicher Mieter. Weder das Haus noch irgend etwas darin gehörten mehr ihm. Weder die Porträts noch die Teppiche oder das Silber. Nicht einmal die kleinen Glasscheiben, an denen die mysteriöse alte Dame, wer immer sie war, ihre Wut ausgelassen hatte.

KAPITEL 5

Der Erfinder

Die Stimme kam wie leichtes Säuseln des Windes über meine Schulter. »Machen Sie das bloß nicht«, sagte sie. »Alles andere, nur das nicht.« Ich stand gerade an der Theke in Clary's Drugstore, wo ich gefrühstückt hatte, und als ich mich umwandte, erblickte ich eine Vogelscheuche von einem Mann mit langem Hals, vorstehendem Adamsapfel und glattem, braunem Haar, das ihm in die Stirn fiel. Er wurde ganz rot im Gesicht, als sei er von mir erwischt worden, wie er laut vor sich hin dachte. Wenn sich jedoch einer von uns schämen mußte, dann höchstens ich. Ich hatte die Verkäuferin nämlich soeben gefragt, wie ich den kristallisierten schwarzen Schaum von meiner Klosettschüssel wegkriegen könnte. Das Mädchen hatte mir Stahlwolle empfohlen.

Der Mann lächelte befangen. »Stahlwolle hinterläßt tiefe Kratzer im Porzellan. Das sind Kalziumablagerungen da bei Ihnen, die vom Wasser kommen. Sie müssen sie mit einem roten Ziegelstein abreiben. Der ist härter als die Kalziumablagerungen, aber nicht so hart wie Porzellan und greift es daher auch nicht an.«

Ich hatte diesen Mann schon einige Male hier im Drugstore gesehen. Er gehörte zu den Stammkunden, die allmorgendlich zum Frühstücken kamen. Obwohl wir nie miteinander gesprochen hatten, kannte ich ihn. Denn Clary's Drugstore war vor allem ein Umschlagplatz von Neuigkeiten, eine Klatschbörse erster Güte.

Trotz des ewigen Geruchs nach verbranntem Speck und der Wahrscheinlichkeit, daß Ruth und Lillie die Bestellungen verwechselten, gab es im Clary's eine treue Frühstücks- und Lunchkundschaft. Die Leute schlenderten, schlichen oder stolperten herein und konnten sicher sein, daß man ihre Verfassung über den Rand der Zeitungen gebührend bemerkte. Man grüßte sich von Tisch zu Tisch oder von Tisch zu Theke, und jedes Wort wurde mitgehört und später weitergereicht. Da saßen möglicherweise am frühen Morgen unter den Stammgästen eine Hausfrau, ein Immobilienmakler, ein Rechtsanwalt, eine Kunststudentin und zwei Tischler, die im Reihenhaus weiter unten an der Straße arbeiteten. »Dann müssen wir ja nur noch den Durchgang zwischen ihrem und seinem Schlafzimmer dichtmachen«, sagte dann womöglich einer der Handwerker, und schon war am Ende dieses Tages die Nachricht von der ehelichen Eiszeit in dem fraglichen Reihenhaus ein offenes Geheimnis. Aufgeschnappte Neuigkeiten waren im Clary's ebenso eine Ware wie Waschpulver oder Wattebällchen.

Der Mann, der mir geraten hatte, mein Toilettenbecken mit einem Ziegelstein zu schrubben, zelebrierte im Drugstore jeden Morgen ein seltsames kleines Ritual. Er bestellte immer das gleiche Frühstück: Eier, Speck, ein Aspirin, ein Glas Salmiakgeist und eine Coca-Cola. Er nahm es aber nicht immer zu sich, sondern legte manchmal beide Hände flach auf den Tisch, als probte er einen festen Blick, und starrte den Teller an. Entweder begann er dann zu essen, oder er stand ohne ein Wort auf und ging zur Tür hinaus. Am nächsten Tag brachte ihm Ruth dann wieder das gleiche, kehrte zu ihrem Platz am Ende der Theke zurück, nahm einen Zug von ihrer Zigarette und wartete ab, was weiter geschah. Auch ich begann, ihn zu beobachten.

Immer wenn er ging, ohne sein Frühstück anzurühren, sagte

Ruth zu sich selbst: »Luther ißt heute nicht.« Dann räumte sie seinen Teller weg und steckte die Rechnung neben die Kasse. Aus den Bemerkungen, die diesen Abgängen folgten, konnte ich entnehmen, daß der Mann Luther Driggers hieß und vor einigen Jahren in Savannah von sich reden gemacht hatte, als er entdeckte, daß ein bestimmtes Pestizid Plastik durchdrang, was zur Erfindung des Flohhalsbandes und des Insektenstreifens führte.

In mancherlei Hinsicht war Luther Driggers das moderne Gegenstück zu Eli Whitney, dem anderen berühmten Erfinder Savannahs. Wie es der Zufall wollte, sollte keiner der beiden Männer auch nur einen Groschen mit seiner Erfindung verdienen. Eli Whitney hatte seine Baumwollentkörnungsmaschine sorgfältig verhüllt, während er jedoch das Patent beantragte, beging er einen entscheidenden Fehler: In der Annahme, sie verstünden ja doch nicht, was sie sähen, erlaubte er Frauen, einen Blick auf seine Erfindung zu werfen. Daraufhin zog sich ein männlicher Unternehmer eines Tages ein Kleid an, schlüpfte mit der Frauengruppe hinein, ging nach Hause und baute seine eigene Baumwollentkörnungsmaschine. Luther Driggers' Fall war deshalb so kompliziert, weil er zur Zeit seiner Erfindung im öffentlichen Dienst beschäftigt war. Staatsdiener hatten keinen Anspruch darauf, ihre Arbeit finanziell zu verwerten. Driggers einzige Möglichkeit war, die sachdienlichen Informationen heimlich einem privaten Unternehmen zu verkaufen. Während er noch mit seinen moralischen Bedenken kämpfte, kam ihm ein Kollege zuvor.

Luther Driggers' traurige Miene war nicht nur eine Folge dessen, daß er mit dem Flohhalsband kein Geld hatte verdienen können. Sein Leben schien aus einer ganzen Reihe unglückseliger Umstände zu bestehen. Die frühe Ehe mit seiner Jugendliebe aus der High-School hatte nur gut ein Jahr gedauert. Ihrem Vater gehörte der Supermarkt, und die Mitgift bestand aus einem Haus und kostenlosem Einkauf in beliebiger Höhe. Mit der Ehe verschwand auch das Haus und die kostenlosen Lebensmittel. Luther zog in eine ehemalige Leichenhalle an der Ecke Jones Street/ Bull Street, wo er als erstes den gekachelten Einbalsamierungsraum in eine Dusche umwandelte. Später verkaufte er einige Erbstücke und erwarb ein altes Reihenhaus. Das Haus vermietete er, die Remise dahinter baute er sich zu einer Wohnung aus. Bei der Renovierung legte er besonderen Wert auf ein bauliches Detail an der Treppe – den sogenannten Fehltritt. Die Stufe des Fehltritts war zwei bis drei Zentimeter höher als die anderen Stufen, so daß jeder, der sich hier nicht auskannte, stolpern mußte – eine primitive Warnanlage vor Einbrechern. Solche Vorrichtungen gab es in vielen alten Häusern; nur für Driggers stellte der Fehltritt eine echte Gefahr dar, weil er gewöhnlich bei seiner Heimkehr nicht einmal dazu in der Lage war, mit normalen Treppen fertig zu werden, von trickreichen ganz zu schweigen. Zu allem Überfluß merkte er erst nach dem Einbau der Treppe, daß er vergessen hatte, sich die entscheidende Frage zu stellen: nämlich wo die Treppe überhaupt hinkommen sollte. Sie befand sich an der einzigen Wand, in die man Fenster hätte einbauen können und die einen Blick auf den Garten hinaus erlaubt hätte. Jetzt sah man vom Wohnzimmer aus auf eine schmale Gasse und eine große, braune Mülltonne.

Während er sich noch von einer Schienbeinquetschung infolge eines Sturzes über den Fehltritt erholte, ging Luther eines Nachmittags zur Post am Wright Square, um das Gewicht eines Pfundes Marihuana, das man ihm angeboten hatte, nachzuprüfen. Er wollte sichergehen, daß man ihn nicht betrog. Zu seiner Verblüffung beschlagnahmte man sein Päckchen an der Tür und verhaftete ihn. Wie die *Savannah Evening Press* später mitteilte, hatte die Post nur Minuten zuvor eine Bombendrohung erhalten. Weiter stand in dem Zeitungsbericht, daß Luthers Päckchen »etwas weniger als ein Pfund Marihuana enthielt«. Also wäre Luther übers Ohr gehauen worden, ganz wie er befürchtet hatte.

Luthers Unglücksfälle bekümmerten seine Freunde, besonders die eigensinnige Serena Dawes. Luther und Serena waren ein ungleiches Paar. Serena war viel älter als Luther und rekelte sich, an ein Polster aus winzigen Kissen gelehnt, während eines Großteils ihrer Lebensstunden, die sie wach verbrachte, in ihrem Himmelbett. Von ihrem seidenen Thron aus überredete sie Luther, ihr einen Drink zu machen, ihre Strümpfe zu suchen, an die Tür zu gehen, Eiswürfel zu holen, ihr den Kamm zu reichen, die Kissen aufzuschütteln oder ihre Knöchel zu massieren. Dazwischen pflegte sie ihn ohne jede Ironie zu ermahnen, für seine Rechte zu kämpfen. »Eine Lady«, sagte sie dann in ihrem trägsten silbenschleifenden Südstaatenakzent, »erwartet von einem Gentleman, daß er sich nimmt, was ihm zusteht!« Wenn Serena darauf zu sprechen kam, meinte sie gewöhnlich die Erträge aus dem Flohhalsband und dem Insektenstreifen. Serena hatte ausgerechnet, was man von diesen Geldern alles hätte kaufen können.

Serena Vaughn Dawes war zu ihrer Zeit eine gefeierte Schönheit gewesen. So anziehend, daß Cecil Beaton sie »eine der vollkommensten Naturschönheiten, die ich je fotografiert habe« genannt hatte. Im Urlaub in Newport begegnete die Tochter eines Prominentenanwalts aus Atlanta vor dem Zweiten Weltkrieg dem jungen Simon T. Dawes aus Pittsburgh, dem Enkel eines Stahlmagnaten. Simon Dawes war von Serena hingerissen. Klatschkolumnisten im ganzen Land bejubelten ihre stürmische Romanze. Doch als die New Yorker *Daily News* schrieb, daß sich das Paar verlobt hätte, telegrafierte Simons Mutter – die gefürchtete Theodora Cabot Dawes – einen hochmütigen Einwortkommentar, der zu Schlagzeilen Anlaß gab wie: *Sohn verlobt? »Absurd«, meint Mrs. Dawes.* Doch Mrs. Dawes' Meinung wurde von den Ereignissen überrollt, als Simon und Serena durchbrannten. Nach ihrem Honeymoon im alten DeSoto Hilton in Savannah gingen die frisch Getrauten zurück nach Pittsburgh.

Als Mrs. Simon T. Dawes wurde Serena in den dreißiger und vierziger Jahren zum Inbegriff von Schönheit und Glamour, ihr Foto schmückte ganzseitige Zigarettenreklamen im *Life*-Magazin. Der Text präsentierte sie als Lady von feinstem Geschmack, die erster Klasse reiste und in Präsidentensuiten wohnte, wo immer sie abstieg. Das Foto zeigte sie sitzend, in stiller Pracht, mit leicht zurückgeneigtem Kopf und einem Rauchfädchen, das aus der Zigarette steigt, die sie in ihrer schönen Hand hält.

Unter der heiteren Gelassenheit jedoch brannte Feuer, und Serenas Schwiegermutter wußte es. Die ältere Mrs. Dawes tat ihr Bestes, um Serena ihrem Willen zu unterwerfen. Sie mahnte sie, die Honorare aus solchen Anzeigen wohltätigen Zwecken zu spenden, und Serena fügte sich. Als sie aber feststellen mußte, daß ihre Schwiegermutter diese Honorare heimlich in die eigene Tasche steckte, schlug sie ihr ins Gesicht und nannte sie »eine gottlose Hexe«. Die zwei Frauen haßten einander.

Als sich Simon Dawes versehentlich in den Kopf schoß und starb, konnte sich seine Mutter an Serena rächen. Die Vermögensverhältnisse der Familie waren so geregelt, daß der Großteil von Simons Besitz nicht an Serena, sondern an die Kinder fallen würde. Doch Serena wollte sich nicht unterkriegen lassen und kündigte an, ihre Villa in Pittsburgh an eine schwarze Familie zu verkaufen. Eine Gruppe reicher Nachbarn flehte sie an, zuerst kaufen zu dürfen. Sie bekam ein fürstliches Lösegeld für die Villa und zog nach Savannah.

In Savannah stürzte Serena Hals über Kopf ins mittlere Alter. Sie nahm zu, ließ sich vollkommen gehen und gab sich endloser Selbstverliebtheit hin. Die meiste Zeit des Tages verbrachte sie im Bett, hielt hof, trank Martinis oder Pink Ladies und spielte mit ihrem weißen Zwergpudel Lulu.

Wenn Serena auch ihre Schwiegereltern hassen mochte, so schwelgte sie doch in der ehemaligen Familienzugehörigkeit. Sie wurde nicht müde zu betonen, daß das Bett, in dem sie lag, einst Algernon Dawes, dem Stahlmillionär, gehört habe. Fotos der Daweses und Cabots standen auf dem Nachttisch Wache. Im Eßzimmer hing ein lebensgroßes Porträt der verhaßten Schwiegermutter, und ihre eigenen Fotografien, aufgenommen von Cecil Beaton, schmückten die Wände ihres Schlafzimmers. In diesem Museum ihres früheren Selbst lebte Serena nun. Ihre Garderobe bestand vor allem aus Shortys und Morgenröcken, die ihre immer noch ansehnlichen Beine zur Geltung brachten und ihre obere Hälfte diskret mit Wolken aus Federn und Seidenchiffon einhüllten. Sie färbte die Haare flammendrot und lackierte die Fuß- und Fingernägel in einem dunklen Grün. Sie schikanierte und schmeichelte; sie schimpfte und schnurrte. Sie säuselte und fluchte. Zur Betonung ihrer Wünsche flogen Gegenstände durch den Raum – Kissen, Drinks und selbst Lulu, der Pudel. Dann und wann fegte sie die Daweses und Cabots fluchend vom Nachttisch und ließ sie auf dem Boden zerschellen.

Serena zog es vor, nicht in den oberen Kreisen von Savannah zu verkehren, die sie wohl auch kaum dazu aufgefordert hätten, jedoch nicht müde wurden, über sie zu sprechen. »Sie wird nie von Ehepaaren besucht«, sagte eine Frau, die in der Gordon Street ein paar Häuser weiter wohnte, »nur von jungen Männern. Soweit ich weiß, ist sie auch in keinem Gartenverein Mitglied. Auf nachbarschaftliche Kontakte legt sie wenig Wert.« Doch auf ihre Weise liebte Serena Luther, und Luther liebte Serena.

Der unscheinbare, schüchterne und glücklose Luther Driggers hatte eine dunklere Seite. Er wurde von inneren Dämonen verfolgt, die sich auf störende Weise bemerkbar machten. Chronische Schlaflosigkeit war einer dieser Unholde. Einmal hatte Luther neun Tage lang nicht schlafen können. Und wenn der Schlaf einmal kam, war er selten friedvoll. Luther schlief gewöhnlich mit fest aufeinandergepreßten Zähnen und geballten Fäusten. Am Morgen wachte er dann mit schmerzenden Kiefern und kleinen sichelförmigen Schnitten in den Handflächen auf. Die Leute machten sich Sorgen wegen Luthers Dämonen. Nicht so sehr wegen der verschmähten Frühstücke oder der Schlaflosigkeit oder den blutenden Handflächen. Sie fürchteten sich vor etwas weit Bedrohlicherem.

Es ging das Gerücht, daß Luther ein Gift, das um ein Vielfaches stärker war als Arsen, in seinem Besitz hatte – ein Gift von solch tödlicher Wirkung, daß es die ganze Bevölkerung von Savannah auslöschen würde, wenn es in die Wasserversorgung der Stadt geriete. Vor Jahren war eine Abordnung besorgter Bürger zur Polizei gegangen, die daraufhin Luthers Haus durchsucht hatte, ohne etwas zu finden. Das hatte natürlich niemanden beruhigt, und die Gerüchte gingen weiter.

Luther wußte sicherlich alles über Gifte und ihre Wirkungen. Er arbeitete schließlich im staatlichen Insektarium am Rande der Stadt, und es gehörte zu seinen Aufgaben, Wannen voller Scheunenabfall durchzusieben, Käfer und Getreidekäfer auszusortieren und in Kolonien zu züchten, um verschiedene Insektizide an ihnen auszuprobieren. Am schwierigsten war es, die Insektizide in die Brusthöhle der einzelnen Tiere zu spritzen. Das erforderte die Geschicklichkeit eines Uhrmachers und war schon nüchtern schwer genug, mit einem Kater und zitternden Händen aber kaum zu bewerkstelligen. »Gott, ist das eine stumpfsinnige Arbeit«, sagte Luther.

Manchmal bekämpfte Luther die Langeweile, indem er gewöhnliche Stubenfliegen betäubte und ihnen ein Stück Faden auf den Rücken klebte. Wenn die Fliegen aus der Narkose erwachten, flogen sie herum und zogen die Fäden hinter sich her. »Dann kann man sie leichter fangen«, meinte er.

Dann und wann ging Luther in der Altstadt von Savannah spazieren und hielt ein Dutzend oder mehr Fäden in der Hand, jeder in einer anderen Farbe. Manche Menschen führten Hunde aus, Luther seine Fliegen. Gelegentlich besuchte er Freunde und nahm ein paar seiner Fliegen mit, die er dann im Wohnzimmer freiließ.

Zur Abwechslung klebte Luther auch mal die Flügel einer Wespe auf die einer Fliege, um deren Aerodynamik zu verbessern. Oder er schnitt von einem Flügel ein Stück ab, so daß die Fliege für den Rest ihres Lebens im Kreis flog.

Diese Seite an Luther war es, die die Menschen mit schleichendem Unbehagen erfüllte und sie sich fragen ließ, ob er nicht eines Tages sein Fläschchen Gift in die Wasserversorgung von Savannah kippen würde. Und immer wenn Luther Clary's Drugstore verließ, ohne zu frühstücken – was er erst kürzlich getan hatte –, war es ein Zeichen, daß sich seine Dämonen regten.

Dieser Gedanke ließ mich nicht los, als mir Luther erklärte, warum ich mein Toilettenbecken mit einem Ziegelstein schrubben sollte. Er sprach nämlich vor allem über die Wasserversorgung in Savannah. Savannahs Wasser käme aus einer grundwasserhaltigen Kalksteinschicht, sagte er. Es sei reich an Kalziumbikarbonat, das beim Trocknen ein Molekül verliere und zu kristallisierendem Kalziumkarbonat werde. »Hey, warten Sie mal«, wollte ich sagen, »was sind das da für Geschichten über Sie und ein tödliches Gift?« Ich sagte aber nichts und dankte ihm höflich für seinen Rat.

Am nächsten Morgen setzte er sich an den Nebentisch, und ich beugte mich rüber und meldete die frohe Kunde: »Der Ziegelstein hat gewirkt. Vielen Dank.«

»Gut«, sagte er. »Sie hätten auch Bimsstein nehmen können. Der hätte genauso gewirkt wie der Ziegelstein.«

Ruth stellte Luther sein Frühstück hin, und wie gewöhnlich starrte er es an. Ich bemerkte einen hellgrünen Faden, der am Knopfloch seines Revers befestigt war und lose am Jackett herunterhing. Während Luther seine Eier betrachtete, straffte sich der grüne Faden, schwang gegen den Uhrzeigersinn herum und kam an seiner linken Schulter zur Ruhe. Dort blieb er einen Moment und erhob sich dann in die Luft, als hätte ihn ein Aufwind gepackt. Luther schien weder die Bewegungen des Fadens noch die Mätzchen der Fliege an seinem Ende wahrzunehmen.

Er sah, daß ich ihn beobachtete. »Ich weiß auch nicht«, sagte er seufzend. »Manchmal kann ich es einfach nicht ertragen zu frühstücken.«

»Das habe ich gemerkt«, meinte ich.

Luther wurde rot beim Gedanken, daß seine Eßgewohnheiten aufgefallen waren, und begann zu frühstücken. »Ich habe zu wenig Magensäure«, sagte er. »Nichts Ernsthaftes. Man nennt es Hypochlorhydrie. Rasputin soll auch an dieser Krankheit gelitten haben, ich weiß aber nichts Genaueres darüber. Ich weiß nur, daß mich meine Säfte in Streßsituationen im Stich lassen und ich dann kein Essen verdauen kann. Aber es geht vorüber.«

»Was diese Verdauungssäfte betrifft«, fragte ich, »haben Sie denn in letzter Zeit viel Streß gehabt?«

»Na ja, irgendwie schon. Ich arbeite da an einer neuen Sache. Etwas, das viel Geld bringen könnte, wenn es funktioniert. Das Problem ist nur, daß es noch nicht funktioniert.« Luther machte eine kleine Pause und überlegte, ob er mich ins Vertrauen ziehen könnte.

»Wissen Sie, was ›schwarze Lichter‹ sind? Diese purpurnen, fluoreszierenden Lichter, die Gegenstände im Dunkeln aufleuchten lassen? In vielen Lokalen gibt es Aquarien, die von ›schwarzen Lichtern‹ angestrahlt werden. Das Purple Tree unten am Johnson Square hat so eins. Ich dachte mir nun, wie schade es doch ist, daß Goldfische nicht im Dunkeln leuchten. Und daran arbeite ich gerade. Denn wenn sie leuchten würden, sähen sie aus wie riesige Glühwürmchen, die in der Luft schweben – und jeder Typ, der sich an der Bar vollaufen ließe, könnte stundenlang auf diese seltsame Vision starren. Ich jedenfalls täte das. Jede Bar in Amerika müßte sie einfach nehmen. Deswegen versuche ich herauszufinden, wie man sie zum Leuchten bringen kann.«

»Glauben Sie denn, daß Ihnen das gelingt?«

»Ich experimentiere mit fluoreszierender Farbe. Zuerst habe ich die Goldfische direkt in die Farbe getaucht, und sie sind gestorben. Dann ging ich behutsamer vor und tat einen Teelöffel Farbe ins Aquarium und wartete. Nach einer Woche erschien ein schwaches Leuchten auf den Kiemen und den Spitzen der Flossen, das aber in einer Bar kaum Eindruck gemacht hätte. Nach und nach schüttete ich mehr Farbe ins Wasser, aber das Leuchten wurde nicht intensiver und ging auch nicht auf die anderen Teile des Fisches über. Nur der pH-Wert des Wassers nahm zu, und binnen weniger Tage waren die Fische tot. Das ist der momentane Stand der Dinge.«

Die Fliege hatte sich auf Luthers Augenbraue niedergelassen. Der grüne Faden hing an seiner Wange herunter, als wäre er an einem Monokel befestigt.

Driggers' Leuchtgoldfisch. Warum auch nicht? Vermögen waren schon auf weniger gegründet worden. »Das gefällt mir«, sagte ich. »Hoffentlich schaffen Sie es.«

»Ich lasse Sie es wissen«, sagte Luther.

In den nächsten paar Tagen sprachen wir nur kurz miteinander. Manchmal winkte mir Luther nur zu und zeigte mir den erhobenen Daumen. Einmal glaubte ich eine kleine Pferdebremse über ihm schweben zu sehen. Ich konnte nicht erkennen, ob sie an einem Faden festgebunden war oder nicht, aber sie folgte ihm bis zur Kasse, und als er ging, hatte es den Anschein, als ob er die Tür für sie offenhielte.

Eines Morgens, als ich den Drugstore betrat, winkte er mich zu sich rüber. »Ich habe etwas Neues ausprobiert«, sagte er. »Ich vermische die Leuchtfarbe mit dem Fischfutter, und es zeigen sich schon erste Resultate. Die Kiemen und Flossenspitzen leuchten recht prächtig, und um die Augen und das Maul fluoresziert es auch schon etwas.«

Später am Abend wolle er ins Purple Tree gehen und seinen ersten öffentlichen Versuch machen, erzählte er mir. Er würde sich freuen, wenn ich mitkäme. Um zehn Uhr könne ich ihn bei Serena Dawes treffen, und wir drei würden dann zusammen ins Purple Tree marschieren.

Pünktlich um zehn Uhr abends kam Serenas Mädchen, Maggie, an die Tür des Reihenhauses. Sie führte mich in einen Salon an der Vorderseite, der im großen Stil eingerichtet war – Empiremöbel, schwere Vorhänge mit Bordüren und viel Blattgold. Dann verschwand sie im hinteren Teil des Hauses, um ihrer

Herrin zu helfen. Nach allem, was man aus dieser Richtung hören konnte, würde man auf Serenas Erscheinen wohl noch etwas warten müssen. Ich vernahm die aufgeregt schrillen Töne einer einseitigen Unterhaltung: »Leg es zurück! *Zurück!*« kreischte sie. »Das paßt nicht zusammen, verdammt! Gib mir das andre rüber. Nein, verdammt, *das* da! Ich kann diese Schuhe nicht tragen. Maggie, du tust mir weh! Vielleicht paßt du das nächstemal mehr auf und hörst zu, wenn ich dir was sage. Hast du die Polizei gerufen? Haben sie die dreckigen kleinen Rednecks erwischt? Ja? Abknallen sollten sie die! Kaltmachen! Sie haben fast das ganze Haus in die Luft geblasen. Luther, Liebling, halt den Spiegel höher, sonst kann ich nichts sehen. So ist's besser. Lulu, komm zu Mama. Komm zu Mama, Lulu! Oooooh! Mamas kleiner Liebling! Maggie, kümmer dich um meinen Drink. Siehst du nicht, daß das Eis geschmolzen ist!«

Um elf Uhr sah ich auf und erblickte zwei blasse, wohlgeformte Beine, die unter einem Wust von rosa Marabufedern hervorlugten, über denen ein breiter, schwarzer Hut thronte. Serenas Fingernägel glänzten dunkelgrün. Ihr Gesicht lag im Schatten des breitrandigen Huts, ließ aber dennoch etwas vom Glanz der Vergangenheit erahnen. Sie lächelte und entblößte eine Reihe ebenmäßiger weißer Zähne zwischen zwei strahlend roten Lippen.

»Es tut mir ja so ent-setz-lich leid, daß Sie warten mußten«, gurrte sie in samtweichem, kokettem Südstaatenton. »Ich hoffe, Sie werden mir von Herzen vergeben, aber ich muß leider sagen, daß ich kaum Schlaf gefunden habe. Die gräßlichen Kinder von der anderen Seite des Platzes haben mir mitten in der Nacht eine Bombe unters Schlafzimmerfenster geworfen. Ich hab mich immer noch nicht davon erholt. Mein Leben ist in ständiger Gefahr.«

»Aber Miz Dawes«, sagte Maggie. »Das war'n doch keine Kinder nich. Das war doch nur Jim Williams mit seiner Spielzeugpistole. Sie wissen doch, wie gern der Sie ärgert. Und mitten in der Nacht war's auch nich, sondern mittags.«

»Anständige Leute haben noch geruht!« sagte Serena. »Und es war *keine* Kinderpistole! Du verstehst von solchen Sachen nichts, Maggie. Es war eine verdammte Bombe! Sie hat fast die verdammte Seite vom Haus weggerissen. Und was Jim Williams betrifft, diesen ungehobelten Nichtsnutz aus Mittelgeorgia – dem werd ich's noch heimzahlen. Wart's nur ab.«

Luther kam und trug eine Schachtel von chinesischem Essen zum Mitnehmen in der Hand. »So, meine Goldfische sind bereit. Laßt uns gehen.«

Serena bestand darauf, erst die Runde durch die örtlichen Nachtlokale zu drehen, bevor wir ins Purple Tree gingen. Der Aufwand, sich anzuziehen, verlangte geradezu nach einer Grand Tour. Zuerst gingen wir in die Bar des Restaurants 1790, dann ins Pink House und schließlich ins DeSoto Hilton. Überall, wo wir hinkamen, scharten sich Serenas Freunde um uns. Sie achtete nur auf die Männer unter ihnen, die sie abwechselnd anhimmelte und herumschikanierte, während sie sich mit ihrer Cocktailserviette Kühlung zufächelte. »Oh, Liebes, du siehst ja so toll aus. Oje, ich hab meine Zigaretten im Wagen gelassen. Sei doch ein Schatz und hol sie mir – hier meine Schlüssel. O jaa, danke dir! Meine Nerven haben sich immer noch nicht von dem Bombenangriff in der letzten Nacht erholt. Hast du davon gehört? Ein enttäuschter Liebhaber hat mir 'n Loch in meine Schlafzimmerwand geblasen. Ich bin immer noch zu aufgeregt, drüber zu reden.«

Als die Stunden vorrückten, begann sich Luther zu sorgen, daß seine Goldfische ihre fluoreszierende Leuchtkraft verlieren könnten. »Wir müssen ins Purple Tree, sonst wird es zu spät«, sagte er.

»Ja natürlich, Liebling«, flötete Serena. »Gleich nachdem wir im Pirates' Cove vorbeigeschaut haben.« Luther öffnete seine Schachtel und streute etwas Fischfutter hinein. Nach dem Pirates' Cove mußte Serena nur noch ins Pinkie Master's. Luther fütterte die Fische ein zweites Mal. Im Pinkie Master's drängten sich mehrere Leute um Luther und starrten in den Karton.

»Goldfische«, sagten sie. »Na und?«

»Kommt mit ins Purple Tree«, sagte Luther. »Ihr werdet schon sehen.« Wieder streute er etwas Futter in die Schachtel. Als wir endlich im Purple Tree angekommen waren, war es halb drei, und aus unserer bescheidenen Dreiergesellschaft war eine kleine Menge mit Serena in ihrer Mitte geworden. Luther begnügte sich damit, nach seinen Goldfischen zu sehen und still und leise betrunken zu werden. In der schwach beleuchteten Düsternis des Purple Tree sah man von Serenas Gesicht unter dem Hut nur noch die blitzenden Zähne. »Wenn es kein eifersüchtiger Liebhaber war«, sagte sie, »könnte es vielleicht auch die Mafia gewesen sein. Sie sind wahrscheinlich ganz scharf auf die prächtigen Juwelen, die mir mein Mann hinterlassen hat. Er war ja, wie ihr alle wißt, einer der reichsten Männer der Welt. Nach diesem Angriff letzte Nacht kann ich mich glücklich schätzen, noch am Leben zu sein.«

Luther, der zu diesem Zeitpunkt nicht mehr ganz sicher auf den Beinen war, ging hinter die Bar. »So, jetzt aber«, sagte er und ließ die Goldfische ohne Umschweife ins Aquarium gleiten. Sie tauchten mit einem Strudel leuchtendgrüner Blasen ins Wasser. Luther hielt den Atem an, als die Blasen aufstiegen und sich das Wasser klärte. Da schwammen nun rund um das Becken – leuchtender als Kiemen, Maul, Augen oder Flossen – die glühenden Eingeweide seiner sechs Goldfische. Gerollte und gewundene Schleifen und Schlingen aus Licht in der Mitte jedes Fisches. Luther wollte seinen Augen kaum trauen. Das war das Ergebnis monatelanger Arbeit. Glühende Goldfischgedärme! Er hatte die Fische überfüttert.

Stille senkte sich über die Stammgäste an der Bar.

»Liebling«, sagte Serena, »was zum Teufel ist das?«

Auch die anderen waren um einen Kommentar nicht verlegen.

»Das ist ja ekelhaft!«

»Sieht aus wie Fische unter Röntgenstrahlen.«

»Igitt!«

Luther war untröstlich. »Und wennschon«, sagte er. »Es macht mir nichts aus. Ist mir völlig Wurscht.« Er wiederholte es immer wieder: »Und wennschon.« Egal, was man ihn fragte – *Möchtest du noch einen Drink? Was sollen wir denn mit den Fischen machen? Sind sie radioaktiv?* –, er antwortete bloß: »Und wennschon.«

Luther war nicht in der Verfassung, um Auto zu fahren. So klemmte ich mich hinter das Steuer seines Wagens und fuhr ihn nach Hause, nachdem wir Serena an ihrer Tür abgesetzt hatten und ihre Gutenachtgrüße verklungen waren, und legte ihn im Wohnzimmer seiner Remise ab – dem Wohnzimmer, das auf die Mülltonnen statt des Gartens hinauszeigte. Die Nachtluft schien ihn ein wenig zu beleben.

»Ich weiß nicht, warum ich mich mit diesen Goldfischen abgegeben habe«, sagte er. »Ich hätte bei meinem Leisten bleiben sollen. Bei den Insekten. Es lohnt sich nicht, etwas anderes auszuprobieren. Oft habe ich daran gedacht, mein Leben völlig zu verändern, aber das geht nie gut.«

Luther bat mich, einen Moment lang im Wohnzimmer zu warten. Unsicheren Schrittes und trotzdem übermäßig vorsichtig ging er die Treppe hoch und bewältigte ohne einen Fehltritt die schwierige Stufe. Ich konnte ihn hören, wie er oben über den Flur ging und eine Schublade aufzog und wieder zumachte. Als er zurückkam, hielt er eine braune Flasche mit einem schwarzen Schraubverschluß. In der Flasche befand sich ein weißes Pulver.

»Das ist eine Möglichkeit zu gehen«, sagte er. »Natriumfluoroacetat. Ein Gift, fünfhundertmal tödlicher als Arsen.« Luther hielt die Flasche gegen das Licht. Auf dem Etikett stand handschriftlich: »Monsanto 3039.«

»Das gleiche Gift schütteten die Finnen in ihre Brunnen, als die Russen 1939 einmarschierten. Das Wasser in diesen Brunnen ist immer noch verseucht. Mit dieser Flasche könnte ich fast alle Bewohner von Savannah umbringen, zumindest ein paar Zehntausend.« Ein Lächeln umspielte Luthers Lippen, als er die Flasche betrachtete. »Vor Jahren, als wir ein Labor dichtmachten, hatte ich die Aufgabe, eine Menge von dem Zeug auf Oatland Island zu vergraben. Doch ich behielt ein bißchen davon für mich zurück. Mehr als genug.«

»Schon mal daran gedacht, es einzusetzen?« fragte ich.

»Klar doch. Ich habe immer gesagt, ich würde es tun, wenn im Nachbarhaus Nigger einzögen. Dann zogen dort Nigger ein und machten mich zum Lügner.«

»Ist es nicht verboten, so etwas zu besitzen?«

»Und wie.«

»Und warum behalten Sie es dann?«

»Es gefällt mir einfach.« Luther sprach in einem spöttischen Ton, wie ein Junge, der eine besonders wirkungsvolle Schleuder besaß. »Immer wieder nehme ich die Flasche in die Hand und denke... puuh!«

Luther gab mir die Flasche. Während ich sie ansah, wagte ich nicht zu atmen aus Furcht, daß selbst die geringsten Mengen austretender Dämpfe tödlich sein könnten. Ich fragte mich, was wohl in Luther vorgehen mochte, wenn er diese Flasche in der Hand hielt und »puuh!« dachte. Dann glaubte ich es zu wissen. Wahrscheinlich sah er, wie die Leute in Savannah einer nach dem anderen tot umfielen: Geschäftsleute auf den Bänken am Johnson Square, junge Nachtschwärmer in der River Street; flanierende schwarze Frauen, die ihre Schirme gegen die heiße Sommersonne hielten; Butler, die silberne Tabletts in den Oglethorpe Club trugen; Huren in Hot pants in der Montgomery Street; Touristen, die vor Mrs. Wilkes' Pension Schlange standen.

Er nahm die Flasche wieder an sich. »Das Gift ist geruchlos und geschmacklos. Es tötet, ohne Spuren zu hinterlassen – bis auf einen kleinen Rest von Fluorid, nicht mehr, als man dem Gebrauch von fluoridierter Zahnpasta zuschreiben könnte. Das Opfer stirbt an einem Herzanfall. Es ist die perfekte Mordwaffe.«

Luther öffnete die Haustür. Ich nahm es als Zeichen, daß der Abend zu Ende war. Doch als ich aufstand, packte er die Tür und riß sie so heftig nach oben, daß er sie aus den Angeln hob. Luther legte die Tür flach auf den Fußboden des Wohnzimmers. »Das ist mehr als nur eine gewöhnliche Tür«, sagte er. »Man nennt es das ›cooling board‹. Darauf legt man Leichen und bereitet sie zum Begräbnis vor. Ein typisches Merkmal alter Häuser. Die Haustür dient zugleich als ›cooling board‹. In den Häusern meiner Familie war das immer so, und ich habe mir eben auch eins machen lassen. Wenn ich einmal sterbe, werden sie mich auf diesem Brett hinaustragen.«

Luther saß mit gekreuzten Beinen mit der Giftflasche in der Hand auf der Leichentür auf dem Wohnzimmerboden. Ja, dachte ich, und wie viele werden Sie mit sich in den Tod nehmen? Luther schloß die Augen. Er lächelte selig.

»Ja, wissen Sie«, sagte ich, »manche Leute in Savannah oder

zumindest im Clary's fürchten, daß Sie eines Tages dieses Gift in die Wasserversorgung schütten könnten.«

»Ich weiß«, erwiderte er.

»Und wenn ich Ihnen nun die Flasche aus der Hand reiße und damit wegrenne?«

»Dann fahre ich eben wieder nach Oatland Island und grabe mir neuen Stoff aus.« Was immer seine Absichten sein mochten, Luther gab den Spekulationen über seine finstere Macht reichlich Nahrung.

»Als Sie ein Kind waren«, fragte ich, »haben Sie da den Fliegen die Flügel ausgerissen?«

»Nein«, sagte er, »ich habe nur Maikäfer gefangen und sie an Luftballons festgebunden.«

Am nächsten Morgen stellte Ruth Luther sein Frühstück hin – seine Eier, seinen Speck, sein Aspirin, das Glas Salmiakgeist und die Coca-Cola. Dann ging sie ans Ende der Theke zurück und zog an ihrer Zigarette.

»Ruth?« fragte Luther. »Glaubst du, daß du ohne Leuchtgoldfisch leben kannst?«

»Ich schon, Luther, wenn du's kannst«, gab sie zur Antwort.

Luther aß etwas Ei und Speck. Er nahm einen Schluck Cola und verzehrte schließlich sein ganzes Frühstück. Luther aß, er schlief, und seine Dämonen rührten sich nicht. Das tödliche Gift würde eine harmlose Spinnerei bleiben. Zumindest für den Augenblick.

KAPITEL 6

*Die Dame mit den sechstausend
Liedern*

Der Strom der Besucher, die bei Joe Odom aus und ein gingen, schien in den Wochen nach unserer Begegnung ständig zuzunehmen. Das mochte daran liegen, daß ich nun selbst zu diesen Leuten gehörte und die ganze Sache sozusagen hautnah miterlebte. Ich schaute oft nach dem Frühstück vorbei, wenn der Duft von frischem Kaffee begann, den abgestandenen Zigarettenqualm der letzten Nacht zu überdecken. Joe war dann schon frisch rasiert und gut erholt nach seinen drei oder vier Stunden Schlaf, und unter der gemischten Gesellschaft (Barkeeper, Leute aus den oberen Zehntausend, Lastwagenfahrer, Buchhalter) befand sich gewöhnlich wenigstens einer, der die Nacht auf dem Sofa verbracht hatte. Selbst zu dieser frühen Stunde pflegte das Haus voller Leben zu sein. Durch die Räume wandelten Menschen, die wie Charaktere aus *La Dolce Vita* auftauchten und an einem vorüberzogen.

Eines Morgens saß Joe am großen Flügel im Wohnzimmer, trank Kaffee, spielte Klavier und unterhielt sich mit mir. Ein dicker Mann und ein Mädchen mit geflochtenem Haar gingen vorbei und waren ganz in ihre Unterhaltung vertieft.

»Gestern hat sie den Wagen ihrer Mutter kaputtgemacht«, sagte das Mädchen.

»Ich dachte den Fernseher.«

»Nein, das mit dem Fernseher war letzte Woche...«

Sie verließen das Zimmer und sprachen im Flur weiter, woraufhin ein kahlköpfiger Mann im Anzug seinen Kopf durch die Tür steckte.

»Der Termin ist um zwei«, sagte er zu Joe. »Ich rufe dich an, wenn's vorbei ist. Wünsch mir Glück.« Dann verschwand er. In diesem Augenblick kam Mandy aus der Küche – in ein weißes Tuch gehüllt, das sie wie eine wollüstige Göttin aussehen ließ. Sie zog eine Zigarette aus dem Päckchen in Joes Hemdtasche, küßte ihn auf die Stirn, flüsterte ihm zu, er solle die verdammten Scheidungspapiere fertigmachen, und huschte in die Küche zurück, wo Jerry fortfuhr, ihr die Haare zu schneiden. Im Eßzimmer schüttete sich ein junger Mann vor Lachen aus, während er die Kolumne von Lewis Grizzard einer weißhaarigen Frau vorlas, die sie überhaupt nicht komisch fand.

»So, jetzt ist es halb zehn morgens«, sagte Joe, »und ich langweile mich noch immer nicht.«

Joe redete nicht nur mit mir, sondern auch mit einer Person am anderen Ende des Telefons, das er unters Kinn geklemmt hatte. Joe führte oft solche zweidimensionalen Gespräche. Manchmal wußte man, wer der andere Teilnehmer war, manchmal auch nicht.

»Ich bin heute morgen um sieben Uhr aufgewacht«, erzählte er, »und sah diesen Riesenkloß neben mir unter der Decke, was mir eigenartig vorkam, weil ich allein zu Bett gegangen war. Mandy war über Nacht in Waycross geblieben und sollte frühestens in einer Stunde zurück sein. Also lag ich da und überlegte, zu wem oder was diese Beule passen könnte. Sie war sehr groß, größer als irgend jemand, den ich kannte... Was?... Doch, ich war mir sicher, daß es sich um einen Menschen handelte und nicht um einen Wäschehaufen, weil es atmete. Dann fiel mir auf, daß die Atmerei irgendwie komisch war, sie kam nämlich von zwei verschiedenen Stellen der Beule. Endlich dämmerte es mir, daß die Beule aus zwei Leuten bestand und ich also das fünfte Rad am Wagen war. Ich schlug die Decke zurück, und da lagen doch tatsächlich ein Junge und ein Mädchen. Sie waren völlig nackt, und ich hatte sie nie zuvor gesehen.«

Joe war einen Moment lang still und hörte wohl der Person am anderen Ende der Leitung zu. »Hehe, du mußt mich doch besser kennen, Cora Bett«, sagte er. Und dann wieder zu beiden von uns: »Jedenfalls fragte mich der Junge, bevor ich überhaupt dazu kam, etwas zu sagen: ›Wer sind denn Sie?‹ Diese Frage war mir in meinem eigenen Bett, soweit ich weiß, noch nie gestellt worden. Ich antwortete also: ›Ich bin hier zufällig der Veranstalter der Lustbarkeiten, und ich glaube, wir sind uns noch nicht begegnet.‹ Und als ich noch überlegte, was ich jetzt tun sollte, klingelte das Telefon, und ich erfuhr, daß mittags ein ganzer Bus voller Touristen kommen würde, vierzig an der Zahl, für die ich den Lunch zubereiten müsse, weil der Lieferant krank sei ... Uff, Lunch für vierzig Personen! ... Sie waren alle Mitglieder einer Polkatanzgruppe aus Cleveland ... Hehe.« Joe lachte, als er der Stimme am anderen Ende lauschte.

»Na ja«, fuhr er fort, »jedenfalls zogen sich meine neuen nackten Freunde an. Der Junge trug Tätowierungen an den Armen – eine Konföderiertenfahne auf dem einen, eine Marihuanapflanze auf dem anderen. Er zog sich ein starkes T-Shirt an mit der Aufschrift *Fuck You* über der Brust. Jetzt sitzen er und das Mädchen gerade in der Küche und machen Krabbensalat für die vierzig Polkatänzer. Jerry ist auch dort und schneidet Mandy die Haare, und so bin ich noch nicht dazugekommen, mich zu langweilen.«

Als Joe sich verabschiedete und auflegte, schwebte ein langer, blauer Kaftan ins Zimmer. Über dem Kaftan thronte das runde, lächelnde Gesicht einer ungefähr siebzigjährigen Frau. Von ihrer puderweißen Haut stach der knallrote Lippenstift, das Rouge und die Wimperntusche ab. Ihr pechschwarzes Haar war zu einem riesigen Knoten gebunden, der wie ein Turban auf ihrem Kopf saß. »Ich bin auf dem Weg nach Statesboro, um im Kiwanis Club zu spielen«, sagte sie und winkte mit den Autoschlüsseln, »und dann muß ich noch um sechs zu einem Schönheitswettbewerb in Hinesville. Um neun Uhr sollte ich eigentlich wieder in Savannah sein. Wenn nicht, würden Sie dann pünktlich in die Bar gehen und für mich einspringen?«

»Ja, Ma'am«, sagte Joe, und die Frau schwebte mit raschelnder Seide und rasselnden Schlüsseln davon.

Joe deutete mit einem Kopfnicken auf die Stelle, wo sie gestanden hatte. »Das«, sagte er, »war eine der großen Damen von Georgia. Emma Kelly. Kommen Sie heute abend mit uns, und Sie können sie in Aktion erleben. Hierzulande nennt man sie nur ›Die Dame mit den sechstausend Liedern‹.«

In den letzten vierzig Jahren hatte Emma Kelly fast jede freie Minute ihres Lebens damit verbracht, durch das südliche Georgia zu reisen und überall, wo man sie brauchen konnte, Klavier zu spielen. Sie spielte bei Schulabschlußfeiern, Hochzeiten, Familientreffen und Kirchenfesten. Man mußte nur fragen, und sie kam – nach Waynesboro, Swainsboro, Ellabell, Hazlehurst, Newington, Jesup und Jimps. Sie hatte schon in jeder High-School im Umkreis von hundert Meilen von Savannah Abiturientenbälle begleitet. An einem x-beliebigen Tag spielte sie vielleicht in Metter bei einer Modenschau, dann fuhr sie weiter nach Sylvania zu einem Treffen pensionierter Lehrer und danach nach Wrens zu einem Geburtstag. Gegen Abend kehrte sie gewöhnlich nach Savannah zurück, um dort in einem Nachtlokal Klavier zu spielen. Aber bei allen Verpflichtungen würde sie nie vergessen, heimzufahren nach Statesboro – eine Stunde westlich von Savannah – und dort am Montag im Rotary Club zum Lunch zu spielen, im Lions am Dienstag, im Kiwanis am Donnerstag und in der Ersten Baptistengemeinde am Sonntag. Emmy spielte Klassiker und Schlager, Blues und Walzer. Sie war ein vertrauter Anblick mit ihren fließenden Kaftanen und Umhängen und diesem hohen Turban aus schwarzem Haar, der von zwei lackierten Eßstäbchen in Form gehalten wurde.

Emma stammte von den ersten englischen Siedlern in Georgia und South Carolina ab. Sie hatte George Kelly kennengelernt, als sie vier Jahre alt war, und ihn mit siebzehn geheiratet. Er war Schildermaler, und als er starb, hatte Emma ihm schon zehn Kinder geboren – die fünf Fehlgeburten nicht mitgerechnet, wie sie immer zu sagen pflegte.

Als fromme Baptistin trank Emma keinen Tropfen Alkohol. Nur einmal wurde sie wegen Trunkenheit am Steuer angehalten, als sie vom Offiziersclub im Fort Stewart zurückkam, wo sie gespielt hatte. Der Militärpolizist, der mit seiner Lampe durchs Fenster leuchtete, sagte, sie sei die letzten drei Meilen in Schlangenlinien über die Straße gefahren. Das stimmte zwar, nur war der Grund ein anderer: Emma hatte die ganze Zeit über versucht, sich aus ihrem Korsett zu befreien. Sie blinzelte in das grelle Licht der Taschenlampe, raffte ihre Kleider um sich und fragte sich verzweifelt, wie sie bloß in dieser Verfassung aus dem Wagen steigen und den jungen Mann von ihrer Nüchternheit überzeugen sollte. Zum Glück hatte sie vor Jahren beim Schulball des Militärpolizisten Klavier gespielt. Er erkannte sie, wußte, daß sie keinen Alkohol trank, und ließ sie weiterfahren.

Tatsächlich kannten die meisten Polizisten der Highway-Patrouillen Emmas Wagen und ließen sie ungeschoren davonkommen, wenn sie spät am Abend mit achtzig oder neunzig Meilen an ihnen vorbeiflitzte. Mit dem Neuling, der sie ahnungslos mit Sirene und Blaulicht zum Anhalten zwang, hatte sie immer das größte Mitleid. Dann drehte sie das Fenster herunter und sagte sanft: »Sie sind wohl neu!« Sie konnte im Geiste schon die Strafpredigt hören, die sich aus dem Mund eines abgespannten Sheriffs über den jungen Mann ergießen würde. Was zum Teufel er sich dabei gedacht hätte, Emma Kelly von der Straße zu zerren! Er solle sofort wieder in den Wagen steigen und diese feine Dame den ganzen Weg nach Statesboro begleiten! Daß sie ja sicher nach Haus käme! Miss Emma bäte er tausendfach um Entschuldigung. Es würde nie wieder vorkommen.

In Savannah folgten Emmas Fans ihr wie eine fröhliche Karawane von Nachtlokal zu Nachtlokal – vom Whispers zum Pink House, vom Fountain zur Live Oak Bowling Alley und bis zum Quality Inn draußen am Flughafen. Sie belebte das Geschäft. Der Umsatz ging immer steil nach oben, wenn sie spielte, und nahm ab, wenn sie wieder weg war. Seit Jahren schon lagen Emma die Kinder in den Ohren, sie möge doch mit der Herumfahrerei aufhören und ihre eigene Pianobar eröffnen. Nachdem sie ihren neunten Hirsch auf dem Highway überfahren hatte, wurden die Bitten ihrer Kinder zu schlichten Forderungen. »Es bricht mir das Herz«, sagte Emma, »weil ich Tiere so sehr mag, vom Schaden am Wagen ganz zu schweigen.« Sie würde noch einmal darüber nachdenken, eine eigene Bar aufzumachen, versprach sie.

Joe Odom, der Emma schon sein ganzes Leben lang kannte, kam oft, um sie zu hören, wo immer sie gerade auftrat. Kurz nach seiner Ankunft pflegte Emma »Sentimental Journey« zu spielen, was bedeutete, daß Joe das Klavier übernehmen sollte, damit sie sich ein paar Minuten ausruhen konnte. Joe tat ihr diesen Gefallen nur allzugern.

In der Nacht, als Emma ihren zehnten Hirsch erlegte, befand sie sich auf dem Weg ins Whispers. Dort angekommen, spielte sie »Sentimental Journey«, sobald Joe zur Tür hereinkam. »Gehen Sie bitte raus, und sehen Sie sich den Wagen an, Joe!« sagte sie. »Ich kann den Anblick einfach nicht ertragen.« Sechs Monate später eröffneten sie und Joe eine Pianobar in einem alten Baumwollspeicher über dem Fluß. Sie nannten sie Emma's.

Das Emma's war ein langer, schmaler Raum, gemütlich wie ein Arbeitszimmer voller Bücher. Seine winzige Tanzfläche schmiegte sich in die Wölbung des kleinen Konzertflügels. Durch ein Panoramafenster konnte man den Fluß sehen und ab und zu ein vorüberziehendes Containerschiff. Zahlreiche gerahmte Fotografien von Familienangehörigen und Freunden schmückten die Borde an einer Wand, und in einem Alkoven am Eingang waren Erinnerungsstücke an Johnny Mercer ausgestellt, der Emma den Spitznamen »Die Dame mit den sechstausend Liedern« gegeben hatte. Nach Johnnys Schätzungen mußte sie ungefähr so viele Lieder auswendig kennen. Er und Emma hatten einen Haufen Liederbücher durchgeblättert, und Mercer hatte die Songs abgehakt, die Emma von vorn bis hinten singen konnte. Nach drei Jahren glaubte Johnny, genug gehört zu haben, um Emmas Repertoire auf sechstausend Lieder ansetzen zu können.

Als ich zum erstenmal ins Emma's ging, wollte ich gerade Platz nehmen, als Emma in meine Richtung sah und fragte: »Was ist Ihr Lieblingslied?« Natürlich fiel mir überhaupt nichts ein. Während ich sie hilflos ansah, fuhr hinter ihrer linken Schulter gerade ein riesiges Frachtschiff vorbei. »Ship!« sagte ich. »My ship has sails that are made of silk!«

»Oh, das ist ein wunderbares Lied«, sagte Emma. »Von Kurt Weill, 1941.« Sie spielte es, und von da an erklang immer »My

Ship«, wenn ich in ihre Bar kam. »Barkeeper kennen die Drinks, die ihre Kunden bevorzugen«, sagte sie. »Ich kenne die Lieder, die ich für sie spielen soll. Immer wenn Stammgäste zur Tür reinkommen, spiele ich ihr Lieblingslied. Das gefällt ihnen, und sie fühlen sich hier zu Hause.«

Emma hatte viele Stammgäste. Da waren die vier Damen aus Estill, South Carolina, die mehrmals die Woche mit oder ohne Ehemänner vorbeischauten. Oder der Immobilienmakler John Thorsen, der jeden Abend vor dem Schlafengehen mit seinem Hund spazierenging und nicht selten bis ins Emma's weiterspazierte, wo er in Morgenmantel und Schlafanzug an seinen Stammtisch geführt wurde. Wenn er sich hingesetzt hatte, spielte Emma »Moments Like This«, sein Lieblingslied. Und dann war da noch Wanda Brooks, eine selbsternannte Empfangshosteß, die verwegene Hüte und eine Bergkristallbrosche trug, auf der in zentimeterhohen Zahlen ihre Telefonnummer glitzerte. Wanda war in den unteren Klassen der High-School Tambourmajorin gewesen; jetzt verkaufte sie Sonnenbänke an Sonnenstudios in South Carolina und der Küstenregion Georgias. Sie rief völlig Fremden »Hey!« zu, führte sie an einen Tisch, unterhielt sich angeregt, tanzte mit ihnen und zog dann weiter, um mit dem nächsten zu plaudern. Ständig kramte Wanda in ihrer Handtasche nach einem Feuerzeug, neigte sich unter liebenswürdigem Geplauder über ihren Nachbarn und rutschte ihm dabei fast auf den Schoß. Dabei fiel ihr die unvermeidliche Zigarette mit einem glühenden Ascheregen aus dem Mund oder glitt ihr aus den Fingern, und die Menschen in ihrer unmittelbaren Nähe sprangen ungestüm auf die Füße und schlugen wie wild auf ihre Kleider ein. Wanda hatte platinblondes Haar und wenn sie ins Emma's kam, ertönte ihr Lieblingslied: »New York, New York«.

Obwohl das Lokal ein großer Erfolg war, hörte Emma mit ihrem Wanderleben nicht auf. Sie zog immer noch von einem Ende Südgeorgias bis zum anderen und fuhr abends nach Savannah, um dort bis zum frühen Morgen zu spielen. Gelegentlich verbrachte sie die Nacht in Joe Odoms Remise, doch meistens fand sie eine Ausrede, um nach Statesboro heimzufahren. Samstag abends fuhr sie sowieso nach Hause, weil ihre Sonntagsdienste in Statesboro sehr früh begannen und lange dauerten, wie ich aus erster Hand erfuhr. Emma lud mich ein, sie an einem Sonntag in der Kirche zu besuchen und mit ihr den ganzen Tag zu verbringen.

Folglich fuhren Emma und ich am Sonntag morgen um zwanzig Minuten nach acht auf den Parkplatz der First Baptist Church in Statesboro. Emma trug ein purpurrotes Seidenkleid, ein blaues Cape, türkisfarbenen Lidschatten und etwas Rouge. »Also«, sagte sie, »wir haben letzte Nacht im Emma's um drei Uhr Schluß gemacht, und ich war um vier zu Haus. Ich wäre ja vom Highway abgebogen und hätte an der Ash-Branch-Überführung fünfzehn Minuten geschlafen, wie ich es normalerweise tue, doch vor mir fuhr ein großer, alter Lastwagen, an dem ich nicht vorbeikam. So ging ich um halb fünf zu Bett, und um Viertel nach sieben rief Tante Annalise an, damit ich rechtzeitig zur Kirche käme. Sie ist neunzig.« Emma rückte ihre zwei lakkierten Eßstäbchen zurecht, mit denen sie ihren Knoten festgesteckt hatte. »Ich kann ja lange mit nur ein paar Stunden Schlaf auskommen, doch manchmal sieht man's eben doch. An den geschwollenen Augen.« Wir gingen in die Kirche.

Der Prediger predigte über »Versuchung und inneren Verfall«. Dann sprach ein anderer Geistlicher über die kommende Erweckungswoche, deren Thema »Wach auf, Amerika: Gott liebt dich!« sein sollte. Der Geistliche meinte, daß es immer noch zu viele gäbe, die taub für diese Botschaft wären. »Es gibt hundertachtzig Millionen Menschen in Amerika, die nicht zu Jesus sprechen«, sagte er. »Zwei Millionen in Georgia. Tausende allein in Statesboro.«

Dann wandte sich wieder der Prediger an die Versammelten. »Gibt es unter uns heute irgendwelche Gäste?« Emma flüsterte mir zu, daß ich mich erheben solle. Alle drehten sich zu uns um. »Willkommen«, sagte der Prediger mit herzlicher Stimme. »Ich freue mich, daß Sie heute bei uns sind.«

Nach dem Gottesdienst gingen Emma und ich zu einer kleineren Kapelle, in der sich die älteren Leute zu ihrem wöchentlichen Seniorentreff versammelt hatten. Unterwegs kamen ein Dutzend oder mehr Menschen auf uns zu, begrüßten mich persönlich in ihrer Gemeinde und fragten, woher ich käme. »New York!« sagte eine Frau. »Meine Güte! Ein Cousin von mir ist einmal dort gewesen.« In der Kirche streifte Emma ihre hochhackigen Schuhe ab und spielte die Orgel, während die Senioren hereinkamen. Jeder einzelne von ihnen ging zur Orgel, um Emma zu begrüßen, und kam dann zu mir, um mir zu sagen, wie sehr sie sich alle freuten, daß ich gekommen war. Als erster wandte sich Mr. Granger an die Versammelten. »Ich sage euch, meiner Frau geht es wunderbar. Am letzten Sonntag wußte ich schon, daß es bösartig war, konnte euch aber nichts davon sagen, weil es der Doktor erst am Dienstag bestätigt hat. Mir ist das Herz recht schwer, doch alles ist in guten Händen, soweit ich es beurteilen kann.«

Aus dem hinteren Teil der Kapelle sagte eine Frau: »Ann McCoy liegt im Saint-Joseph's-Krankenhaus in Savannah. Sie hat Probleme mit dem Rücken.«

Eine andere rief: »Sally Powells Schwester ist gestorben.«

Mr. Granger fragte: »Noch etwas?«

»Cliff Bradley«, sagten mehrere Leute gleichzeitig.

»Cliff ist gestern am späten Nachmittag nach Haus gegangen«, sagte Mr. Granger. »Es scheint ihm sehr gutzugehen.«

»Goldie Smith braucht unsere Fürbitte«, sagte eine andere Frau. »Mit ihrem Magen stimmt etwas nicht, und sie bekommt auch eine Prothese angepaßt.«

Eine Frau mit rosa Lippenstift und Goldrandbrille stand auf, um Zeugnis abzulegen. »Meiner Familie und mir ging es nicht gut, bis ich in mich ging und sah, daß ich in meiner Brust eine Herberge für Gott hatte. Wir alle haben eine Herberge für Gott in unserer Brust. Ihr solltet dasselbe tun wie ich: Laßt Jesus hinein!«

Als die Versammlung vorüber war, ging Emma in einen kleinen Raum neben der Kapelle, wo sie und ein Dutzend anderer Frauen ihre Sonntagsschule abhielten. Emma stellte mich wieder vor, und die quietschvergnügten Damen piepsten mir kleine Hallos zu. Die Leiterin der Schule kündigte an, über Gottes Volk in einer sich ändernden Welt zu sprechen. Zuvor aber könne jeder noch wichtige Neuigkeiten vermelden.

»Myrtle Fosters Wunde eitert immer noch«, sagte eine Frau mit Brille und grünem Sommerkostüm. »Gestern abend habe ich mit Rap Nelby gesprochen, und sie wissen nicht, wann sie nach Haus kommen kann.«

»Wir müssen sie in unser Gebet einschließen«, meinte die Leiterin.

Eine Frau mit lauter blauweißen Löckchen auf dem Kopf sagte: »Louise hat Mary am Freitag im Schönheitssalon getroffen, und den zwei anderen soll es auch nicht gutgehen, weswegen wir sie mit auf die Liste setzen müssen.« Während der nächsten Minuten wurde der Gesundheitszustand von mehreren anderen Mitgliedern der Gemeinde besprochen, und die Gebetsliste wurde noch um drei Namen erweitert.

Dann begann die Leiterin mit ihrem Vortrag – »Jesus wird nie etwas von dir verlangen, was er nicht selbst tun würde« –, und Emma griff in ihre Brieftasche und zog einen kleinen braunen Umschlag heraus, auf dem geschrieben stand: »Emma Kelly: 24 Dollar«. Sie tat ihn in einen Karton zu den Umschlägen der anderen Damen, bedeutete mir, ihr zu folgen, und ging mit dem Karton auf Zehenspitzen in die Vorhalle. An der Tür zupfte mich eine Dame am Jackett und flüsterte: »Besuchen Sie uns bald wieder.«

Emma ging voraus. »Jetzt gehen wir zu den kleinen Kindern im ersten Stock«, sagte sie. Zuerst aber betrat sie einen fensterlosen Raum und gab den Karton zwei Männern, die hinter einem Tisch saßen, der voller kleiner brauner Umschläge war. »Morgen, Miss Emma«, sagten sie.

Oben saßen im Halbkreis um ein Klavier etwa zwanzig Kinder und warteten auf Emma. Emma begleitete sie, während sie die Titel der Bücher des Neuen Testaments zu der Melodie von »Onward, Christian Soldiers« sangen. Dann spielte Emma »Jesus Is a Loving Teacher« – und das Ganze noch einmal von vorn. »Jetzt können wir gehen«, sagte Emma, und wir stiegen die zwei Treppen hinunter und traten hinaus auf den Parkplatz.

»Wenn die andere Dame, die hier Klavier spielt, keine Zeit hat, gehe ich sonst noch ins Pflegeheim. Aber heute ist sie da.«

Also fuhren wir statt dessen direkt zum Forest Heights Country Club, wo sich Emma am Buffet zwei Hähnchenkeulen auf den Teller packte und im Speisesaal an den Flügel setzte. Die nächsten zweieinhalb Stunden spielte sie zur Unterhaltung der Mittagsgäste, die einzeln nacheinander oder in ganzen Familiengruppen zu ihr kamen und sie freundlich begrüßten.

Um halb drei erhob sich Emma vom Klavier und verabschiedete sich. Wir gingen zum Wagen und fuhren in der hellen

Nachmittagssonne fünfzig Meilen nach Vidalia, wo die süße Vidalia-Zwiebel herkommt. Emma sollte dort bei einem Hochzeitsempfang im Serendipity Health and Racquet Club spielen. Gleich bei unserer Ankunft suchte sie die Damentoilette auf, um sich in einen locker fallenden, schwarz-goldenen Kimono zu hüllen. Die Besitzerin des Fitneßclubs, eine große Dame mit hochtoupiertem Blondhaar, zeigte uns ihren neuen Hallen- und Freiluft-Swimmingpool und die Unterwassergrotte, auf die sie sehr stolz war. Die Hochzeitsgäste kamen bereits aus der Kirche zurück, nur Braut und Bräutigam fehlten noch. Es hieß, sie würden sich noch aus dem Supermarkt Plastikbecher für den Champagner besorgen, den sie im Auto trinken wollten.

Als das Hochzeitspaar endlich erschien, fand Emma heraus, daß der Bräutigam Bill hieß, und sang ein für diese Gelegenheit passendes Lied über »Big Bad Bill«, der sich nach seiner Heirat in »Sweet William« verwandelte, den Abwasch machte und den Boden wischte ... Das Lied löste allgemeine Heiterkeit aus, und alle fingen zu tanzen an, bis auf die kleinen Jungs, die rausgingen und unter der Motorhaube des Wagens der Frischvermählten eine Flasche Champagner versteckten, die sich beim Fahren aufheizen und explodieren würde.

Um halb sieben hatte Emma zwei Stunden lang gespielt, und wir fuhren wieder nach Statesboro zurück. Wenn sie müde war, so zeigte sie es nicht. Sie lachte und plauderte ununterbrochen. »Jemand hat mal geschrieben, daß Musiker Sonntagskinder sind. Sie machen sich und andere Menschen glücklich. Ich verdanke es meiner Musik, daß ich Einsamkeit oder Depressionen nie gekannt habe.

Als ich klein war, habe ich abends mein Radio mit unter die Bettdecke genommen und ständig Lieder gehört. Das ist eigentlich der Grund, weshalb ich so viele Songs kenne. Und deshalb habe ich auch Johnny Mercer persönlich kennengelernt. Vor zwanzig Jahren begann alles mit einem Anruf. Ich spielte in Savannah bei einer Dinnerparty, und ein junger Mann wollte immer wieder Lieder von Johnny Mercer hören. Er war ganz schön überrascht, daß ich alle kannte. Dann spielte ich für ihn ein Lied, das er noch nie gehört hatte, und er war verblüfft. Er sei Johnny Mercers Neffe, sagte er, und ich müßte seinen Onkel unbedingt kennenlernen. Er würde ihn sofort anrufen. So rief er also in Bel Air, Kalifornien, an und erzählte Johnny, daß er eine Dame getroffen hätte, die jeden Song von ihm auswendig kannte. Dann gab er mir den Hörer, und Johnny sagte erst gar nicht hallo, sondern bat mich, die ersten acht Takte von ›If You Were Mine‹ zu singen. Das Lied ist nicht sonderlich bekannt, aber Johnny bedeutete es viel. Ich sang einfach drauflos, und von da an waren wir Freunde.«

Allmählich ging die Sonne unter, und Emma sagte: »Für mich ist der Text genauso wichtig wie die Musik. Johnny und ich haben immer wieder unsere Lieblingsstellen verglichen. Wir beide liebten die Lieder ›While We're Young‹ und ›Handful of Stars‹. Doch Johnnys eigene Texte sind die besten. Man kann sich kaum etwas Schöneres vorstellen als ›When an early autumn walks the land and chills the breeze and touches with her hand the summer trees...‹ Das ist Poesie.«

Es war die Begegnung mit Johnny Mercer, die Emma zum Singen brachte. Bis dahin hatte sie nur Klavier gespielt und sonst nichts. Mercer hat sie immerfort ermutigt zu singen. Sie aber traute sich nicht. Sie sagte, ihr fehle das Stimmvolumen. »Das macht nichts«, sagte er, »singen Sie mit sanfter Stimme. Sie müssen nicht jede Note treffen. Singen Sie leise, und mogeln Sie einfach. Wenn Sie einen Ton nicht erreichen können oder ihn nicht kennen, lassen Sie ihn aus.« Er zeigte ihr, wie sie in der zweiten Strophe von »I Love Paris« die Tonart verändern könnte, statt eine Oktave höher zu gehen. Er half ihr sogar dabei, bei einem seiner eigenen Lieder zu schummeln und in einem Stück bei dem Wort »somebody« alle drei Silben auf gleicher Tonhöhe zu singen.

Doch sie war immer noch unsicher, was das Singen betraf. Dann hatte sie eines Abends ein Engagement im Quality Inn und fand eine ganze Anlage samt Mikrofon vor. »Sehen Sie nur«, sagte Mercer, »das ist das Mikro. Jetzt können Sie auch singen.« Und so geschah es dann. Jahre später fand sie heraus, daß Mercer das Mikro bestellt und bezahlt hatte.

Emma dachte daran zurück, wie sie in all den Jahren für einfache Menschen und für Würdenträger gespielt hatte, für drei Präsidenten, zwanzig Gouverneure und zahllose Bürgermeister. Sie hatte Jam Sessions mit Tommy Dorsey gehabt und Robert Goulet begleitet. Sie erinnerte sich noch genau an den Morgen vor ein paar Jahren, an dem etwas geschah, das sie zwang, von nun an jeden Tag ihres Lebens Klavier zu spielen. An jenem Sonntag morgen setzte ihr Sohn, der gerade mit seiner Freundin Schluß gemacht hatte, Emma und ihren Mann vor der Kirche ab, fuhr in den Wald, klemmte sich ein Gewehr zwischen die Beine, richtete den Lauf an die Brust und drückte ab. Er brach über dem Lenkrad zusammen und sackte gegen die Hupe. Jemand hörte das Hupen und rannte herbei. Der Junge verlor eine Lunge, aber sein Leben konnte gerettet werden, was vierzigtausend Dollar kostete. Emma mußte Tag und Nacht arbeiten, um die Rechnungen zu bezahlen. Diese Tragödie, die fast tödlich geendet hätte, bestärkte Emma in ihrem Glauben. »Und wenn die Kugel nun um Haaresbreite weiter nach links oder rechts gegangen wäre? Wenn er nicht auf das Lenkrad gefallen wäre? Der Herr war mit ihm. Schon aus diesem Grund glaube ich an ihn.« Auch als die

Rechnungen bezahlt waren, trat Emma weiterhin in den Nachtlokalen auf. Es war ihr Leben geworden.

Als wir kurz nach halb acht in Statesboro ankamen, fuhr Emma noch bei ihrer neunzigjährigen Tante vorbei, um ihr etwas Essen vom Country Club vorbeizubringen. Ihre Tante kam in Nachthemd und Nachthaube an die Tür; sie hatte sich gerade die Abendpredigt der Baptistengemeinde im Radio angehört. Emma ging für ein paar Minuten hinein und brachte sie ins Bett. Dann fuhr sie selbst nach Hause. Es war nun mehr als zwölf Stunden her, seit ihr Tag begonnen hatte.

»Noch etwas ist so wunderbar an der Musik. Johnny Mercer sagte mir einmal: ›Meine Lieder erinnern die Menschen an ihre erste Liebe. Darin liegt die Macht der Musik.‹«

Emmas Pianobar war ungewöhnlich gut besucht, finanziell allerdings kein großer Erfolg. Ein Grund dafür waren die kostenlosen Drinks, die Joe gern spendierte. Dazu kam noch, daß viele von Joes alten Gläubigern hier am Tresen ihre Chance witterten, sich etwas von dem Geld, das er ihnen schuldete, zurückzuholen. Sie kamen auf eine Stunde, tranken etwas und gingen dann, ohne zu zahlen. Aber selbst unter diesen Umständen hätte das Emma's mehr einbringen müssen, als es der Fall war. Joe suchte Rat bei Darlene Pool, die sich im Bar-Business bestens auskannte.

Darlene hatte als Barfrau in einigen örtlichen Saloons gearbeitet und war mit dem Besitzer eines erfolgreichen Clubs an der Southside verlobt. Sie und Joe setzten sich an einen Tisch und bestellten einen Drink. »Ihr habt hier ja 'nen schönen Verein«, sagte sie. »Da hat nun die Foxtrott- und Dauerwellengemeinde endlich einen Platz gefunden. Die können schließlich nicht ins Nightflight gehn, nicht ins Malone's und auch nicht ins Studebaker's. Die hast du ganz für dich allein, Honey. Nette Gesellschaft! Und dann kommt auch noch Wanda Brooks hierher, wie ich sehe. Frauen wie Wanda sind schlichtweg unbezahlbar. Weil sie jeden anmachen und links und rechts die Drinks zu drei Dollar das Stück umschmeißen. Also wenn du die Schnorrer raushalten kannst und keine kostenlosen Drinks mehr servierst, müßte es eigentlich klappen. Achte einfach darauf, daß kein Glas länger als nötig leer bleibt.«

»Vielleicht ist das das Problem«, sagte Joe. »Muß Moon einfach dazu bringen, die Drinks schneller auszuschenken.«

»Moon?!« Darlene schwang sich herum und sah zur Bar. Dann schaute sie Joe in die Augen. »Verdammt, Joe, du hast mir nicht erzählt, daß Moon Tompkins bei dir hinter der Bar steht!« Darlene lehnte sich zu Joe hinüber und flüsterte: »Moon ist dein Problem, Honey.«

»Was meinst du damit?« fragte Joe. »Er scheint mir ganz in Ordnung zu sein. Vielleicht ein bißchen langsam.«

»Moon Tompkins hat drei Jahre wegen Bankraub gesessen«, sagte Darlene.

Joe lachte. »Yeah-yeah –«

»Und das war nicht nur eine Bank. Es waren zwei.«

»Im Ernst?« sagte Joe. Er lächelte verschmitzt und sah zur Bar, wo Moon Tompkins eine Reihe von vier hohen Gläsern mit Wodka füllte.

»Verdammt«, sagte er. »Das hätte ich dem alten Moon gar nicht zugetraut.«

»Wie zum Teufel hat er es überhaupt geschafft, bei dir Barmann zu werden?« fragte Darlene.

»Emma hat ihn eingestellt. Wahrscheinlich hat er bei der Bewerbung seinen Job bei der Bank nicht angegeben.«

Darlene gab ihm Feuer. »Du hast doch sicher von dem bewaff-

neten Überfall auf das Green-Parrot-Restaurant in der vorigen Woche gehört!«
»M-mh.«
»Das war Moon.«
»Sag bloß!« meinte Joe. »Bist du sicher?«
»Allerdings.«
»Einen Augenblick mal. Woher willst du wissen, daß es Moon war? Sie haben den Räuber doch noch gar nicht erwischt.«
»Ich weiß es«, sagte Darlene, »weil ich den Fluchtwagen gefahren habe.«

Joe hatte nichts gegen überführte Bankräuber – er kam sich nur etwas trottelig vor, wenn er seine Kasse einem hartgesottenen Dieb anvertraute. Moon benutzte den primitiven Trick, mehr Drinks auszuschenken, als er in die Kasse gab; und wenn er Drinks eintippte, dann knickte er den Kassenzettel oft so, daß die Zahlen nicht registriert wurden. »Wetten, daß er jedesmal die No-sale-Taste drückt, wenn er das macht«, sagte Darlene, »und dann zwanzig Dollar in die eigene Tasche steckt?«
Joe dachte, es wäre am klügsten, Moon in flagranti zu erwischen, ihn in aller Ruhe zur Rede zu stellen und ihm zu ermöglichen, ohne Aufsehen zu verschwinden. Emma wollte er von all dem nichts erzählen, weil allein die Vorstellung, daß in ihrer Bar ein Bankräuber arbeitete, zu einem Herzanfall führen könnte. Joe bat zwei Freunde, am folgenden Abend in die Bar zu kommen und sich genau zu merken, wieviel Drinks ihnen Moon serviert hatte. Doch im Laufe des Tages mußte es irgendwie durchgesickert sein, daß man Moon in dieser Nacht im Emma's auf frischer Tat ertappen wollte, und als die Bar aufmachte, drängte sich eine hochgestimmte Horde vor der Tür, um bei diesem aufregenden Geschehen dabeizusein.

»Gütiger Gott«, sagte Emma, »das wird heute aber ein lebhafter Abend.«

Die Gäste bestellten Drinks in rauhen Mengen, um Moon zu verleiten, mehr als je zuvor zu stehlen. Je mehr sie bestellten, desto lustiger und lauter wurden sie, und um Mitternacht schien es, als wären Emma und Moon die einzigen Leute in der Bar, die von dem eingefädelten Komplott nichts ahnten.

Die Kunden riefen ihre Bestellung. »Hey, Moon! Gib mir 'nen *Silver* Fizz! Ha-ha!«

»Ich will 'nen *Rob* Roy, Moon!«

Eine halbe Stunde bevor die Bar zumachte, ging Moon nach draußen, um den Abfalleimer in die Mülltonne zu leeren, und kam nie zurück. Als Joe hinter die Bar ging und die Geldschublade der Kasse öffnete, war sie leer. Moon hatte sie ausgeräumt.

Moons Verschwinden tat der ausgelassenen Stimmung im Emma's keinen Abbruch. Es steigerte sogar die allgemeine Heiterkeit. Zum Schluß blieb Joe gar nichts anderes übrig, als Emma zu erzählen, daß Moon mit dem ganzen Geld abgehauen war.

»Du liebe Güte!« sagte Emma. »Hat er das wirklich getan?«

»Ich fürchte, ja«, meinte Joe. »Und wir können noch froh sein, daß er weg ist. Er ist ein Bankräuber.«

»Das weiß ich schon längst«, sagte Emma.

»Du hast es *gewußt*?«

»Natürlich. Moon hat mir davon erzählt, als er sich um diesen Job beworben hat. Er hat gar nicht versucht, es zu verheimlichen, und das hat mir imponiert. Ich wollte ihm eine zweite Chance geben. Jeder sollte eine zweite Chance bekommen, meinst du nicht auch?«

»Ja, ohne Frage«, sagte Joe.

Emma stieg in ihren Wagen und fuhr auf die Bay Street in Richtung Statesboro.

Wie gewöhnlich zu dieser Zeit, lud Joe ein paar Freunde zu sich nach Haus ein. Dort hatte jemand, wie der Einsatzleiter der Feuerwehr später berichtete, kurz vor Morgengrauen eine brennende Zigarette in den Papierkorb geworfen und damit das Feuer verursacht, bei dem fast das ganze Haus ausbrannte.

Joe roch den Rauch als erster. Er rannte durchs Haus, scheuchte Leute aus Sesseln und Betten und trieb sie auf die Straße.

»Sind alle draußen?« fragte der Feuerwehrmann.

»Alle, von denen ich weiß«, sagte Joe.

»Wollen Sie damit sagen, daß in Ihrem Haus Leute sein könnten, von denen Sie nichts wissen?«

»Captain, ich habe schon Leute in meinem *Bett* vorgefunden, von denen ich nichts wußte.«

Es herrschte die allgemeine Ansicht, daß Joe Odom den Brand gelegt hatte, um die Versicherungssumme zu kassieren, auch wenn ihm das Haus gar nicht mehr gehörte. Joes Vermieter forderten ihn auf, das Gebäude umgehend zu räumen – und das nicht einmal sosehr wegen des Feuers, sondern weil Joe nie Miete gezahlt hatte. Eine Woche später nahm Joe die Möbel mit, die er hatte retten können, und bezog ein großes Backsteinhaus im Nordstaatenstil in der East Oglethorpe Avenue Nummer 101, ein paar Häuser von seinem früheren Domizil entfernt. Seine nächsten Nachbarn waren Mr. und Mrs. Malcolm Bell. Mr. Bell war der ehemalige Vorsitzende der Savannah Bank, der ehemalige Präsident des ehrwürdigen Oglethorpe Club und ein anerkannter Historiker. Mrs. Bell war sehr gebildet und stammte aus einer vornehmen Familie in Savannah. Angesichts dieser erlauchten Nachbarschaft vermuteten Joes Freunde, daß das Leben in seinem neuen Heim zwangsläufig etwas maßvoller sein würde als das in der East Jones Street Nummer 16.

Und vielleicht war es das auch. Doch schon sehr bald fiel den Nachbarn auf, daß durch die unverschlossene Haustür der East Oglethorpe Avenue Nummer 101 ein ständiges Kommen und Gehen herrschte, daß zur Mittagszeit Reisebusse vorfuhren und daß Tag und Nacht aus dem Haus liebliche Klaviermusik erklang – besonders dann, wenn es in der übrigen Stadt ganz ruhig geworden war.

KAPITEL 7

Die große Kaiserin von Savannah

Eine unnatürliche Stille senkte sich auf die Jones Street herab, nachdem Joe Odom ausgezogen war. Verstummt waren die heiteren Töne, die über die Gartenmauern perlten. Inmitten der Ruhe kam ich auf die Idee, mir einen Wagen zu kaufen. Ich wollte die Umgebung von Savannah erkunden, machte mir jedoch gewisse Sorgen über die Sicherheit auf den Straßen.

Die Einwohner Savannahs fuhren schnell. Außerdem nahmen sie gern ihre Cocktails mit, wenn sie fuhren. Nach den Erkenntnissen des National Institute of Alcoholism and Alcohol Abuse waren mehr als acht Prozent der Erwachsenen von Savannah »als Alkoholiker bekannt«, was vielleicht die beunruhigende Neigung der Autofahrer erklären mochte, über den Bordstein zu fahren und gegen Bäume zu stoßen. Siebenundzwanzig von achtundzwanzig Eichenstämmen an der Ecke Forsyth Park und Whitaker Street zum Beispiel hatten auf Kotflügelhöhe tiefe Kerben. Ein Baum war so oft getroffen worden, daß sein Stamm einen regelrechten Hohlraum aufwies, in dem die erbsengroßen Kristalle der zersplitterten Windschutzscheiben wie Diamanten glitzerten. Auch die Palmen in der Mitte des Victory Drive hatten solche Wunden und die Eichen in der Abercorn Street ebenfalls.

In New York hatte ich vernünftigerweise kein Auto besessen, jetzt aber begann die Idee mich zu faszinieren. Allerdings hatte ich das Gefühl, in dieser Umgebung einen sehr schweren und großen Wagen fahren zu müssen. Wahrscheinlich einen mit Heckflossen.

»Ich suche ein altes Auto«, sagte ich zu Joe. »Ein großes, geräumiges. Nichts Übertriebenes.«

Eine Stunde später sahen wir uns einen Pontiac Grand Prix von 1973 an. Seine metallicgoldene Karosserie war mit Rostbeulen übersät. Die Windschutzscheibe hatte einen Sprung, das Vinyldach blätterte ab, die Radkappen fehlten, und der Motor hatte fast zweihunderttausend Meilen runter. Aber der Wagen lief noch gut und war groß. Er hatte keine Flossen, aber seine Haube war so lang, daß sie wie das Vordeck eines Ozeanriesen wirkte. Der Mann verlangte achthundert Dollar.

»In Ordnung«, sagte ich. »Ich nehme ihn.«

Jetzt war ich wirklich mobil. Ich fuhr mit meinem neuen Auto weiter nach Süden als bis zur Gaston Street und brach damit Joes zweite Regel. Ich machte Ausflüge nach South Carolina. Ich fegte an Bäumen mit den erwähnten Wunden vorbei, teilte die Straße mit Fahrern, die aus Plastikbechern Cocktails tranken, und schlingerte von Spur zu Spur. Ich fühlte mich vollkommen sicher in meiner metallenen Festung. Nichts und niemand konnte mir etwas anhaben, und niemand und nichts kam mir näher, bis auf eine bemerkenswerte Ausnahme. Sie hieß Chablis.

Als ich sie zum erstenmal sah, stand Chablis am Bordstein und schaute mir aufmerksam zu, während ich den Wagen vor meiner Wohnung einparkte. Sie war gerade aus Dr. Myra Bishops Praxis gekommen, die schräg gegenüber lag. Dr. Bishop war praktische Ärztin. Die meisten ihrer Patienten waren traditionell gekleidete schwarze Frauen, die mich nur kurz und ernsthaft anblickten, wenn sie an mir vorübergingen. Nicht so Chablis.

Sie trug eine weite, weiße Baumwollbluse, Jeans und weiße

Tennisschuhe. Ihr Haar war kurz, ihre Haut glich heller Milchschokolade, und ihre großen, ausdrucksvollen Augen beeindruckten mich ganz besonders, weil sie mich unverhohlen anstarrten. Sie hatte die Hände auf die Hüften gestützt und lächelte, als hätte sie auf mich gewartet. Ich fuhr an den Bordstein und ließ den Wagen zu ihren Füßen langsam ausrollen.

»Oooouh, Kindchen!« sagte sie. »Du kommst genau rechtzeitig, Honey.« Ihre Stimme vibrierte, ihre Reifenohrringe klimperten. »Im *Ernst*. Das ist voll geil.« Mit schwingenden Hüften ging sie langsam auf mich zu und fuhr mit dem Zeigefinger zärtlich über jede Beule am Kotflügel. »Ja-a-a-a, Kindchen! Jaaha... jaha... jaha!« Sie ging um den ganzen Wagen herum und überprüfte lachend seinen Zustand. Dann kam sie zu mir zurück und beugte sich in mein Fenster. »Sag mir mal, Honey, wie kommt denn 'n weißer Junge wie du dazu, so 'ne olle, abgewrackte Schrottmühle zu fahr'n, wenn ich mal frag'n darf.«

»Es ist mein erster Wagen«, sagte ich.

»Oh! Ich hab dich doch hoffentlich nich beleidigt. Sonst tut's mir leid. Echt. Das wollt ich nich. Ich sag immer, was ich denke, Baby. Was ich auch seh, ich sag's, wie es ist.«

»Das ist schon in Ordnung. Ich übe nur noch etwas, bevor ich mir einen Rolls-Royce zulege.«

»Aber klar doch, Honey, hab schon begriff'n! Du willst nicht erkannt werden, du reist sozusagen inkognito. Ja, das versteh ich doch, Kindchen. Ganz sicher. Und weißte, Honey, an so 'nem Wagen fummelt ja auch kein Mensch nich rum. Kein Radio zum Ausbau'n. Kein feiner Lack, den man mit 'nem Schlüssel abkratzt, Honey.«

»Auch das ist wahr«, sagte ich und machte die Tür auf, um auszusteigen.

»Oh, Kindchen, das kannste doch nich machen!« sagte sie. »Hier einfach so anlegen, wenn ich hier so draußen steh!«
»Aber ich wohne hier.«
»Schon in Ordnung, Baby. Du kannst noch 'n bißchen Autofahr'n üben, wenn du mich nach Hause fährst. Okay? Weil nämlich Miss Myras Spritzen langsam anschlagen, Honey. Ich fühl's. Ernsthaft. Und meine Füße sind plattgelatscht.«

Die junge Frau schien nicht daran zu zweifeln, daß ich sie nach Hause fahren würde. Ich murmelte ein überflüssiges »Na sicher«, denn sie hatte sich bereits in den Wagen gesetzt.

»Ich wohn in der Stadtmitte am Crawford Square«, sagte sie. »Es sind nur ein paar Minuten.« Sie kuschelte sich in den Sitz und sah mich an. »Ooooouh, Kindchen, du siehst aber echt gut aus! Wenn ich nich mit meinem Freund zusammen wär, würd ich glatt auf dich abfahr'n. Ernsthaft. Ich mag meine weißen Jungs, und von denen hab ich Gott sei Dank immer genug zu Haus. Mein Freund ist blond und schön. Ein sexy Typ, Honey. Gibt mir alles, was ich brauche.«

Wir fuhren los.

»Ich heiße Chablis«, sagte sie.

»Chablis? Sehr hübsch«, sagte ich. »Wie heißen Sie denn mit vollem Namen?«

»*The Lady* Chablis«, antwortete sie. Sie drehte sich auf ihrem Sitz zur Seite, zog die Knie an und lehnte sich mit dem Rücken so an die Tür, als versinke sie in einem weichen Luxussofa. »Mein Künstlername«, sagte sie. »Ich bin Revuegirl.«

Sie war schön, verführerisch schön, mit dem Charme der Straße. Ihre großen Augen funkelten. Ihre Haut leuchtete. Ein abgebrochener Schneidezahn unterstrich ihr Lächeln und gab ihr einen frechen Ausdruck.

»Ich tanze, mach Synchronisation, Conférencier und so 'n

Scheiß«, sagte sie. »Meine Mama hat den Namen Chablis von einer Weinflasche. Sie hat ihn aber nich für mich ausgedacht. Eigentlich war er für meine Schwester. Mama wurde schwanger, als sie sechzehn war, und wollte ein Mädchen. Sie würde es La Quinta Chablis nennen, aber dann hatte sie 'ne Fehlgeburt, und ich sagte: ›Oooouh, *Chablis*. Wie schön! Der Name gefällt mir.‹ Und Mama meinte: ›Dann nimm ihn, Baby. Nenn dich von jetzt an einfach Chablis. Und seitdem heiße ich eben Chablis.«

»Ein kühler Weißwein für ein cooles schwarzes Girl.«

»Ja, Kindchen!«

»Und wie hießt du vorher?«

»Frank.«

Vor der Ampel an der Liberty Street mußten wir anhalten, und ich schaute Chablis an, sehr genau diesmal. Sie war von kleiner, femininer Gestalt und hatte zierliche Hände und Arme. Sie benahm sich wie eine Frau; an ihr war nichts Maskulines zu entdecken. Mit ihren großen, dunklen Augen sah sie mich aufmerksam an.

»Ich hab dir doch gesagt, daß ich versteh, wenn man in Verkleidung geht«, sagte sie. »Ich bin vierundzwanzig Stunden am Tag verkleidet. Ich bin inkognito.«

»Dann bist du also in Wirklichkeit... ein Mann«, sagte ich.

»Ne-ne-ne«, gab sie zurück. »Nenn mich nich Mann! Niemals, Honey. Mama hat zu hart dafür gearbeitet, daß die Titten wachsen. Sie is kein Mann.« Chablis knöpfte ihre Bluse auf und präsentierte stolz zwei mittelgroße, wundervoll geformte Brüste.

»Das ist echt, Honey, kein Silikon. Das machen Dr. Bishops Spritzen, Miss Myra gibt mir Östrogenspritzen, weibliche Hormone, alle zwei Wochen. Und zwischendurch nehm ich noch

Östrogenpillen. Das macht Brüste und meine Stimme höher. Das läßt auch die Haare im Gesicht langsamer wachsen und macht den ganzen Körper weicher.« Chablis strich sich mit der Hand von den Brüsten bis zum Schoß. »Und mein Süßer schrumpft auch, Honey, aber er is noch dran. Ich will keine Operation, Kindchen. Kommt nich in Frage.«

Wir fuhren jetzt über die Liberty Street. Chablis saß immer noch mit weit geöffneter Bluse da und zeigte ihre Brüste nicht nur mir, sondern auch einem halben Dutzend Fußgängern. Ich wußte nicht, wie weit sie noch gehen würde, rechnete aber mit dem Schlimmsten. Mit einem Auge beobachtete ich den Verkehr, mit dem anderen sie. Ich fing an im Nacken zu schwitzen.

»Du mußt mir deinen Süßen nicht zeigen«, sagte ich. »Nicht hier, jedenfalls. Ich meine, überhaupt nicht.«

Chablis lachte. »Oh, ich bring dich in Verlegenheit. Ich mach dich ganz nervös.«

»Nein, eigentlich nicht.«

»Kindchen, lüg mich nich an. Du kriegst ja sooo ein rotes Gesicht.« Sie knöpfte ihre Bluse wieder zu. »Keine Angst, ich mach hier keinen Strip. Aber jetzt weißt du doch wenigstens, daß du mich nicht mehr Mann nennen kannst.«

Wir hielten am Crawford Square an, einem von zwei Plätzen Savannahs im schwarzen Teil der Stadt. Von allen einundzwanzig Plätzen Savannahs war er der kleinste und der malerischste. Ringsherum standen bescheidene Holzhäuser, und in der Mitte befand sich statt eines Denkmals oder eines Springbrunnens ein Spielplatz. Eine riesige, knorrige Virginische Eiche breitete ihre Zweige über einem kleinen Basketballfeld aus, auf dem mehrere Jungen spielten. Chablis deutete auf ein sorgfältig restauriertes, vierstöckiges Holzhaus auf der anderen Seite des Platzes.

»Ja-a-a-ah, Kindchen«, sagte sie. »Miss Myras Spritzen tun

ihre Wirkung. Ich spüre solche Kräfte. Ich krieg so 'ne weibliche Wallung. Muß sofort zu meinem Freund, gleich, denn in ein paar Stunden fühl ich mich wie die blödeste Schlampe aller Zeiten. Is immer so. Ich fühl mich dann wie der letzte Mist auf Erden, und bis das vorbei ist, kann ich es nich leiden, wenn man mich anfaßt.«

Chablis stieg aus meinem Wagen. »Danke, fürs Herbringen und für alles sonst«, sagte sie.

»Gern geschehen«, meinte ich.

»Du solltest dir mal die Show ansehen. Da bin ich geschminkt und trage Kleider.«

»Das würde ich gern sehen.«

»Auf der Bühne werde ich *The Lady* Chablis. Ich bin gut, Kindchen, echt gut! Ich bin nämlich auch Schönheitskönigin. Ich bin schon in vier Wettbewerben gekrönt worden. Ich hab 'ne ganze Menge Titel, sag ich dir. Du hast gerade die große Kaiserin von Savannah vor dir! Die hast du heut in deinem Auto gehabt.«

»Ich fühle mich geehrt.«

»Miss Gay Georgia bin ich auch gewesen. Und Miss Gay Dixieland und Miss Gay World. Bin ich alles gewesen, Honey. Ehrlich, Kindchen.« Die große Kaiserin drehte sich um und ging die Treppen zu ihrem Haus hinauf. Dabei legte sie noch etwas mehr Schwung in die Hüften und Leichtigkeit in ihren Gang als sonst.

Erst als ich schon halb zu Hause war, fiel mir ein, daß ich Chablis gar nicht gefragt hatte, wo sie auftrat. Es hätte mich allerdings wenig Mühe gekostet, das herauszufinden. In einer Stadt von der Größe Savannahs konnte es ja nicht viele Nachtlokale mit Transvestitenshows geben. Ich ließ es jedoch bleiben. Dabei faszinierte mich Chablis, ja sie verfolgte mich geradezu. Und sie war eine eindeutige Sie, kein Er. In ihrem Fall passierte es mir nicht, daß ich gehemmt über die Pronomen stolperte. Sie hatte alle Spuren der Männlichkeit getilgt und war mit ihrem sexuellen Zwitterdasein eine irritierende Erscheinung, die sämtliche Sinne herausforderte. Ein paar Wochen später klingelte am späten Morgen das Telefon.

»Ooooouh, Kindchen, ich bin vielleicht sauer auf dich! Du bist nicht zu meiner Show gekommen!«

»Chablis?« fragte ich.

»Ja, Honey! Ich war eben bei Miss Myra wegen meiner Aufbauspritzen.«

»Soll ich dich nach Hause fahren?«

»Ja-a-a-ah. Ich glaub, ich hab dich gut erzogen.«

Ich ging die Treppe runter, und wir stiegen ins Auto. »Ich wär schon gekommen«, sagte ich, »aber du hast mir nicht gesagt, wo du auftrittst.«

»Ehrlich nicht?« meinte sie. »Im Pickup, Honey. Das ist 'ne Schwulenbar in der Congress Street. Dreimal die Woche. Ich und drei andere Mädchen. Vielleicht stehste nicht auf Transvestitenshows, aber die echte Chablis kennste erst, wenn du mich mit dem Hintern wackeln und auf der Bühne strahlen siehst. Und wie die Dinge liegen, kriegste diese Chance nicht mehr, wenn du noch länger wartest.«

»Warum nicht?« fragte ich.

»Weil ich es meinem Boss geben werde, und das könnte schon heute abend in der Show sein. Ich sag immer, was mir in den Sinn kommt, und ich weiß vorher nie, was oder wer es sein wird. Allerdings steht mein Boss im Moment nicht ganz oben auf meiner Liste. Aber wir zwei beiden sind dabei, Ärger zu kriegen.«

»Weswegen?« fragte ich.

»Wegen Geld. Mein Gehalt ist zweihundertfünfzig Dollar die Woche, ich beklag mich aber nich, weil es ja nur für drei Nächte die Woche ist und man davon mit den Trinkgeldern so eben leben kann. Aber ich bin die einzige, die ein regelmäßiges Gehalt kriegt. Die andern Girls kriegen zwölf Dollar und fünfzig Cents für eine Show, und das ist verdammt hart. Letzte Woche mußten zwei Shows ausfallen, als der D.J. nich auftauchte, und wir standen da mit allem Drum und Dran, und der Boss hat diesen Girls nicht einen Penny gegeben. Oh, Kindchen, dem werd ich was erzählen!«

»Und was passiert dann?«

»Keine Ahnung. Vielleicht schmeißt er mich raus.«

»Und was machst du dann?«

»Gastauftritte. Ich kann was in Atlanta, Jacksonville, Columbia, Mobile, Montgomery kriegen – in all diesen Orten. Der Süden ist 'ne große Transvestitenshow, Honey, und alle kennen *The Lady*. Sie alle kennen die Klassepuppe.« Chablis sah mich mit zartem Augenaufschlag an. »Also, Kindchen, wenn ich heute abend 'nen Tritt in den Arsch krieg, mußt du ganz schön weit fahr'n, wenn du meinen Mist sehn willst.«

»Dann komme ich wohl am besten noch heute abend ins Pickup«, sagte ich.

»Das solltest du wirklich tun, Honey.«

Chablis berührte mich am Arm, als wir vor ihrem Haus vorfuhren, und sagte: »Guck mal. Da gibt's was zu sehn.«

Ein junger, blonder Mann lehnte unter der Haube eines alten Autos. Er war bis zur Taille nackt, und sein muskulöser Oberkörper war mit Fett beschmiert und glänzte vor Schweiß. Zwei Jungs saßen am Bordsteinrand und sahen zu, wie er am Wagen werkelte. »Das ist mein Freund«, sagte Chablis. »Das ist Jeff.

Der sexy Typ, von dem ich dir erzählt hab. Komm, ich möchte, daß du ihn kennenlernst.«

Das also war derjenige, der Chablis, wie sie es nannte, alles gab, was sie brauchte. Es war schwer vorstellbar, was genau sie brauchte, und noch schwerer zu begreifen, wie der Mensch beschaffen sein mußte, der ihr das geben konnte. Offenbar so wie der, der hier unter der Motorhaube steckte. Allem äußeren Anschein nach war er normal und sogar in bester Verfassung. Er grinste übers ganze Gesicht, als er Chablis sah.

»Ich glaub, es liegt am Generator, Süße«, sagte er und wischte sich die Hände an den Hosen ab. »Irgendwie krieg ich das schon hin, und dann machen wir 'ne Spritztour.«

Chablis hakte einen Finger um seinen Gürtel und zog ihn an sich. Sie küßte ihn am Hals. »Macht nix, wenn's nicht klappt, Baby«, sagte sie. »Wir haben 'nen neuen Chauffeur und 'nen Wagen. Sag hallo.«

Jeff lächelte. »Hey«, sagte er und streckte mir seine Hand entgegen. »Passen Sie auf, daß Chablis nicht anfängt, auch über ihr Leben zu bestimmen. Aber wahrscheinlich könnte Ihnen Schlimmeres passieren.« Er legte den Arm um Chablis' Taille.

Chablis stützte ihr Kinn auf seine Schulter und sah in seine blauen Augen. »Fertig zum Lunch, Baby?«

Jeff wölbte die Hand über ihrem Hintern und drückte ihn. »Ich hab schon gegessen.«

Sie preßte sich an seinen Körper. »Hast du eben nicht, Baby!«

»Wenn ich hier mit dem Motor fertig bin, komm ich. Versprochen. Geh schon vor.«

Chablis wandte sich mit gespieltem Schmollmund ab. »Mein Motor läuft schon heiß, Baby, aber spiel du nur mit deinem Auto rum. Ich nehm' meinen neuen Chauffeur zum Lunch mit.« Sie hakte mich unter. »Komm schon, Kindchen, leiste mir Gesellschaft.«

Ich war so überrumpelt von dieser Situation, daß ich nicht einmal eine höfliche Ablehnung zuwege brachte und im nächsten Moment mit Chablis in ihrem Wohnzimmer saß, wo wir Thunfischsalat aßen und Coca-Cola tranken. Das Apartment war hell und luftig und gemütlich eingerichtet. Aus den vorderen Fenstern blickte man durch die Blätter einer prachtvollen Eiche auf den Platz hinunter. An der Wand hingen zwei Drucke mit Stierkämpfern, auf dem Boden lag ein zottiger Teppich, und im Radio spielte leise eine Platte von Aretha Franklin. Vom Sofa, auf dem sie saß, konnte Chablis aus einem Seitenfenster Jeff bei seiner Arbeit zusehen.

»Mein Baby behandelt mich wie eine Göttin!« sagte sie. »Im ganzen Haus läßt er Zettel liegen, auf denen steht, wie sehr er mich liebt. Und ich sag dir, er ist so was von gut unter der Decke! Der Mann ist geboren, um zu befriedigen, Honey, und genau das macht er mit *The Lady*!« Chablis rührte das Eis in ihrer Cola mit dem Finger um. »Er ist normal, weißt du. Nicht schwul! Er zieht Frauen und Männer an, steht aber nur auf Frauen. Natürlich sagen meine Freunde, wie er denn normal sein kann, wenn er mit mir geht. Dann sag ich: Solange ich auf meine Kosten komm, frag ich nicht lang, warum.«

Sie nahm ein Schlückchen Cola und leckte sich die Lippen.

»Was für Männer ziehst du denn an?« fragte ich.

»Hängt davon ab, was mit mir und meinen Hormonspritzen los ist. Ich hab's mit und ohne probiert, und das macht 'nen großen Unterschied. Mit den Dingern zieh ich sehr maskuline Typen an – Männer mit Freundin, Männer mit Frau und Kindern. Wenn ich eine Zeitlang ohne sie geh, kehrt meine Männlichkeit 'n bißchen zurück, und ich fühl mich dann wie ein wilder Kater. Dann zieh ich die Schwulen an. Dann erwachen Seiten an mir, die sonst schlafen.«

Während sie das sagte, lehnte sich Chablis vor und stützte die Ellbogen auf die Knie. Der Tonfall ihrer Stimme wurde forscher, ihre Gesichtszüge strafften sich. Sie bewegte Kopf und Schultern jetzt mit der Dreistigkeit eines Boxers. Zum erstenmal kam der Junge in ihr zum Vorschein.

»Aber dann, Honey, geh ich wieder zu Miss Myra«, sagte sie, »und tank Hormone nach. Dann werd ich wieder weiblich und zieh die maskulinen Männer an.« Sie lehnte sich ins Sofa zurück. Ihre Gesichtszüge wurden weich, ihr Körper erschlaffte. Der Junge verschwand. Chablis war wieder Chablis und lächelte mich an.

»Ich übertreibe es nicht mit den Hormonen. Wenn ich zuviel davon nehme, krieg ich keinen Höhepunkt. Also setz ich sie ab und zu ab, damit die Spannung nachläßt. Ich mag es nicht, wenn ich da unten nichts fühle. Ich nehme nur so viele Hormone, daß der feminine Glanz und die Brust bleiben.«

Chablis ging ins Schlafzimmer und kam mit einem schwarzen Kleid und einer Zigarrenschachtel voller Glasperlen zurück. »Es stört dich doch nicht, Honey, wenn ich 'n bißchen nähe?« Sie fädelte Perlen auf eine kurze Schnur und nähte sie an das Kleid. »Ein Mädchen muß einfach glitzern!« Sie schüttelte das Kleid, und Hunderte von Glasperlen hüpften glitzernd auf und nieder. Sie fädelte noch ein paar Perlen auf und sah mich plötzlich an. »Schon mal 'n Kleid angehabt?«

»Nein.«

»Auch nie Lust dazu gehabt?«

»Nein.«

»Na ja, ich wollte nie was andres tragen, Honey! Ich lauf

schon so lang in Frauenkleidern rum, daß ich gar nicht weiß, was ich für 'ne Männergröße hab. Ernsthaft. Ich hab schon mit sechzehn Schluß mit Männerkleidung gemacht. Ich fing an, mit Make-up, Ohrringen und Blusen über den Hosen in die Schule zu gehn. Für mich war das ganz natürlich. Ich war immer unmännlich, man nannte mich immer einen Weichling, eine Schwuchtel oder ein Mädchen. So brauchte ich nichts zu verbergen. Und Frauenkleider gefielen mir einfach.«

»Und was hat deine Familie dazu gesagt?« fragte ich.

»Mein Vater und meine Mutter haben sich scheiden lassen, als ich fünf war. Ich bin bei meiner Mutter aufgewachsen und hab meinen Vater jeden Sommer oben im Norden besucht. Er haßte mich, so wie ich war. Seine ganze Familie haßte mich. Als er starb, ging ich in einem Kleid zum Begräbnis und hatte diesen prächtigen weißen Jungen am Arm. Sie waren erschrocken. Honey, sie waren entsetzt! Besonders meine Tante. Vor allen Leuten zog sie gegen mich beim Begräbnis vom Leder, und ich sagte ihr, daß sie sich verpissen sollte, sonst würd ich etwas über ihren Sohn sagen, was ihr gar nich lieb sein würde. Also halt ich mich von dieser Seite der Familie fern, Honey. Das ist nich meine Klientel.«

»Klientel?«

»Yeah, ich hab mit ihnen nichts zu tun. Ich setz mich mit ihnen nich an einen Tisch. Aber Mama ist anders. Sie hat ein großes, altes Foto von mir im Wohnzimmer hängen, als ich zur Miss World gekrönt wurde. Ich sollte mir nich den Kopf über unwichtige Dinge zerbrechen, meinte sie. Scheiß drauf. Das ist Mama, sie ist echt in Ordnung.«

Chablis stellte die Musik von Aretha Franklin lauter und hielt sich das Kleid an, während sie in voller Länge vor einem großen Spiegel stand. Sie bewegte ihre Hüften im Takt der Musik. Die

Perlen hüpften. »Ja-a-ah, Honey! Die Perlen rollen, wenn die Trommeln grollen! Sieh sie dir an, Baby! *Traum*hafte Perlen!« Sie drehte sich wieder zu mir um. »Ganz sicher, daß du niemals ein Kleid anziehen willst?«

»O ja, todsicher. Wie kommst du darauf, daß ich es gern täte?«

»Ach, nur so. Man kann eben nie wissen. Soviel hab ich gelernt, Schätzchen! In Atlanta bin ich oft zu Heteroparties gegangen. Ich bekam hundert Dollar und wurde an der Tür als Tina Turner oder Donna Summer angesagt, bevor ich mich unter die Gäste mischte. Alle wußten, daß ich ein Transvestit war, aber ich sah aus wie Tina oder Donna mit meiner Perücke. Aber ich redete wie Chablis und hatte viel Spaß, genau wie die andern. Und diese tollen Machomänner kamen und fragten mich nach meiner Nummer, und ich ging ja soooo erregt nach Haus! Dann riefen sie ein paar Tage später an und wollten sich verabreden. Und weißt du, Honey, die meisten wollten echt, daß ich ihn'n Frauenwäsche anzieh und mit Stöckelschuhen über sie langging!

Du kannst es eben nie genau wissen, Kindchen. Da erlebst du so manche Überraschung. Wenn ich einen supertollen Sexprotz seh, Honey, dann nehm ich erst mal gar nichts an. Auf Kleider stehn mehr Männer, als du glaubst. Wir offenen Queens sind nur die Spitze des Eisbergs. Nur die winzige Spitze!«

»Hast du nicht mal Lust, mit Anzug und Krawatte auf die Straße zu gehen?« fragte ich. »Nur so zum Spaß?«

»Schätzchen, wenn ich ohne meine Frauenkleider rausgeh, hau'n mir diese Rednecks eins in die Fresse, weil ich so 'ne wilde Schwester bin. Ehrlich. Ich krieg mehr Panik ohne die Kleider als mit ihnen. Was mir allerdings wirklich angst macht, hier in Savannah, meine ich. Weißt du, was das ist? Mit einem weißen Boyfriend durch die Straßen zu ziehn. Da krieg ich in Savannah wirklich Verfolgungswahn.«

»Gehst du denn nie mit Schwarzen? Gehst du nie in schwarze Bars?«

»Ne-ne-ne. Da geh ich nich rein, Kindchen. Meine Güte, Baby, ich flatter doch nich in diese schwarzen Bars! Die Jungs dort fall'n doch über dich her, wenn du zur Tür reinkommst. Die machen dich doch alle mit ihrem ›Hey, Mama!‹ und ›Eh, Honey!‹. Da spiel ich nich mit. Schwarze sind so aggressiv, Schätzchen. Die bringen es glatt fertig, dich anzugrapschen, zu schlagen und so, selbst wenn jemand bei dir ist.

Oh, Schätzchen, ich kenn mich mit schwarzen Männern aus. In Atlanta hatte ich mal eine weiße Zimmergenossin, ein richtiges Mädchen, die Schwarze *liebte*. Weißte Honey, was mit weißen Mädchen wird, wenn sie einmal 'nen schwarzen Schwanz gehabt haben? Schwarze Schwänze laugen dich aus. Da machst du einfach alles.«

Chablis nähte wieder eine Perlenschnur an ihr Kleid. »Das ist ja ein Grund, warum ich meine weißen Kerls so liebe«, sagte sie. »Und dann noch, wenn Schwarze das mit meinem D rauskriegen, Honey, dann könnte es mir ganz schön schlechtgehn.«

»Mit deinem D?«

»Yeah, mein D. Mein Ding, mein Beruf, was mit mir so los ist im Leben.«

»Willst du damit sagen, daß du dich mit Jungs verabredet hast, ohne ihnen die Wahrheit über dich zu sagen?«

»Ja-a-a-ah, Honey. Und wenn sie es merken, treten sie mir entweder in den Arsch, oder sie woll'n mit mir schlafen. Dann fassen sie nach unten, wo sie was Weiches und Feuchtes fühlen woll'n, und dann ist da unten was nich so Weiches und Feuchtes. Kapiert?«

»Und was passiert dann?«

»Ein Schwarzer hat mir 'ne Knarre an den Kopf gedrückt. Wir

hatten seit Stunden gefeiert, und er hatte viel Geld für mich ausgegeben und mit mir vor all seinen Freunden angegeben und so. Dann gingen wir schließlich nach Haus und lagen im Bett und küßten und drückten uns mit allen Kleidern an, und er wollte mich ständig da unten anfassen, und ich wehrte ihn ab. Und er sagte immer wieder: ›Warum läßt du mich dich nicht da unten anfassen?‹ Und ich sagte: ›Kindchen, ich kann dir versprechen, daß du da gar nich ranwillst.‹ Dann ging es wieder los mit dem Umarmen und Geküsse, und dann hat er mich eben doch erwischt und da unten angefaßt. Und im selben Moment hatte er auch schon seine Kanone an meine Stirn gedrückt und sagte: ›Ich bring dich um, du Scheißkerl! Ich blas dir dein verdammtes Hirn aus der Mütze!‹ Ich sagte ihm, daß niemand doch von nichts wüßte. Nicht mal er selbst hätte ja etwas gemerkt und wäre mir doch am nächsten gekommen, dabei könnte man es doch bewenden lassen. Wir hätten doch viel Spaß gehabt, und wenn er mir unbedingt das Hirn aus der Mütze blasen wollte, dann sollte er es schnell tun, denn ich würde mich zu Tode fürchten vor seiner Pistole. Bei der letzten Bemerkung mußte er lachen und sagte: ›Ich hab mit dir tatsächlich mehr Spaß gehabt als mit irgendeinem blöden Weibsstück. Ich will dich also noch mal davonkommen lassen. Ich rate dir bloß, diese Nummer nicht noch mal bei jemand anders abzuziehen, wenn du am Leben bleiben willst.‹ Deswegen tauche ich nicht in den schwarzen Bars auf, Honey. Ich brauche keine Knarre an meinem Kopf.«

»Und was machen weiße Männer, wenn sie das mit deinem D rausfinden?« fragte ich.

»Jeff wußte davon nichts, als er mich kennenlernte. Ich war mit ein paar von meinen weiblichen Freunden in einem Heteroladen. Eine Mitbewohnerin von mir war Stripperin – ein echtes Mädchen –, und nach ihrem Strip und meiner Transvestitenshow trafen wir uns und gingen mit andern noch in Heterobars, um ein bißchen Spaß zu haben. Ich saß gerade an der Bar, schlürfte meinen Cocktail, rauchte 'ne Zigarette und sah Jeff. Er war groß, blond und einfach super und sah mich immerzu an. Ich sagte mir: ›Nein, Chablis, laß es sein. Laß diesen normalen Mann in Ruh, weil er zu groß ist. Davon kriegst du nur Probleme, Mädel!‹ Er ließ mir einen Drink bringen, und ich nickte und dankte ihm. Dann kam er rüber, und wir fingen zu quatschen an. Er forderte mich zum Tanzen auf, und wir tanzten. Meine Freundinnen sahen ihn und wollten mit mir die Partner tauschen. Später gingen wir alle zu mir nach Haus, und es wurde eine ziemlich heiße Nacht. Jeder lag mit seinem Boyfriend zusammen, aber ohne Sex. Als Jeff gehen wollte, fragte er nach meiner Telefonnummer, und ich gab sie ihm. Ich hatte ganz vergessen, daß er ja ahnungslos war, weil ich mich ganz normal unter all den Mädchen bewegte. Er rief am nächsten Tag an und fragte, ob ich mit ihm ausgehn würde.

Es war so romantisch. Ich kaufte mir ein neues Kleid, und wir gingen zum Tanzen in ein Lokal mit Live-Musik. Dann gingen wir zu mir nach Hause und küßten uns. Mir fiel plötzlich ein, daß ich es ihm sagen mußte, verschob es dann aber auf den nächsten Abend. Nun, am nächsten Abend nahm er mich mit zu einem Basketballspiel, und da lief mir ein alter Boyfriend über den Weg. Dieser Freund war ein rasend eifersüchtiger Typ, weswegen ich ihn hauptsächlich verlassen hatte. Er erzählte Jeff natürlich, daß er mit 'nem Mann in Frauenkleidern unterwegs sei. So fand Jeff es also heraus. Er war so verletzt, daß er einfach wegging und mich stehnließ. Eine Woche hörte ich nichts von ihm. Dann rief er an und sagte, daß er nicht auf Männer stünde. Darauf sagte ich, ich sei kein Mann und er solle mich gefälligst nich so nennen! Und er fragte, was ich dann zwischen meinen

Beinen hätte. Das sei allein meine Sache, und er könne es ja herausfinden, meinte ich. ›Na ja‹, sagte er, ›was du auch sein magst, ich mag dich und kann dich nicht vergessen, und wenn wir nur Freunde sein können, möchte ich dich wiedersehen.‹

Ich sagte, ich wär einverstanden. So kam er dann zu meinen Shows, sah mir bei der Arbeit zu und hing an der Angel. Nach einer Weile schliefen wir auch miteinander. Ich hab sogar seine Eltern besucht, die draußen an der Southside leben. Sie sind Baptisten, Schätzchen, und sie hielten mich für Jeffs Freundin Chris. Thanksgiving und Weihnachten hab ich bei ihnen gegessen, und sie mochten mich und hatten nich die leiseste Ahnung. Nur, nach ein paar Monaten merkten sie, daß ich kein flüchtiges Abenteuer war und daß ihr Sohn mich wirklich liebte. Damit hatten sie dann ein Problem: Ich war schwarz. Sie fingen an, mich sehr genau zu beobachten. Ich konnte es spüren. Sie wollten mich mit dem leisesten Fehler am Arsch kriegen. Ich mußte wirklich aufpassen. Dann benahmen sie sich einmal sehr komisch und sahen mich immer so merkwürdig an, Kindchen. Ich wußte, da war was im Busch. Jeffs Mama nahm mich dann nach dem Essen beiseite und sagte: ›Chris, ich muß mit dir mal unter vier Augen sprechen.‹ Honey, das alte Mädchen war vielleicht nervös!

›Chris‹, sagte sie, ›ich mache mir seit einiger Zeit so meine Gedanken. Natürlich ist es eine sehr persönliche Sache, und ich respektiere deine Privatsphäre. Aber mein Sohn ist mit dir zusammen, und ich muß es einfach wissen. Sag mir die Wahrheit.‹ Mann, Kindchen, mir blieb fast das Herz stehen. Ich sah mich schon nach der Tür um für den Fall, daß ich hier 'nen ganz schnellen Abgang machen mußte. Dann meinte sie: ›Sag mir ehrlich, bist du schwanger?‹

O Mann, war ich erleichtert! Zum erstenmal in meinem Leben

fehlten mir die Worte. Mir fiel die Kinnlade runter, und ich faßte mir an den Bauch. Da fing sie an zu schreien und rannte aus dem Wohnzimmer.

Ich saß einfach da und wußte nicht, was ich machen sollte. Im anderen Teil des Hauses spielte sich irgendwas ab. Nach etwa zehn Minuten kam Jeff herein und grinste vor sich hin. Er sagte: ›Okay, Süße. Alles in Ordnung. Laß uns gehn.‹

Als wir draußen waren, grinste er immer noch, und ich fragte ihn, was zum Teufel eigentlich da drin los war. Ich hätte schon gedacht, seine Mutter hätte das mit meinem D rausgekriegt. Jeff legte den Arm um mich und sagte: ›Was immer du gesagt hast, es war total korrekt, Baby. Guck mal, was ich hier hab.‹ Und er zog den größten Packen Geld aus der Tasche, den ich je gesehn hatte. Acht Einhundertdollarscheine! ›Das ist von Dad‹, sagte er. ›Für deine Abtreibung.‹«

Chablis klatschte in die Hände. »Ich nahm das Geld, das diese weißen Leute uns gaben, um ihren ungebornen Enkel zu ermorden und kaufte dafür den Farbfernseher und den Videorecorder da drüben. Und von dem Rest kaufte ich mir dann das geilste Paillettenkleid, das ich finden konnte, damit ich ihnen mit dem Arsch ins Gesicht wackeln kann, wenn sie mal rauskriegen, wer ich bin, und sagen kann: ›Danke aus dem tiefsten Herzen eures Mischlingsbabys!‹«

Chablis stand auf und ging ans Fenster. »Bist du noch nich fertig, Honey?« rief sie. Jeff sah nach oben. Er stand vor dem Wagen. Die zwei Jungs saßen auf dem Vordersitz und brachten den Motor auf Touren. Er machte ein V-Zeichen. »Bin in einer Sekunde oben«, sagte er.

Chablis kam vom Fenster zurück. »Ja-a-a-ah, Kindchen! Diese Abtreibung war vielleicht 'n Ding. Ich hab mit der Idee gespielt, Jeffs Leute zu verklagen wegen versuchten verdammten

Mordes. Wenn du jemand bezahlst dafür, daß er jemand aufspießt, Honey, ist das doch versuchter Mord, oder?«

»Möglicherweise schon«, erwiderte ich, »unter gewissen Umständen.«

»Na ja, ich habs gelassen, weil ich Jeff nicht weh tun wollte. Und außerdem war ich noch nicht fertig mit diesen Mistkerlen. O nein, Baby! Sechs Monate später gingen wir wieder hin und überzeugten sie, daß ich schon wieder schwanger wär. Das hat uns noch mal achthundert gebracht und wieder für neue Klamotten und ein Spitzenwochenende in Charleston gereicht. Aber das wird nun das letzte Mal gewesen sein. Wenn wir's noch mal probier'n, könnt es ihnen dämmern, daß es billiger kommt, mich einfach abknallen zu lassen und von der Talmadge Brücke zu werfen.«

Chablis legte das Kleid beiseite und schloß den Deckel des Glasperlenkästchens. »Ich seh meine Schwiegereltern nich mehr. Aber Jeff und ich stehn uns näher denn je. Irgendwann wird er wieder Mädchen haben wollen, darauf bin ich vorbereitet. Ich will nur nich, daß er mich verläßt und zu 'nem Mann geht. Ich war mal mit 'nem Typen zusammen, und als wir uns trennten, hat er's mit Männern gemacht. Das hat mich dermaßen getroffen, und er konnte nich verstehn, warum. Ich hab versucht, ihm zu erklären, daß ich 'ne Frau bin und so behandelt werden will, wie ich mich selbst auch behandle. Daß ich eben einen Mann will, der 'ne Frau will, nicht 'nen Mann, der auf Männer steht.«

Jeff erschien in der Tür.

»Na, Gott sei Dank!«, rief Chablis. »Ich war es schon leid, auf dich zu warten. Noch 'ne Minute, und ich hätte auf meinen neuen Chauffeur zurückgegriffen. Ich bin sozusagen bereit für dich, Baby.« Jeff hob einen ihrer Füße hoch und streifte ihre

Sandale ab. Sie legte sich aufs Sofa zurück. »Weil nämlich Miss Myras Spritzen jetzt anfangen zu wirken, Honey«, sagte sie zärtlich. Er massierte ihren nackten Fuß und blickte ihr tief in die Augen. »M-m-m-m-m. J-a-a-a, Baby«, sagte sie.

Leise stand ich auf und machte mich auf die Socken. Als ich die Tür hinter mir schloß, hörte ich Chablis murmeln. »J-a-a-a. J-a-a-ah, Baby! M-m-m-m-m-m-m!«

Das Pickup befand sich im Loft eines Gebäudes in der Congress Street. Als ich mich der Eingangstür des Clubs näherte, hörte ich schon das dumpfe Hämmern der Diskomusik. Drinnen saß eine kurzhaarige Frau in Jeans und weitem Hemd auf einem Stuhl und plauderte mit einem Polizisten in Uniform. An der Wand stand in Handschrift auf einer Tafel *Mitgliedsbeitrag 15 Dollar,* aber sie winkte mich ohne Bezahlung vorbei.

Im Erdgeschoß gab es eine lange, schwach erleuchtete Bar und eine Tanzfläche mit zuckenden Lichtern und donnernder Musik. Junge Männer in lässiger, aber zumeist konservativer Kleidung bevölkerten den Raum. Am Eingang warb ein Plakat mit dem Bild der *Lady Chablis* für ihre zwei Shows: um elf Uhr und um eins. Ein dünner Mann mit Baseballkappe über dem strähnigen, taillenlangen Haar sammelte das Eintrittsgeld von drei Dollar ein. »Die Ouvertüre hat schon begonnen«, sagte er.

Der Raum im oberen Stock war schmal und niedrig; an einem Ende befand sich eine Bar, am anderen eine kleine Bühne und ein Laufsteg. An der Decke hing eine sich drehende Spiegelkugel. Während von einer zerkratzten Platte die Ouvertüre lärmte – ein flottes Mischmasch aus Broadway-Melodien, gespielt in extremer Lautstärke, um den Diskobeat von unten zu übertönen –, suchten sich ungefähr fünfzig Leute, darunter auch einige Paare, ihre Plätze. Als die Ouvertüre zu Ende war, wurde es stockdunkel im Raum, und der Broadway wich vor dem mitreißenden Rhythmus von Natalie Coles »Jump Start« zurück.

Ein über der Bühne schwebendes Scheinwerferlicht senkte sich nieder und erleuchtete Chablis, die in ihrem engen Paillettenkleid, von dem rote, gelbe und orangefarbene Fransenflammen herabzüngelten, wie ein loderndes Feuer wirkte. Sie trug riesige Ohrringe und eine Perücke mit langen, schwarzen Locken. Die Zuschauer jubelten, als sie den Laufsteg entlangstolzierte und mit jeder Faser ihres Körpers dem Rhythmus gehorchte, ihren Hintern wie einen Pompon schüttelte und ihn von einer zur anderen Seite peitschte. Mit einem Ausdruck überlegener Frechheit blickte sie über die Schulter ins Publikum. Sie war das Biest, die Versuchung. Sie tanzte vorzüglich, formte den Text des Liedes mit den Lippen und lächelte, als würde sie etwas Köstliches schmecken. Der Ausdruck in ihren Augen war heiter und empörend frevlerisch. Er schien zu sagen: Wenn dir der letzte Hüftschwung frivol erschien, Honey, dann sieh dir *diesen* an! Ihre Fans erhoben sich einer nach dem anderen aus dem Publikum und gingen zum Rand des Laufstegs. Sie hielten der Länge nach gefaltete Dollarscheine hoch. Chablis nahm ihre Gaben an, ohne aus dem Takt zu kommen, indem sie das Geld mit der Hand nahm oder ihnen das altmodische Vergnügen gönnte, es in ihren Ausschnitt zu stecken. Als das Lied zu Ende ging, trat sie unter lebhaftem Beifall, Pfeifen und trampelnden Füßen ab.

Im nächsten Moment tönte Chablis' krächzende Stimme durch den Lautsprecher. »Hey, ihr Hexen!«

Aus dem Publikum rief es zurück: »Hey, du Hexe!«

Mit einem Mikrofon in der Hand kehrte Chablis auf die Bühne zurück und tupfte sich den Schweiß vom Hals bis zur Brust ab. »Oooooouh, Kindchen! Ich schwitze vielleicht, Honey. Echt! Und ich schäme mich deswegen nich. Ich will, daß all ihr Weißen seht, wie hart ich für euch arbeite.«

Den brausenden Beifall quittierte sie mit einem Hüftwackeln. »Ich brauch noch 'ne Serviette, Honey! Wer gibt mir eine? Wer mir eine Serviette gibt, gewinnt einen Preis, und ich sag vorher nicht, was zu gewinnen ist.« Eine Serviette wurde hochgereicht. »Danke, Baby. Du bist ein wahrer Gentleman. Ja, das bist du, Honey. Ehrlich! Und du gewinnst den Preis. Du darfst dein Leben lang an meiner Muschi lecken. Okay?«

Die Menge brüllte.

»Ja, Honey. Ich schwitze, aber bald muß ich mich etwas schonen. Sonst, sagt der Doktor, werd ich noch 'ne Fehlgeburt haben. Ja, Honey, ich bin schon wieder trächtig! Meine Stunde rückt näher, und mein Kleines sinkt tiefer und tiefer. Es ist verdammt hart, in dieser Hitze zu tanzen, wenn man schwanger ist, hört ihr? Hast du das schon mal versucht? Probier mal, schwanger zu werden, und dann komm hier hoch und tanze, Honey. Kindchen, das macht dich fertig! Sind meine Füße geschwollen! Könnt ihr sie sehn? Sind sie dick? Du weißt doch noch, wie die von deiner Mama ausgesehn haben, als sie mit dir schwanger war? Sehn meine Füße so aus?«

Das Publikum schrie: »Nein!«

»Das will ich doch hoffen, Kindchen, denn die Füße deiner Mama waren potthäßlich, als sie dich in sich trug.« Buhrufe und Pfiffe. »War nur Spaß«, sagte sie.

»Ich mach allen weißen Jungs hier 'n Angebot. Die Eltern von meinem Mann wollen keine Abtreibung mehr bezahlen, und uns geht die Knete aus. Stellt mich Mom und Dad vor und sagt, ich sei schwanger von euch, dann werdet ihr sehn, wie sie mit dem Geld rausrücken. Wir machen fifty-fifty. Ihr glaubt nich, daß es klappt? Dann sag ich euch was, Kinder. Der Daddy von meinem

Mann ist Pfarrer bei den Baptisten und hat schon zweimal dafür bezahlt. Das ist Massenmord, Kinder. Ehrlich!«

Chablis ging weiter vor bis ans Ende des Laufstegs, doch die Mikrofonschnur hielt sie nach wenigen Schritten zurück. Sie zog daran, kam aber nicht vorwärts. Sie wandte sich zur Kabine des Diskjockeys. »Michael!« Sie zog schon wieder. »Miss Dingsda!« Sie zog noch mal. »Miss Dingsda, was ist mit der Schnur?« Sie wandte sich ans Publikum. »Jetzt frag ich euch. Findet ihr nicht auch, Burt, der Mann, dem dieser verdammte Club gehört, sollte eine Schnur anbringen, mit der ich den ganzen Weg ins Publikum gehn und euch näher sein kann? So, daß ich euch anfassen könnte? So, daß ihr noch mehr Feeling kriegt?«

Ein Chor aus vereinzelten »Yeahs« kam aus der Zuschauermenge.

»Wenn das alles ist, dann könnt ihr eure müden Ärsche nach Haus tragen. Echt. Jetzt will ich euch brüllen hören: ›Yeah, Königin!‹.«

»*Yeah, Königin!*«

»Muß was an den Ohren haben, Kinder. Ich hör nichts.«

»*YEAH, KÖNIGIN!*«

»Schon besser. J-a-a-ah, Kinder! Jetzt fühl ich, daß ihr da seid.« Chablis schob die Hüfte vor und strich sich mit den Händen über die Seiten ihres Kleids. »Ja, ich fühl euch hier, auch wenn ich nicht zu euch kommen und euch anfassen kann, wie ich es genau jetzt tun würde, wenn diese ätzend kurze Schnur nicht wär.«

Pfiffe und Buhrufe.

»Vielleicht denkt Burt, ich kümmer mich selbst darum. Meint ihr, daß ich das sollte? Meint ihr das? Nichts da, Baby. Ich geb doch mein Geld nich für 'ne Schnur aus, Honey. Eure Chablis wird sich Kleider kaufen und mit jeder Schnur spielen, egal wie lang. Ja, lang oder kurz, ich spiel mit eurer Schnur. Weil sich Chablis jetzt wie die schwangere, heterosexuelle, weiße Frau benimmt, die sie ist, und ihr verdammtes Geld in ihrem Sack behält!« Das Publikum klatschte. Chablis blieb auf der Stelle stehen und wiegte sich betörend. »War nur Spaß«, gurrte sie.

»Okay, Jungs und Mädels, danke, daß ihr heut gekommen seid. Wenn ich irgend jemand verletzt hab, quetsch ich mir 'ne Träne ab und scheiß drauf, Honey. Ja, Kindchen. Wir haben für euch 'ne tolle Show auf die Beine gestellt. Wir haben 'ne ganze Schar schöner Weiber hier, also, wie wär's mit rasendem Applaus, und ich begrüße –« Chablis sah zu einem Mann und einer Frau hinab, die an einem Tisch am Ende des Laufstegs saßen.

»Ihr beide habt die ganze Zeit während meiner Nummer rumgeknutscht und gefummelt! Ne-ne-ne, das ist schon in Ordnung, Baby, ich nehm's nich übel. Greif zu, solang du kannst, Honey! Doch sag mir mal, Mädel, ist das dein Mann oder dein Freund? Dein Mann! Dann muß ich dir aber sagen, daß er und ich seit Weihnachten zusammen bumsen. Ja, Honey. Er ist der Vater meines Babys. Ganz recht, Kindchen. Wo kommt ihr her? Hilton Head! Und was macht der Vater meines Babys, wenn er nich gerade echt gut fickt? Er ist Anwalt! Ooooouh, mein Kleines hat einen reichen Daddy! Wenn du Anwalt bist, Honey, dann hast du doch auch die ganzen Titel nach dem Namen, wie Esquire und so was. Mir braucht keiner was über Anwälte erzählen, Kindchen. Du hast mit Marihuana und den Bullen zu tun, Honey, du verkehrst mit Esquires und allen möglichen anderen Anwälten. Aber deine Frau kriegt nichts von dem Käse da hinter ihren Namen, oder? Sie darf nur das Baby austragen, oder? Na, ich werd dir was erzählen, Kindchen. Ich hab was Besseres hinter *meinem* Namen. Ich krieg Applaus, Honey. Und die Leute brüllen: ›Hey, Königin!‹«

Chablis schlenderte aufreizend den Laufsteg entlang, während das Publikum applaudierte. »Hey, Königin!«

»Und ich hab noch was Besseres, das hinter meinem *Arsch* her ist«, sagte sie. »Ich hab was *Feines,* das hinter meinem Arsch her ist, Kindchen! Wetten, daß all ihr Hexen auch so was haben möchtet?«

Chablis blickte in den Scheinwerfer. »Miss Dingsda! Schwenk das Licht da rüber.« Chablis zeigte in meine Richtung, und kurz darauf wurde ich vom Scheinwerfer geblendet.

»Ihr sollt alle meinen neuen Chauffeur kennenlernen!« rief sie. »Ja, Kinder. Mein neuer, weißer Chauffeur! Er fährt Mutters schwarzen Arsch durch ganz Savannah. Und wenn er bald 'n bißchen besser fahren kann, kriegen wir 'n Rolls-Royce! Echt! Nichts is' zu gut für The Lady! Ehrlich. Nichts ist zu gut für die süße Puppe. Okay. Miss Dingsda, das Licht kann zurück zu Mama! Danke, Honey. Jetzt wünsch ich euch allen viel Spaß noch bei der Show. Daß ich aber keine von euch Hexen dabei erwische, wie ihr euch an meinen neuen Chauffeur ranmacht. Denn dann kriegt ihr's mit Chablis zu tun. Ganz recht, Honey. Mit mir und meinem Eispickel.« Chablis drehte sich um und ging hüftschwingend den Laufsteg zurück. Als sie am Vorhang war, blickte sie über die Schulter zurück und flüsterte ins Mikrofon: »War nur Spaß, Honey!«

Nach Chablis kam Julie Rae Carpenter, die fast dreißig Zentimeter größer und siebzig Pfund schwerer war. Julie Rae hatte blonde Locken, Grübchen beim Lächeln und trug ein leuchtendblaues, schlechtsitzendes Taftkleid, das, den Falten nach zu urteilen, selbstgemacht war. Sie sprang und hüpfte und warf sich zur Steigerung des dramatischen Effekts zweimal mit gespreizten Armen und Beinen gegen die rückwärtige Wand. All das geschah ohne einen Funken Ironie und ohne, daß sie sich darüber bewußt war, wie peinlich dieser Auftritt für die Zuschauer sein mußte. Etwa ein Dutzend Leute gaben Julie Rae Trinkgeld. Etwa die gleiche Anzahl stand auf und ging. Während ich sie beobachtete, klopfte mir ein Kellner mit Strohschlapphut ans Knie. »Chablis läßt dich hinter die Bühne bitten«, sagte er.

Er führte mich in eine enge Garderobe, die sich alle Darsteller teilen mußten. Sie richteten sich an einem langen Schminktisch Make-up und Haare. Chablis trug nur eine Strumpfhose. Sie sah mich im Spiegel. »Hey, Honey!« sagte sie. »Hoffentlich bist du nich sauer auf mich wegen dem Scheinwerfer und dem, was ich gesagt hab.«

»Wir sind immer noch Freunde«, sagte ich.

»Das ist gut, Honey. Doch der Anwalt aus Hilton Head wird wohl so bald nicht wiederkommen. Ich hab ihn die ganze Zeit beobachtet, wie er mit seinem Täubchen rumknutschte und quatschte während meiner Vorstellung, und das, Honey, nehm ich nich hin! Gut für ihn, daß er sich zurückgehalten hat, als ich ihn angemacht hab. Sonst wär ich gemeiner geworden.« Chablis nahm ihre Perücke ab und kämmte sich ihr eigenes Haar zu einer Pompadourfrisur. »Ich hab auch schon meinen Schuh ausgezogen und Leuten damit auf den Kopf gehau'n. Damit sie sehn, wer in diesem Kleid steckt.«

»Und wie hat es dein Boss aufgenommen, daß du ihn als Geizkragen hingestellt hast?« fragte ich.

»Kindchen, das war harmlos. Ich hab ihn geschont, weil der Umschlag mit meinem Geld unten an der Bar lag. Hatte Angst, daß er ihn mir vielleicht nicht rausgeben würde, wenn ich ihm ordentlich an die Wäsche geh. Aber später krieg ich ihn noch.«

Nachdem Julie Rae von der Bühne verschwunden war, trat Stacey Brown auf, eine große, elegante Schwarze. Danach kam

Dawn Dupree, eine klassische Schönheit mit blondem, glattem, langem Haar und sehr modischen Kleidern. Chablis sagte mir, daß Dawn von Beruf Schneiderin sei. »Sie hat das Kleid selber genäht, das ich gerade angehabt hab. Hat es dir gefallen?«

»Es war sehr beeindruckend.«

»Für meine Nuttennummer ideal. Aber für mein zweites Lied mach ich was ganz andres. Nur für dich, Honey, was ganz Sittliches. Zum erstenmal tret ich als prüde Pussy auf. Im knöchellangen Kleid. Ich würd auch Perlen tragen, aber so rein bin ich nun auch wieder nich. Also nehm ich Straß. Im Rücken ist das Kleid ausgeschnitten, bis zum Hintern runter. Aber ich werd mich echt langsam und betörend bewegen, weil ich ja dann 'ne Lady bin. Langsam tanzen is gut fürs Geschäft, weil mir meine Fans dann leichter Geld zustecken können. Wenn man schnell und unanständig tanzt, trau'n sich manche nich so recht und kommen auch nich so gut an dich ran, weil du so rumspringst. Jetzt muß ich mich aber wirklich verwandeln, gleich bin ich dran.«

Chablis blätterte einen Ständer mit Kleidern durch.

»Das sind meine Klamotten, Honey«, sagte sie. Auf dem Ständer hingen fünfzig oder sechzig Kleider in allen Farben des Regenbogens, die meisten besetzt mit Glitter und Flitter. Sie hatten Marabuflaum, Samt- und Satinrüschen und Wolken von Tüll.

Sie hielt mir ein rotes, schulterfreies Kleid hin. »In dem Kleid bin ich Miss World geworden«, sagte sie und zeigte auf ein blaues. »Und das hier war mein Miss-Georgia-Kleid. Wenn du mal an einem Kleiderladen vorbeikommst und lieb zur süßen Puppe sein willst, Honey, dann merk dir, ich bin klein und hab Größe sechs.«

Chablis war nun praktisch nackt. Sie hatte einen wohlgeformten femininen Oberkörper mit schmalen Schultern und vollen Brüsten. Ihre Hüften waren etwas schlank, aber ich konnte keine Ausbeulung in ihrer Strumpfhose entdecken.

»Ooooouh, Bayyy-by«, sagte sie. »Du hast eben nach meiner Muschi geguckt! Hoffentlich hast du nichts sehn können.«

»Überhaupt nichts.«

»Gut, denn wenn du je was in meiner Strumpfhose siehst, Kindchen, sag mir sofort Bescheid, und ich werd ihn reinschieben, Honey, weil ich das echt nich vertrag'n kann! Das ist ein häßlicher Anblick. Es sieht ekelhaft aus, Honey, da draußen zu sein mit all der Schminke, wenn sich der Schwanz abdrückt!«

Julie Rae sah von ihren Schminktöpfen hoch. »Wirklich, Chablis!«

»Deswegen trag ich ja das Ding«, fuhr Chablis fort.

»Was für ein Ding?« fragte ich.

Chablis sah mich ehrlich überrascht an. »Du hast nie davon gehört?«

»Nein, wovon denn?«

»Na, von dem Ding, das den Schwanz am rechten Ort hält.«

»*Chablis!*« zischte Julie Rae trotz der Haarklemmen im Mund.

»Sister kann es nicht leiden, wenn ich so rede. Nicht wahr, meine Miss Ding?« Julie Rae gab keine Antwort und steckte ihre blonden Locken hoch. Chablis wandte sich wieder mir zu. »Es ist 'n Berufsgeheimnis, und die Schwester da denkt, daß ich die Illusion verderbe, wenn ich drüber red, daß wir Mädels eben Schwänze und so was haben.«

Chablis nahm ein kleines Rechteck aus rosa Tuch, an dem zwei enge elastische Schlaufen befestigt waren. »Das ist es, Honey. So etwas wie ein Tanga. Damit zieht man den Schwanz zwischen den Beinen zurück, nach hinten hoch und macht ihn dort fest. Auch die Eierstöcke quetscht man zur Seite – ich nenne meine Hoden Eierstöcke, Honey.«

Chablis sah mich mit aufgerissenen Augen an. »Kindchen, jetzt solltest du deine Mimik sehn können!«

»Ich kann mir das nur sehr schwer und als sehr schmerzhaft vorstellen«, sagte ich.

»Dann will ich dir gar nicht erst erzählen, was wir mit einem speziellen Klebeband machen!« Chablis wartete nicht auf meine Reaktion. »Das Klebeband nimmt man, wenn man mit nacktem Hintern auftreten will. Man klebt sein Zeug in die Arschritze, und keiner merkt mehr was. Aber jetzt zu den Schmerzen! Ja, das Mädel läßt sich nicht ohne Schmerzen wegziehn. Und einen Steifen in der Position zu kriegen ist auch kein Zuckerschlecken.«

Julie Rae knallte ihre Haarbürste auf den Tisch und verließ die Garderobe. »Jetzt ist sie aber eingeschnappt!« sagte Chablis. »Sie wird drüber wegkommen. Das ist ein gutes Mädchen, und ich liebe sie, und das weiß sie auch. Und irgendwie hat sie auch recht. So leicht ist der Mist ja gar nich. Zwanzig Minuten brauch ich für mein Tagesgesicht – Lidschatten, Lidstrich, Maskara, Rouge, Lippenstift. Zwanzig Minuten, Honey. Und eine Stunde dauert es, sich für die Show fertigzumachen.«

Julie Rae kam in die Garderobe zurück. Chablis sah sie reuig an. »Okay, Schwester«, sagte sie, »ich bin fertig mit dem Mist und verrat' keine Geheimnisse mehr. Tut mir leid, Baby. Ehrlich. Verzeihst du mir?« Julie Rae lächelte wider Willen. »Gut, Honey«, sagte Chablis. »Wir Mädels müss'n doch zusammenhalten. Oh, Kindchen, da kommt mein Zeichen!«

Chablis nahm ein mitternachtsblaues Abendkleid vom Bügel und schlüpfte hinein. Das Kleid war hochgeschlossen und fiel gerade zu Boden. Um die Schultern legte sie sich ein Cape, das mit glitzerndem Straß besetzt war. »Mach mir den Reißverschluß zu, Honey«, sagte sie, und ich gehorchte. Hinten war das Kleid tatsächlich fast bis zum Po hinauf geschlitzt. Das Lied jedoch war eine langsame Ballade, und Chablis machte statt erotischer Zuckungen schlangenartige Bewegungen. Mit den Schultern untermalte sie die gefühlvollen Songs, und ihre Fans standen Schlange, um ihr die Scheine zuzustecken. Als es vorbei war, griff Chablis erneut zum Mikrofon, um dem Publikum für sein Kommen zu danken. »Wenn euch die Show gefallen hat«, sagte sie, »dann dank ich euch aus tiefstem Herzen und wünsch mir, daß ihr meinen Namen nich vergeßt: The Lady Chablis. Hat es euch nich gefallen, dann heiß ich Nancy Reagan, und ihr könnt euch verpissen.«

Chablis ging hinter die Bühne und zog das lange Kleid aus. »Mein Anwalt aus Hilton Head hat seine Lektion gelernt«, meinte sie. »Er hat mir zwanzig Dollar gegeben.« Jetzt trug sie ein limonengrünes Minikleid, das mit schaukelnden Perlenreihen verziert war. »Nun gehn wir runter an die Bar, holen mein Geld, trinken einen Apfelschnaps und rauchen 'ne Zigarette.« Sie malte sich die Lippen rot. »Dann muß ich zurück zu meiner zweiten Show, wo ich mein schlimmstes Bumskleid anzieh und Burt Feuer unter seinem Geizarsch mach, bis er die Engel singen hört!«

Unten dröhnte in ohrenbetäubender Lautstärke die Diskomusik. Ich heftete mich an Chablis' Fersen, während sie sich durch die Menge zur Bar durchschlug. Sie begrüßte ihre Fans und drehte den Kopf so, daß sie sie auf den Hals küssen konnten und ihr Make-up oder ihre Frisur dabei nicht beschädigten.

»Was denn, Honey?« sagte sie. »Du warst nich bei meiner Show? Auch gut, aber dann steck mir jetzt das Geld in den

Busen, das du mir dort geben wolltest. So ist's recht. Ooooouh, Kindchen! Danke, Honey... Hey, Baby, wie geht's? Okay, Schwester, siehst gut aus!... Oh, Kindchen, hast du immer noch die gleiche Puppe wie letzte Woche? Yeah? Sag's mir sofort! Laß *hören*, Mädel. *Laß hören!* So ist's gut!... Nein, Schätzchen, heut abend ist mein Mann nich dabei. Er wartet zu Haus auf mich und schont seinen guten, dicken, alten Ständer nur für mich allein.«

Als Chablis an die Bar kam, stand ihr Apfelschnaps schon bereit. Sie nahm das Glas und prostete dem massigen, breitschultrigen Mann zu, der neben ihr stand. »Hey, Burt«, sagte sie und stürzte den Drink herunter.

Burt hatte einen glänzend kahlen Schädel und traurige Augen. »Wie geht's, Chablis?« fragte er.

»Na ja, ich geh noch nich stempeln, aber ich bin ziemlich knapp. Vermutlich habt ihr nur alle Angst, ich könnte mich auf die faule Haut legen und nich besser werden, wenn ihr mir mehr zahlt.« Burt erwiderte darauf nichts.

»Wenn wir schon dabei sind«, sagte sie und hielt ihm anmutig ihre Hand hin. »Kann ich bitte meinen Umschlag haben?« Burt reichte ihr einen kleinen Umschlag.

»Danke, Honey«, sagte sie. »Kommste zu meiner zweiten Show?«

»Yeah, schätze schon«, sagte Burt.

»Gut, denn ich bin immer besser nach dem Apfelschnaps. Und du solltest die zweite Show heut abend auf keinen Fall verpassen!« Chablis sah in den Umschlag. »Wo ist der Rest?« rief sie.

»Der Rest wovon?« fragte Burt.

»Von meinem Geld. Ich hab hundert Dollar zu wenig. Ihr habt mir Geld von meinem Lohn geklaut!«

»Oh, yeah, das. Das ist wegen der beiden Shows, die du nicht gemacht hast. Wir haben sie abgezogen.«

Chablis' Augen funkelten zornig. »Burt, das ist ein Haufen Scheiße!« rief sie.

»Wieso?« fragte Burt.

»Vielleicht stand ich nich da vorn im Scheinwerferlicht, aber ich war vor meinem Make-up-Spiegel, und das ist wohl auch Arbeit. Dann kam ich mit dem Taxi rechtzeitig her. Niemand hat mich angerufen, um mir zu sagen, daß die Shows abgesagt waren. Ich bekomme ein Gehalt. Das haben wir vereinbart.«

Burt sah Chablis müde an. »Wenn du nicht arbeitest, Chablis, kriegst du auch kein Geld. So ist das nun mal.«

»Burt, ich muß Miete zahlen, verdammt noch mal! Wovon soll ich meine Miete bezahlen?«

»Da mußt du mit Marilyn sprechen«, sagte Burt. Marilyn war die Buchhalterin.

»Ich werd mit niemand sprechen. Ich will mein Geld!«

Burt seufzte. »Chablis, ich diskutiere nicht mit dir. Ich bin müde und im Recht.«

Chablis knallte die Faust auf den Tresen. »Dann leck mich doch am Arsch«, sagte sie, machte auf dem Absatz kehrt und drängte sich rasch durch die Menge. Sie blieb nur einmal stehen, um kurz mit Julie Rae zu flüstern, dann stürmte sie die Treppe hoch, und Burt lief hinter ihr her.

»Chablis!« rief Burt. »Was hast du vor?«

»Gib mir mein Geld!« verlangte sie.

»Du hast aber nicht gearbeitet!«

»Hab ich doch!«

In der Garderobe schnappte sich Chablis ein paar Kleider vom Ständer und sagte: »Meinen Fummel nehm ich mit. Ich kündige!«

»Chablis, bitte nicht.« Burt griff nach den Kleidern, und einen Moment lang sah es nach einem Tauziehen zwischen den beiden aus.

»Reiß mir nicht meine Perlen ab, Kindchen!« sagte Chablis, und Burt ließ in plötzlicher Verwirrung los.

In der Tür erschien Julie Rae mit einem halben Dutzend Leuten im Rücken, die sie von unten mitgebracht hatte. Chablis warf ihr die Kleider über Burts Kopf hinweg zu. Julie Rae fing sie auf und gab sie an die Leute im Flur weiter. »Mach weiter, Chablis«, sagte sie. »Wir sind auf deiner Seite, Babe!«

Chablis nahm noch einen Packen Kleider vom Ständer, doch diesmal hob Burt den Arm und versperrte ihr den Weg. »Chablis«, sagte er, »du hast noch was vergessen. Du hast dir von uns vor sechs Wochen hundert Dollar gepumpt und noch nicht zurückgezahlt.«

Chablis hielt einen Moment lang inne. »Das ist wahr, aber du hast mir keine Frist gesetzt. Du hättest mich doch warnen können, daß du mir den Lohn kürzt, besonders wo meine Miete fällig ist. Und irgendwer hätte mich anrufen und mir sagen können, daß die Shows abgesagt waren. Ich hätte woanders auftreten können. Ich hätte nach Columbia gehn können. Die Trinkgelder in Columbia sind *tadel*los.«

»Nun, tut mir leid, Chablis«, sagte Burt, »aber du darfst hier nichts mitnehmen, bevor du nicht deine Schulden bezahlt hast.«

Chablis warf Burt ein Silberlamékleid zu. »Hier! Nimm das! Es ist hundert Dollar wert, dann sind wir quitt. Und jetzt schlepp ich meinen Mist hier raus!«

Burt starrte verblüfft auf das Kleid. Es war ein Stück Silberstoff, nicht viel größer als ein Geschirrtuch. Es hing schlaff in seiner Hand. »Und was soll ich damit machen?« sagte er.

»Tragen!« erwiderte Chablis. »Und hier hab ich noch was für dich, falls du deinen Schwanz verstecken willst, wenn du es anhast.« Sie drückte Burt eins von den rosa Dingern in die Hand. Julie Rae kreischte vor Vergnügen.

Burt ließ den rosa Stoffetzen mit einem Ausdruck von Widerwillen fallen. »Chablis«, sagte er, »dein Problem ist –«

»Fang nicht schon wieder an!« sagte Chablis, »weil ich nämlich weiß, was ich für ein Problem hab! Mein Problem ist, daß ich 'nen ganzen Schrank voller Kleider kauf, stundenlang Glassteine, Perlen und Pailletten annähe und dafür keinen Pfennig bezahlt krieg. Ich kauf mir Platten, damit ich neue Songs lernen kann, blätter zweimal im Monat zwanzig Dollar hin für Hormonspritzen, um mein weibliches Aussehen zu erhalten, und kriege dafür auch kein Geld. Dann mach ich mir stundenlang die Haare und das Gesicht zurecht und steig in meine Frauenkleider, damit ich in dieses dreckige Loch kommen kann, das wie eine staubige Dachkammer aussieht, und versuche, auch nur ein bißchen Glamour auf die Bühne zu bringen. Honey, die Dachbalken hier drin sind so niedrig, daß ich mich mit 'ner Tiara gar nich erst auf die Bühne trauen würde!« Chablis funkelte Burt wütend an, ihre dunklen Augen glühten.

»Na ja, Chablis«, sagte er, »wenn du –«

»Mein Problem ist, daß ich für einen Mann arbeite, der glaubt, daß er mir 'n Gefallen tut, wenn er mich auf die Bühne läßt. Er denkt, daß es mir soviel Spaß macht, Kleider anzuziehn und mit'm Arsch zu wackeln, daß es mir egal ist, ob ich dafür Geld krieg oder nicht. Weißt du was? Manchmal ist mir gar nicht danach, ein Kleid anzuziehn oder mich zu schminken. Aber ich komm und mach es, weil es mein Job ist. Ich lebe davon. Und ich kann dir noch was sagen: Es ist verdammt harte Arbeit, immer eine Frau zu sein!«

»Chablis«, meinte Burt. »Du bist unfair. Du weißt doch, daß du zur Familie gehörst.«

Chablis seufzte. Sie hatte die Hand auf die Hüfte gestützt und grinste boshaft. »Sicher, Baby«, sagte sie sanft. »Wahrscheinlich hängt deshalb unten das Schild am Eingang, auf dem ›15 Dollar Mitgliedsbeitrag‹ steht. Und den verlangt man nur von Schwarzen, weil man nämlich in diesem Club keine Schwarzen als Gäste haben will – nur als Diener natürlich. Als Diener, die man noch nich mal immer bezahlt.«

Chablis nahm noch ein paar Kleider vom Ständer. »Bleib, wo du bist, Miststück«, sagte sie. »Dieses Familienmitglied verläßt jetzt sein Zuhause!«

Im Flur vor der Garderobe drängten sich jetzt die Menschen. Chablis schleuderte ein Kleid nach dem anderen nach draußen. »Halt sie hoch, Honey! Laß den Fummel nicht über'n Boden schleifen! Halt ihn hoch über dem Kopf, Baby!«

Als der Ständer leer war, wandte sich Chablis Burt zu, der immer noch das silberne Laméklied hielt. »Vergiß nicht das Ding dazu, Burt«, sagte sie. »Du wirst es brauchen, um deinen Schwanz zu verstecken, wenn du das Kleid trägst.« Burt schwieg.

Chablis warf Julie Rae das letzte Kleid zu. »Okay, Liebes«, sagte sie, »ich bin *fertig*!« Dann stieg sie die Treppe hinunter, gefolgt von Kaskaden aus Glitzer, Tüll und Federflaum. Chablis stolzierte mit ihrer langen Schleppe aus Kleidern wie ein farbenfroher, glitzernder chinesischer Drache auf die Tanzfläche. Andere Tänzer reihten sich in die Schlange ein und hoben die Arme, um den gewundenen Baldachin aus Kleidern abzustützen. Chablis strahlte. »Oooouh, *Kindchen*!« rief sie aus. »Ich wünschte, meine Mama könnte mich jetzt sehn!« Sie wiegte sich in den Hüften und wackelte mit dem Hintern. Die Kleiderträger taten es ihr nach und folgten Chablis johlend und kreischend in Schlangenlinien um die Tanzfläche herum, bis an die Bar, ganz an ihr entlang, vorbei an dem Mann mit der Baseballkappe und dem strähnigen Haar, vorbei an dem Schild, das fünfzehn Dollar Mitgliedsbeitrag forderte – und hinaus auf die Congress Street.

Immer noch zur Musik tanzend, zog Chablis nach Osten, und der lange Zug wogte hinter ihr her. Der Schein der Straßenlampen fiel über ihren Straß und die Perlen und Pailletten und entzündete Lichtfunken in den pfirsichfarbenen, roten, grünen und weißen Bäuschen. »Was ich dir gesagt hab, Honey«, rief sie mir zu. »Von nun an mußt du weit fahr'n, wenn du meinen Mist sehn willst. Nach Macon, Augusta, Atlanta, Columbia... Sie alle kennen The Lady, Honey! Sie alle kennen Chablis!«

Der Verkehr in der Congress Street kam fast zum Erliegen, als sich die glitzernde Prozession einreihte. Überall hupte und pfiff und brüllte es in einer Mischung aus aufmunterndem Beifall und abfälligem Spott. Die Autofahrer konnten natürlich nicht wissen, daß es sich um die große Kaiserin von Savannah handelte, die in diesem Augenblick mit all ihren Perücken, Kleidern und unverzichtbaren kleinen rosa Schnallen aus ihrer kaiserlichen Garderobe auf der Straße paradierte. Chablis winkte ihrem Volk zu. »Die Schwester zieht aus!« rief sie. »J-a-a-ah, Honey! Mama zieht um! *Ehrlich*, Kindchen!«

KAPITEL 8

Sweet Georgia Brown's

»Mein Gott, ihr Yankees seid schon ein besonderes Völkchen«, meinte Joe Odom. »Wir geben uns alle Mühe, dich auf den Weg der Tugend zu führen, und was ist das Ergebnis? Erst läßt du dich mit Leuten wie Luther Driggers ein, von dem man nur deswegen spricht, weil er sich anschickt, uns alle zu vergiften. Dann fährst du mit einem Auto herum, in dem man nicht mal ein Schwein zum Markt bringt, und jetzt erzählst du uns, daß du mit einem Niggertransvestiten herumziehst. Also wirklich! Deine Eltern werden in Ohnmacht fallen, wenn sie das hören, und werden wahrscheinlich mir die Schuld an allem geben.«

Joe saß an einem Tisch in dem riesigen Lagerraum, der bald die Pianobar Sweet Georgia Brown's mit der Atmosphäre von 1890 beheimaten sollte. Joe Odom war Eigentümer, Vorsitzender und Herz einer dreiköpfigen Jazzcombo. In diesem Moment stellte er gerade Schecks aus und verteilte sie an die Handwerker, die dem Raum noch den letzten Schliff gaben. Ein Tischler polierte die U-förmige Bar aus Eichenholz zu schimmerndem Glanz. In der Mitte des Us bäumte sich ein weißes Karussellpferd über einem Berg Schnapsflaschen auf. Mandy, die Miteigentümerin der Bar und Attraktion als Sängerin war, stand auf einer Leiter und richtete die Scheinwerfer auf das Podium der Combo, wo Joe seinen nachmittäglichen Scotch trank und Schecks verteilte.

Joe war in aller Freundschaft aus dem Emma's ausgeschieden,

was unter den gegebenen Umständen die einzig mögliche Lösung war, wenn er seinen Ruf als Gentleman nicht verlieren wollte. Seine Anteile am Emma's hatten bewirkt, daß all seine Gläubiger mit Vollstreckungsbefehlen und Prozessen über die kleine Bar herfielen – wie die Kunden einer Bank, die vor dem Konkurs ihre Spareinlagen retten wollen. Joe war für das Emma's eine Belastung geworden, deshalb zog er sich zurück und mietete den Speicher in der Bay Street. Er konnte natürlich nicht voraussagen, ob sich die Gläubiger nicht ebenso auf das Sweet Georgia Brown's stürzen würden. Diesem Problem begegnete er mit einem gleichmütigen Achselzucken.

In der Zwischenzeit hatte man Joe und Mandy wegen Mietschulden zur Räumung des Hauses Nummer 101 an der East Oglethorpe Avenue gezwungen. Ihr neuer Wohnsitz war ein hübsches, weißes Holzhaus ein paar Blocks weiter am Pulaski Square. Mit Joe zog sein Gefolge in das neue Haus, und auch die Touristenbusse fuhren jetzt dort vor. Die einzigen Leute, die von Joes Einzug nichts ahnten, waren die Eigentümer, die woanders lebten, und der Immobilienmakler John Thorsen, der ihm das Haus angeboten hatte. Bei der Besichtigung hatte Joe so getan, als sei er noch unschlüssig und habe es gar nicht eilig. Am nächsten Tag fuhr Mr. Thorsen für sechs Monate nach England, und am Tag darauf zog Joe ein – mit Möbeln, Klavier, Gefolge und dem ganzen Rest. Er war ein begnadeter Hausbesetzer, doch das wußte zu dieser Zeit noch niemand.

Gegen Ende der Woche empfing Joe wieder Touristen in seinem Haus und servierte ihnen Lunch für drei Dollar pro Kopf. Die Begrüßungsansprache aus seinem alten Haus hatte er natürlich leicht verändern müssen: »Guten Tag! Mein Name ist Joe Odom. Ich bin Steueranwalt, Immobilienmakler und Pianist. Ich lebe hier in diesem Haus, das 1842 von Francis Bartow gebaut wurde, einem General der Konföderierten, der in dem Krieg starb, den wir gern als Aggression der Nordstaaten bezeichnen. Sie können überall herumgehen. Fühlen Sie sich wie zu Hause. Nur wenn Sie eine verschlossene Tür sehen, gehen Sie besser nicht hinein, weil Sie dort wahrscheinlich auf schmutzige Socken, ungemachte Betten und vielleicht sogar auf schlafende Leute treffen.«

Mandy kletterte von der Leiter herunter. Sie trug ein enges, bodenlanges, mit Perlen geschmücktes Kleid und eine lange Halskette. An ihrem schmuckbesetzten Stirnband steckte eine Pfauenfeder. Dieses Diamond-Lil-Kostüm hatte sie angezogen, um dem Thema der 1890er gerecht zu werden.

»Was sagst du zu meinem Anblick?« fragte sie und lehnte sich in erotischer Pose gegen das Klavier.

»Richtig gut«, sagte Joe.

»Dann heirate ihn doch«, meinte sie.

Joe gab Mandy einen Kuß. Dann fuhr er damit fort, Schecks auszustellen. Einen gab er dem Mann, der die Beleuchtung gemacht hatte, einen anderen dem Tischler, und einen dritten dem Bauleiter. Joe und die Männer scherzten herum, als ob sie wirklich alle glaubten, daß die Schecks gedeckt seien.

Nachdem die Arbeiter gegangen waren, tauchte ein alter, schwarzer Mann, der am Stock ging, neben Joe am Klavier auf. Er war den ganzen Nachmittag in der Bar gewesen, hatte Kaffee für die Handwerker gekocht und den Platz saubergefegt. »Feierabend, Mr. Odom«, sagte er und warf einen Blick auf das Scheckbuch.

Joe schüttelte den Kopf. »Nein, Chester. Damit willst du doch wohl nichts zu tun haben. Immer nur cash, wenn es geht, nicht wahr?« Er zog die Brieftasche raus und gab dem alten Mann einen Zwanzigdollarschein, den einzigen Schein, den er bei sich hatte. Der Mann dankte ihm und trottete davon.

»Und nun zu diesen Leuten, mit denen Sie sich rumtreiben.« Joe schenkte mir wieder seine ganze Aufmerksamkeit.

»Ich weiß nicht recht«, sagte ich. »Irgendwie gefallen mir die Leute, die ich in Savannah kennengelernt habe. Das Auto allerdings könnte ich ein bißchen aufmöbeln.«

»Dann ist vielleicht doch noch nicht alles verloren«, meinte er und zündete sich eine Zigarre an. »Denn Mandy und ich wollen draußen in Hollywood ein Haus mit Pool mieten, wenn der Film zu Ihrem Buch gedreht wird, und im Moment sieht es leider so aus, daß unsere Mitspieler ein Haufen mieser Typen sind. Da müssen wir unbedingt etwas tun.«

»An wen denken Sie?« fragte ich. »Den Bürgermeister?«

»Gott behüte, den doch nicht«, sagte Joe und dachte einen Augenblick lang nach. »Bei uns im Haus wohnt gerade eine Dame, die von Interesse wäre. Sie hat eine Kolumne für Sexberatung im *Penthouse*.« Er sah mich erwartungsvoll an. »Nein? Nein.«

Ich zog einen Zettel mit einer handschriftlichen Notiz aus meiner Tasche. »Zufällig bin ich gerade dabei, meinen Bekanntenkreis zu erweitern. Wie gefällt Ihnen das hier?« fragte ich und reichte ihm den Zettel, auf dem stand: »Jim Williams, Mercer House, 429 Bull Street, Dienstag, 18.30 Uhr.«

Joe nickte feierlich wie ein Juwelier, der einen seltenen Edelstein begutachtet. »Nun denn!« sagte er. »Das ist schon besser. Sehr viel besser. Jim Williams ist ein außergewöhnlicher Mensch. Er ist brillant. Erfolgreich. Von allen bewundert. Vielleicht ein wenig arrogant. Aber reich. Und das Haus ist auch nicht zu verachten.«

KAPITEL 9

Der wandelnde Sex-Appeal

Und so verbrachte ich diesen außergewöhnlichen Abend im Mercer House in der Gesellschaft von Jim Williams und seiner Fabergé-Objekte, seiner Orgel, der Gemälde, der Nazifahne, des Psycho-Würfelspiels und – kurzzeitig, aber eindrucksvoll – seines stürmischen jungen Freundes, Danny Hansford.

»Nun, wie war es?« fragte mich Joe Odom, als ich im Sweet Georgia Brown's hereinschaute.

»Ich glaube, ich habe den jungen Mann getroffen, der in Ihrem Bett lag«, sagte ich, »den mit den Tätowierungen und dem *Fuck-You*-T-Shirt. Er arbeitet für Jim Williams.«

»Ach, der war das«, meinte Joe. »Das muß der Kerl sein, der diesen aufgemotzten Camaro fährt, der immer vor dem Mercer House parkt. Damit macht er die ganze Stadt unsicher und rast um die Plätze, als wären sie sein ganz persönlicher Indy 500.«

Danny Hansford war den meisten Bewohnern vom Monterey Square unbekannt. Bestenfalls wurde er als namenloser Niemand wahrgenommen, der das Mercer House betrat und verließ, der dort parkte und in seinem schwarzen Camaro mit quietschenden Reifen davonfuhr. Die Kunststudentin Corinne, die im Dachgeschoß eines Reihenhauses in einer Nebenstraße des Platzes wohnte, war eine der wenigen, die ihn kannte. Corinne hatte eine zarte, weiße Haut und kastanienbraunes, distelartiges Wuschelhaar. Sie entwarf ihre eigenen Kleider, die immer schwarz waren und ihre körperlichen Vorzüge betonten – den

Busen und den Hintern. Sie frühstückte regelmäßig in Clary's Drugstore und gab freimütig zu, Danny Hansford zu kennen. »Er ist der wandelnde Sex-Appeal«, sagte sie zu mir.

Corinne hatte Danny schon aus der Ferne beobachtet, lange bevor sie zum erstenmal miteinander gesprochen hatten. Sie schätzte, daß er ungefähr in ihrem Alter war, knapp unter zwanzig vielleicht. Sein schlanker, muskulöser Körper, das zerzauste, blonde Haar und die Tätowierungen erregten sie. Besonders zog sie der großspurige Gang an, der wie das T-Shirt, das er so gern trug, zu sagen schien: *Fuck you.* Danny wirkte unruhig und energiegeladen, er blickte weder nach rechts noch nach links, wenn er über die Straße ging, und übersah die Anwesenheit seiner Mitmenschen, außer bei einer Gelegenheit, an die sich Corinne noch lebhaft erinnern konnte.

Eines Nachmittags ging sie über den Monterey Square, als sie in der Bull Street Dannys Cabrio heulen hörte. Sie beschleunigte ihre Schritte, um in dem Augenblick vor dem Mercer House zu sein, wenn er dort einparken würde. Er sprang aus dem Wagen und stand direkt vor ihr. Er lächelte schüchtern, und Corinne gratulierte sich innerlich dazu, heute das hautenge Jersey-Top und den knappen Rock angezogen zu haben. Sie sagte hallo und fragte ihn, ob er in dem großen Haus lebte.

»Yeah«, erwiderte er, »sicher doch. Willst du reinkommen und es dir ansehn?«

»Das ließ ich mir nun nicht zweimal sagen«, erzählte mir Corinne Monate später in Clary's Drugstore, als sie mir en detail schilderte, was danach geschah.

Sie ging den Weg bis zur Haustür hinter ihm her und konnte ihre Augen nicht von seiner engen Jeans, der Rückseite seines T-Shirts und seinen Armen abwenden. Doch als sie die kühle, riesige Eingangshalle betrat, vergaß sie für einen Moment all diese Reize und starrte mit offenem Mund auf die Wendeltreppe, die Porträts, die Wandteppiche, die Kronleuchter und die glänzenden Möbel.

»Gütiger Himmel«, murmelte sie.

Danny stand mit den Händen in den Taschen da, wippte mit den Füßen und betrachtete Corinne. Er hatte ein jungenhaftes Gesicht, eine Boxernase und sinnliche Lippen, die so aussahen, als würden sie ein Grinsen unterdrücken. »Der ganze Mist stammt aus Schlössern und Palästen«, sagte er.

»Das hier *ist* ein Schloß«, flüsterte Corinne voller Ehrfurcht.

»Yeah«, meinte Danny, »und es ist 'n paar Millionen Dollar wert. Jackie Onassis hat einmal versucht, es uns abzukaufen. Die Frau des Präsidenten, weißt du? Aber wir sagten, es wär nich zu haben. Mann, wir haben dieser Jackie Onassis gesagt, sie soll sich verpissen.« Danny lachte über diese Vorstellung. Er kratzte sich an der Brust, schob das T-Shirt etwas hoch und ließ einen flüchtigen Blick auf seinen waschbrettflachen Bauch zu. »Komm mit, ich führ dich rum.«

Sie waren allein im Haus. Während sie von Zimmer zu Zimmer gingen, zeigte Danny auf die Porträts an den Wänden. »All diese Typen sind Könige und Königinnen. Jeder einzelne von diesen Idioten. Und das Metallzeug ist aus Gold und Silber. Mann, wir haben hier überall Alarmanlagen. Jeder, der hier einbricht, Mann, dem kocht das Wasser in der Arschritze. Ich hoffe, ich bin da, wenn's einer versucht. *Yeahhhhhh!*« Danny erledigte den imaginären Eindringling mit einem schnellen Karateschlag, den er mit den Händen durch die Luft zog. »*HungGAH! Tschoong! Tschoong! Friß Dreck, Mistkerl!*«

Als sie im Eßzimmer angelangt waren, blieb Corinne vor einem Ölgemälde stehen, das einen Gentleman mit Perücke und Halskrause zeigte. »Wer ist das?« fragte sie.

Danny schaute hoch auf das Gemälde. »Der fette Hurensohn da oben? Ein König, hab ich doch gesagt.«

»Der König von was?« fragte sie.

Danny zuckte mit den Achseln. »Der König von Europa.«

Corinne wollte eigentlich etwas erwidern, hielt sich aber zurück. Danny sah sie unsicher an und hechtete ins Wohnzimmer zurück. »Hey«, sagte er, »wie wär's mit 'nem Drink. Dann können wir vielleicht nach oben gehen und 'n bißchen Roulette spielen. Wie wär das?« Er goß zwei Wassergläser voll Wodka und reichte Corinne eines. Noch bevor sie drei Schlückchen genommen hatte, war sein Glas schon leer. Er lächelte sie schelmisch an. »Komm mit nach oben.«

Im Ballsaal im ersten Stock spielten sie ein paar Runden Roulette, dann hackte Danny barbarisch auf der Orgel herum, und schließlich führte er sie in das Schlafzimmer des Hausherrn, wo er einen Plastikbeutel mit Marihuana aus der Tasche zog. Er rollte sich einen dicken Joint.

»Ich hab den besten Stoff in Savannah«, sagte er. »Kannst jeden fragen. Und jeder wird dir sagen, Danny Hansfords Stoff is' klasse, stärker geht's nich mehr. Ich pflanz es draußen im Garten an und trockne es in der Mikrowelle. Davon wirst du garantiert high.«

Sie rauchten den Joint, und Corinne wurde immer beschwingter.

»Gefall ich dir?« fragte Danny mit einem Hauch von Zärtlichkeit in der Stimme.

»M-mmh«, sagte sie.

Er legte die Arme um sie, streichelte mit beiden Händen ihren Rücken, bedeckte ihren Hals mit sanften Küssen, und Corinne liefen Schauer die Wirbelsäule hinab. Sie fielen rückwärts auf das Himmelbett, und er begann ihre Brüste zu küssen, schob ihr den

Rock hoch und zog ihr das Höschen aus. Sie wollte ihre Schuhe ausziehen, doch bevor sie sich hinunterbeugen konnte, hatte er sie schon an sich gepreßt und drang vorsichtig und beharrlich mit seinen Fingern in sie ein. Mit der anderen Hand machte er seinen Reißverschluß auf. Dann nahm er ihre Pobacken fest in beide Hände und zog sie an sich, während er in sie stieß. Sie atmete den Salzgeruch seines T-Shirts und spürte, wie seine Gürtelschnalle gegen ihren Bauch scheuerte. Die steigende Körperhitze umfing sie wie ein dampfendes Handtuch.

Es war schnell vorbei. Er hob den Kopf und sah sie an. »Das war toll, oder? Das hat dir sicher gefallen, was?«

»M-mmh«, sagte sie. »Vielleicht könnten wir aber das nächstemal wenigstens unsere Kleider ausziehn.«

Corinne ließ sich von Dannys Auftreten nicht täuschen – wie jeder in Savannah wußte sie, daß Jim Williams der Herr im Mercer House war –, spielte aber das Spiel mit, weil es Dannys Angeberei in ungeahnte Höhen trieb. Sie seufzte überzeugend, als Danny ihr den Jaguar XJ12 zeigte, der in der Garage stand; sie hielt den Atem an, als er eine Schublade aufzog und ihr seine »goldene« Uhr und seine »kaiserlichen« Manschettenknöpfe zeigte. Sie strahlte ihn an, als sie sich in der Eingangshalle verabschiedeten, und sagte ihm, wie sehr ihr dieses Schloß gefiele und was für ein sexy und charmanter Prinz er sei.

Dann ging die Haustür auf, und Jim Williams kam herein.

»Hey, Sportsfreund!« meinte Williams gutgelaunt.

»Wir wollten gerade gehn«, murmelte Danny.

»Warum so eilig? Bleibt doch noch und nehmt einen Drink. Stell mich deiner hübschen Freundin vor.«

»Wir hatten schon 'n Drink«, sagte Danny, der plötzlich ziemlich einsilbig wurde.

»Na, ihr werdet sicher nicht davon sterben, wenn ihr noch ein paar Minuten dableibt und mir Gesellschaft leistet«, erwiderte Williams liebenswürdig. »Soviel Zeit muß sein.«

Williams stellte sich Corinne vor und ging mit solcher Selbstsicherheit ins Wohnzimmer, daß Danny und Corinne folgten, als hätte man es ihnen befohlen. Corinne erzählte Williams, daß sie am Savannah College of Art and Design studierte. Williams nannte es nur das SCAD und gab ein paar Klatschgeschichten über Mitglieder der Fakultät zum besten, worüber Corinne sich sehr amüsierte. Danny saß auf der Stuhlkante und machte ein finsteres Gesicht.

Williams zündete sich einen King-Edward-Zigarillo an. »Wahrscheinlich hat Danny Sie schon durchs Haus geführt. Hat er Ihnen auch gezeigt, wie das Psycho-Würfelspiel geht?... Nein? Oh! Dann erlauben Sie bitte!«

Er führte Corinne an den Backgammontisch, sie setzte sich, und er erklärte die Regeln des Spiels und daß man seine Chancen durch Konzentration verbessern könne. Er erzählte ihr von den Wissenschaftlern an der Duke University, die bewiesen hätten, daß man durch geistige Energie seine Ergebnisse beeinflussen könne, ob nun beim Würfelspiel oder anderswo. Er blickte zu Danny hinüber, der immer noch grimmig auf seinem Stuhl saß. »Passen Sie auf«, sagte Williams verschmitzt, »wenn wir beide zum Beispiel unsere geistige Energie bündeln, uns wirklich konzentrieren, dann können wir vermutlich erreichen, daß Danny von seinem Stuhl aufsteht und sich nützlich macht, indem er uns einen Drink bringt.« Danny stand wortlos auf und verließ das Zimmer. Sekunden später knallte die Haustür so ins Schloß, daß die ganze Villa erzitterte.

Corinne riß es fast aus ihrem Sessel. Williams ließ sich kaum etwas anmerken. Er hob nur die Augenbrauen und lächelte amüsiert. »Offenbar ist die Botschaft angekommen«, meinte er,

»und gleich an den Absender zurückgegangen.« Er nahm die Würfel und warf sie auf das grüne Filzbrett.

Eine halbe Stunde später, nach einem Drink und ein paar Runden Psycho-Würfeln, verließ Corinne das Mercer House. Danny stand am Bordstein und lehnte mit verschränkten Armen am Kotflügel seines schwarzen Camaros. Ohne die Augen von ihr abzuwenden, öffnete er die Beifahrertür.

»Steig ein«, sagte er.

Es war später Nachmittag. Corinne hatte Besorgungen zu machen und danach noch etwas vor. Sie sah auf Dannys Jeans, sein T-Shirt, seine Arme und das Lächeln, das wieder auf seinem Gesicht erschien, und stieg in den Wagen. Danny zelebrierte es geradezu und hielt ihr höflich die Tür auf und ließ sie anschließend sanft ins Schloß fallen. Dann ging er um den Wagen herum und ließ sich auf den Fahrersitz gleiten.

Corinne tätschelte seinen Arm. »Okay, ›Sportsfreund‹«, meinte sie, »jetzt kannst du mir vielleicht mal sagen, warum du so schnell abgehau'n bist.«

Danny zuckte mit den Schultern. »Ich kann es nicht haben, wenn sich jemand an mein Mädchen ranmacht.«

»Denkst du, das hat Jim Williams getan?«

»Yeah, und ich kann so 'n Scheiß nun mal nich ausstehen.«

»Jetzt will ich dir mal was sagen. Ich weiß ziemlich genau, wann mich jemand anmacht. Jim Williams hat nichts dergleichen getan.«

»Er ist ein eingebildetes Arschloch.«

»Er hat dir nur gezeigt, wer der Boss ist.«

Danny drehte den Schlüssel im Zündschloß. »Egal. Ich hab doch gesagt, daß ich den Scheiß nich vertragen kann.«

Er legte den Gang ein und gab Gas. Der Wagen schoß mit ohrenbetäubendem Quietschen vom Bordstein weg. Corinne griff ans Armaturenbrett, um sich etwas abzustützen. »Jesus!« sagte sie.

Danny fegte um die Kurve. Eine Wolke aus bläulichweißem Rauch blieb über der Straße vor dem Mercer House hängen.

»Stell dich nicht so an!« schrie Danny. »Jetzt kommt die Fahrt deines Lebens!«

»Nein, ich will nicht! Laß mich aussteigen! *Sofort!*«

»*Später!* Mach dir nicht in die Hose. Ich bring dich schon nicht um. Ich bin 'n irrer Fahrer, und das hier ist der heißeste Ofen auf der Straße. Das Baby hat Power!« Danny lächelte siegesgewiß, seine Augen leuchteten. Sein Selbstbewußtsein war zurückgekehrt. Wenn ihm auch nicht das Mercer House gehörte, so doch zumindest die Straße.

Corinne seufzte gottergeben und lehnte sich für die Fahrt in ihrem Sitz zurück. »Okay. Wo fahren wir hin?«

»Raus nach Tybee. Ich will dir was Tolles zeigen.«

Sie rasten über den Islands Expressway zum Strand. Corinne warf einen prüfenden Blick auf Danny. Ihr gefiel diese großspurige Art mehr als die gedrückte Stimmung. »Erzähl mir doch jetzt mal, was du eigentlich für 'ne Verbindung zum Mercer House und zu Jim Williams hast.«

»Ich arbeite manchmal für ihn. Was so anfällt und so.«

»Na, das hört sich schon wahrscheinlicher an. Du hast nämlich nicht wie der Herrenhaustyp gewirkt.«

»Die Kohle stimmt, und wenn mir irgendwer quer kommt, bin ich schon weg. Ich laß mir nichts gefallen.«

»Das habe ich gemerkt.«

»Yeah! Hey, ich hab beim Gehn fast die Tür aus den Angeln gerissen. Ich wette, Jim war stocksauer.«

»Das würde ich nicht unbedingt sagen. Irgendwie hat ihn das sogar erregt, was ich etwas komisch fand.«

Vor ihnen lag die Brücke nach Tybee Island. Plötzlich drückte Danny auf die Tube und überholte den Wagen, der vor ihm fuhr. Jetzt lag nur noch ein freies Stück Straße zwischen ihm und der Brücke. »Jetzt kannste dich festhalten«, sagte er. »Jetzt heben wir voll ab!« Das Auto schoß wie eine Rakete vorwärts, schlug mit einem Wumm auf die Schräge einer Kuhle und stieg mit allen vier Rädern in die Luft.

»Wir fliieegen!!!« heulte Danny.

»Jesus Christus«, flüsterte Corinne, als der Wagen wieder auf die Straße donnerte. »Ist es das, was du mir zeigen wolltest?«

»Yeah. Toll, was?« sagte Danny.

Corinne schob sich mit den Fingern das Haar aus dem Gesicht. »Ich brauche noch einen Drink.«

Sie fuhren weiter zum DeSoto Beach Hotel, einem leicht heruntergekommenen Motel an der See, das bei jungen Leuten sehr beliebt war. Hier gab es eine Lounge unter freiem Himmel mit Pool, einer Rockband und einer Bar im Tropenlook mit Strohhüttendach. Sie nahmen ihre Drinks, setzten sich auf die Kaimauer und sahen der Brandung und den Spaziergängern am Strand zu. Es dauerte nicht lange, bis zwei gutaussehende junge Männer zu ihnen rüberkamen, Freunde von Corinne, Kommilitonen vom Savannah College of Art and Design. Während sie sich mit Corinne unterhielten, sagte Danny kein Wort und wurde immer unruhiger. Erst betrachtete er den Strand zur Linken, dann wieder den zur Rechten. Nervös zappelte er herum. Er seufzte. Sobald sich Corinnes Freunde verabschiedet hatten und weggegangen waren, stand er auf.

»Ich hab 'ne Idee«, sagte er. »Nimm den Drink mit. Wir fahr'n zurück in die Stadt.«

Corinne war das recht. Sie hatte ohnehin noch zu tun. »Ich hoffe, du willst nicht wieder über diese Kuhle fliegen.«

»Nee, das geht nur in einer Richtung.« Sie stiegen in den Wagen und donnerten, eine Kiesstaubwolke hinter sich lassend, vom Parkplatz.

»Hab' ich da soeben ein winziges bißchen Eifersucht bemerkt?« fragte Corinne.

»Nein, wieso?«

»Du hast nicht geglaubt, sie wollten mich anmachen?«

»Das waren ein paar Arschlöcher und mehr nicht.«

Corinne gab keine Antwort. Sie verglich Danny mit ihren Freunden. Die beiden waren sauberer und gebildeter als Danny; ihre Familien hatten Geld, und ihre Zukunft war einigermaßen gesichert. Sie unterschieden sich wahrscheinlich nicht wesentlich von dem Mann, den sie schließlich einmal heiraten würde. Aber keiner von ihnen hatte auch nur einen Hauch von Dannys Sex-Appeal. Sie betrachtete die Fahne der Konföderierten auf seinem Arm, seinen flachen Bauch und die Art, wie er mit einer Hand das Steuer hielt, während die andere leicht auf seinem Oberschenkel ruhte. Er blickte sie von der Seite an und lächelte.

»Hey«, sagte er zärtlich, »weißt du was? Auf dem Rückweg zeig ich dir den schönsten Platz in ganz Savannah. Da geh ich am liebsten hin, wenn ich high werden und die ganze Welt vergessen will.«

Er bog vom Victory Drive ab und fuhr auf einer kurvenreichen Straße bis an die Tore des Bonaventure-Friedhofs. Die späte Nachmittagssonne fiel durch die Blätter der Bäume und warf weiche, lange Schatten. Sie gingen die Eichenallee hinab und rauchten einen Joint.

»Traumhaft, nicht wahr?« sagte Corinne.

»Yeah«, gab Danny zurück.

»An was denkst du, wenn du hierherkommst?« fragte sie ihn.

»Ans Sterben.«

Sie lachte. »Und an was sonst noch?«

»An den Tod.«

»Das ist ja gräßlich«, meinte sie. »Nun sag doch mal ehrlich.«

»Hab ich doch schon. Ich denke ans Sterben und ans Totsein. Und an was denkst *du*?«

»Daran, wie friedlich es hier ist. Was es für ein wundervoller Ort ist, um sich zurückzuziehen, auszuspannen und ganz in dieser heiteren Ruhe zu versinken. Aber an die Toten denke ich nie. Wenn ich mir diese alten Gräber ansehe, denke ich daran, wie hier alle Generationen einer Familie versammelt sind. Und dabei kommt mir in den Sinn, daß das Leben immer weitergeht und nicht das Sterben. Ans Sterben denke ich nie.«

»Ich schon«, sagte Danny. »Ich denke sogar darüber nach, was für ein Grab ich mal haben werde. Guck dir doch mal die großen, alten Grabsteine da drüben an. Die gehören reichen Leuten. Und die andern da – die kleinen. Da liegen die Armen drunter. Wenn ich im Mercer House sterbe, werd ich einen von den großen bekommen.«

»Was redest du da für ein schauriges Zeugs.«

»Jim Williams ist reich. Er kauft mir 'nen großen Stein.« Dannys Stimme klang jetzt nicht mehr prahlerisch oder scherzhaft. Er sprach einfach aus, was er dachte.

»Du willst doch aber noch gar nicht sterben, oder?«

»Warum nicht? Ich hab doch nichts, wofür es sich lohnt zu leben.«

»Jeder hat etwas, wofür es sich lohnt zu leben.«

»Nicht, wenn man so ein Scheißleben hat wie ich.«

Corinne setzte sich auf den moosbewachsenen Sockel eines Obelisken. Sie nahm Dannys Hand und zog ihn zu sich. »Wir alle haben Probleme«, sagte sie, »aber deswegen reden wir nicht dauernd vom Sterben und machen die Menschen traurig.«

»Ich bin anders«, meinte Danny. »Ich lebe auf der Straße, seit ich fünfzehn bin. Von der Schule bin ich in der achten Klasse abgegangen. Meine Familie haßt mich. Meine Freundin Bonnie will mich nich heiraten, weil ich keinen richtigen Job hab.«

»Und deshalb wärst du lieber tot?«

Danny sah auf seine Füße hinunter und zuckte mit den Achseln. »Vielleicht.«

»Sieh es doch mal so. Wenn du gestern nacht gestorben wärst, hättest du mich heute nachmittag nicht kennengelernt. Nicht wahr? Und wir hätten nicht so miteinander schlafen können in dem Himmelbett. Das war doch was, wofür es sich zu leben lohnt, oder?«

Danny nahm einen tiefen Zug aus dem Joint und gab ihn ihr. Sie saß auf der Seite mit der Konföderiertenfahne auf seinem Arm. Er lehnte sich an sie und brummte aus tiefster Seele.

»War es das nun oder nicht?« fragte sie.

»Yeah, das war es wert zu leben, aber nur, wenn's noch mehr davon gibt.« Er schlang den Arm um ihre Taille und küßte sie im Nacken, dabei knurrte er leise und knuddelte an ihr herum wie ein verspieltes Löwenbaby. Sie fühlte eine prickelnde Erregung in sich aufsteigen. Im nächsten Moment streichelte er ihr Knie, ihren Schenkel, hob sie vom Sockel und legte sie auf den Boden. Sie quiekste und kreischte, als er sich auf sie rollte und sich mit seinen Ellenbogen abstützte, um sie nicht zu hart auf den Boden zu pressen. Unter ihnen raschelten die trockenen Blätter. Sie begann zu stöhnen, lauter und lauter. Plötzlich hielt er ihr die Hand über den Mund und erstarrte. Erschreckt blickte sie auf und sah, daß er seinen Kopf gehoben hatte und aufmerksam durch die Büsche spähte. Sie spürte, wie sein Herz klopfte. Er lag vollkommen still und bewegte keinen Muskel. Sie hörte die Stimmen näher kommender Menschen, drehte den Kopf und sah mehrere Beinpaare, die einen Weg entlanggingen, der dicht an ihrem Blätterbett vorbeiführte. Die Büsche waren nicht dicht genug, um sie und Danny völlig zu verdecken. Wenn die Leute beim Vorübergehen in ihre Richtung blickten, würden sie sie mit Sicherheit sehen. Sie hörte die klagende Stimme einer Frau mittleren Alters.

»Dauerpflege heißt genau das, was das Wort sagt. Es heißt, daß man sich dauernd um die Dinge kümmern muß. Unkraut auszupfen und Blätter fegen. Für immer. Ich werd noch einmal mit dem Friedhofswärter sprechen, bevor wir gehen.«

Sie waren jetzt etwa zehn Meter weit weg und kamen immer näher. Ein Mann erwiderte: »Im Vergleich zu anderen Plätzen machen sie hier ihre Sache doch recht ordentlich. Im übrigen wird sich Großmutter wegen etwas Unkraut oder ein paar herumliegenden Zweigen kaum aufregen.«

»Aber *mich* regt das auf«, beharrte die Frau. »Und ich will sicher sein, daß sie mein Grab einmal so lange pflegen, wie man sie dafür bezahlt.«

Die Beine gingen jetzt rechts an ihnen vorbei. Corinne hielt den Atem an. »Wie du meinst«, sagte der Mann. »Wir warten im Wagen auf dich.«

Sie waren weg. Sie hatten nichts gemerkt. Danny nahm seine Hand von Corinnes Mund und machte dort weiter, wo ihn die Leute unterbrochen hatten, so als würde er den gerissenen Faden einer Unterhaltung wiederaufnehmen. Corinne schmolz dahin und erlag der wundersamen Kraft seiner steinharten Erektion, die während der ganzen beängstigenden Unterbrechung erhalten geblieben war.

Auf dem Rückweg zum Wagen hüpfte und sprang er bei jedem Schritt. Corinne faßte ihn an der Hand. Sie hatte ihn aus seinen morbiden Gedanken gerissen und freute sich darüber. Er war launisch, aber was machte das schon? Sie hatte den idealen Sexpartner gefunden. Er glühte vor Begeisterung, sie glühte vor Begeisterung – nur aus unterschiedlichen Gründen, wie sie später feststellen mußte, als er sich im Auto ihr zuwandte und fragte: »Willst du mich heiraten?«

Die Absurdität dieser Frage überraschte und bestürzte sie gleichermaßen. »Aber wir haben uns doch erst vor drei Stunden kennengelernt!« Sie fing an zu lachen, doch als sie sein Gesicht sah, begriff sie unmittelbar, daß er sie aus vollem Herzen gefragt hatte. Sie hatte ihn verletzt.

»Du wirst eins von den zwei Arschlöchern am Strand heiraten, oder?« fragte er leise.

»Nein«, sagte sie. »Die kenne ich auch nicht gut genug.«

»Doch, das wirst du wohl. Sie haben Geld und Bildung. Mehr brauchst du doch nicht zu wissen.«

Es überwältigte sie, daß es ihn so tief getroffen hatte. Er sehnte sich so verzweifelt nach Liebe. »Es war wunderschön heute«, sagte sie sanft. »Wirklich. Ich –«

»Aber du willst mich nich heiraten. Nie und nimmer.«

Sie suchte nach Worten. »Na ja, aber ich... ich will dich ehrlich *wiedersehen*. Ich meine, wir können uns oft sehen und dann, weißt du, können wir –«

Sie bemerkte den Handrücken nicht, der auf sie zuschnellte, bis der Schlag ihre Wange streifte. Er wäre härter ausgefallen, wenn Danny nicht gleichzeitig mit Vollgas in die Abercorn Street eingebogen wäre, wodurch Corinne gegen die Tür flog und außerhalb seiner Reichweite war. In der Abercorn Street donnerten sie nach Süden, ständig die Spur wechselnd, ein Auto nach dem anderen überholend. Es wurde dunkel.

Corinne zog sich so weit wie möglich von ihm zurück. Ihre Wange fühlte sich taub an. »Bring mich bitte nach Haus«, bat sie.

»Wenn's mir in den verdammten Kram paßt«, fuhr er sie an. Sie rasten weiter südwärts. Zwei Meilen, drei Meilen, fünf Meilen. Sie fegten an der Mall vorbei, am Armstrong State College. Corinne wurde schwindlig. Sie dachte an Dannys Todessehnsucht und daran, daß er nun sie beide umbringen würde. Sie dachte an die Wirkung des Wodkas, der Drinks am Strand und der Marihuanazigaretten. Er würde von der Straße abkommen oder mit einem anderen Wagen zusammenstoßen. Wenn sie ihn ansah, bekam sie Angst. Er war völlig verändert. Mit aufeinandergepreßten Zähnen und diabolischem Funkeln in den Augen umklammerte er das Lenkrad, als wollte er mit ihm zur Hölle fahren. Es war wie ein schrecklicher, surrealer Alptraum. Plötzlich flimmerte es vor ihren Augen – sein Rücken, seine Schultern, seine Arme, sein Gesicht, sein ganzer Körper erschienen ihr wie unter einem flackernden Lichtstrahl. Sie war dabei, ohnmächtig zu werden, als sie die Sirenen hörte. Es war die Polizei.

Dannys rasende Wut verlor sich so schnell, wie sie gekommen war. Er nahm den Fuß vom Gas und fuhr auf den Seitenstreifen, wo er sofort von drei Streifenwagen mit blinkenden Blaulichtern eingekeilt wurde. Das Rauschen und Knacken der Funkgeräte erfüllte die Luft. Die Polizisten brüllten Danny an und befahlen ihm auszusteigen. Flehend blickte er zu Corinne hinüber und bat sie mit sanftem Lächeln und Kinderstimme: »Bring das in Ordnung für mich, bitte.«

Danach haben sie sich nie wiedergesehen. Noch Monate nach der Begegnung mit Danny, als sie mir davon in Clary's Drugstore erzählte, saß Corinne der Schrecken in den Gliedern. Sie habe auch vorher schon Fehler gemacht, sagte sie, und würde sie auch in Zukunft machen. Aber hoffentlich nie wieder so einen. Sie hatte Danny monatelang aus der Ferne beobachtet – ihn studiert, angehimmelt und sich an ihn herangeschlichen. Aber in all den Wochen war es ihr nie in den Sinn gekommen, daß er so sprunghaft sein könnte. Sie hatte ihn nur als wandelnden Sex-Appeal gesehen, und zumindest in diesem Punkt hatte sie sich nicht getäuscht.

KAPITEL 10

Hauptsache, es geschieht etwas

Im großen und ganzen begegneten die ungefähr dreißig Anwohner des Monterey Square ihrem Nachbarn Jim Williams mit wohlwollender Freundlichkeit. Einige standen auf der Gästeliste zu seiner Weihnachtsparty. Andere waren mißtrauischer und hielten auf Abstand. Virginia Duncan, die mit ihrem Mann in einem Reihenhaus in der Taylor Street wohnte, dachte immer noch mit Schaudern an den Tag vor zwei Jahren zurück, als sie ihr Haus verließ und die Hakenkreuzfahne vor Williams' Fenster hängen sah. Mit John C. Lebey, einem Architekten im Ruhestand, hatte Williams erbitterte Kämpfe ausgefochten, weil er, wie Williams meinte, von Stadterhaltung und Architektur nicht den blassesten Schimmer hatte und dabei so etwas wie »destruktive Inkompetenz« an den Tag legte. Daher konnte Mr. Lebey mit Jim Williams nichts anfangen. Aber die Lebey-Williams-Fehde war ein friedvoller Meinungsaustausch verglichen mit dem kalten Krieg, der zwischen Williams und seinen nächsten Nachbarn, Lee und Emma Adler, tobte.

Die Adlers lebten in einer Hälfte des eleganten Doppelhauses, das an der Westseite des Monterey Square auf einer der beiden Parzellen stand, die den frühesten Siedlern von den Treuhändern zugeteilt worden waren. Durch ihre seitlichen Fenster konnten sie über die Wayne Street direkt in Williams' Salon und den Ballsaal im oberen Stock blicken. Adlers bellender Hund hatte Williams zu seinem Orgelmusikgewitter »Pièce Héroique« von

César Franck veranlaßt. Doch das Bellen des Hundes war nur ein Steinchen des Mosaiks aus Feindseligkeit und Verbitterung zwischen den beiden Haushalten.

Genau wie Williams hatte Lee Adler eine wichtige Rolle bei der Restaurierung der Altstadt von Savannah gespielt. Er ging jedoch völlig anders vor. Während Williams auch eigene Häuser restaurierte, organisierte Adler, beschaffte die Gelder und überließ anderen die eigentliche Restaurierungsarbeit. Adler hatte einen Umlauffonds mit ins Leben gerufen, aus dem alte Häuser gekauft wurden, die unmittelbar vom Abriß bedroht waren; diese Häuser wurden dann möglichst schnell wieder an Leute verkauft, die versprachen, sie fachgerecht zu restaurieren. Lee Adler war so erfolgreich und so engagiert bei der Sache, daß er bald landesweit als Sprecher für Umlauffonds und Stadtsanierung auftrat. In den letzten Jahren hatte er sich der Renovierung alter Häuser für arme Schwarze zugewandt. Er fuhr im ganzen Land herum und hielt Reden. Er wurde in den Vorstand des National Trust for Historic Preservation gewählt und aß im Weißen Haus zu Mittag. Sein Name stand häufig in der *New York Times* und in überregionalen Magazinen. Jetzt war Lee Adler Mitte Fünfzig und außerhalb Savannahs wohl der bekannteste Bürger der Stadt.

Lee Adlers nationale Berühmtheit rief in Savannah einigen Unmut hervor. Man hatte hier allgemein das Gefühl, er sei hochmütig, herrisch und autokratisch und würde zu vielen Menschen unnötigerweise auf die Zehen treten. Man warf ihm offen und hinter vorgehaltener Hand vor, mehr Ruhm für die Wiedergeburt des historischen Savannah einzuheimsen, als ihm eigentlich zustand. Man sagte, er dränge sich ins Licht der Öffentlichkeit, sei unaufrichtig und nur deshalb an der Bewahrung der Altstadt interessiert, weil er dadurch berühmt und reich werden könne. Jim Williams war einer von denen, die so dachten.

In der Öffentlichkeit wahrten Adler und Williams jedoch den Schein. Adler war Mitglied im Verwaltungsrat des Telfair Museums gewesen, als Jim Williams dort den Vorsitz hatte, und von Zeit zu Zeit brachen bei den Versammlungen ihre Feindseligkeiten offen aus. Einmal behauptete Adler, Williams habe Möbel aus dem Museum gestohlen. Williams stritt es ab und warf Adler seinerseits vor, daß er versuchen würde, jeden schlechtzumachen, der im Museum mehr zu sagen hätte als er selbst. Schließlich schmiedete Williams ein Komplott und drängte Adler aus dem Verwaltungsrat, was der ihm nie verzeihen sollte.

Williams verachtete buchstäblich alles an Lee Adler – seinen Kunstgeschmack, sein Ehrenwort, ja sogar sein Haus. Einmal klingelte ein Besucher aus Versehen an Williams' Tür und fragte, ob Mr. Adler zu Hause sei. Williams antwortete dem Mann: »Mr. Adler wohnt hier nicht. Er wohnt in der einen *Hälfte* des Doppelhauses nebenan.«

Lee Adler schätzte Williams ebensowenig. Er hielt ihn für grundverlogen und sprach das auch laut aus. Obendrein glaubte er, daß hinter der Naziflagge mehr steckte als ein spaßiger Versuch, einen Haufen Filmleute in die Flucht zu schlagen. Er verbreitete das Gerücht, daß bei ihm irrtümlich ein Brief der John Birch Society, der an Jim Williams adressiert war, abgegeben worden sei. Adler lehnte Jim Williams' »dekadenten« Lebensstil ab, was ihn aber nicht daran hinderte, sich neugierig hinter dem Fernglas zu verschanzen und die Weihnachtsparty zu beobachten, zu der nur männliche Gäste geladen waren. Ungeschickterweise hatte er dabei vergessen, das Licht auszumachen, so daß sich seine Silhouette vor dem Fenster abzeichnete. Williams sah ihn, winkte ihm zu und ließ die Rolläden runter.

Dennoch gab es viele Gründe, warum die beiden Männer die

meiste Zeit über zivilisiert miteinander umgingen. Lee Adler war Leopold Adler II., der Enkel des Gründers des gleichnamigen Kaufhauses – Savannahs Antwort auf Saks an der Fifth Avenue –, und seine Mutter war eine Nichte von Julius Rosenwald, dem Erben des Sears-Roebuck-Vermögens. Emma Adler besaß die meisten Anteile an der Savannah Bank. Jim Williams und die Adlers waren also gleichermaßen prominent, einflußreich und wohlhabend. Sie wohnten praktisch Tür an Tür, und ihre gesellschaftlichen Wege überschnitten sich so häufig, daß sie einfach auf einen freundschaftlichen Umgang angewiesen waren. Deshalb lud Jim Williams die Adlers auch immer zu seiner Weihnachtsparty ein, obwohl er sie nicht ausstehen konnte. Und deshalb gingen die Adlers auch immer hin, obwohl sie Williams verabscheuten.

Mit breitem Lachen kam Lee Adler an einem sonnigen Aprilmorgen zu früher Stunde auf mich zu und streckte mir seinen Arm zur Begrüßung hin. »Schütteln Sie die Hand, die demnächst die Hand des Prince of Wales schütteln wird!« sagte er.

Mr. Adlers scherzhafte Bemerkung bezog sich auf einen Artikel in der Morgenzeitung, in dem stand, daß er und seine Frau Ende der Woche nach Washington fahren würden, um Prinz Charles von England zu treffen. Die Adlers und der Prinz wollten an einer Diskussion über sozialen Wohnungsbau teilnehmen. Adler nahm an, daß ich den Artikel gelesen hätte, was auch der Fall war. Ganz Savannah hatte ihn gelesen, und Adlers Sektlaune schien anzudeuten, daß er nicht wußte oder sich nicht darum scherte, was gewisse Leute darüber dachten.

»Das ist doch wieder so ein billiger Trick von Leopold, für sich selbst die Trommel zu rühren«, sagte Jim Williams. Doch Augenrollen und Hüsteln gab es nicht nur bei den Menschen, die

Lee Adler nicht mochten. Katherine Gore, eine alte Freundin der Adlers, fand die Neuigkeit geschmacklos. »Ich würde Prinz Charles auch gern treffen«, meinte sie, »aber so weit zu gehen und über sozialen Wohnungsbau zu reden. Also wirklich!«

Lee Adler und ich standen in Adlers Büro im Erdgeschoß seines Hauses. Das war sein Kommandoposten, von dem aus er die vielen Immobilien- und Sanierungsprojekte befehligte. Im anderen Zimmer klingelte das Telefon. Irgendwo arbeitete ein Kopiergerät. An den Wänden wurde Adlers Rolle bei der bemerkenswerten Renaissance des historischen Viertels von Savannah dokumentiert. Die Fotografien hielten die parallelen Verwandlungen der letzten fünfundzwanzig Jahre fest: Savannah gewann den Glanz seiner Jugendjahre wieder, und der jugendliche Lee Adler näherte sich Schritt für Schritt dem silbernen Haar seiner mittleren Jahre.

Adler trug eine Lesebrille und einen hellen, zerknitterten Sommeranzug. Mit einer schmeichlerischen Sanftheit verschliff er beim Sprechen die Silben. Wir hatten uns letzte Woche auf der Gartenparty eines hiesigen Historikers getroffen, und Adler hatte mir angeboten, mich durch Savannah zu fahren und mir zu zeigen, wie die Stadt stufenweise vor der Abrißbirne gerettet worden war. Als wir in seinen Wagen stiegen, erfuhr ich, daß er von all dem Gerede hinter seinem Rücken wußte.

»Wissen Sie, was das Motto des Tages ist?« sagte er. »Laß die Leute doch lästern! Hauptsache, es geschieht etwas!« Er sah mich vielsagend über den Rand seiner halbmondförmigen Brillengläser an, als ob er sagen wollte: Kümmern Sie sich nicht um all die Verleumdungen. Das ist wie in der Geschichte mit den sauren Trauben.

Wir legten vom Bordstein ab und schlichen mit zehn Meilen

die Stunde durch die Stadt. Die sichtbaren Schätze Savannahs – die Reihenhäuser, die Villen, die schattigen Gärten und die gepflegten Plätze – zogen langsam an uns vorüber.

»Stellen Sie sich jetzt einmal dies alles leer und verlassen vor«, sagte Adler. »In heruntergekommenem Zustand mit zerbrochenen Fensterscheiben, ungestrichenen Schindeln an der Wetterseite, die vor sich hin modern, abgebrochenen Fensterläden und eingesunkenen Dächern. Und überlegen Sie, wie die Plätze wirken würden, wenn es dort nur feste Erde gäbe und kein Gras, keine Azaleen und die ganze wunderschöne Gartenlandschaft. Denn so war es früher. Deshalb hat Lady Astor Savannah ›eine schöne Frau mit schmutzigem Gesicht‹ genannt, als sie nach dem Zweiten Weltkrieg hierherkam. So sehr hatte Savannah sich gehenlassen, und das Schlimme war, daß es niemanden auch nur im geringsten interessierte.«

Hinter uns hupte ein Lastwagen. Lee Adler fuhr an die Seite, um ihn vorbeizulassen, dann setzte er unsere Bummelfahrt fort und erzählte weiter vom Niedergang Savannahs. Bis in die zwanziger Jahre hinein sei Savannah im wesentlichen unversehrt geblieben – eine architektonische Perle des 19. Jahrhunderts. Zu jener Zeit allerdings begann die Flucht in die Vorstädte. Die Menschen zogen aus ihren schönen, alten Häusern in der Innenstadt aus, die man nun zu Apartments umgestaltete, abriß oder einfach mit Brettern vernagelte und leerstehen ließ. Damals flossen alle Gelder in die Entwicklung der Vorstädte, was für Savannah insofern günstig war, als das Geschrei nach dem Bulldozer aufhörte, der große Innenstadtflächen für neue Wohnsiedlungen planieren sollte. Auch gab es in Savannah keine Superhighways, die die City zerschnitten, weil Savannah im Gegensatz zu anderen Städten nicht auf dem Weg zu irgendeinem Ziel lag, sondern – geographisch betrachtet – eine Endstation war.

Mitte der fünfziger Jahre war fast ein Drittel der Altstadt verschwunden. Dann hörte man 1954 von den Plänen der Eigentümer einer Leichenhalle, ein baufälliges Wohnhaus abzureißen, um Platz für einen Parkplatz zu schaffen. Da endlich regte sich der Bürgerprotest. Das Wohnhaus war zufällig das Davenport House, eines der schönsten Beispiele nationaler amerikanischer Architektur. Es befand sich in einem wüsten Zustand; elf Familien hatte man dort einquartiert. Nun setzten sich sieben Damen der Gesellschaft zusammen, unter ihnen die Mutter von Lee Adler, retteten das Haus und restaurierten es. Dann gründeten sie die Historic Savannah Foundation, und das war der Anfang der Rettung für Savannah.

In der ersten Zeit gab es im historischen Viertel eine Bürgerwehr, die Alarm schlug, wenn ein altes Haus abgerissen werden sollte. Doch diese Initiative hatte keine Befugnis, den Abbruch von Häusern zu verhindern; nicht einmal einen Aufschub der Arbeiten konnte sie bewirken. Alles, was sie tun konnte, war, einen gleichgesinnten Mitbürger zu finden, der das bedrohte Haus kaufte und sanierte. Meist aber war das Gebäude schon dem Erdboden gleichgemacht, bevor das Komitee einen Retter fand. Es wurde immer offensichtlicher, daß man die alten Häuser nur dann bewahren konnte, wenn man sie *kaufte*. Und an dieser Stelle kam Lee Adler ins Spiel.

»Eines Morgens, im Dezember 1959, saß ich beim Frühstück«, erzählte er. »In der Zeitung las ich, daß eine Zeile von vier Reihenhäusern in der Oglethorpe Avenue abgerissen werden sollte. Wunderschöne Häuser. Von 1855. Man kannte sie unter dem Namen Mary Marshall Row. Es war die alte Geschichte: Ein hiesiges Abbruchunternehmen hatte die Reihe gekauft, um sie abzureißen und die Backsteine zu verkaufen. Die *Steine!* Es handelte sich nämlich um die grauen Backsteine aus

Savannah, die größer und schwerer sind als andere Sorten und einen wunderschönen gedämpften Farbton haben. Früher wurden sie auf der Hermitage-Plantage am Savannah River gebrannt. Mittlerweile werden sie nicht mehr hergestellt und eignen sich auch nicht für die Massenproduktion. Damals kostete einer zehn Cents, mehr als dreimal soviel wie ein normaler Backstein. Wie dem auch sei, die Remisen standen schon nicht mehr, und der Abriß der Häuser war nur noch eine Frage von wenigen Tagen.«

Lee Adler hielt vor dem Colonial-Friedhof in der Oglethorpe Avenue. Auf der gegenüberliegenden Seite sah man vier hübsche Reihenhäuser aus Backstein, an deren Vorderseiten weiße Marmortreppen mit winzigen Veranden zum Eingang im ersten Stock hinaufführten. Die Farbe der Backsteine war ein gedämpftes Graurot. »Da sind sie«, sagte er, »völlig restauriert. Als ich sie mir damals ansah, hatten sie weder Fenster noch Türen, und die Treppen waren in schlechtem Zustand. Im Garten stapelten sich die Steine der Remisen. Ich betrat eins der Häuser, stieg in den dritten Stock hoch, sah die herrliche Aussicht und dachte: Das darf nicht geschehen.«

Adler rief den alten Mr. Monroe, den Abbruchunternehmer, an, und sagte ihm, er wolle die ganze Reihe kaufen. Daraufhin antwortete Mr. Monroe, daß er ihm in sechs Wochen die Steine bringen könne. »Lassen Sie diese Steine in *Ruhe!*« rief Adler. »Sie bleiben genau dort, wo sie sind.« Er müsse das Land aber mitkaufen, meinte Mr. Monroe, die ganze Zeile samt Backsteinen und Grundstück koste vierundfünfzigtausend Dollar. So unterschrieben Adler und drei andere Männer einen Vorvertrag. Dann ließen sie einen Prospekt drucken und unterbreiteten der Historic Savannah Foundation, die damals dreihundert Mitglieder besaß, den Vorschlag, die Reihe zu kaufen – was einen Betrag von hundertachtzig Dollar für jedes Mitglied bedeutete. »Mir schwebte vor«, sagte Adler, »daß die Stiftung die Häuser an Menschen weiterverkaufte, die sich verpflichteten, sie auch zu restaurieren. Historic Savannah stimmte zu.« Das war die Geburtsstunde des Umlauffonds.

Nun fügte es sich, daß der Dichter Conrad Aiken als Kind gleich neben der Marshall-Reihenhauszeile gewohnt hatte – in der Nummer 228, dort, wo sein Vater an jenem schrecklichen Morgen im Februar 1901 erst seine Frau und dann sich selbst erschossen hatte. Ein Millionär und Freund von Conrad Aiken, Hy Sobiloff, kaufte das Eckhaus der Marshall Row und restaurierte es für Aiken und seine Frau Mary. Es war die Nummer 230 und lag also unmittelbar neben dem Haus, in dem Aiken einen Teil seiner Jugend verbracht hatte.

»Als die Arbeiten an dem Haus beendet waren«, sagte Adler, »war der Unterschied zwischen ihm und den drei anderen verblüffend. Ich rief die Zeitung an und fragte, ob sie daran interessiert seien, ein Wunder zu sehen. Sie kamen und schrieben einen großen Bericht für die Sonntagsausgabe. Das war im Februar 1962. An diesem Sonntag veranstalteten wir so etwas wie einen Tag der offenen Tür. Es regnete, und trotzdem kamen etwa siebentausend Menschen und sahen sich das Haus an. Sie rieben fast den Lack am Treppengeländer ab. Zum Vergleich führten wir sie auch durch das unrestaurierte Haus nebenan, damit sinnfällig wurde, wie aus einer baufälligen Ruine etwas Wunderschönes entstehen kann. Das Interesse war geweckt, und die Menschen erkannten, was in diesen Häusern für Möglichkeiten steckten, und dachten darüber nach, in die Innenstadt zurückzuziehen. Daß Savannahs größter Dichter und Pulitzerpreisträger dabei den Anfang machte, war natürlich auch nicht von Nachteil.«

Als wir weiterfuhren, zeigte mir Adler noch Dutzende von

Häusern, die vor dem Abriß bewahrt worden waren, und beschrieb in allen Einzelheiten ihren früheren Zustand. »Die Veranda von diesem da fehlte ganz ... das Haus hatte an den Seiten hellgrüne Asbestverkleidung und ein Aluminiumvordach ... das Dach von dem da war durchgefault...« Er sprach wie ein Arzt, der sich an die Krankengeschichten früherer Patienten erinnerte, die sich jetzt prächtig erholt hatten.

Der Erfolg mit der Marshall Row beflügelte Lee Adler, auch außerhalb Savannahs Geld für einen Umlauffonds zu sammeln, mit dem die Stiftung auf die gleiche Art andere Häuser retten sollte. Die Idee war ganz einfach: Die Historic Savannah Foundation kaufte mit dem Geld bedrohte Häuser und verkaufte sie weiter – wenn nötig, mit Verlust – an Menschen, die sich schriftlich verpflichteten, innerhalb von achtzehn Monaten mit der Sanierung zu beginnen. Die Stiftung setzte sich für den Fonds das Ziel von zweihunderttausend Dollar, eine Summe, mit der man zu jener Zeit eine Menge Häuser retten konnte, wenn sie schnell genug einen Käufer fanden. Und die Rechnung ging auf.

»Doch selbst mit diesem Umlauffonds war es ein schwerer Kampf«, sagte Adler. »Jeden Tag bin ich in die Innenstadt gefahren, hab einmal tief Luft geholt und mich dann ins Getümmel gestürzt. Und man hat es uns wirklich nicht leichtgemacht, denn die Häuser wurden immer noch sehr schnell abgerissen. Mal haben wir gewonnen, dann wieder verloren. Die Wähler allerdings ließen uns gründlich im Stich. Dreimal wiesen sie Pläne zur Stadterneuerung ab, weil sie sie für eine kommunistische Verschwörung hielten, und sie stimmten mehrmals dagegen, als man bestimmte Gebiete besonders schützen wollte. *Dieses* Monstrum da drüben war übrigens unsere größte Niederlage. Das Hyatt Regency Hotel.«

Wir fuhren jetzt auf der Bay Street am Hyatt vorbei – einem

niedrigen, modernistischen Gebäude neben der Stadthalle. Um das Hyatt hatte es in Savannah einigen Wirbel gegeben, weil man es mitten in einer Reihe alter Baumwollspeicher aus dem 19. Jahrhundert am Factors' Walk gepflanzt hatte und weil es mit seiner ausladenden Rückseite in der River Street die Linie der Fassaden entlang der Uferseite durchbrach. Der öffentliche Protest hatte den Bau des Hotels über zehn Jahre lang verzögert.

»Wie Sie sehen, ist das Hotel hier völlig fehl am Platz. Wir haben prozessiert, und der Kampf war verdammt hart. Die beiden Planer waren Mitglieder der Historic Savannah Foundation. Die Schwester von einem der beiden war geschäftsführende Direktorin des Hotels. Ein tiefer Riß spaltete die Stiftung in zwei Lager. Die Atmosphäre in der Stadt war angespannt. Als ich einmal zu einer Hochzeit eingeladen war, fiel mir auf, daß ich gegen jedermann im Saal außer der Braut und dem Geistlichen prozessierte.«

Ungefähr zur selben Zeit ging die Sanierung der Altstadt ihrem Ende entgegen. Über tausend Häuser waren restauriert worden, vor allem natürlich von wohlhabenden Weißen; doch Adler bestand darauf, daß man die Schwarzen nicht aus ihrem Viertel vertrieb. Die Stiftung kaufte in der Hauptsache leerstehende Häuser, und als das Angebot an sanierungsbedürftigen Häusern im historischen Viertel knapp wurde, lag es nahe, sich dem benachbarten viktorianischen Stadtviertel zuzuwenden. Und das war nun eine ganz andere Geschichte.

Wir fuhren die Abercorn Street in südlicher Richtung hinunter. Innerhalb weniger Straßenblocks wich die vergleichsweise schlichte Architektur des historischen Viertels spätviktorianischen Träumereien – großen, alten Holzhäusern mit romantischen Türmchen, Giebeln und überreichen Verzierungen. Ein paar waren restauriert, der größte Teil jedoch in sehr schlechtem Zustand.

Das viktorianische Viertel war die erste Vorstadt Savannahs, die man mit der Straßenbahn erreichen konnte. Man hatte sie zwischen 1870 und 1910 vor allem für die weiße Arbeiterklasse gebaut. Als die Weißen nach dem Zweiten Weltkrieg in weiter entfernte Vorstädte zogen, wurden die Häuser hier verkauft und vermietet, mit dem Ergebnis, daß die Gegend spätestens bis 1975 zu einem schwarzen Slum geworden war. Aber die verfallenen Häuser waren immer noch schön, und so zogen sie in den letzten Jahren Spekulanten und besserverdienende Weiße an. Da schellten bei Lee Adler die Alarmglocken. »Das Viertel wäre schick geworden, die Schwarzen hätten gehen müssen. Und das wollte ich um jeden Preis verhindern. Ich wandte mich an die Stiftung, um einen Weg zu finden, das Stadtviertel zu sanieren, ohne die Bewohner zu vertreiben. Historic Savannah jedoch war noch immer bedient von dem Hyatt-Projekt und an den Wohnungsproblemen armer Leute nicht interessiert. Da trat ich aus der Stiftung aus und gründete einen gemeinnützigen Verein namens Savannah Landmark Rehabilitation Project, der ein großer Erfolg wurde, weil im Vorstand alle Bevölkerungsgruppen vertreten waren: schwarz, weiß, reich und arm und wen Sie sich sonst noch vorstellen können.«

Lee Adler beabsichtigte, die Häuser von den abwesenden Besitzern zurückzukaufen und den viktorianischen Stadtteil so zu sanieren, daß hier verschiedene Rassen und Klassen miteinander leben konnten. Er beantragte öffentliche Mittel für das Projekt und hatte bald mit einer Mischung aus staatlichen und privaten Geldern dreihundert Einheiten gekauft und renoviert. Die Mieter bezahlten dreißig Prozent ihres Einkommens an Miete, der Rest wurde aus Bundesmitteln zugeschossen.

»Ich brauche Ihnen wohl kaum zu sagen«, meinte Adler, »daß es nicht jedem gefällt, was wir hier machen. Manche beschweren sich hinter vorgehaltener Hand, daß Schwarze so nah am historischen Viertel lediglich Sozialmieten bezahlen müssen. Ein paar Leute, darunter auch Jim Williams, haben sich auch in aller Öffentlichkeit dagegen ausgesprochen. Jim Williams meint, wir würden kriminelle Elemente unterstützen. Sie haben doch sicher schon von Jim Williams gehört, oder?«

»Selbstverständlich«, sagte ich. »Ich habe ihn schon kennengelernt.«

»Mmmmm. Wissen Sie das mit der Nazifahne?«

»Er hat mir davon erzählt und gesagt, er habe die Fahne vor seinen Balkon gehängt, um die Dreharbeiten am Monterey Square zu behindern.«

»Das ist richtig. Seine schwulen Jungs haben die Hakenkreuzfahne von einem Fenster zum anderen getragen.«

In der Anderson Street hielt Adler vor einem frisch gestrichenen, grauweißen Haus an. »Jetzt werde ich Sie einem sogenannten kriminellen Element vorstellen.«

Wir stiegen die Treppe hinauf, und Adler klingelte an der Tür. Eine schwarze Frau im geblümten Hauskleid öffnete die Tür.

»Morgen, Ruby«, sagte Adler.

»Morgen, Mr. Adler«, gab sie zurück. Lee Adler stellte mich Mrs. Ruby Moore vor.

»Ruby, ich wollte diesem Gentleman zeigen, wie das Leben im viktorianischen Viertel so ist. Wenn es dir nichts ausmacht –«

»O nein, überhaupt nicht«, erwiderte sie freundlich. »Kommen Sie doch rein.«

In Ruby Moores Doppelhaushälfte war es angenehm kühl. Das Haus hatte drei Schlafzimmer, eine moderne Küche und hohe Decken. Nach hinten raus erstreckte sich ein kleiner Garten. Über dem Kaminsims im Wohnzimmer hing ein Bild von John F. Kennedy. Adler führte mich eiligen Fußes durchs ganze Haus und auch in den ersten Stock. Im Flur trafen wir wieder auf Mrs. Moore.

»Diese Häuser waren erbärmlich, bevor man sie instandgesetzt hat«, sagte sie. »Hätte mir nicht träumen lassen, daß sie hinterher so aussehn würden. Während sie hier bei der Arbeit waren, bin ich jeden Tag hergekommen, weil ich wußte, daß ich eins davon kriege. Ich fühl mich richtig wohl in meiner Wohnung. Ja, wirklich. Sie hat Zentralheizung und Atmosphäre.«

»Ist alles in Ordnung, Ruby?« fragte Adler.

»O ja«, erwiderte sie und wandte sich mir zu. »Würden Sie sich bitte in mein Gästebuch eintragen?« Auf einem Tisch im Wohnzimmer lag ein aufgeschlagenes Gästebuch. Als ich meinen Namen hineinschrieb, fiel mir auf, daß ich nicht der erste Fremde war, den Lee Adler hierhergebracht hatte. Etwas über mir hatte sich ein Reporter der *Atlanta Constitution* verewigt.

Auf dem Rückweg zum Wagen erzählte mir Adler, daß Ruby Moore ein Anrecht auf eins seiner Häuser hatte, weil sie schon lange im viktorianischen Viertel wohnte, weil sie Arbeit hatte – sie war Wirtschafterin im Days Inn – und weil ihr Einkommen unter einer gewissen Grenze lag. Sie bezahlte zweihundertfünfzig Dollar Miete monatlich, der Rest wurde von staatlichen Zuschüssen gedeckt. Mrs. Moores Haus war immer makellos gepflegt, und sie war eher die Regel als die Ausnahme unter Adlers Mietern. »Wir hatten kein Interesse daran, Wohnungen für Prostituierte oder Drogenhändler zu bauen«, sagte er.

Jetzt fuhren wir wieder ins historische Viertel zurück.

»Ich hätte Ihnen noch hundert Wohnungen wie diese da zeigen können, aber Sie haben jetzt vermutlich einen guten Eindruck bekommen. Nachdem unser Vorhaben einmal in Gang gekommen war, kauften auch private Investoren Häuser, und die Immobilienpreise stiegen. Inzwischen gilt das viktorianische Viertel im ganzen Land als Musterbeispiel dafür, wie man Innenstädte restaurieren kann, ohne die Armen zu entwurzeln. 1977 haben wir hier eine nationale Konferenz zum Thema Wohnungsbau abgehalten, zu der vierhundert Leute aus achtunddreißig Staaten kamen. Im Jahr darauf besuchte uns Rosalynn Carter und klebte ein Stück von *Good Morning America* in eines unserer renovierten Häuser. Und kommenden Freitag gehen wir nach Washington und informieren Prinz Charles.«

Inzwischen hatten wir den Monterey Square erreicht und parkten direkt vor Lee Adlers Haus. »Ja, sehen Sie«, sagte er, »der Erhalt historischer Bausubstanz war immer ein elitäres Hobby reicher Dilettanten. Wir haben daraus ein solides Unternehmen gemacht. Die Einnahmen aus dem Tourismus sind um zweihundert Millionen Dollar gestiegen, und die Menschen wohnen wieder in der Stadt. Nicht schlecht, oder?«

»Eine ganz schöne Leistung«, erwiderte ich.

Adler sah mich über seine Halbmondgläser an. »Laß die Leute doch lästern. Hauptsache, es geschieht etwas.«

Eine Woche später erschien in der *Savannah Morning News* ein Bericht über das Treffen der Adlers mit Prinz Charles. Lee Adler wurde mit den Worten zitiert, der Prinz habe »lebhaftes Interesse an den Problemen der Städte« gezeigt; Emma Adler meinte, der Prinz habe »wundervolle, intelligente und interessierte Fragen« gestellt. Vier Tage später brachte die Zeitung noch einen Artikel über das Treffen, diesmal in der ersten Person, geschrieben von Mrs. Adler. »Es war ein wunderschöner Tag in Washington. Die Sonne schien, der Himmel war tiefblau. Das Wetter war wie geschaffen für ein Kostüm...«

Wieder einmal wurde in gewissen Kreisen über die Adlers getratscht. Besonders lebhaft im Club der Karten spielenden Ehefrauen, dem Married Woman's Card Club.

Married Woman's, wie man den Club hierzulande nannte, war ein sehr vornehmer Verein. Keine andere Stadt hatte so etwas zu bieten. Sechzehn Damen, die sich über Tag, während ihre Männer arbeiteten, nicht allzusehr langweilen wollten, hatten 1893 diesen Club gegründet. Es gab immer sechzehn Mitglieder – nicht mehr und nicht weniger. Einmal im Monat trafen sie sich an einem Dienstag bei einem Mitglied zu Hause und spielten zwei Stunden Karten, tranken Cocktails und aßen Schnittchen. Dazu wurden schriftlich zweiunddreißig Gäste eingeladen, so daß die Zahl der anwesenden Damen, die an zwölf Spieltischen saßen, immer achtundvierzig betrug.

Traditionsgemäß kamen die Damen stets ein paar Minuten vor vier an; sie trugen lange Kleider, weiße Handschuhe und riesige, mit Blumen oder Federn geschmückte Hüte. Sie klingelten nicht, sondern warteten entweder im Wagen oder auf dem Bürgersteig, bis die Gastgeberin genau um vier Uhr die Tür öffnete. Dann gingen die Damen hinein, setzten sich an die Kartentische und fingen sofort zu spielen an. Damals, in den ersten Jahren, spielten sie vor allem Whist, später dann Bridge. Doch an einem Tisch wurde noch über viele Jahre Whist gespielt, weil sich Mrs. J. J. Rauers weigerte, irgend etwas anderes zu lernen.

Nach Beginn des Spiels lief alles einem festen Programm gemäß ab. Jedes Mitglied erhielt beim Eintritt in Married Woman's den folgenden Zettel in die Hand:

Viertel nach vier: Wasser.
Halb fünf: Wasser abräumen.
Zwanzig vor fünf: Aschenbecher leeren.

Fünf vor fünf: Servietten austeilen.
Fünf Uhr: Cocktails.
Viertel nach fünf: zweiter Cocktail.
Halb sechs: dritter Cocktail.
Fünf nach halb sechs: letztes Spiel, Leintücher austeilen.
Zwanzig vor sechs: Schnittchen servieren.
Viertel vor sechs: Punkte berechnen und Karten mischen.
Sechs Uhr: Preise, die Damen gehen.

Die Gastgeberin eines solchen Rituals nahm ihre Aufgabe sehr ernst. Ernst genug, um das Haus oder das Zimmer neu zu streichen. Zumindest holte man das Silber aus dem Tresor. Für den exakten Ablauf der Zeremonie sorgten ausgewählte Dienstmädchen, die die einzelnen Schritte besser kannten als die Mitglieder und von Haus zu Haus herumgereicht wurden, um die nervösen Gastgeberinnen zu entlasten. Denn nur so konnte gesichert sein, daß die verheirateten Frauen rechtzeitig zu Hause waren, um ihre Gatten zu begrüßen, wenn sie von der Arbeit heimkamen. Die Ehemänner gehörten genauso zu Married Woman's wie ihre Frauen. Schließlich waren sie es, die die Rechnungen für das leichte Abendessen und die Überholung des Hauses bezahlten. Und obendrein waren sie das Hauptkriterium für die Mitgliedschaft. Eine Frau mußte verheiratet sein, um aufgenommen zu werden. Wenn sie sich scheiden ließ, so lauteten die Regeln, mußte sie austreten und auf all ihre Rechte verzichten. Mehr als eine Ehe war allein durch diese Regel zusammengehalten worden! Jedenfalls wurde das Treffen der verheirateten Frauen dreimal im Jahr auf halb acht Uhr verlegt, damit die überaus wichtigen Gatten teilnehmen konnten – natürlich im Smoking.

Am Dienstag nach der Rückkehr der Adlers aus Washington

wurden die Ehemänner in den Married Woman's Club eingeladen. Die Gastgeberin des Abends war Mrs. Cameron Collins. Sie und ihr Mann lebten mit drei Kindern in einem Reihenhaus in der Oglethorpe Avenue. Kurz vor halb acht drängten sich vor dem Haus Männer im Smoking und Frauen in langen Kleidern. Auch ich war an diesem Abend, zu dem mich Mrs. Collins eingeladen hatte, entsprechend gekleidet.

»Ich bin nicht neidisch auf Emma Adler«, sagte die Frau in Blau. »Überhaupt nicht. Ich wäre die erste, die zugibt, daß Emma viel Gutes tut. Sie ist ein Gewinn für die Gemeinde, und wenn irgend jemand es verdient, Prinz Charles zu treffen, dann sie. Nur diese... Gier nach Anerkennung, die die beiden beherrscht. Das ist so ohne jede Würde. Man könnte meinen, Lee hätte Savannah ganz allein saniert. Lee sonnt sich gern im Licht der Öffentlichkeit und Emma ebenso.« Die Frau wandte sich an einen Mann mit blondem, lichter werdendem Haar, der mit beiden Händen in den Hosentaschen lässig gegen einen Baum lehnte. »Darling«, sagte sie, »habe ich ihr damit jetzt Unrecht getan?«

Der Mann zuckte die Achseln. »Wenn du mich fragst, ist Emma Adler noch harmlos im Vergleich zu ihrer Mutter.«

Emma Adlers Mutter war Emma Walthour Morel, eine große, dominante Frau, die man in der ganzen Stadt »Big Emma« nannte. Big Emma gehörte zu den reichsten Leuten in Savannah, sie hielt die meisten Anteile an der Savannah Bank und besaß eine starke Persönlichkeit. Ein Freund der Familie hat einmal gesagt, daß Big Emma ohne einen Tisch, auf den sie schlagen könnte, einfach unglücklich wäre. Man erzählte sich die abenteuerlichsten Geschichten über sie. Zum Beispiel hatte sie an ihrem Kühlschrank zu Hause ein Vorhängeschloß, damit ihre Haushaltshilfe kein Essen stehlen konnte. Während einer Dinnerparty verließ sie dann zehn- bis fünfzehnmal die Tafel, ging in die Küche und schloß den Kühlschrank auf und wieder ab. Später, nachdem die Gäste gegangen waren, schlich sich John Morel in die Küche und gab dem Mädchen ein fürstliches Trinkgeld, das die Wunden lindern sollte, die Big Emmas schlechtes Benehmen geschlagen hatte.

Obwohl schon weit über Neunzig, fuhr Big Emma immer noch mit ihrem Mercedes quer durch Savannah; auf dem Beifahrersitz hockte ihr deutscher Schäferhund, und hinten saß in voller Livree ihr uralter schwarzer Chauffeur. Der Chauffeur, der schon mehr als dreißig Jahre für Mrs. Morel gearbeitet hatte (und davor für ihre Mutter), fuhr ihren kleineren Wagen, aber nicht die Mercedes-Limousine, die niemand außer Big Emma selbst bewegen durfte. Vor ein paar Tagen fuhr sie mittags in die Stadt zur Zentrale der Savannah Bank am Johnson Square, um ein paar Papiere zu unterschreiben. Bevor sie sich auf den Weg machte, hatte sie angerufen und dem zuständigen Angestellten mitgeteilt, er solle auf sie mit den Papieren am Bordstein vor der Bank warten, denn sie habe es eilig und könne nicht warten. Zwanzig Minuten später bog Emma um die Ecke des Johnson Square, neben sich den massigen deutschen Schäferhund und auf dem Rücksitz den alten, uniformierten Chauffeur. Sie fuhr auf den Bankangestellten zu, der am Bordstein wartete, ließ aber den Wagen langsam weiterrollen, so daß der Mann neben der Limousine herlaufen und die Papiere durchs Fenster reichen mußte. »Um Himmels willen, Emma, halten Sie den Wagen an!« rief er, aber Big Emma glitt mit acht oder zehn Meilen Stundengeschwindigkeit weiter und unterschrieb ein Papier nach dem anderen. Sie hatten schon den halben Johnson Square umrundet, als sie das letzte Dokument dem Angestellten zurückreichte, das Fenster hochkurbelte und zügig davonfuhr.

Am liebsten erzählte man sich die Geschichte, wie Big Emma Morel erbittert gegen die Heirat ihrer Tochter mit Lee Adler ankämpfte, weil er Jude war. Big Emma tobte. Sie brüllte. Sie predigte. Sie haute auf viele Tische. Sie hörte gar nicht hin, wenn man geltend machte, daß John Morel, ihr eigener Mann und Little Emmas Vater, zu einem Viertel Jude war. Als Little Emma sich nicht beirren ließ, grollte Big Emma und weigerte sich, mit ihrer Tochter nach New York zu fahren, um das Brautkleid zu kaufen. Statt dessen fuhr Lee Adlers Mutter mit. Bei der Trauung stellte sich Big Emma so weit wie möglich von den Adlers weg, und beim Empfang nach der Hochzeit sorgte sie dafür, daß die Adlers nicht mit in der Reihe derjenigen standen, die die Gäste begrüßten. Sie ekelte sie buchstäblich hinaus. Daran erinnerte man sich noch heute, fünfundzwanzig Jahre später. Und das war auch der Grund, warum der Mann, der mit den Händen in den Hosentaschen vor Cynthia Collins' Haus stand, Emma Adler ihrer Mutter entschieden vorzog.

Pünktlich um halb acht öffnete eine strahlende Cynthia Collins im langen, schwarzen Kleid die Haustür. Sie wedelte mit einem schwarzen Spitzenfächer und sagte in bester Laune: »Kommt doch herein.« Die Gäste gingen einer nach dem anderen hinein und suchten sich an den Spieltischen, die im Wohn- und im Eßzimmer aufgestellt waren, ihre Platzkarte. Nach ein paar Minuten waren alle Tische besetzt. Im Haus vernahm man nur noch gedämpftes Murmeln und das Geräusch des Kartenmischens, das sich anhörte, als ob der Wind durch die Herbstblätter auf einem Rasen fegen würde.

Da ich von Bridge keine Ahnung hatte, gesellte ich mich zu zwei anderen nichtspielenden Gästen – einem Mann und einer Frau – in eine kleine Bibliothek neben dem Wohnzimmer. Der Mann hatte langes, weißes Haar und trug ein gütiges Lächeln auf dem Gesicht. Er schien ein hochgeachteter Bürger der Gemeinde zu sein. Die Frau war ungefähr vierzig und rauchte eine blaßblaue Zigarette. Am anderen Ende des Zimmers standen zwei Dienstmädchen in frisch gestärkten, schwarzweißen Uniformen neben Krügen mit Manhattans, Martinis, Sherry-und-Tee-Punsch und Wasser. Rotwangig und lächelnd kam Cynthia Collins zu uns in die Bibliothek. »Also, der erste Robber hat rechtzeitig angefangen, und ich kann einen Moment lang Atem schöpfen. Hoffentlich mußtet ihr nicht zu lang draußen in der schrecklichen Hitze warten.«

»Wir hatten ja genug über Lee und Emma zu reden«, sagte die Frau mit der blauen Zigarette.

»Weißt du, ich habe heute nachmittag über Lee nachgedacht«, meinte Cynthia. »Während ich die Platzkarten für heute abend schrieb. Man muß immer noch vorsichtig sein, wen man zu wem setzt, wegen der Geschichte mit dem Hyatt. Selbst heute noch. Das haben wir natürlich Lee zu verdanken.«

»Erinnere mich bloß nicht daran«, sagte die andere Frau. »Es war grauenhaft. Auf dem Höhepunkt der Streitereien konnte man kaum mehr zu einer Cocktailparty gehen. Man konnte überhaupt nichts mehr tun. Die Leute stritten sich so fürchterlich, daß man besser gleich zu Hause blieb.«

»Meine Schwägerin und ich sprechen bis heute nicht miteinander«, sagte der weißhaarige Mann in düsterem Ton. »Dafür bin ich aber eigentlich richtig dankbar.«

Cynthia Collins blickte diskret auf ihre Uhr. »Wasser!« flüsterte sie den Mädchen zu.

»Lee will immer alles oder nichts«, sagte die andere Frau. »Alles soll nach seinem Willen gehen oder überhaupt nicht. Eine Politik der verbrannten Erde!«

»Und er kann laut werden«, meinte Cynthia.

»Meine Liebe, und nicht nur das. Erinnerst du dich nicht mehr an den Vorfall mit der Pistole?«

»Was für eine Pistole?«

»Lee hatte sich mit einem anderen Vorstandsmitglied des National Trust gestritten und ihn bei einem offiziellen Dinner mit einer Pistole bedroht. Ich glaube, das war in Chicago – vor ein paar Jahren.«

»O ja, richtig! Das hatte ich ganz vergessen. Aber es war, glaube ich, eine Spielzeugpistole, und Lee hat nicht den Mann bedroht, sondern ihm die Waffe hingehalten und vorgeschlagen, sich selbst damit zu erschießen.«

»Ja, so kann es auch gewesen sein.«

»Die Leute waren entsetzt. In der Familie des armen Mannes hatte es wohl vor nicht allzulanger Zeit eine Geschichte mit einer Pistole gegeben, was der Sache wirklich eine makabere Note gab. Damals war Jimmy Biddle Präsident des National Trust. Er griff ein und sagte zu Lee, er sei wohl völlig verrückt geworden und solle sich gefälligst hinsetzen. Es war alles sehr geschmacklos und peinlich.«

»Das fand ich auch«, sagte die Frau mit dem blauen Kleid.

Der weißhaarige Herr lehnte sich in seinem Stuhl zurück und drehte den Kopf wie bei einem Tennismatch von einer Frau zur anderen.

Jetzt wandte Cynthia sich an mich. »Wir müssen Ihnen ganz schön gehässig vorkommen, vor einigen Jahren jedoch war Lee unser Vorbild und wir seine folgsamen Schüler. Ihm zuliebe zogen wir alle in die Innenstadt, als sie noch ziemlich verslumt und unsicher war. Ein echtes Abenteuer! Die Hartridges kauften sich sogar ein Reihenhaus direkt neben einem Bordell in der Jones Street. In jener Zeit hat Lee geradezu Wunder vollbracht. Er war Idealist und Purist. Er rettete die Innenstadt. Natürlich ist *er* erst sehr viel später dorthin gezogen. Er und Emma blieben im Ardsley Park, wo es sicher war, während wir als Pioniere in die Altstadt zogen. Die Cunninghams, die Critzes, die Brannens, die Rhangoses, die Dunns – der ganze Vorstand der Historic Savannah Foundation wohnte in der City, nur Lee nicht. Die Adlers zogen die Köpfe ein. Sie predigten Wasser und tranken Wein. Und heute scheint Lee sich nur noch für die verdammten Auszeichnungen zu interessieren und geht Leuten wie Prinz Charles um den Bart.«

»Was ist denn geschehen?« fragte ich.

»Man konnte mit ihm einfach nicht mehr auskommen«, sagte Cynthia. »Er hatte ohnehin nie viel für demokratische Abläufe übrig. Als er Präsident der Stiftung war, machte er meist, was er wollte, ohne den Vorstand vorher zu fragen. Dann kam die Sache mit dem Hyatt. Wir alle waren gegen das Hotel, das ursprünglich als fünfzehnstöckiges Gebäude geplant war und das Rathaus überragt hätte. Der ganze Vorstand stimmte dagegen, Lee eingeschlossen. Dann stimmte man ein zweites Mal darüber ab, ob man an die Öffentlichkeit gehen sollte, und entschied sich zu warten, bis man mit den Planern gesprochen hatte. Doch Lee war unerbittlich. Er wollte sofort die öffentliche Konfrontation. Der Vorstand blieb hart, Lee, der seinen Kopf nicht durchsetzen konnte, beschloß, eine eigene Kampagne gegen das Hotel zu starten. Zuerst zog er seine jährliche Spende für die Historic Savannah Foundation zurück – die siebentausend Dollar, die er für das Gehalt des Präsidenten bestimmt hatte. Das war im übrigen typisch für Lee, daß er seine Spende mit einer Bedingung verband, die ihm selbst nützlich werden konnte. Lee, die Einmannshow. Wenn er nicht alles bestimmen darf, will er gar nicht mehr dabeisein. Man kann dem Vorstand wirklich keinen Vorwurf machen, daß er ihn aus der Stiftung ausgeschlossen hat.«

Als ich das hörte, spitzte ich die Ohren. »Ich dachte, es sei Lee Adler gewesen, der mit der Historic Savannah gebrochen hat, und nicht umgekehrt.«

»Alle stimmten für seinen Ausschluß«, sagte Cynthia, »all seine Freunde und Jünger. Ohne Ausnahme. Aber dieser Teil der Versammlung ist aus den Protokollen auf mysteriöse Weise verschwunden – fragen Sie Walter Hartridge. Er war zu der Zeit Präsident. Er und Connie spielen nebenan Bridge.«

»Am traurigsten an der Sache ist ja«, fügte die andere Frau hinzu, »daß alles viel besser ausgegangen wäre, wenn Lee nicht auf eigene Faust gehandelt hätte. Die Planer haben nämlich zu einem Zeitpunkt einen Kompromiß angeboten, der besser war als das letztendliche Ergebnis.«

»Ich hatte den Eindruck«, sagte ich und dachte an das Gespräch mit Adler zurück, »daß der Streit um die Wohnungen für Schwarze im viktorianischen Viertel ging.«

Als ich das erwähnte, drückte die Frau heftig ihre blaue Zigarette aus. »Ich kann es nicht mehr hören!« rief sie. »Ich werde noch wahnsinnig! Cynthia, ganz gleich, was jetzt auf dem Plan steht, ich brauche einen Drink.« Sie ging zum Tisch rüber und goß sich einen Manhattan ein.

»Lee Adler hat die Stiftung nicht verlassen! Wir haben ihn *hinausgeworfen*. Das war 1969. Erst ungefähr fünf Jahre später hat er dann sein Landmark Rehabilitation Project im viktorianischen Viertel begonnen. Das eine hatte mit dem andern nichts zu tun. Savannah Landmark ist nichts anderes als ein Egotrip, den er als pure Selbstlosigkeit ausgibt. Er sieht sich als Stadterneuerer mit sozialem Gewissen. Er behauptet, ein multirassisches Viertel zu schaffen. Blödsinn! Er schafft ein neues schwarzes Ghetto. Das ist nicht Integration, sondern wieder absolute Rassentrennung.

Lee war am Boden zerstört, als man ihn zum Austritt aus der Stiftung zwang, deren Präsident er sechs Jahre lang gewesen war. Das war sein Leben. Nun mußte er der Historic Savannah irgendwie beweisen, daß er es auch allein schaffen konnte, und stürzte sich auf das viktorianische Viertel. Er hatte die Idee, mit staatlicher Unterstützung historische Häuser zu kaufen und Sozialwohnungen dort einzurichten. Das hatte aber nichts mit frommer Nächstenliebe zu tun, sondern damit, daß er ein Stadtsanierungsprojekt finanzieren wollte, in dem nur er das Sagen hatte. Er behauptet, Häuser zu restaurieren, ohne die langjährigen Bewohner zu vertreiben – als ob der viktorianische Distrikt früher schwarz gewesen wäre oder auch nur gemischtrassig. Eben nicht. Bis Mitte der sechziger Jahre wohnte hier die weiße Mittelschicht. Wenn Lee nicht so verdammt eitel wäre, hätte sich die freie Marktwirtschaft des viktorianischen Viertels angenommen, und für die Schwarzen wäre in der Innenstadt immer noch genügend Platz gewesen. Sozialer Wohnungsbau muß sein, der Ansicht bin ich auch, aber der viktorianische Teil der Stadt ist dafür am wenigsten geeignet.«

Die Häuser im viktorianischen Viertel seien im wesentlichen aus Holz gebaut, was die Feuerversicherung sehr teuer machen würde. Außerdem müßten sie etwa alle drei Jahre gestrichen werden, weil die Farbe wegen der hohen Feuchtigkeit schnell abblätterte. Solche Kosten könne man im öffentlichen Wohnungsbau nicht vertreten, meinte die Frau.

Und Lees Restaurierungen seien alles andere als historisch. Er weide die Häuser buchstäblich aus und reiße schöne viktorianische Elemente, wie die gestanzten Zinndecken, einfach raus. Auch die Instandhaltung der Häuser lasse zu wünschen übrig. Ich solle mir nur mal die anderen ansehen, die, mit denen er nicht angeben würde. Da blättere die Farbe ab, die Verandengeländer seien zerbrochen. Zwei bis drei Jahre nach der Sanierung würden die Häuser dann wieder gut zu den unrenovierten in der Nachbarschaft passen.

Durch die Tür konnte ich sehen, wie die Mädchen von Tisch zu Tisch gingen und die leeren Wassergläser abräumten.

»Und ganz offen gesagt«, fuhr die Frau fort, »was ist denn so schrecklich daran, wenn ein Stadtviertel aufsteigt? Im historischen Distrikt war es Lee ja ganz recht. Jetzt hat er es also geschafft, daß im viktorianischen Viertel die ärmeren Schichten wohnen und daß die Immobilienpreise völlig abgerutscht sind. Die Käufer bestimmen den Markt, und die gibt es eben hier nicht. Im Namen der Stadterhaltung hat Lee Adler dem historischen Savannah mehr geschadet als genutzt.«

Aber Adler hätte mir erzählt, wandte ich ein, daß die Sanierung des viktorianischen Viertels auch private Investoren anlocken würde.

»Das ist eine glatte Lüge, und das weiß Lee Adler ganz genau. Einer seiner Söhne hat in der Waldburg Street ein Haus gekauft und es phantastisch restauriert. Doch als er es verkaufen wollte, fand er keine Interessenten. Zuerst hatte er 135 000 Dollar verlangt. Jetzt ist es für 97 000 zu haben, und immer noch findet sich kein Käufer, weil es mitten in einem schwarzen Slumgebiet liegt.«

»Außerhalb Savannahs gilt das viktorianische Viertel als großer Erfolg«, meinte Cynthia. »Die Menschen glauben eben, was Lee ihnen erzählt. Und Prinz Charles macht da keine Ausnahme.«

»Wirklich ärgerlich ist«, sagte die andere Frau, »daß die Adlers sich als moralische Instanz aufspielen. Ich bin es leid. Ich habe Lees edle Absichten und Emmas Auftreten als Eleanor Roosevelt gründlich satt. Was haben wir bloß getan, daß wir so gestraft sind?«

»Einiges«, sagte der weißhaarige Herr.

Die zwei Frauen sahen ihn überrascht an. Immer noch zeigte sich das gütige Lächeln auf seinem Gesicht.

»Lee ist ein prominentes Mitglied der Gesellschaft in Savannah, oder?« fragte der Mann mit sanfter Stimme. »Er gehört dem Cotillon Club an, der den Debütantinnenball ausrichtet. Er ist einer der fünfzehn vornehmen Gentlemen im Madeira Club, wo man fürstlich speist, gute Madeira-Weine trinkt und gelehrte Vorträge hält. Er ist Mitglied im Chatham Club, wo er gelegentlich zu Abend ißt oder einen Drink zu sich nimmt und über die Dächer des historischen Viertels blickt, das er so eifrig restauriert hat.«

Die zwei Frauen nickten unsicher, weil sie nicht wußten, worauf er hinauswollte.

»Im Savannah Golf Club spielt er Golf«, fuhr der Mann fort. »Folglich gehört er zur gesellschaftlichen Elite der Stadt, sollte man zumindest meinen. Aber doch nicht ganz, oder? In Savannah haben wir unsere eigene Art, feine Unterschiede zu machen, zu sagen: Bis hierher und nicht weiter, *Sie sind nicht wirklich einer von uns.* Dafür haben wir den Oglethorpe Club und den Jachtclub.«

Der Mann sprach sanft wie ein freundlicher Professor. »Lee Adler ist Jude. Viele seiner guten Freunde sind Mitglieder im Oglethorpe Club und im Jachtclub, nur er nicht.«

»Aber der Oglethorpe Club nimmt doch auch Juden auf«, sagte die Frau. »Bob Minis zum Beispiel.«

»Ja. Bob Minis ist schon lange Mitglied im Club und sehr beliebt. Außerdem ist er der Urururenkel des ersten weißen Kindes, das in Georgia geboren wurde, wodurch er ein lebendes Denkmal unserer Geschichte ist. Er ist Jude, aber kein so strenggläubiger. Er hatte zwei christliche Ehefrauen, seine Freunde sind meistens Christen, und seine Kinder wurden im episkopalen Glauben erzogen. Bob Minis ist für den Oglethorpe Club sehr wichtig. Abgesehen von seiner angenehmen Gesellschaft können wir immer sagen: Aber der Oglethorpe Club nimmt doch auch Juden auf.«

Der Mann verschränkte die Arme und sah uns nacheinander an, als wolle er sich vergewissern, daß man ihn verstanden habe. »Auf der anderen Seite ist da Lee Adler, dem der Oglethorpe Club die kalte Schulter zeigt und der aus der Historic Savannah hinausgeworfen wird. Was soll er denn machen? Er muß sich etwas absolut Geniales einfallen lassen. Meiner Meinung nach hat er seine wildesten Träume übertroffen. Durch die Arbeit im viktorianischen Viertel hat er sein Comeback als Stadterneuerer gefeiert und sich einer moralisch unangreifbaren Aufgabe gewidmet: dem Wohnungsbau für arme Schwarze. Wenn man ihn kritisiert, steht man als Rassist da. Lees Savannah Landmark Project mag teuer und unrealistisch sein. Die Renovierung der Häuser unhistorisch. Er mag die Immobilienpreise im viktorianischen Viertel verdorben haben. Vielleicht hat er auch ein neues schwarzes Ghetto geschaffen, und vielleicht ist er nur auf Geld und Anerkennung aus. Doch niemand kann es öffentlich aussprechen, und das ist das Geniale daran. Lee Adler hat sein Ziel erreicht. Er hat sich landesweit einen Namen als Bewahrer historischer Stadtkerne gemacht und hat uns mit der Nase auf die Rassenfrage gestoßen.«

»Ich glaube nicht, daß er und Emma es mit den Schwarzen ehrlich meinen«, sagte die Frau mit der blauen Zigarette. »Keiner der Clubs, zu denen Lee gehört – zumindest keiner der erwähnten –, hat je schwarze Mitglieder gehabt.«

»Richtig«, sagte der Mann, »ich vermute, daß sich die Schwarzen ihrerseits fragen, ob Lee und Emma wirklich aufrichtig sind. Wenn man zum Beispiel Emmas Zeitungsartikel über Prinz

Charles sorgfältig liest, fällt einem etwas Merkwürdiges auf. Emma greift die bei dem Treffen anwesenden Journalisten an, weil sie nur am privaten Klatsch über den Prinzen interessiert waren und weniger an den Fragen des sozialen Wohnungsbaus. Doch dann schildert sie in aller Ausführlichkeit, daß sich ihre nette schwarze Köchin schon Wochen vor der Begegnung damit beschäftigte, wie sie dem Prinzen einen Korb aus Piniennadeln, den sie für ihn angefertigt hatte, überreichen sollte. Daran fand Emma nun nichts auszusetzen, obwohl der Korb ja wohl auch nichts mit der Wohnungsfrage zu tun hatte. Emma scheint eine doppelte Moral zu haben, eine für gebildete Journalisten, die andere für einfache schwarze Köchinnen. Hieraus könnte man den Schluß ziehen, daß Emma die Schwarzen ein bißchen wie Kinder behandelt.«

Die Frau mit der blauen Zigarette lächelte zustimmend. »Mmmmm.«

»Ich denke, die Schwarzen wissen, wo sie bei Lee und Emma stehen«, fuhr der Mann fort. »Sie wissen wahrscheinlich auch, daß niemand hier auf dieser Abendgesellschaft dreihundert Wohnungen für Schwarze renoviert hat oder seine schwarze Köchin zu Prinz Charles mitnehmen würde. Die Schwarzen wissen, daß die Adlers etwas für sie tun, aus welchen Motiven auch immer. Und deswegen tun die Schwarzen auch etwas für die Adlers.«

»Was in aller Welt tun sie für die Adlers?« fragte die Frau.

»Sie geben ihnen ihre Stimme. Bei der letzten Wahl haben Lee und Emma doch Spencer Lawton für das Amt des Staatsanwalts unterstützt, und nicht Bubsy Ryan. Sie haben viel Geld für Spencers Kampagne gespendet, und man kann davon ausgehen, daß Lee bei den schwarzen Pfarrern durchsickern ließ, daß er Lawton unterstütze. Sofort wechselte die schwarze Geistlichkeit, die in der Vergangenheit Ryan unterstützt hatte, in Lawtons Lager über. Mit den Stimmen der Schwarzen gewann Lawton seine knappe Mehrheit. Lee Adler überwand also seine Krise mit der Unterstützung durch die Schwarzen. Und mit einem dankbaren Staatsanwalt im Rücken. In diesem Sinn verfügt Lee über politische Macht, und keinem Beamten der Stadtverwaltung wäre es anzuraten, Lee bei seinen kleinen Immobiliengeschäften Steine in den Weg zu legen.« Der Mann zog die Augenbrauen hoch, als wolle er sagen, »damit ist für mich der Fall abgeschlossen«.

»Da hast du nicht ganz unrecht«, sagte die Frau trocken.

Dann sah der Mann zu Cynthia Collins hinüber, die genau in diesem Moment einen Blick auf die Uhr warf. Ein Anflug von Besorgnis kräuselte ihre Stirn. Sie fing den Blick des Mädchens an der Tür auf und flüsterte: »Servietten austeilen.«

KAPITEL 11

Kurzmeldung

Zu diesem Zeitpunkt meines Experiments vom Leben in zwei Städten verbrachte ich schon mehr Zeit in Savannah als in New York. Allein das Wetter hätte für diese Neugewichtung ausgereicht. In den letzten Apriltagen litt New York immer noch unter dem strengen Regiment des Winters, während sich in Savannah die ganze Herrlichkeit eines warmen und müßiggängerischen Frühlings entfaltete. Im Dezember und Januar hatten Kamelien, Jongquillen und Narzissen geblüht, und Glyzinien und Judasbaum waren gefolgt. Dann explodierte Mitte März die gewaltige weiße, rote und zinnoberrote Farbenpracht der Azaleen, über denen wie Puderzucker die weißen Blüten des Hartriegels schwebten. In der Luft lag schon der Duft des Geißblatts, des Jasmins und der esten Magnolienblüten. Wer sehnte sich da nach der Kälte New Yorks zurück?

Also trieb ich mich weiter in Savannah herum. Ich bevorzugte die stillen, schläfrigen Straßen und bewegte mich wie die Einheimischen kaum vom Fleck. Die Bürger Savannahs redeten oft von anderen Orten, als würden sie viel reisen, was aber selten der Fall war. Sie sprachen am liebsten über Charleston, besonders vor Fremden. Sie waren ganz versessen darauf, die beiden Städte zu vergleichen. Savannah war die Gastgeberin des Südens, Charleston die heilige Stadt (wegen der vielen Kirchen). Savannahs Straßenbild war viel schöner, aber Charleston besaß die feinere Innenausstattung der Häuser. Savannah war durch und durch englisch in Lebensart und Temperament; Charleston hatte dazu noch französische und spanische Einflüsse zu bieten. In Savannah zog man Angeln und Jagen und natürlich die Parties intellektuellen Beschäftigungen vor; in Charleston war es umgekehrt. Savannah war für Touristen attraktiv; Charleston wurde von ihnen überrannt. Und so weiter und so weiter. In den Augen der meisten Amerikaner waren Savannah und Charleston Schwesterstädte. Doch diese Schwestern redeten kaum miteinander. Die Einwohner Savannahs fuhren selten nach Charleston, auch wenn es nur zwei Autostunden entfernt lag. Allerdings gingen die Savannaher überhaupt selten anderswohin. Das erschien ihnen zu mühsam. Sie waren es zufrieden, unter selbstverordnetem Hausarrest in ihrer abgeschiedenen Stadt zu leben. Aber es gab natürlich auch Ausnahmen, wie zum Beispiel Chablis.

Chablis machte sich also mit Sack und Pack, wie sie bereits angekündigt hatte, auf den Weg – nach Augusta, Columbia, Atlanta und Jacksonville. Zwischen den Engagements kam sie nach Savannah zurück, um ihre Garderobe aufzufrischen und sich bei Dr. Myra die weiblichen Hormonspritzen verabreichen zu lassen. Jedesmal nach dem Besuch bei Dr. Bishop rief sie mich an oder warf Kieselsteine an mein Fenster; dann kam ich runter und fuhr sie nach Hause. Diese Fahrten wurden bald zu einem wichtigen Ritus auf ihrer sexuellen Reise. Noch während wir durch die Straßen Savannahs fuhren, entfaltete das Östrogen seine Zauberkraft und verwandelte das burschikose Mädchen in eine anmutige Kaiserin.

An einem Samstag morgen Anfang Mai wollte ich gerade zum Fort Jackson fahren, um mir Savannahs traditionelles jährliches Sportereignis, die *Scottish games,* anzusehen, als das Telefon klingelte. Es war Chablis.

»Hier ist die Königin, Honey«, sagte sie. »The Lady. Heut

brauch ich keine Autofahrt. Ich will nur wissen, ob du schon in die Morgenzeitung geguckt hast.«

»Nein, noch nicht«, gab ich zur Antwort. »Wieso?«

»Erinnerst du dich noch an den Antiquitätenhändler, von dem du mir erzählt hast? Der mit dem großen Haus am Monterey Square?«

»Ja.«

»Hast du nicht gesagt, daß sein Name Jim Williams war?«

»Ja, sicher. Was ist mit ihm?«

»*James* A. Williams?« fragte sie.

»Ja.«

»Zweiundfünfzig Jahre alt?«

»Könnte stimmen«, sagte ich.

»Wohnt er Bull Street Nummer 429?«

»Komm schon, Chablis. Was ist los?«

»Er hat gestern nacht jemand erschossen.«

»*Wie bitte?* Machst du Witze, Chablis?«

»Ich mach doch keine Witze über so was. Es steht genau hier in der Zeitung. Daß James A. Williams Danny Lewis Hansford, einundzwanzig Jahre alt, erschossen hat. Von deinem Freund ist ein großes Foto auf der ersten Seite, aber der mit den Einundzwanzig, der ist nicht abgebildet, verdammt, und den würd ich gern sehn.«

»Ist Danny Hansford tot?« fragte ich.

»Muß wohl so sein, Honey, denn sie klagen Mr. Williams wegen Mord an.«

ZWEITER TEIL

KAPITEL 12

Schußwechsel

Unter der fetten Schlagzeile WILLIAMS WEGEN MORDES VERHAFTET stand nur ein kurzer Bericht. Dort hieß es, daß um drei Uhr nachts die Polizei ins Mercer House gerufen worden sei. Der einundzwanzigjährige Danny Hansford lag tot auf dem Boden im Arbeitszimmer, und sein Blut floß auf einen Orientteppich. Die Schüsse hatten ihn in den Kopf und in die Brust getroffen. Am Tatort fand man zwei Pistolen. Einige Gegenstände im Haus waren zerbrochen. Man hatte Williams verhaftet, des Mordes angeklagt und die Kaution auf 25 000 Dollar festgesetzt. Fünfzehn Minuten später erschien ein Freund von Williams im Polizeipräsidium und übergab eine Papiertüte mit zweihundertfünfzig Einhundertdollarscheinen. Williams wurde auf freien Fuß gesetzt. Das war alles, was die Zeitung zu den Vorfällen zu sagen hatte. Über Williams schrieb sie, er sei Antiquitätenhändler, Restaurator historischer Häuser und Gastgeber eleganter Parties in seinem Vorzeigehaus, das Jacqueline Onassis für zwei Millionen Dollar hatte kaufen wollen. Über Danny Hansford stand außer seinem Alter gar nichts in der Zeitung.

Am nächsten Tag erschien ein längerer Artikel über die Schießerei. Williams behauptete, Danny in Notwehr erschossen zu haben. Er und Danny wären im Autokino gewesen und erst nach Mitternacht zurückgekommen. Zu Hause sei Danny Hansford dann durchgedreht, wie schon einen Monat zuvor. Er zertrat mit dem Fuß ein Computerspiel, zerbrach einen Stuhl und zertrümmerte eine englische Standuhr aus dem 18. Jahrhundert. Danach griff er sich – wie beim letztenmal – eine von Williams' deutschen Lugerpistolen. Doch diesmal schoß er nicht in den Fußboden oder auf den Monterey Square hinaus. Diesmal zielte er direkt auf Williams, der hinter seinem Schreibtisch saß. Er schoß dreimal – und immer daneben. Als er erneut den Abzug drückte, hatte die Waffe eine Ladehemmung. Da zog Williams die Schreibtischschublade auf und nahm sich die andere Luger. Danny kämpfte noch mit seinem Revolver, während ihn Williams erschoß.

Ein paar Tage später gab Williams der Wochenzeitung *Georgia Gazette* ein ausführliches Interview. Er klang selbstbewußt, ja fast trotzig. »Wenn ich Danny nicht erschossen hätte, hätte man meinen Nachruf in der Zeitung lesen können.« Der Film im Autokino sei ein blutrünstiger Horrorfilm gewesen, mit vielen durchgeschnittenen Kehlen und solchen Sachen. Laß uns lieber nach Hause fahren und Backgammon oder Schach spielen, habe er zu Danny gesagt, und das hätten sie dann auch getan.

Als Williams und Hansford im Mercer House ankamen, hatte Danny schon neun Joints geraucht und einen Viertelliter Whisky getrunken. Eine Zeitlang spielten sie ein Videospiel und ein Brettspiel. Dann ließ Danny plötzlich eine Haßtirade auf seine Mutter, seine Freundin Bonnie und seinen Kumpel George Hill los und zerstampfte in einem Wutanfall die Fernbedienung des Videogeräts. »Spiele!« schrie er. »Nichts als Spiele. Was anderes gibt es doch gar nicht.« Williams stand auf und wollte das Zimmer verlassen, aber Danny packte ihn an der Kehle und schleuderte ihn gegen einen Türpfosten. »Du bist krank«, kreischte er. »Warum haust du nicht ab und stirbst?« Williams befreite sich aus Dannys Griff und ging ins Arbeitszimmer, wo er sich an seinen Schreibtisch setzte. Er hörte, wie Danny sein

Werk der Zerstörung fortsetzte, wie die Standuhr zu Boden krachte und Glasscheiben splitterten. Danny kam mit der deutschen Luger ins Zimmer. »Ich gehe morgen, du aber schon heute abend«, sagte er, zielte und schoß. Williams behauptete, er habe gespürt, wie eine Kugel seinen linken Arm streifte. Dann klemmte Dannys Waffe, und Williams feuerte die andere Pistole ab.

Als Danny am Boden lag, legte Williams seine Waffe auf den Schreibtisch, ging um ihn herum und stellte fest, daß Danny nicht mehr lebte; dann begab er sich wieder zurück hinter den Tisch und rief seinen früheren Angestellten, Joe Goodman, an. Er habe soeben Danny erschossen, und Goodman solle sofort zu ihm ins Mercer House kommen. Danach rief Williams seinen Anwalt an. Und erst dann die Polizei.

Der Anwalt, die Polizei, Joe Goodman und Joe Goodmans Freundin kamen alle gleichzeitig vor dem Mercer House an, wo Williams schon in der offenen Eingangstür stand. »Ich habe ihn einfach erschossen«, sagte er. »Er liegt im anderen Zimmer.«

Der erste Polizist, der am Tatort erschien, Corporal Michael Anderson, erkannte Danny sofort. Corporal Anderson war derselbe Polizist, der Danny nach seinem Tobsuchtsanfall vor einem Monat in Untersuchungshaft genommen hatte. Damals hatte er Danny voll bekleidet oben im Bett liegend angetroffen. Diesmal lag er mit dem Gesicht in einer Blutlache auf dem Perserteppich in Williams' Arbeitszimmer. Er hatte den rechten Arm ausgestreckt und seine Hand leicht um eine Waffe gelegt.

Gegen sieben Uhr morgens brachte die Polizei Williams unter Mordverdacht ins Präsidium, nahm ihm Fingerabdrücke ab und setzte die Kaution auf 25 000 Dollar fest. Williams telefonierte mit Joe Goodman, der im Mercer House zurückgeblieben war, und sagte: »Geh nach oben an den großen Schrank vor dem

Orgelzimmer. Nimm dir einen Stuhl, steig hinauf und hol die Papiertüte runter, die obendrauf liegt.« Fünfzehn Minuten später war Goodman mit einer braunen Papiertüte, in der sich zweihundertfünfzig Einhundertdollarscheine befanden, im Polizeipräsidium, und Williams konnte nach Hause gehen.

Ein paar Tage später gab die Polizei bekannt, daß bestimmte Labortests zeigen würden, ob Danny Hansford wirklich eine Pistole abgefeuert hatte, wie Williams behauptete. Entscheidend wäre, ob sich an Hansfords Händen Schmauchspuren nachweisen ließen. Wenn ja, dann hätte Hansford geschossen, bevor ihn Williams tötete; im anderen Fall hätte er die Waffe nicht abgefeuert. Die Ergebnisse, so die Polizei, würden in ungefähr einer Woche vorliegen, so daß man Anklage erheben könnte oder nicht.

Trotz der schwerwiegenden Beschuldigung ging Williams scheinbar ungerührt seinen Geschäften nach. Am Mittwoch, vier Tage nach Danny Hansfords Tod, ersuchte er das Gericht um Erlaubnis, nach Europa zu fliegen, um Antiquitäten zu kaufen. Der Richter erhöhte die Kaution auf hunderttausend Dollar und ließ ihn ziehen. In London stieg Williams in seiner Lieblingssuite im Ritz ab und spielte Roulette im Crockford's Club. Dann flog er weiter nach Genf zu einer Fabergé-Auktion. Eine Woche darauf kehrte er nach Savannah zurück.

Bald danach gab die Polizei bekannt, daß sich die Testergebnisse wegen eines Arbeitsrückstandes im gerichtsmedizinischen Institut in Atlanta verzögern würden. Einen Monat später wartete die Polizei immer noch auf die Resultate.

Inzwischen zogen die Einwohner Savannahs auch ohne Laborergebnisse ihre Schlüsse. Fakten aus Dannys Leben wurden bekannt, die für Williams sprachen. Hansford war ständig in Jugendheimen und Nervenkliniken gewesen. Er hatte die Schule mit der achten Klasse verlassen und war aufgrund seiner Gewalttätigkeiten häufig mit der Polizei in Konflikt geraten. Jim Williams hatte ihn in den vergangenen zehn Monaten neunmal aus dem Gefängnis geholt. Skipper Dunn, ein Landschaftsgärtner, der einmal mit Danny in derselben Pension gewohnt hatte, beschrieb ihn als gefährlichen Psychopathen. »Er war ein Berserker«, sagte Dunn. »Zweimal habe ich erlebt, wie er Amok lief, Gegenstände zerbrach und mit Messern drohte. Zwei Männer konnten ihn kaum bändigen. In seinen Augen war nur noch Haß und Wut. Es war absehbar, daß er eines Tages jemanden umbringen würde.« Einmal hatte Hansford eine Tür aus den Angeln gerissen, um seine Schwester zu verprügeln. Seine eigene Mutter hatte einen Haftbefehl gegen ihn erwirkt, indem sie unter Eid beschwor, daß sie fürchtete, er könne ihr oder ihrer Familie etwas antun.

In seinem Interview mit der *Georgia Gazette* stellte Williams Hansford als schwer gestört dar. Hansford habe einmal zu ihm gesagt, er sei allein auf dieser Welt und hätte nichts, wofür es sich zu leben lohnte. Mit seltsamer Unberührtheit stellte sich Williams als Dannys Retter dar und nicht als jemand, der ihn bestrafen oder gar ermorden wollte. »Ich wollte ihn vor sich selber schützen«, sagte er. »Er hatte vom Leben schon Abschied genommen.« Obwohl Williams' Geschichte unverfroren eigennützig war, erzählte er sie in überzeugenden Einzelheiten. Hansford habe sich immer mehr mit dem Tod beschäftigt. Oft sei er mit Freunden zum Bonaventure-Friedhof gegangen, habe auf die Grabsteine gezeigt und erklärt, daß die kleinen für die armen Leute und die großen für die Reichen seien und daß er, wenn er im Mercer House stürbe, einen großen bekäme. Zweimal hätte Danny versucht, sich im Mercer House mit einer Überdosis Rauschgift umzubringen. Das zweitemal habe er folgende Notiz hinterlassen: »Wenn das Zeug wirkt, dann bekomme ich wenigstens einen anständigen Grabstein.« Beide Male hatte ihn Williams sofort ins Krankenhaus geschafft. Das war aktenkundig.

Sein Verhältnis zu Danny Hansford stellte Williams immer nur als das von Arbeitgeber zu Arbeitnehmer dar. Doch bald kam heraus, daß Hansford auch manchmal als Strichjunge an den Plätzen der Bull Street stand. Die meisten Leute konnten sich jetzt den Rest der Geschichte selbst denken; nur ein paar mit Williams befreundete Damen aus der Gesellschaft stellten fest, daß sie überhaupt nichts geahnt hätten. Millicent Mooreland, Aristokratin und Gastgeberin von Ardsley Park, kannte Williams schon seit dreißig Jahren. Doch als eine Freundin sie anrief und sagte, Williams habe gerade seinen Liebhaber erschossen, da war sie mehr als sprachlos. »Die Nachricht hat mir den Atem verschlagen«, sagte Mrs. Mooreland. »Meine Freundschaft zu Jim beruhte auf Antiquitäten und Parties und anderen gesellschaftlichen Gepflogenheiten. Von dem, was er sonst noch machte, habe ich gar nichts gewußt.«

Die meisten Leute jedoch, mit denen er verkehrte, waren nicht so weltfremd wie Mrs. Mooreland. »Ja, sicher wußten wir davon«, sagte John Myers. »Natürlich nicht im einzelnen, weil Jim auf Diskretion achtete, was ja auch ganz richtig war. Insgesamt waren wir ziemlich stolz auf Jims sozialen Erfolg und vor allen Dingen auf uns selbst. Denn es zeigte doch, dachten wir, daß Savannah eine kosmopolitische Stadt war, in der man sogar einen schwulen Mann gesellschaftlich akzeptierte.«

Mrs. Mooreland wandte sich nicht von Jim ab; sie wunderte sich weniger über die Schießerei als über einige Details in der Abfolge der Ereignisse jener Nacht. »Joe Goodman«, sagte sie. »Wer ist das? Ich kenne ihn nicht. Ich habe ihn noch nie bei Jim zu Hause gesehen, und doch war er der erste, den Jim anrief.«

Mrs. Mooreland hatte ihr gesamtes Leben innerhalb der schützenden Mauern von Old Savannah verbracht. Old Savannah war eine streng umgrenzte, abgeschlossene Welt. Die Rollen der Helfer in allen ihren Dramen waren längst vergeben. In Krisenzeiten wandte man sich an die entsprechenden Figuren der Gemeinde – die juristische Autorität, den Eckpfeiler der Moral, den sozialen Schiedsrichter, den Finanztitan, den Staatsmann im Ruhestand. Old Savannah war für Krisen jeder Art wohlgerüstet. Und Mrs. Mooreland war überrascht, daß Jim Williams sich in seiner Not an einen völlig Unbekannten gewandt hatte – und nicht etwa an Walter Hartridge oder Dick Richardson. Das war für sie das Zeichen, daß etwas ganz und gar nicht in Ordnung war.

Bei all dem Gerede über Jim Williams – seine Herkunft, seine Karriere, seine Leistungen – wärmte man auch den Vorfall mit der Naziflagge wieder auf. Und jetzt noch eine *deutsche* Luger, dachte man, aus der die Schüsse gekommen waren!

Manche Leute, sogar einige Juden wie Bob Minis, hielten die Episode mit der Fahne für wenig bedeutsam. Bob Minis sprach von einer Dummheit. »Jim hat rasch und unüberlegt gehandelt.« Andere jedoch wollten Williams nicht so leicht davonkommen lassen. »Sicher betrachtet er sich nicht wirklich als Nazi«, sagte Joseph Killorin, Professor für englische Literatur am Armstrong State College. »Doch Nazisymbole sind nicht frei von Bedeutung. Sie vermitteln immer noch eine klare Botschaft, auch wenn man sie als ›Zeugnisse der Geschichte‹ ansieht. Die Botschaft heißt *Überlegenheit,* und das weiß niemand besser als Williams. Er ist viel zu intelligent, um das nicht zu wissen. Im Süden findet man unter extremen Chauvinisten manchmal eine Vorliebe für Naziinsignien. Das hat mit einem Gefühl von verlorener Größe und gekränkter Ehre zu tun. Hier in Savannah gibt es einen schrecklich geselligen Gentleman, der ab und zu in Naziuniform zu Kostümbällen geht – jeder weiß, wen ich meine – und dann behauptet, er wolle die Leute nur schockieren. Doch die wahre Bedeutung besteht immer noch. Bei Jim mag es vielleicht nur apolitische Arroganz sein. Wenn ein Mann im prächtigsten Haus der Stadt lebt und die extravagantesten Gesellschaften gibt, kann er leicht glauben, daß er allen überlegen ist und die Regeln gewöhnlicher Menschen nicht mehr für ihn gelten. Das wäre dann durch das Hinaushängen einer Nazifahne bewiesen.«

Hätte man in Savannah in diesen ersten paar Wochen abgestimmt, wäre wohl herausgekommen, daß die Mehrheit der Bürger erwartete, daß keine Anklage erhoben würde. Allem Anschein nach war der tödliche Schuß Notwehr oder, schlimmstenfalls, ein spontanes Verbrechen aus Leidenschaft gewesen. Solche Angelegenheiten regelte man traditionell in aller Stille, besonders wenn der Angeklagte ein hochgeachteter, wohlhabender Bürger ohne Vorstrafen war. In Savannah erinnerte man sich noch gut an Fälle in der Vergangenheit, wo man gutsituierte Verdächtige gar nicht angeklagt hatte, selbst wenn ihre Schuld offenkundig war. Da gab es ein älteres Fräulein aus vornehmer Familie, das behauptete, sein Liebhaber hätte sich selbst mit dem Gewehr erschossen, als er im Wohnzimmer in einem Ohrensessel saß. Die Frau »fand« den Leichnam ihres Geliebten, reinigte das Gewehr, stellte es in den Gewehrschrank zurück und ließ die Leiche einbalsamieren. Erst nachdem sie all das getan hatte, rief sie die Polizei.

»Oh, Jim Williams wird wahrscheinlich davonkommen«, sagte Prentiss Crowe, die zur Aristokratie von Savannah gehörte, »aber etwas wird ihm ein paar Probleme bereiten. Einige werden es ihm nicht verzeihen, daß er diesen Jungen – diesen speziellen Jungen, meine ich – getötet hat. Danny Hansford war nach allem, was man so hört, ein sehr guter Stricher und von Frauen und Männern gleichermaßen geschätzt. Nun gibt es aber noch einige, die er noch nicht beglückt hat und die nun nach seinem Tod nie mehr in den Genuß dieses Vergnügens kommen werden. Natürlich nehmen sie das Jim übel. Danny Hansford versprach schöne Stunden ... und die hatten eben noch nicht alle mit ihm.«

An der Bar im Oglethorpe Club fand Sonny Clark noch offenere Worte: »Wißt ihr, was man über Jim Williams sagt? Daß er den knackigsten Arsch in ganz Savannah erschossen hat!«

Die gesamte Stadt wurde von dem aufregenden Schußwechsel in Atem gehalten, und noch Wochen danach drehten neugierige Bürger mit dem Auto ihre Runden um den Monterey Square. Zerfledderte Exemplare der Märzausgabe des *Architectural Digest* von 1976 mit dem Bericht über das Mercer House gingen von Hand zu Hand. Menschen, die nie in dem Haus gewesen waren, kannten es bald so gut, als würden sie darin leben. Sie konnten dir erzählen, daß Danny Hansford mitten zwischen einem Ölgemälde, das dem Neffen von Thomas Gainsborough zugeschrieben wurde, und einem goldverzierten Schreibtisch, der Kaiser Maximilian von Mexiko gehört hatte, gestorben war. Schadenfroh zitierten sie aus dem Artikel den Satz, dessen Ende jetzt bitter ironisch klang: »Die sorgfältige und liebevolle Restaurierung des Mercer House ist ein Spiegel dieser zauberhaften Stadt und ihrer Lebensformen. Das Haus, einst vom Krieg verwüstet, ist heute Mittelpunkt eines harmonischen und friedvollen Lebens.«

Im Fall Williams gab es einen Unsicherheitsfaktor: Spencer Lawton, den neuen Staatsanwalt. Lawton war zu neu in dem Job, als daß man ihn einschätzen konnte. Außerdem mußte er Lee Adler dankbar sein, dessen Unterstützung ihm ins Amt geholfen hatte und dessen langjährige Fehde mit Jim Williams allseits bekannt war. Lee Adler konnte ohne weiteres den Lauf der Dinge beeinflussen, wenn er das wollte. Er konnte Lawton im privaten Gespräch ermutigen, Williams anzuklagen oder, was weniger wahrscheinlich war, ein Auge zuzudrücken. Den wenigen, die sich trauten, ihn zu fragen, ob er Lawton in irgendeiner Weise unter Druck setzte, antwortete Adler ungerührt: »Spencer Lawton entscheidet ganz allein, was er tut.«

Mehr als einen Monat nach dem Schußwechsel übte Lawton auffallende Zurückhaltung. Sein Name wurde in der Presse nicht erwähnt. Alle offiziellen Verlautbarungen zu dem Fall machte sein Stellvertreter. Die Voruntersuchung, die über die Anklageerhebung entschied, war für den 17. Juni anberaumt.

Am 12. Juni legte Lawton in einer geheimen Sitzung der Grand Jury des Chatham County seine Beweise vor. Die Grand Jury klagte Williams ohne Zögern wegen vorsätzlichen Mordes an. Die Schwere der Anklage stieß auf Unverständnis. Nach allem, was man über den Fall wußte, wäre fahrlässige Tötung wohl angemessener gewesen. Lawton lehnte es ab, öffentlich über die Beweismittel zu sprechen, und sagte nur, die Labortests seien noch nicht ganz abgeschlossen. Jim Williams wurde der Prozeß gemacht.

Ein paar Tage nach der Anklageerhebung verklagte die Mutter von Danny Hansford Williams auf 10 003 500 Dollar. Er habe Danny geradezu hingerichtet, behauptete sie. Die dreitausendfünfhundert Dollar waren für die Begräbniskosten.

Selbst jetzt noch bewahrte Williams seine unerschütterliche Ruhe. Sein Prozeß sollte erst im Januar beginnen, also in gut einem halben Jahr. Wieder ersuchte er das Gericht um die Erlaubnis, zum Einkaufen nach Europa zu fahren, und wieder wurde sie ihm gewährt. Als er zurückkam, behielt er seine alltäglichen Gewohnheiten bei. Er ließ sich die Haare bei Jimmy Taglioli in der Abercorn Street schneiden, kaufte bei Smith's ein und aß zu Abend bei Elizabeth's in der 37th Street. Er zeigte nicht die geringste Spur von Reue. Dafür sah er auch gar keinen Anlaß. Der *Gazette* gegenüber hatte er gesagt: »Ich habe nichts Unrechtes getan.«

KAPITEL 13

Schecks und Schulden

»Manchmal habe ich den Eindruck, ihr Yankees kommt nur nach Savannah, um Ärger zu machen«, sagte Joe Odom. »Denken Sie doch nur an Jim Williams. Ein vorbildlicher Bürger. Kümmert sich nur um seine eigenen Angelegenheiten. Ein Erfolg nach dem anderen. Dann kommen Sie, und als nächstes hören wir, daß er jemanden umgebracht hat. Also wirklich!«

Es war drei Uhr morgens. Joe zog gerade aus dem Haus am Pulaski Square aus, genau sechs Monate nach seinem Einzug. Der ahnungslose Immobilienmakler John Thorsen, der am nächsten Tag aus England zurückerwartet wurde, sollte das Haus so vorfinden, wie er es verlassen hatte: leer und verschlossen. Joe hatte ein neues Heim am Lafayette Square gefunden. Und jetzt, mitten in der Nacht, warf er einen letzten Armvoll Kleider in den Lieferwagen, der vor der Tür stand.

»Nun gut«, sagte er. »Jetzt haben wir also einen Mord im Herrenhaus. Verdammt! Fassen wir zusammen. Wir haben einen verrückten Insektenforscher, der mit einer Flasche tödlichen Giftes in der Stadt herumschleicht. Wir haben einen Niggertransvestiten, dann einen alten Mann, der mit einem imaginären Hund spazierengeht, und jetzt noch einen schwulen Mörder. Mein Freund, Sie verwickeln mich und Mandy in einen echten Thriller.«

Joe ging noch einmal zurück, um nach verräterischen Zeichen für seine halbjährige Anwesenheit Ausschau zu halten. In den letzten sechs Monaten hatte sich Gott und die Welt in dem vermeintlich verwaisten Haus ein Stelldichein gegeben. Über tausend Touristen waren hier durchgezogen, hatten in jede Ritze und Ecke geguckt und sich vor dem Abschied noch am Lunchbuffet bedient. Zur gleichen Zeit floß der Strom von Joes Freunden unaufhörlich in die eine und die andere Richtung, und Jerry hatte seinen Frisiersalon in der Küche fast ganztägig geöffnet. Manchmal wirkte es direkt komisch, wie sich die verschiedenen Zwecke und Tätigkeiten kreuzten und verbanden. Mehr als eine der älteren Damen, die zum Lunch gekommen waren, kehrte mit völlig neu gestyltem Haar in ihren Bus zurück, und fast jeder Tourist hatte einen Handzettel mit dabei, der für das Sweet Georgia Brown's warb.

Wie immer stießen auch neue Gesichter zu den bekannten Gestalten in Joes Ensemble. Manche blieben eine Woche oder einen Monat, andere länger. So geschickt er auch darin war, eine Menge Menschen um sich zu scharen, so schwer fiel es ihm, jemanden hinauszuwerfen. Das erledigten die engeren Freunde, die es auf sich nahmen, lästige Dauergäste loszuwerden. In den letzten Monaten lag das Augenmerk dieser Truppe vor allem auf einem Mann, der in Savannah angekommen war und vorgab, ein Millionär aus Palm Springs zu sein. In Wirklichkeit hatte er bloß ein Bordell an der Straße nach Tybee eröffnet und sprach, bevor es irgendwer merkte, die Männer an, die mit den Reisebussen zu Joe kamen. Die engeren Freunde wandten sich an Sarge Bolton, einen Polizisten im Ruhestand. Ein Blick auf den Revolver in Sarges Schulterhalfter, und der Mann verschwand.

Joes Freunde hatten nichts gegen Bordelle, waren aber besorgt, daß dieses hier Joe in weitere Schwierigkeiten bringen könnte angesichts der Tatsache, daß man ohnedies schon gegen ihn wegen der faulen Schecks ermittelte, die er vor der Eröffnung des Sweet Georgia Brown's ausgestellt hatte. Im durchschnittlichen Abstand von einer Woche waren die Schecks der Reihe nach auf dem Schreibtisch des Staatsanwalts gelandet: der Scheck des Tischlers, der des Elektrikers, des Klempners, der Scheck für das antike Karussellpferd oben auf der Bar. Als sich die Summe auf achtzehntausend Dollar belief, kamen zwei Hilfssheriffs ins Sweet Georgia Brown's und überreichten Joe eine Vorladung zu einer Anhörung vor Gericht, die ergeben sollte, ob er wegen Betruges angeklagt werden würde – das Ausstellen ungedeckter Schecks konnte mit ein bis fünf Jahren Gefängnis bestraft werden.

Am Tag der Anhörung spazierte Joe seelenruhig zwanzig Minuten zu spät in den Gerichtssaal. Bevor er sich hinsetzte, schlenderte er zur Bank zurück, auf der die Kläger saßen, und begrüßte einen jeden von ihnen.

»Wie geht's, George?« fragte er den Tischler.

Der Tischler rang sich ein schwaches Lächeln ab. »Hey, Joe«, sagte er.

Joe ging weiter zum Elektriker, zum Klempner, zum Bauunternehmer, zum Mann, der die Tischwäsche geliefert hatte – die ganze Reihe entlang. »Wie geht's... Schönen Tag auch... Hallo...«

Er sprach ohne jede Spur von Ironie oder Sarkasmus. Seine Stimme klang fröhlich, seine Augen leuchteten, sein strahlendes Lächeln wirkte echt. Es war fast so, als würde er Stammgäste im Sweet Georgia Brown's begrüßen. Joes Leutseligkeit stand das Unbehagen der Männer auf der Bank gegenüber. Verlegen, fast einfältig blickten sie umher und machten eher den Eindruck von Angeklagten als von Geschädigten – als hätte man sie wegen illoyalen Verhaltens ihrem herzensguten Freund gegenüber hierherbestellt. Sie lächelten schüchtern und murmelten hallo.

Am Ende der Bank saß ein kleiner, dünner Mann mit silbernem Haar und buschigen Brauen. Das war der Antiquitätenhändler aus Charleston, der Joe das Karussellpferd und andere Möbelstücke verkauft hatte. Joe strahlte.

»Oh, Mr. Russell, was für eine Überraschung!« sagte er. »Ich hätte gar nicht erwartet, Sie hier zu sehen.«

Mr. Russell rutschte nervös auf seinem Sitz herum. »Glauben Sie mir, Joe, ich wollte eigentlich gar nicht. Das ist mir wirklich sehr unangenehm, doch wissen Sie... ich...«

»Oh, das ist schon in Ordnung«, meinte Joe. »Ich mache Ihnen wirklich keine Vorwürfe. Nur wenn ich gewußt hätte, daß Sie kommen, hätte ich Sie gebeten, mir die Kerzenleuchter mitzubringen, die mir so gut gefallen haben.«

»Oh, wirklich? Welche meinen Sie denn... Ich meine, natürlich hätte ich...« Mr. Russell zwinkerte aufgeregt. »Oh, jetzt fällt es mir wieder ein. Wir haben ja über dieses Leuchterpaar gesprochen. Das war mir doch ganz entfallen. Jetzt, wo Sie es erwähnen, Joe, natürlich hätte ich sie mitbringen können...«

»Macht ja nichts. Wir können später darüber sprechen«, sagte Joe und ging auf seinen Platz am Tisch der Verteidigung.

Der Untersuchungsrichter schlug dreimal mit dem Hammer auf den Tisch und bat um Ruhe.

»Mr. Odom, haben Sie einen Verteidiger?«

»Euer Ehren«, gab Joe zurück, »als alter Bekannter vor dem Bundesgericht von Georgia werde ich mich selbst verteidigen.«

Der Richter nickte. »Nun denn, fahren wir fort.«

Ein Vertreter der Anklage las die Liste der ungedeckten Schecks vor, die Joe ausgestellt hatte. Dann betrat ein Kläger nach dem anderen den Zeugenstand und beschrieb die Art der ausgeführten Arbeiten oder die Waren, die sie geliefert hatten, und wie sie gescheitert waren, als sie versuchten, die Schecks einzulösen. Als Mr. Russell in den Zeugenstand trat, steckten Staatsanwalt und Richter für ein paar Minuten die Köpfe zusammen und blätterten in Papieren. Der Richter ließ dann seinen Hammer niedersausen und verkündete, daß Mr. Russell seine Klage nicht formgerecht eingereicht habe und sein Anspruch deshalb für den Augenblick zurückgestellt sei, wodurch sich die Summe der ungedeckten Schecks um viertausendzweihundert Dollar verringerte. Mit hochrotem Gesicht verließ Mr. Russell den Zeugenstand und nahm wieder Platz.

»Euer Ehren«, sagte Joe, »ich würde mit Ihrer Erlaubnis gern ein Wort mit Mr. Russell wechseln.«

»Keine Einwände«, erwiderte der Richter.

Joe winkte den Antiquitätenhändler zu sich heran und überprüfte mit ihm in aller Seelenruhe die beanstandeten Papiere. Nach ein paar Minuten sah er zum Richter auf.

»Euer Ehren«, sagte er, »mit Ihrer Erlaubnis werde ich das Problem in etwa zwanzig Minuten beheben, und der Anspruch von Mr. Russell gegen mich kann mitverhandelt werden.«

Der Richter blickte Joe mißtrauisch an, denn er war sich nicht sicher, ob sich Joe bloß über das Gericht lustig machte oder sich einen hinterhältigen Trick ausgedacht hatte.

»Das Gericht bedankt sich für Ihr Angebot, ich bezweifle jedoch, daß es schon einmal vorgekommen ist, daß der Beklagte als Verteidiger für den Kläger auftritt. Es bestünde die Gefahr, daß der Verteidiger seine eigenen Interessen über die seines Mandanten stellt, wenn Sie verstehen, was ich meine.«

»Das tue ich, Euer Ehren, doch in diesem Fall geht es ja nur um Formfragen. Der Gentleman hier ist den ganzen Weg von Charleston hergekommen, um Geld zu beanspruchen, das ihm rechtmäßig zusteht, und es scheint nicht fair zu sein, ihn wegen eines simplen Schreibfehlers abzuweisen.«

»Da haben Sie recht. Nun ja, fahren Sie fort.«

»Noch eins, Euer Ehren. Ich würde noch gern zu Protokoll geben, daß ich kein Geld dafür nehmen werde...«

»Das spricht für Sie.«

»...und damit auf mein übliches, mir gesetzlich zustehendes Honorar von zweiundvierzig Dollar verzichte.« Unter allgemeinem Gelächter drehte sich Joe zu mir und Mandy um und winkte.

Die Verhandlung wurde unterbrochen, während Joe Mr. Russells Klage überarbeitete. Dann fügte das Gericht die Summe von viertausendzweihundert Dollar wieder der Gesamtschuld hinzu, und Joe ging in den Zeugenstand. Er habe, sagte er, die Schecks in der Erwartung ausgeschrieben, daß die Planer des City Market, in dem das Sweet Georgia Brown's untergebracht war, ihre Schulden von ein paar tausend Dollar bei ihm bezahlen würden, was sie aber nicht getan hätten. Daher waren die Schecks unbeabsichtigte Überziehungen. Richter und Staatsanwalt schienen von Joes Erklärung nicht ganz überzeugt, erklärten sich aber bereit, die Anklage fallenzulassen, wenn er die gesamten achtzehntausend Dollar innerhalb eines Monats bezahlen würde. Andernfalls käme er nicht mehr ohne Prozeß davon. Zum Schluß gaben Richter, Staatsanwalt und die zivilen Kläger noch ihrer Hoffnung Ausdruck, daß Joe seine Schulden begleichen würde, bevor es zum äußersten käme.

Und das tat er auch, aber nicht aus den Einkünften des Sweet Georgia Brown's. Diesmal rettete ihn ein Darlehen eines reichen jungen Paares, das erst kürzlich nach Savannah gezogen und im Sweet Georgia Brown's Joe Odoms Zauber erlegen war.

Glück hatte Joe auch mit seinem neuen Zuhause. Im letzten Moment konnte er die elegante und geräumige erste Etage des Hamilton-Turner House am Lafayette Square mieten, nicht weit von seinem alten Domizil entfernt. Der Hausbesitzer war ein alter Freund, der in Natchez lebte, alles über die Reisebusse, den Lunch für die Touristen, Joes zahlreiche Freunde und Jerry, den Friseur, wußte und nichts dagegen einzuwenden hatte.

Joe beseitigte die letzten Spuren seiner Anwesenheit im Haus am Pulaski Square, setzte sich auf die Außentreppe und rauchte eine Zigarette. So schlecht standen die Dinge gar nicht, mußte er zugeben. Seine faulen Schecks waren eingelöst. Er hatte eine Wohnung in einer schönen, alten Villa gefunden. Der Staatsanwalt saß ihm nicht länger im Nacken, so daß er jetzt in aller Ruhe seine Zigarette rauchen und auf Mandy warten konnte, die noch eine letzte Fuhre Wäsche machte. Danach würde er Strom, Telefon und Wasser abstellen, die Haustür abschließen und weiterziehen.

Es wurde schon Tag, als Joe in seinem neuen Haus zu Bett ging. Er schlief bis in den frühen Abend hinein. Dann stand er auf und ging ins Sweet Georgia Brown's, wo er als ersten Gast Mr. Russell, den Antiquitätenhändler aus Charleston, begrüßen durfte, der ihm die verzierten Messingleuchter mit hohen Glaszylindern über den Kerzen mitgebracht hatte.

Joe stellte sie zu beiden Seiten des großen Spiegels hinter der Bar auf und zündete die Kerzen an. Die Lichter flackerten und tanzten.

»Kann ich sie mit einem Scheck bezahlen?« fragte er.

»Aber sicher«, antwortete Mr. Russell.

»Es wäre mir sehr geholfen«, sagte Joe, »wenn Sie ... mmh ... ihn erst am Monatsanfang einlösen würden.«

»Ja, selbstverständlich«, meinte Mr. Russell.

Als Joe sich umdrehte, um sich wieder ans Klavier zu setzen, blickte er in das grinsende Gesicht des Immobilienmaklers John Thorsen.

»Da bin ich wieder!« rief Mr. Thorsen. »Wenn Sie das Haus am Pulaski Square immer noch wollen, können Sie es haben. Ich habe es die ganze Zeit meiner Abwesenheit für Sie freigehalten.«

»Das weiß ich«, sagte Joe, »und ich bin Ihnen dankbarer, als Sie ahnen.«

KAPITEL 14

Die Party des Jahres

Die Einladungskarten für Jim Williams' Weihnachtsparty mit Smokingzwang lagen Anfang Dezember in den Postkästen der besseren Haushalte Savannahs. Man reagierte darauf überrascht und konsterniert, denn unter den Umständen hätte man nicht erwartet, daß Williams in diesem Jahr Gesellschaften geben würde. Angesichts dieser Einladungen sahen sich Savannahs tonangebende Kreise vor die Tatsache gestellt, daß das krönende gesellschaftliche Ereignis der Wintersaison am Schauplatz einer berüchtigten Schießerei stattfinden sollte und daß der Gastgeber kaum einen Monat später einen Prozeß wegen vorsätzlichen Mordes zu erwarten hatte. Was war da zu tun? Savannah war zuallererst ein Ort feiner Umgangsformen und bester Etikette. Schließlich war hier Ward McAllister geboren, jener selbsternannte Sachwalter gesellschaftlicher Normen in Amerika des 19. Jahrhundets. Ward McAllister hatte 1892 die Liste der »Vierhundert« in New York zusammengestellt. Er hatte auch Benimmregeln für Damen und Herren verfaßt. Die bewegende Frage, ob es sich gehörte, in diesem Moment eine Party zu geben, und ob man (da er nun mal dazu einlud) hingehen sollte oder nicht, begann die Debatte über Williams' Schuld oder Unschuld zu verdrängen. In diesem Jahr fragten die Leute einander nicht: »Sind Sie eingeladen?«, sondern: »Werden Sie hingehen?«

Millicent Mooreland hatte Williams geraten, seine Party abzusagen. »Es wäre nicht der rechte Zeitpunkt, Jim«, sagte sie zu ihm und dachte, die Sache wäre erledigt, bis ihre Einladung eintraf. Die Party bereitete Mrs. Mooreland Gewissensqualen. Nach vielen schlaflosen Nächten entschloß sie sich, nicht zu gehen.

Williams wollte nicht einsehen, daß sein Fest zu dieser Zeit geschmacklos war. Er und seine Anwälte hatten beschlossen, daß es einem Schuldeingeständnis gleichkäme, die Party nicht zu veranstalten. Also würde er sie geben. Nur die rein männliche Gesellschaft am Abend danach sollte nicht stattfinden. »Der einzige, dem sie wirklich fehlen wird«, meinte Williams, »ist wohl Leopold Adler, der sie dann eben nicht mit seinen Ferngläsern beobachten kann.«

Williams war überzeugt, daß Lee Adler den leitenden Staatsanwalt dazu gebracht hatte, ihn des Mordes anzuklagen, und daß er sich nach außen hin heuchlerisch besorgt zeigte. Zwei Tage nach den Schüssen hatte Emma Adler Williams geschrieben, daß sie mit ihm fühlte und ihm in jeder erdenklichen Weise helfen würde. Unterschrieben hatte sie mit »Herzlichst, Emma«.

Dieser Brief sei ein Meisterwerk der Unaufrichtigkeit, meinte Williams, denn Emma Adler hätte ihn genausowenig in ihr Herz geschlossen wie er sie in seines. Williams lud die Adlers nicht zu seiner diesjährigen Veranstaltung ein.

Wie in den letzten Jahren fing Williams schon früh mit den umfangreichen Vorarbeiten an. Seine Angestellten holten drei Wagenladungen mit frischen Palmwedeln, Zedernzweigen und Magnolienblättern und brauchten eine ganze Woche, um die sieben Kamine und sechs Kronleuchter im Mercer House auszuschmücken. Am Tag des Festes kam Lucille Wright mit gebratenem Schinken, Truthahn und Roastbeef; Tonnen von Shrimps und Austern; Terrinen mit Soßen und Dips und Massen von Kuchen und Pasteten. Sie ordnete die Fülle der Speisen auf silbernen Platten und gruppierte sie um einen Hügel aus rosa und weißen Kamelien inmitten des Eßzimmers herum. Eine Girlande rotgeflammter Orchideen wand sich in verschwenderischer Blütenfülle um die Wendeltreppe. Der Duft der Zedern und Magnolien erfüllte das Haus.

Pünktlich um sieben Uhr öffnete Williams mit seiner Mutter und seiner Schwester, Dorothy Kingery, die Haustür, um die Gäste zu empfangen. Die beiden Frauen trugen Abendkleider. Williams war im Smoking, an den Manschetten seines Frackhemds glitzerten die kaiserlich-russischen Fabergé-Manschettenknöpfe. Er holte tief Luft. »Jetzt wird sich zeigen, wer meine wahren Freunde sind.« Er mußte nicht lange darauf warten, denn die ersten Gäste kamen schon den Weg herauf.

Und es kamen immer mehr, bis es über einhundert waren. Alle begrüßten sie Jim Williams, sagten ihm ihre Unterstützung zu und gaben im Arbeitszimmer ihre Mäntel ab. War die Stimmung anfangs noch etwas gedrückt, so hellte sie sich rasch auf, als immer neue Gäste eintrafen. Butler in weißen Jacketts reichten Drinks und Horsd'œuvres (»Schenken Sie reichlich ein«, hatte Williams dem Barmann gesagt). Bald übertönten Lachen und heiteres Geplauder das Spiel des Pianisten am Flügel. Williams hatte über zweihundert Gäste eingeladen und sich selbst ein Ziel von hundertfünfzig Zusagen gesetzt. In seinen Augen hatte er den Volksentscheid der feinen Kreise gewonnen. Nach einer Stunde verließ er seinen Posten im Empfangskomitee und mischte sich unter die Gäste.

»Was für Leute sind gekommen?« fragte ich ihn. »Und wer ist weggeblieben?«

»Die Pharisäer sind zu Haus geblieben«, sagte er, »die Leute, die immer neidisch auf meinen Erfolg in Savannah waren und sich hiermit von mir distanzieren wollten. Überdies sind auch ein paar von denen zu Hause geblieben, die sich nicht trauten, mir ihr Wohlwollen in aller Öffentlichkeit zu zeigen. Die Leute, die Sie heute hier sehen, können es sich leisten, jeden zu ignorieren, der ihre Entscheidung zu kommen in Frage stellen mag. Wie die Dame da drüben, Alice Dowling, deren verstorbener Mann US-Botschafter in Deutschland und Korea war. Sie unterhält sich gerade mit Malcolm Maclean, dem früheren Bürgermeister von Savannah, der die bedeutendste Anwaltskanzlei der Stadt leitet. Die kleine alte Dame rechts neben Maclean ist eine der sieben Frauen, die die Historic Savannah Foundation gegründet haben: Jane Wright. Sie stammt von dem dritten königlichen Gouverneur in Georgia ab. Und zu ihrer Rechten sehen Sie einen vornehm aussehenden Mann mit einem weißen Schnurrbart. Das ist Bob Minis, der herausragende und einflußreichste Finanzier in Savannah. Er ist Jude – ein blaublütiger Jude aus Georgia, der einzige Jude im Oglethorpe Club.« Williams guckte wie ein Pokerspieler mit vier Assen in der Hand.

»Die Dame im leuchtendroten Kleid drüben am Klavier mit der Altstimme. Das ist Vera Dutton Strong, die wie immer pausenlos redet. Sie ist die Erbin des Dutton-Faserholz-Vermögens und lebt in einem Palast im Ardsley Park, in dem man eine ganze Botschaft unterbringen könnte. Vera züchtet Pudel, die Meisterschaften gewinnen. Im Augenblick unterhält sie sich mit Alexander Gaudieri, Direktor des Telfair-Museums, was ein Segen ist, weil sie ihn kaum zu Wort kommen läßt und niemand hören will, was er zu sagen hat.«

Als wir an Vera Strong und dem Museumsdirektor vorbeigingen, schnappten wir etwas von ihrer Unterhaltung auf. »Die Stammbäume auf beiden Seiten sind hervorragend«, sagte Mrs. Strong. »Ihre glänzenden Augen, ihr ausgeglichenes Temperament, und wie sie sich verhält! Sie ist sehr intelligent.«

»Nicht schon wieder ein Hund!« mischte sich Williams ein.
»Wer hat was über einen Hund gesagt?«
»Nun zier dich nicht, Vera. ›Hervorragende Stammbäume... ausgeglichenes Temperament.‹ Ich gönne dir doch den neuen Pudel. Komm schon, heraus mit der Sprache!«

Vera Strong schnappte nach Luft. »Mein Gott! Wie peinlich! Ich habe doch über Peters Verlobte gesprochen. Ich werde Schwiegermutter!« Sie warf den Kopf in den Nacken und lachte, dann packte sie Williams am Arm. »Du mußt schwören, niemand zu erzählen, was ich soeben gesagt habe!« Nachdem sie Williams zur Geheimhaltung verpflichtet hatte, wandte sie sich an das neben ihr stehende Paar. »Habt ihr das gehört? Jim hat mitbekommen, wie ich über Peters Verlobte geredet habe, es ist einfach zu peinlich, und jedenfalls sagte ich gerade...«

Williams ging weiter. »Das ist Vera Strong. Oft rettet sie nur ihr Sinn für Humor.«

»Und diese beiden da«, sagte er und deutete mit einem Kopfnicken auf ein gutaussehendes Paar mittleren Alters, »sind Roger und Claire Moultrie. Bis vor fünfzehn Jahren war er Direktor der Gaswerke von Savannah, dann wurden sie in einen kleinen Skandal verwickelt. Eines Abends parkten sie ihren Wagen an einer einsamen Stelle am Fluß, als ein Nachtwächter auf sie zukam und ihnen befahl wegzufahren, weil sie sich auf dem Grundstück einer Schiffswerft oder so was Ähnlichem befanden. Sie blieben, und der Wächter holte die Bullen. Ein Polizist verlangte ihre Ausweise. Roger wurde aggressiv, stieg aus und fing eine Rauferei an. Da griff sich Claire die Pistole aus dem Handschuhfach und rief: ›Kopf runter, Roger, ich bring den Dreckskerl um.‹ Der Bulle zog sie aus dem Wagen und schlug sie so zusammen, daß sie eine Woche im Krankenhaus liegen mußte. Beide wurden wegen unbefugten Betretens, Trunkenheit und

Widerstandes gegen die Staatsgewalt angezeigt – Claire hatte den einen Beamten bedroht, Roger den anderen geschlagen. Roger weigerte sich, das kleine Bußgeld, das der Richter vorgeschlagen hatte, zu zahlen, und ging lieber vor Gericht. Im Prozeß sagte er aus, sie hätten an der mondhellen Stelle die Gasleitungen überprüfen wollen und seien somit in Ausübung ihres Berufes unterwegs gewesen. Hochgeachtete Bürger Savannahs traten als Leumundszeugen auf, und die Jury brauchte nur zwanzig Minuten, um ihr Urteil zu fällen: unschuldig in allen Punkten der Anklage. Diese beiden sind vermutlich hier, weil sie sich von niemandem einschüchtern lassen.«

Williams sah sich im Raum um. »Der Mann im vornehmen Jagdanzug ist Harry Cram. Eine Legende.« Gemeint war ein aristokratisch wirkender Herr um die Siebzig, der einen scharlachroten Frack mit Goldstickerei auf einer Tasche trug. »Harry Cram hat noch nie in seinem Leben gearbeitet. Er ist einer der wenigen Männer an der Küste von Georgia, der von den monatlichen Überweisungen aus Philadelphia lebt, die ihm seine Familie unter der Voraussetzung schickt, daß er sich nie wieder blicken läßt. Er lebt auf großem Fuß, reist durch die Welt, geht auf die Jagd, trinkt und spielt Polo. Er ist bezaubernd und aufbrausend. Die Dame an seiner Seite ist Lucy, seine vierte Ehefrau. Sie leben draußen auf Devil's Elbow, einer riesigen, bewaldeten Insel vor der Küste von Bluffton, South Carolina. Im Eßzimmer hängt ein Porträt von Harrys Großvater, das John Singer Sargent gemalt hat.« Auch Harry Cram, der jüngere, hätte in seinen feinen Jagdklamotten ein gutes Motiv für ein Sargent-Gemälde abgegeben.

»Früher ist Harry nur so zum Spaß mit seinem Privatflugzeug über die Häuser von Freunden geflogen und hat Säcke mit Mehl über ihren Kaminen abgeworfen«, sagte Williams. »Er ist ein

Draufgänger und ein meisterhafter Schütze. Als er noch auf der Foot Point Plantation lebte, lud er am Sonntag oft Leute zum Mittagessen ein und ermahnte sie, pünktlich um zwölf Uhr zu kommen. Um Viertel vor zwölf nahm er sich einen Drink und sein Gewehr und kletterte auf einen Baum, von wo er sehen konnte, wie die Gäste die lange Zufahrt entlangfuhren. Schlag zwölf sah er durch sein Zielfernrohr und schoß die Kühlerfiguren von den Wagen der zu spät Kommenden, um ihnen eine Lehre zu erteilen.«

Williams fing Harry Crams Blick auf, und wir drängelten uns zu ihm durch. »Noch eine letzte Geschichte, bevor wir Harry begrüßen. Vor etwa fünf Jahren schwammen zwei Froschmänner von den auf Parris Island stationierten Marines zu Harrys Insel hinüber und brachen in sein Haus ein. Sie griffen sich Harrys sechzehnjährigen Sohn und schleppten ihn vor die Schlafzimmertür seines Vaters. Peter rief seinem Dad zu, hier seien zwei Männer mit Bajonetten, die ihn töten würden, wenn sie kein Geld bekämen. Harry brüllte zurück: ›In Ordnung, ich muß nur das Geld holen.‹ Peter wußte, was nun kommen würde, und duckte sich, als Harry die Tür aufstieß. Harry feuerte zweimal mit seiner Achtunddreißiger und traf beide Marines zwischen die Augen.«

Williams und ich standen jetzt direkt vor den Crams. »Ich habe dich nicht nach einem Ginger-ale rufen hören, Harry, oder?« fragte Williams mit gespielter Besorgnis.

»Leider doch. Ist es nicht furchtbar! Ich trinke nicht mehr. Seit einem Jahr.« Cram hatte glänzende, stechende Augen und dünnes, lichtes Haar, das ihm auf dem Kopf zu Berge stand wie der Kamm eines Silberreihers. »Lucy hat mich im Vollrausch ins Veterans Hospital in Charleston gebracht. Dort haben sie mich anscheinend gefragt, wer unser Präsident ist. Das tun sie immer bei Betrunkenen. Ich hatte nicht den blassesten Schimmer. Da haben sie mich in so 'ne Art von Zelle gesteckt, und nach einer Woche wollte ich keinen Drink mehr. Ich weiß nicht, was sie dort mit mir gemacht haben. Ich wollte sie immer mal fragen.«

Mrs. Cram nickte. »Es war höchste Zeit«, meinte sie. »Harry wollte schon Wilhelm Tell spielen und den Apfel von meinem Kopf herunterschießen.«

»Allerdings muß man dazu sagen«, bemerkte Harry, »daß ich seit meinem sechzehnten Lebensjahr selten nüchtern gewesen war und nie schlecht geschossen habe. Ein paarmal in meinem Leben habe ich schon versucht, mit dem Trinken aufzuhören, es hat aber nie lang gedauert. Dieser Frack ist der Beweis dafür. Seht ihr das kleine Loch da?« Harry deutete auf ein Loch genau unter seiner Brusttasche. »Einmal vor Jahren hatte ich mit dem Alkohol Schluß gemacht und den Schnaps im Schrank eingeschlossen. Am nächsten Tag schien es mir, daß ich lang genug nüchtern war; ich hatte aber keine Geduld, nach dem Schlüssel zu suchen. So schoß ich einfach das Türschloß auf, und die Kugel ging durch jeden Anzug auf der Stange.« Harry drehte sich um und ließ auf seinem Rücken ein weiteres Loch sehen.

Ein Pärchen, das neben den Crams stand, beteiligte sich an dem allgemeinen Spaß, die Einschüsse an Harrys Jacke zu untersuchen. Williams ging ins Wohnzimmer und sagte: »Das war also Harry Cram. Wahrscheinlich ist er heute hier, weil es ihm gar nicht in den Sinn käme, daß er nicht hier sein sollte. Sehen Sie die Dame, die am Fenster steht und sich mit dem kahlköpfigen Mann unterhält? Das ist Lila Mayhew. Sie stammt aus einer der ältesten Familien in Savannah, die in zwei bedeutenden historischen Häusern der Stadt gewohnt hat. Sie ist ein wenig schrullig; es wäre möglich, daß sie gar nicht weiß, daß ich jemand erschossen habe.«

Williams ging wieder in die Eingangshalle, und mich zog es an die Seite von Mrs. Mayhew, die mit dem kahlköpfigen Mann sprach.

»Wo genau hat denn Jim nun den jungen Mann erschossen?« fragte Mrs. Mayhew mit der Stimme eines kleinen Mädchens, das sich verirrt hat.

»Ich glaube, in die Brust«, sagte der Mann.

»Nein, ich meine doch, wo hier im Haus?«

»Oh, haha. Im Arbeitszimmer. Direkt gegenüber der Garderobe in der Halle, wo Sie Ihren Mantel abgelegt haben.«

»Und was haben sie mit der Leiche gemacht?«

»Wahrscheinlich begraben. Was hätten Sie denn getan?«

»Das meine ich doch nicht«, sagte Mrs. Mayhew. »Haben sie sie erst verbrannt oder unversehrt begraben?«

»Das kann ich Ihnen wirklich nicht sagen.«

»Aber Sie wissen doch noch, was mit Großmutter passiert ist, oder?«

»Natürlich.«

»Großmutters Leiche wurde ins Krematorium von Jacksonville geschickt.«

»Ja, daran erinnere ich mich gut«, sagte der Mann. »Die Geschichte ist doch allseits bekannt...«

»Und das Krematorium hat uns ihre Asche in einer Urne zurückgeschickt. Die Urne stellten wir bis zur Beerdigung auf dem Bonaventure in den Salon. Aber Vater war Chemiker, wie Sie vielleicht wissen.«

»Und ein guter noch dazu. Der beste.«

»Vater fühlte sich niedergeschlagen und langweilte sich. Nach dem Abendessen nahm er die Urne mit in sein Labor in der Stadt, untersuchte die Asche und stellte fest, daß sie gar nicht von Großmutter stammte. Die Asche war aus reinem Eichenholz. Sie haben uns die Asche einer Eiche geschickt! Wir haben nie herausgefunden, was mit Großmutter passiert ist. Als Vater von uns ging, überließen wir nichts dem Zufall. Wir begruben ihn so, wie er gestorben war, in seinem Regenmantel. Deswegen mache ich mir Gedanken, ob sie den jungen Mann, den Jim erschossen hat, verbrannt haben und ob sie, wenn sie es getan haben, sicher wissen, daß man ihnen *seine* Asche zurückgeschickt hat...«

Lila Mayhew verlor sich in ihren Erinnerungen, und der Kahlköpfige schaute aus dem Wohnzimmerfenster. »Du lieber Himmel«, rief er, »da kommt diese Dawes! Ganz in Grün, vom Kopf bis zu den Füßen!« Am Arm von Luther Driggers näherte sich Serena Dawes in diesem Augenblick dem Mercer House. Sie hatte sich in eine grüne Federboa gehüllt und dazu passenden grünen Nagellack und Lidschatten aufgelegt.

Williams begrüßte sie an der Haustür. »Da ist ja unser Smaragdvögelchen endlich!«

»Ich brauche einen Drink und einen Platz, wo ich meine Füße hochlegen kann«, erwiderte Serena, warf ihm eine Kußhand zu und fegte an ihm vorbei ins Wohnzimmer. Dort ließ sie sich in einem Sessel nieder, ordnete mit der einen Hand ihre Straußenfedern und nahm sich mit der anderen einen Martini von einem vorüberziehenden Tablett. Ihr Blick wanderte durch den Raum. »Boy!« rief sie einem kleinen Mann mit einem Fotoapparat zu. »Komm her und mach ein Bild von einer wirklichen Dame!« Als das Nachglühen des Blitzlichts erloschen war, warf Serena ihre Augen auf eine hübsche, blonde, junge Frau. »Ich glaube, ich hatte noch nicht das Vergnügen«, sagte sie mit Glöckchenstimme. »Ich heiße Serena Dawes.«

»Mein Name ist Anna«, sagte die blonde Frau. »Ich bin aus Schweden.«

»Wie schön! Und was hat Sie nach Savannah verschlagen?«

»Na ja, die Stadt ist so wundervoll. Ich komme gern hierher, bloß um zu ... zu schauen.«

»Tatsächlich! Bloß um zu schauen? Nur deswegen?«

»Ich interessiere mich sehr für Architektur, und hier gibt es so herrliche Häuser.«

»Aber Sie haben doch auch Freunde in Savannah, oder?«

»O ja.«

»Wen denn zum Beispiel?«

»Colonel Atwood.«

»*O-ho!*« sagte Serena und lockerte ihre Federn. »Warum haben Sie nicht gleich gesagt, daß Sie zum Vögeln nach Savannah gekommen sind? Das hätten wir doch voll und ganz verstanden!«

Ein dunkelhaariger Gentleman verbeugte sich und gab Serena einen Handkuß. »Serena, wie schön, daß du es aus deinem Bett hierher geschafft hast.«

»Colonel Atwood, für Sie stehe ich doch immer aus dem Bett auf.«

Colonel Jim Atwood war ein vielseitiger Mann. Er hatte als erster in Amerika in großem Stil Wassernüsse angebaut, auf fünfzig Acres Land, einem ehemaligen Reisfeld südlich von Savannah. Das allerdings war nur sein Hobby; in erster Linie handelte Atwood mit allem und jedem, seien es Vorratstanks oder beschädigte Waren. Mit seiner American-Express-Karte hatte er sich schon unbesehen den Inhalt ganzer Lagerhäuser und Hochseefrachter unter den Nagel gerissen. Einmal hatte er 119 Sportwagen mit Wasserschäden gekauft und verkauft, ein andermal vierhundert Tonnen angematschter Datteln. Eine Facette von Colonel Atwoods Persönlichkeit war auch in seinem Buch *Stoßwaffen des Dritten Reichs* nachzulesen, vor dessen Erscheinen er alle Nazidolche, -schwerter und -bajonette aufgekauft hatte, die er auf dem Markt bekommen konnte. Er hatte die

Warenbestände von sechzig deutschen Waffenfabriken erworben. Hitlers persönliches Tafelsilber befand sich in seinem Besitz – schwere, unhandliche Stücke mit den eingravierten Buchstaben AH in dünner Groteskschrift.

Serena zwinkerte Colonel Atwood zu. »Tragen Sie heute abend einen Ihrer Krautdolche, Colonel?«

»Nein. Nur meine zuverlässige Seitenwaffe«, sagte Atwood und zog einen kleinen Revolver aus der Tasche. »Weißt du, was das ist?«

»Natürlich«, erwiderte Serena. »Mein verstorbener Mann hat sich mit so einem das Licht ausgeblasen.«

»Oh!« rief eine klapperdürre Frau, die neben Serena stand. »Meiner auch! Das werde ich nie vergessen.« Die Frau war Alma Knox Carter, Erbin eines Gemischtwarenladens. Sie wohnte gegenüber am Monterey Square. »Ich machte mir gerade einen Drink in der Küche, im Fernsehen lief ein Western, und dann hörte ich den Schuß. Ich dachte mir natürlich nichts dabei, weil sie im Fernsehen auch schossen, aber als ich später in die Diele ging, sah ich Lyman mit einer Pistole in der Hand auf dem Boden liegen.«

Colonel Atwoods Revolver erregte die Aufmerksamkeit von Dr. Tod Fulton. »Zweiundzwanziger Magnum, oder? Nicht schlecht. Ich trage dieses Schätzchen hier.« Dr. Fulton zeigte uns seine schwarze Brieftasche, in deren Mitte sich ein Loch befand, durch das der sichelförmige Bogen eines Abzugs sichtbar wurde. »Das ist eine Derringer, Kaliber zweiundzwanzig, getarnt. Wenn mich ein Räuber überfällt und mein Geld will, dann muß ich nur diese Brieftasche ziehen und ... Zahltag!«

»Donnerwetter!« sagte Mrs. Carter.

Dr. Fulton steckte seine Brieftasche wieder ein. »Meine Frau trägt eine Achtunddreißiger.«

»Ich auch«, sagte Anna fröhlich.

»Das eine kann ich euch sagen«, meinte Mrs. Carter. »Wenn ich die Waffe in Lymans Hand auch nur berührt hätte, wäre ich mit Sicherheit des Mordes angeklagt worden!« Mrs. Carter wirkte so zerbrechlich, daß es unwahrscheinlich schien, daß sie eine Pistole überhaupt anheben konnte.

»Eines Tages werde ich auf einen Mann schießen müssen!« sagte Serena. »Ich habs ja schon versucht!« Sie zog einen Revolver mit perlenbesetztem Griff aus der Tasche und hielt ihn geziert am verchromten Lauf in die Höhe. »Ihr könnt alle meinen Verflossenen fragen, Shelby Grey. Ich hatte höllisch Lust, auf ihn zu schießen! Ich hab ihn so darum gebeten, daß er mich läßt! Natürlich wollte ich ihn nicht umbringen. Nur so eben mal in den großen Zeh schießen, damit er ein Andenken von mir hat. Aber der Feigling hat nicht stillgehalten, und ich habe ein Loch in die Klimaanlage geschossen.«

»Sie... haben auf ihn geschossen?« fragte Mrs. Carter mit aufgerissenen Augen.

»Und nicht getroffen.«

»Zum Glück!«

Serena seufzte. »Nicht für den lieben Shelby. Jetzt hat er nichts, was ihn für immer an meine Liebe erinnert. Doch ich fürchte, daß ich eines Tages auf einen Mann schießen muß, und nicht nur in den Zeh. Mein Mann hat mir, wie jeder weiß, unschätzbare Juwelen hinterlassen, auf die gewisse Individuen ihr Auge geworfen haben. Ich lebe Tag und Nacht in Angst vor Einbrechern. Deswegen hab ich auch diesen süßen Kleinen immer bei mir. Zu Haus nehme ich ihn mit ins Bett.« Serena schaute Colonel Atwood an. »Und wenn ich ausgehe, steck ich ihn in die Tasche. Und wenn ich das Gefühl habe, daß die Kerle scharf auf mich sind, verstaue ich ihn zwischen meinen Brüsten.« Serena schob den Revolver in ihren Busen und nahm sich von einem vorbeischwebenden Tablett den nächsten Martini.

Auch ich bekam in diesem Moment Lust auf einen Drink und fing den Kellner ab, als er in meine Richtung kam. Ein Mann und eine Frau bedienten sich ebenfalls von dem Tablett, das ich angehalten hatte.

»Es war ein *crime passionnel*«, sagte die Frau, »das zählt eigentlich nicht. Ein Streit zwischen Liebenden. So was kommt vor. Das kann man nicht als Mord bezeichnen.«

»Meine Liebe«, sagte der Mann, »es mag ein Verbrechen aus Leidenschaft gewesen sein, doch ich kenne drei Leute, die in der Grand Jury saßen und die Beweise gesehen haben. Es wird eng für Jim, das kann ich dir sagen.«

Ich drehte mich um und sah in die andere Richtung, rückte aber gleichzeitig näher an das Paar heran, um ihre Unterhaltung mitzubekommen. Vor allem die Laborergebnisse seien beunruhigend, wisperte der Mann. Es gäbe keine Schußspuren an Danny Hansfords Händen. Das bedeute, er habe nicht auf Jim geschossen, wie dieser behauptete.

»Gütiger Himmel«, sagte die Frau und holte tief Atem.

»Auch die Einschußstellen scheinen nicht mit den Vorgängen vereinbar, die Jim geschildert hat. Eine Kugel ging in die Brust, was die Notwehr bestätigen könnte; eine andere jedoch traf Hansford in den Rücken und eine dritte hinters Ohr. Es sieht also ganz danach aus, als ob Jim ihn einmal in die Brust geschossen hätte, dann um den Tisch herumging und noch zwei Kugeln auf ihn abfeuerte, als er mit dem Gesicht nach unten auf dem Boden lag.«

»Wie schrecklich«, sagte die Frau. »Du meinst, es war keine Notwehr?«

»Es sieht leider nicht danach aus. Die Analyse der Fingerabdrücke ist noch verheerender. Die Waffe, die unter Hansfords Hand gefunden wurde, hatte überhaupt keine Fingerabdrücke, obwohl aus ihr geschossen wurde. Das heißt, jemand hat sie abgewischt. Und das könnte bedeuten, daß Jim Danny erschossen und dann aus einer zweiten Waffe ein paar Schüsse von der Stelle aus abgegeben hat, wo Danny gestanden hatte, damit es so aussah, als ob Danny zuerst geschossen habe. Dann hat er anscheinend die Waffe abgewischt und sie unter Dannys Hand gelegt.«

»Mir wird ganz schwindlig«, sagte die Frau, »was kann Jim denn passieren?«

»Wie ich schon sagte, als ich heute abend ankam – er wird davonkommen.«

»Und wie ist das möglich?«

»Ein guter Rechtsanwalt kann die Beweise anfechten, vielleicht sogar zugunsten des Angeklagten wenden. Und Jim hat gute Anwälte. Deswegen wird er wahrscheinlich davonkommen. Und weil er ein angesehener Bürger der Gemeinde ist.«

Nach dieser persönlichen Einschätzung des Falles wechselte der Mann das Thema, und ich ging in die Eingangshalle, wo Williams und seine Mutter mit ein paar Gästen standen.

Blanche Williams war aus Gordon, Georgia, gekommen, wo sie ihr ganzes Leben verbracht hatte. Sie war groß, dünn wie ein Storch und weit über Siebzig. Ihr Haar lag in dichten weißen Löckchen so wohlgeordnet um den Kopf, daß es wie eine Haube aus frischgefallenem Schnee aussah. Schüchtern stand sie mit gefalteten Händen neben einer Frau, die ihr Abendkleid bewunderte.

»Ach, vielen Dank«, sagte Mrs. Williams höflich. »Das habe ich von James. Immer wenn er eine große Gesellschaft gibt, sorgt er dafür, daß ich ein schönes, neues Kleid bekomme, und schenkt mir bei meiner Ankunft in Savannah Blumen.« Sie warf ihrem Sohn einen Blick zu, als wolle sie sich vergewissern, daß sie nichts Falsches gesagt habe.

»Mutter ist immer die Schönste auf dem Ball!« sagte Williams zärtlich.

Mrs. Williams fühlte sich ermutigt fortzufahren. »James hat mir so viel Schmuck geschenkt, bis ich ihm einfach sagen mußte: ›James, ich weiß gar nicht, wann ich all die Sachen jemals tragen soll!‹ Und er sagte: ›Dann muß ich eben noch mehr Parties geben, Mutter, damit du öfter nach Savannah kommen und deinen Schmuck tragen kannst.‹ Durch meinen James komm ich auch überall rum. Fünfmal war ich schon in Europa, und einmal, da hat er mich doch angerufen und gesagt, daß wir in einer Woche mit der Concorde nach London fliegen würden. ›Also James‹, sagte ich, ›erzähl mir doch nichts. Wir fliegen überhaupt nirgendwohin mit der Concorde!‹ Aber er hatte schon die Tikkets gekauft, und ich dachte: ›Mein Gott, was haben die bloß gekostet!‹ Aber dann merkte ich schnell, daß es James ernst war, und ich mußte mich schleunigst fertigmachen. In drei Tagen würde es losgehen, und dann flogen wir mit der Concorde nach London.«

Leise flossen Mrs. Williams die Worte von den Lippen, als wollte sie schnell fertig werden und auf dem schwierigen Gebiet der Konversation nicht länger als nötig verweilen. Ihre aufrechte Haltung und der wache Ausdruck ihrer Augen ließen vermuten, daß sie trotz ihrer linkischen Schüchternheit eine Lady mit Rückgrat und Entschlußkraft war. Williams wurde nach wenigen Minuten von neuen Gästen ins Gespräch gezogen, so daß ich mit seiner Mutter allein zurückblieb. Ich fand ein paar anerkennende Worte über die festliche Party, und Mrs. Williams nickte zustimmend.

»James hat immer viele Menschen um sich geschart, schon als Kind. Einmal hat er von uns einen kleinen Apparat bekommen, mit dem man Bilder an die Wand werfen konnte – und gleich hat er die Nachbarskinder eingeladen und für einen Penny Eintritt eine Vorstellung gegeben. Natürlich mußte ich für Essen und Getränke sorgen, nur so ein bißchen zum Knabbern, wissen Sie. Da war er elf oder zwölf. Mit dreizehn Jahren fuhr er mit dem Rad im ganzen Land umher und kaufte alte Sachen auf, die er verkaufen wollte. So fing alles an. Zuerst ging er zu den Häusern der Neger und nahm ihnen kleine Öllampen und andere Dinge ab, die sie nicht mehr wollten. Er bezahlte ungefähr einen Vierteldollar dafür, arbeitete sie auf und verkaufte sie für fünfzig Cents. Dann kaufte er bessere Sachen, wie Spiegel und Möbel und was nicht noch, und machte sie in seiner Holzwerkstatt zurecht. Er hatte eine kleine Anzeige in die Zeitung gesetzt, ›Antiquitäten zu verkaufen‹, und das Ergebnis war verblüffend. Die Damen aus Macon kamen nach Gordon und holten ihn aus der High-School! Der Direktor war so beeindruckt! Es waren vornehme Damen – Arztfrauen und so was –, und James brachte sie dann in unser Haus, und sie kauften die Sachen direkt aus seinem Schlafzimmer! Er hat sich hochgearbeitet! Stück für Stück, ganz allein.

Es war dann vor ein paar Jahren, wo ich dachte: Ist das Leben nicht großartig! Meine Kinder sind was geworden. Meine Tochter ist Lehrerin an der Universität, und James ist so erfolgreich in Savannah. Meine Pflicht ist getan. Der Herr kann mich jetzt zu sich rufen. Aber er tat es nicht. Und als James in diese schreckliche Sache verwickelt wurde, dachte ich, daß Gott mich dafür aufgespart hat.«

Die Party wurde jetzt ziemlich laut, aber Mrs. Williams erhob ihre Stimme nicht. Ruhig und leise sprach sie weiter und sah mir so direkt in die Augen, daß sie durch mich hindurchzusehen schien.

»James hat mich an einem Sonnabend – ich glaube, es war gleich nach dem Mittagessen – angerufen und mir gesagt, daß er schlechte Neuigkeiten hat. ›Ich mußte Danny erschießen.‹ Ich erstarrte einfach und sagte: ›Liebes, du kommst jetzt sofort nach Haus‹, und das tat er auch. Als er ankam, hab ich ihm keine Fragen gestellt, sondern nur zugehört, und hab ihn reden lassen, weil er so nervös und verletzt war; und es dauerte nicht lang, bis die Leute herausfanden, daß er bei mir war, und dann riefen sie an. Meine Güte, es waren so viele Anrufe, daß ich sie einfach auf einen Zettel geschrieben habe.«

Mrs. Williams unterbrach ihren Redefluß, um zwei Gäste zu verabschieden. »Leben Sie wohl, und kommen Sie nächstes Jahr wieder«, sagte sie und wandte sich wieder zu mir um.

»Ich habe diesem Jungen nie vertraut. Er konnte einem nicht fest in die Augen sehen. Zu James hab ich nichts gesagt, aber für mich war dieser Danny Hansford ein übler Bursche. James hat ihn mal mit nach Haus gebracht. Nach einer Weile ging James nach hinten, um seinen Wagen zu waschen, und ich hab den Jungen nicht mehr gesehn und sagte: ›James, ich seh ihn nicht mehr‹, und James sagte dann: ›Oh, Mutter, mach dir keine Sorgen. Er meinte, er geht nur ein bißchen ums Haus.‹ Na ja, als es Zeit zum Essen war, war der Junge immer noch nicht aufgetaucht, und James sagte: ›Mutter, weißt du, wenn es Danny in den Sinn kommt, irgendwohin zu gehen, dann geht er einfach und sagt nicht erst Bescheid. Das hat er schon oft gemacht.‹ Und genau in dem Moment wußte ich, was der Junge getan hatte. Fragen Sie mich nicht, warum, ich wußte es einfach. Mir war so, als würde er in der Stadt nach Drogen suchen. Gordon ist nur eine kleine Stadt, aber er hat wahrscheinlich etwas an der Tankstelle auf dem Weg zu unserem Haus gesehen und wollte zurückgehen und Drogen kaufen. Am nächsten Tag stellte James fest, daß der Junge den ganzen Weg zurück nach Savannah getrampt war.«

Mrs. Williams sah kurz hinunter und glättete ihr zerknülltes Taschentuch, das sie die ganze Zeit über krampfhaft in den Händen gehalten hatte.

»Ich will ganz offen mit Ihnen sein«, sagte sie. »Manchmal ist James zu gut zu den Menschen. Ich weiß nicht, ob er das von mir hat. Auch ich habe zu schnell Mitleid mit den Leuten, und das ist gar nicht gut, weil viele es nur darauf abgesehen haben. Manche bringen James dazu, daß er Mitleid mit ihnen hat und versucht, ihnen zu helfen, wie er eben auch dem Jungen da helfen wollte. Manchmal denke ich, ich sollte mit James mal sprechen, aber als Mutter hab ich Angst, daß mir der Junge das übelnehmen könnte. Man will sich ja nicht zu sehr einmischen, so hab ich eben nie mit ihm gesprochen, wie ich es gern getan hätt.

James würde ja jedem helfen, und deswegen hab ich es nicht so gern, daß er diese Geschichte am Hals hat. Denn als James Cabbage Island verkauft und einen Haufen Geld damit gemacht hat, hat er als erstes mein Haus renoviert und dann meiner Kirche einen Scheck von zehntausend Dollar gegeben für eine elektrische Orgel. Ich weiß ja auch nicht. Vielleicht ist diese böse Geschichte eine Lehre für ihn. Ich glaube, er hat begriffen, daß er manchmal auch an sich selber denken muß...«

Mrs. Williams lächelte, als ihr Sohn zurückkam.

»Jetzt bin ich aber still«, sagte sie.

»Worüber habt ihr beide denn gesprochen?«

»Ich habe gesagt, daß alles schon ein gutes Ende nehmen wird, James.« Mrs. Williams' Worte gingen im allgemeinen Trubel unter.

»Tut mir leid, Mutter, ich habe dich nicht verstanden.«

Mrs. Williams holte tief Luft und sprach zum erstenmal an diesem Abend etwas lauter. »Ich sagte, alles wird schon ein... gutes Ende nehmen!«

»Natürlich, Mutter«, sagte er. »So ist es immer gewesen und so wird es auch bleiben.«

KAPITEL 15

Bürgerpflicht

»Verdammt noch mal, ich hätte Danny Hansford auch erschossen«, sagte Dr. James C. Metts, der Gerichtsmediziner von Chatham County. »Der Kerl war ein richtiges Arschloch. Er hat Williams in Angst und Schrecken versetzt. Um drei Uhr morgens kriegt er einen Wutanfall, weil Williams kein Computerspiel mehr mit ihm machen will.« Dr. Metts, gewöhnlich kein Mann lauter Worte, hatte seit mehreren Stunden den Schauplatz des Geschehens in jener Nacht im Mercer House untersucht. Er hatte den Totenschein unterzeichnet und die Autopsie angeordnet. Eine Woche vor Prozeßbeginn suchte John Wright Jones, einer von Williams' Anwälten, Dr. Metts in seinem Büro auf, um mit ihm über den Fall zu sprechen.

John Wright Jones war kein unbekannter Strafverteidiger in Savannah. Der bullige Mann assistierte bei der Verteidigung von Jim Williams. Er hatte den Autopsiebericht gelesen und die Fotos gesehen, die die Polizei nach der Schießerei im Mercer House aufgenommen hatte. Beunruhigt über die Kugel in Dannys Rücken und die hinter dem Ohr, fragte er Dr. Metts, ob es nicht auch möglich sein könnte, daß Danny Hansford *nicht* mit dem Gesicht auf dem Boden gelegen habe, als ihn diese beiden Schüsse trafen.

»Ja«, sagte Dr. Metts, »das wäre vorstellbar. Der erste Schuß traf ihn von vorn in die linke Seite der Brust. Ein Schuß in die Brust ist wie ein Faustschlag; man dreht sich, man wirbelt herum. Also trifft einen der nächste Schuß in die rechte Hälfte des Rückens und der nächste womöglich hinters Ohr. Danny Hansford muß also nicht mit dem Gesicht nach unten auf dem Boden gelegen haben. Wenn es mit den Ergebnissen der Ballistik übereinstimmt, kann er auch gestanden haben.«

»Das war meine Hoffnung«, sagte Jones. »Man kann also davon ausgehen, daß nicht wirklich eindeutig klar ist, ob auf Danny geschossen wurde, als er am Boden lag, nicht wahr?«

»Richtig.«

»Gut. Und dann werden Sie auch das im Zeugenstand aussagen?«

»Ja«, sagte Dr. Metts. »Doch es gibt da noch ein anderes Problem, John. Die Hand, die über der Waffe lag, ist voll mit Blut, und auf der Pistole befinden sich keine Blutspuren. Nun gibt es nur zwei Stellen, aus denen Danny Hansford geblutet hat – aus seinem Kopf und seiner Brust. Als der Junge fiel, muß er auf seine rechte Hand gefallen sein. Und Williams hat sich vermutlich die künstlerische Freiheit genommen und Dannys Hand hervorgezogen und sie über die Waffe gelegt, wo sie vermutlich besser aussah.«

»Sind Sie sicher?«

»Ganz sicher. Sehen Sie, das Blut auf Hansfords Hand ist verschmiert, als ob sie jemand unter dem Körper hervorgezogen hatte. An Ihrer Stelle würde ich sagen, Williams sei in Panik geraten und habe Dannys Puls fühlen wollen – dazu mußte er ja den Arm herausziehen –, und dann hätte er die Hand über den Revolver gelegt, weil es sich irgendwie besser machte oder so ähnlich.«

Dr. Metts' Vorschlag war keine wirkliche Alternative. Mit dem Interview in der *Georgia Gazette* hatte Jim Williams seine Version der Geschichte bereits veröffentlicht, und dort stand nichts davon, daß er die Leiche angefaßt hätte.

»Verdammt, einen besseren Vorschlag haben Sie wohl nicht!«

»Noch etwas anderes beweist, daß Mr. Williams Veränderungen am Tatort vorgenommen hat. Er hat Möbel verrückt, damit es, wie ich annehme, ein bißchen überzeugender wirkte; er war aber etwas unachtsam dabei.«

»Wieso?«

»Er hat einen Stuhl genommen und ihn mit einem Bein auf den Saum der Hose des Jungen gestellt«, kicherte Dr. Metts.

»Ooooh, davon gibt es sicher auch Fotos, oder?«

»In Farbe«, erwiderte der Gerichtsmediziner.

»Sieht man darauf, wie der Stuhl auf dem Hosenbein des Jungen steht?«

»M-mh.«

»Na, das ist ja wunderbar!« Jones schüttelte trübsinnig den Kopf. »Was haben Sie noch?«

»Ich glaube, ich weiß, wann und warum der Bastard erschossen wurde.«

»Wann denn?«

»Als er seine Zigarette ausdrückte.«

»Wie bitte?«

»Ich habe einen Zigarettenstummel gefunden, der auf dem Leder der Schreibtischplatte ausgedrückt worden ist. Er stand noch auf dem Filter. Wahrscheinlich ist Williams sauer geworden, als der Junge das gemacht hat, und hat ihn erschossen.«

»Ach, Doc, Sie können einen so richtig aufmuntern!«

»Um ganz offen zu sein«, sagte Dr. Metts, »ich bin auf Mr. Williams' Seite. Es war etwa drei Uhr morgens, als es passierte. Mr. Williams mußte vermutlich früh aufstehen und an die Arbeit gehen, und dieses gräßliche Kind wollte noch spielen und ein paar Möbel kaputtschlagen.«

»Haben Sie noch ein paar tröstliche Versionen zu bieten?« fragte Jones.

»Nicht daß ich wüßte, John. Deine Arbeit mußt du schon selbst machen. Ich denke, daß die Auswahl der Jury sehr wichtig ist. Du mußt das mit der homosexuellen Komponente in den Griff kriegen, so daß die Jury Sympathie für Mr. Williams empfindet und es ihm nicht so sehr übelnimmt, daß er diesen Jungen erschossen hat.«

Jones nahm seine Aktentasche. »Nun, Doc, wir wissen doch alle, daß der Tod eines Schwulen keine Jury in Savannah vom Hocker reißt. Man kann doch in unserer Stadt einen Homosexuellen zu Tode trampeln, und niemand regt sich sonderlich darüber auf.«

»Da haben Sie recht«, sagte Dr. Metts. Er begleitete Jones zur Tür. »Na ja, John, ich kann nur sagen, daß Mr. Williams eigentlich nur seine Bürgerpflicht erfüllt hat, als er diesen Dreckskerl erschoß.«

John Wright Jones' Bemerkung über das Zutodetrampeln von Schwulen bezog sich auf einen Mordfall, der vor ein paar Monaten verhandelt worden war und Savannah zutiefst erschüttert hatte.

Damals war das Mordopfer ein dreiunddreißigjähriger Mann aus Columbus, Georgia, der nach Savannah gekommen war, weil er zur Jury eines Schönheitswettbewerbs gehörte. Der verheiratete Vater zweier Kinder wurde von vier US-Army Rangers in einem dunklen Parkhaus buchstäblich zerstampft. Die Rangers gelten als die härtesten Männer in der Armee. Eine Abteilung von ihnen war draußen in der Southside auf dem Hunter Army Airfield stationiert. Man hatte ihnen beigebracht, brutale Bestrafungen zu ertragen und sie auch auszuteilen. Am frühen

Abend des Vorfalls sah ein Zeuge, wie die vier Rangers in der Bay Street herumlungerten und mit bloßen Händen Parkuhren umknickten. Später besuchten die vier Missy's Adult Boutique, einen Buchladen mit pornographischen Schriften in einer Seitenstraße vom Johnson Square, wo sie dem Jurymitglied des Schönheitswettbewerbs begegneten. Der Mann machte ihnen sexuelle Avancen, sie lockten ihn in ein Parkhaus und traten ihn so brutal zusammen, daß ein Experte für Unfallopfer bezeugte, er hätte noch nie zuvor einen »so schrecklich zugerichteten Menschen gesehen, der noch am Leben war«. Schädel und Kiefer sowie die Knochen der Augenhöhle waren mehrfach gebrochen. Der Experte meinte, es hätte zwei Männer gebraucht, um seine Augen aufzubekommen. »Er war kaum mehr als menschliches Wesen zu erkennen.«

Während des Prozesses forderte der Anwalt der Rangers die Jury auf, »die Schuld auf der richtigen Seite zu suchen«. Die Angeklagten, so argumentierte er, seien jung, töricht, anständig und ehrlich. Ein Homosexueller habe sich ihnen unsittlich genähert. Die Juroren fühlten mit den Rangers und wiesen den Vorwurf des Mordes zurück. Da nun aber alle vier zugegeben hatten, das Opfer getreten und geschlagen zu haben, fühlte sich die Jury veranlaßt, sie wenigstens zu einer geringen Strafe zu verurteilen, und wählte das geringste Vergehen: leichte Körperverletzung. Leichte Körperverletzung ist ein minder schweres Vergehen, das schon erfüllt ist, wenn man jemand anderen auch nur anfaßt. Das Urteil lautete: ein Jahr Gefängnis mit der Möglichkeit der Strafaussetzung auf Bewährung nach sechs Monaten.

Das Urteil gegen die Rangers stieß in der Öffentlichkeit auf bitterste Empörung. In Leserbriefen verurteilten Bürger der Stadt die Jury, weil sie Humanität und Gerechtigkeit in Savannah mit Füßen getreten hätte. Eine der Krankenschwestern, die das Opfer behandelt hatten, schrieb: »Wenn das ein geringfügiges Vergehen ist, dann möchte ich nie das Opfer eines Schwerverbrechens sehen.«

Mit diesem Prozeß hatte der siebenunddreißigjährige Spencer Lawton jr. sein Debüt als Staatsanwalt von Chatham County gegeben. Das Urteil war eine vernichtende Niederlage, und Beobachter fragten sich, ob Lawton überhaupt fähig sei, die Aufgaben seines neuen Amtes zu erfüllen.

Die Lawtons waren eine angesehene alte Familie in Savannah. Spencer Lawtons Ururgroßvater, General Alexander R. Lawton, hatte während der frühen Bürgerkriegsjahre die Verteidigung Savannahs geleitet und wurde später Generalquartiermeister der konföderierten Armee. Nach dem Krieg gründete General Lawton mit neun anderen Männern die American Bar Association, die amerikanische Anwaltskammer; 1882 war er ihr Präsident. Später ernannte ihn Grover Cleveland zum Botschafter in Österreich. Die Familiengruft der Lawtons gehörte zu den größten auf dem Bonaventure-Friedhof. Neben einem hohen gotischen Gewölbe ragte auf dem steilen Felsufer eine weiße marmorne Christusfigur in den Himmel.

Ein anderer Vorfahr von Spencer Lawton, Spencer Shotter, machte um die Jahrhundertwende mit Läden für Schiffsbedarf ein Vermögen und baute sich auf dem Boden der alten Greenwich-Plantagen gleich neben dem Bonaventure-Friedhof eines der prunkvollsten Anwesen des Südens. Shotter beauftragte die berühmten Architekten Carrère und Hastings, die das Gebäude der New York Public Library in der Fifth Avenue entworfen hatten. Shotters Herrenhaus hatte vierzig Zimmer, und um das ganze Haus herum liefen Doppelkolonnaden aus glänzendweißen Marmorsäulen. Es gab zwölf Schlafzimmer, zehn Bäder, einen mit Blattgold ausgeschmückten Ballsaal, eine Milchfarm, einen überdachten Swimmingpool und einen wunderschönen Landschaftsgarten. Aus dem Heiligen Land hatte man Palmen herbeigeschafft, von Napoleons Grabstätte auf Saint Helena eine Trauerweide und Statuen aus den Ruinen von Pompeji. Das Anwesen war Schauplatz glamouröser Bälle und Jachtclubparties. Filmszenen mit Mary Pickford und Francis X. Bushman wurden hier gedreht.

Doch zur Zeit von Spencer Lawton war vom Glanz dieser Familie nicht viel übriggeblieben. Ein Feuer hatte in den zwanziger Jahren das Shotter-Herrenhaus zerstört, und die Parkanlagen wurden dem Bonaventure-Friedhof zugeschlagen und hießen jetzt Greenwich-Friedhof. Die renommierte Anwaltskanzlei Lawton und Cunningham ging in einer anderen Firma auf, und aus der imposanten Lawton Memorial Hall war eine griechisch-orthodoxe Kirche geworden.

Spencer Lawton war ein zurückhaltender und freundlicher Mann mit sanften blaugrauen Augen und dunklem Haar. Durch die Pausbacken und den kleinen, vollen Mund hatte er etwas Cherubinisches an sich. Wie er selbst zugab, war er an der University of Georgia Law School nur ein mittelmäßiger Student gewesen. Nach seinem Abschluß kehrte er nach Savannah zurück und arbeitete dort als Jurist, überwiegend unentgeltlich. Eine Frau, die ihn noch aus der Zeit kannte, als er für das Wohnungsamt in Savannah tätig war, sprach von ihm als einem Mann mit festen moralischen Grundsätzen. »Er war ein anständiger Mensch. Er hat mehr als nur seinen Job gemacht; er fühlte mit den Armen und setzte sich für sie ein. Nur ein wenig schüchtern und zurückhaltend war er, wenn ich mich recht erinnere.«

Dreißig Jahre lang hatte Joe Ryan das Amt des Staatsanwalts von Chatham County bekleidet. Ryans Sohn, Andrew »Bubsy« Ryan, war der Nachfolger seines Vaters und hatte eine Amtsperiode absolviert, als Spencer Lawton beschloß, gegen ihn anzutreten.

Bubsy Ryan war ein Mann alten Schlages, der gern angelte, jagte und trank. Er hatte volles, braunes Wuschelhaar, lange rötliche Koteletten und Säcke unter den Augen, die ihn ständig verkatert aussehen ließen. Er kam mit der Polizei gut aus, verstand etwas vom Pferdehandel und pflegte im Gerichtssaal eine volkstümliche, hemdsärmelige Art. Bubsy übernahm jeden bedeutenden Mordfall persönlich, aber es war kein Geheimnis, daß er das Amt des leitenden Staatsanwalts von Chatham County höchst lässig ausübte, wie es schon sein Vater getan hatte. Mehr als tausend unbearbeitete Fälle hatten sich über fünfundzwanzig Jahre angesammelt. Bubsy gefiel sein Titel und sein Amt, aber er sah auch die Nachteile. »Man ist doch sehr eingeschränkt«, sagte er. »Man kann nicht mit seiner Frau ausgehen und etwas trinken, weil es am nächsten Tag in der Zeitung steht.«

Die Ryans waren es nicht gewohnt, daß irgend jemand gegen sie kandidierte. Doch als sich Bubsy zur Wiederwahl stellte, kündigte einer der ihm unterstellten Staatsanwälte an, sich bei den Vorwahlen der Demokraten gegen ihn aufstellen zu lassen. Sofort begannen die beiden, gegeneinander zu intrigieren, und am letzten Tag der Kandidatennominierung sah Spencer Lawton seine Chance und rannte den beiden anderen, die sich ineinander verbissen hatten, leichtfüßig davon. Er sprach von zügiger Abwicklung der Fälle und anderen vernünftigen Dingen. Er tänzelte über die Trümmer, die Bubsy und der andere Mann hinterließen, auf direktem Weg ins Ziel.

Als es zur Stichwahl zwischen Bubsy und Lawton kam, griff Bubsy Lawton an und warf ihm vor, er habe als Anwalt versagt, er habe keine Erfahrung mit Schwerverbrechen, er sei nie in Berufung gegangen, er habe nie einen Fall vor dem Georgia

Supreme Court verhandelt und als Folge seiner Faulheit und Inkompetenz dafür gesorgt, daß eine Anwaltskanzlei, in der er angestellt war, wegen Vernachlässigung der beruflichen Sorgfaltspflicht verklagt wurde. Zwei Tage vor der Wahl ging Bubsy noch einen Schritt weiter. Er setzte eine halbseitige Anzeige in die *Savannah Morning News* und zitierte eine Aussage, die Lawtons ehemalige Frau im Scheidungsprozeß gemacht hatte. Spencer habe ihr oft erzählt, so Mrs. Lawton, er würde »viel lieber die Hausarbeit machen und Bücher lesen, statt zur Arbeit zu gehen«. Die Botschaft der Anzeige war eindeutig. Doch dann, am Abend der Vorwahl, mußte Bubsy Ryan ungläubig mit ansehen, wie sich die Wahlkreise der Schwarzen gegen ihn entschieden und Lawton nominierten, der auch in den Schlußwahlen über den Kandidaten der Republikaner siegte.

Nach Lawtons Amtsübernahme keimte erster Zweifel an seinen Fähigkeiten. Verärgerte Angestellte aus Bubsy Ryans Ära setzten das Gerücht in Umlauf, Lawton kenne die Gesetze nicht. »Er erkundigt sich nach Sachen, die er eigentlich wissen müßte, zum Beispiel nach den Auslieferungsbestimmungen«, beklagte sich ein Staatsanwalt. »Er wollte auch, daß ich ihm eine kurze Notiz darüber schrieb, wann man auf Unzurechnungsfähigkeit plädieren könnte – ein Problem, über das ganze Bücher geschrieben wurden.« Dann kam die überwältigende Niederlage im Prozeß gegen die Rangers. Das Urteil wurde zufälligerweise ein paar Tage nach den tödlichen Schüssen auf Danny Hansford verkündet. Lawton stürzte sich auf den Williams-Fall, durch den er seinen angeschlagenen Ruf wiederherzustellen hoffte. Doch es würde ein harter Kampf werden.

Als Verteidiger holte sich Jim Williams Bobby Lee Cook aus Summerville, Georgia. Cook war kein Unbekannter in den Gerichtssälen des Südens. Er hatte sich auf Mord spezialisiert. In dreißig Jahren hatte Cook zweihundertfünfzig Mordverdächtige verteidigt und neunzig Prozent davon freibekommen – einige Male trotz erdrückender Beweise. Cook übernahm die aussichtslosen Fälle – Fälle, die man eigentlich nicht gewinnen konnte – und gewann. Seine gnadenlosen Kreuzverhöre waren legendär. »Ich selbst habe erlebt«, sagte ein Bundesrichter, »wie er einen Typen am späten Vormittag eine Weile verhörte, beim Lunch dann erzählte, der Zeuge sei schon Wachs in seinen Händen, und ihn dann nach dem Essen fertigmachte.« Die Zeitschrift *People* hatte seinen Mut und seine Technik gerühmt und geschrieben, daß »Bobby Lee Cook den Teufel persönlich verteidigen würde, falls der einmal einen Anwalt brauchen sollte«.

Cook stammte aus dem Bergland im Norden Georgias und wußte genau, daß eine Jury aus Savannah ihn als raffinierten Rechtsverdreher von außerhalb betrachten würde. Daher wollte er einen einheimischen Anwalt an seiner Seite haben, und er suchte sich für diese Aufgabe den Mann aus, der Spencer Lawton am ehesten zermürben konnte – den Anwalt, der den Ranger-Prozeß so überlegen gewonnen hatte: John Wright Jones.

KAPITEL 16

Der Prozeß

Das Bezirksgericht von Chatham County war eines der wenigen modernen Gebäude in der Innenstadt von Savannah. Der nichtssagende und klotzige Betonbau aus Fertigteilen stand am westlichen Rand des historischen Viertels und war mit dem Nachbargebäude, einem Betonwürfel mit vertikalen Fensterschlitzen, durch einen unterirdischen Tunnel verbunden. Das war das Gefängnis von Chatham County.

Vom ersten Tag an waren die Zuschauerbänke im Prozeß gegen Jim Williams unter Vorsitz des Richters George Oliver bis auf den letzten Platz gefüllt. Der fensterlose Gerichtssaal war mit hellem Neonlicht erleuchtet und mit schallschluckenden Teppichfliesen ausgelegt, die der menschlichen Stimme jeden Klang und jede Betonung raubten. Geschäftsleute im Ruhestand, Hausfrauen und Williams' High-Society-Freunde saßen Seite an Seite mit Gerichtsreportern, Zeitungs- und Fernsehjournalisten und einigen örtlichen Strafverteidigern, die miterleben wollten, wie der berühmte Bobby Lee Cook auf den neuen Bezirksstaatsanwalt losging. Jim Williams saß auf der Anklagebank, und dicht hinter ihm in der ersten Reihe der Zuschauerbänke saßen seine Mutter und seine Schwester.

Danny Hansfords Mutter, Emily Bannister, nahm auch am Prozeß teil, durfte aber nicht in den Gerichtssaal. Bobby Lee Cook hatte befürchtet, sie könnte die Jury durch emotionale Ausbrüche gegen Williams einnehmen. Statt sie nun völlig auszuschließen, hatte Cook sie als Zeugin der Verteidigung benannt, was im Endeffekt auf das gleiche hinauskam. Zeugen waren erst nach ihrer Aussage als Zuschauer im Gerichtssaal zugelassen. Cook hatte natürlich gar nicht die Absicht, Mrs. Bannister in den Zeugenstand zu rufen; durch seinen geschickten Schachzug jedoch konnte sie der Jury nicht unter die Augen treten. Sie war trotzdem erschienen und saß während der Verhandlung auf dem Flur.

»Sieh nicht so auffällig hin«, tuschelte einer von Williams' Freunden aus den besseren Kreisen seiner Begleiterin zu, »aber da sitzt Danny Hansfords Zehn-Millionen-Dollar-Mutter.«

Emily Bannister sah mit knapp Vierzig überraschend jung aus für die Mutter eines einundzwanzigjährigen Sohnes. Sie hatte hellbraunes Haar und eckige, kindliche Gesichtszüge. Sie wirkte nicht wütend oder haßerfüllt, wie man unter den Umständen hätte erwarten können, sondern bloß traurig. Sie sprach nur mit der Frau, die neben ihr saß, einer Referendarin aus dem Büro des Staatsanwalts. Wenn Reporter auf sie zukamen, wandte sie sich schweigend ab.

Es war schon fast Mittag, als der Gerichtsdiener verkündete: »Ruhe im Gerichtssaal! Machen Sie die Zigaretten aus! Erheben Sie sich bitte!« Richter Oliver kam aus einer Tür hinter dem Richtertisch und ließ sich in einem Drehstuhl mit hoher Lehne nieder. Er war ein beeindruckender Mann mit seiner schneeweißen Mähne und den schroffen Gesichtszügen. Er gehörte der Wesley Monumental Church an und war oft Gast im Mercer House gewesen, allerdings nicht bei Jim Williams, sondern bei seinen Vorgängern, den Shriners. Richter Oliver ließ seinen Hammer niedersausen und rief in tiefem Südstaaten-Singsang den Gerichtssaal zur Ordnung. »Also gut, Gentlemen, fangen wir an.«

In seinem Eröffnungsplädoyer versprach Lawton der Jury mit ernster, leiser Stimme, er werde in den kommenden Tagen beweisen, daß James A. Williams den einundzwanzig Jahre alten Danny Lewis Hansford kaltblütig und vorsätzlich erschossen habe. Danach habe er nicht nur versucht, die Spuren zu verwischen, sondern auch noch den Anschein erweckt, er habe in Notwehr gehandelt.

Dann erhob sich Bobby Lee Cook. Er hatte langes, weißgraues Haar, einen eckig geschnittenen Spitzbart und stechende Augen. Er sah dem Bild von Uncle Sam auf James Montgomery Flaggs Plakat, das für die Rekrutierung von Soldaten für die US-Army warb, auffallend ähnlich. Cooks Angewohnheit, seinen Zeigefinger in Richtung Jury auszustrecken, während er sprach, unterstrich diese Ähnlichkeit noch. Er sagte, die Verteidigung würde alles widerlegen, was Spencer Lawton soeben behauptet habe. Das Gericht würde erfahren, daß Danny Hansford »ein gewalttätiges und unberechenbares Wesen« hatte und in dem vorliegenden Fall der Angreifer war.

Nach diesen einleitenden Bemerkungen verkündete der Richter eine kurze Unterbrechung, bevor der Aufmarsch der Zeugen beginnen sollte. Auf dem Flur kam ein Mann mit kurzärmeligem Hemd und angeklatschtem Haar auf mich zu. »Sie haben sich Notizen gemacht«, sagte er. »Sie erledigen wohl die Kleinarbeit für die Verteidigung!«

»Nein«, erwiderte ich, »es ist rein privat.« Der Mann hielt eine zusammengerollte Zeitung in der Hand. Im Saal hatte er, leicht zur Seite gedreht und mit einem Arm über der Rückenlehne, in der Reihe vor mir gesessen. Hin und wieder hatte er leise vor sich hin gelacht, wobei sein ganzer Körper unter den krampfhaft unterdrückten Heiterkeitsanfällen erbebte. Dann hatte er den Kopf in den Nacken geworfen und durch seine schmutzigen

Brillengläser den Fortgang der Verhandlung beobachtet. Er wirkte wie ein Stammgast im Gerichtssaal.

»Spencer Lawton wird hier ebenso der Prozeß gemacht wie Williams«, sagte er. »Ich habe gehört, er sei zwei Monate in den Winterschlaf gegangen, um den Fall vorzubereiten. Hat sein Büro in einen Bunker verwandelt. Hat keine Anrufe angenommen, seine Angestellten nicht zu sich reingelassen. Er und Depp – Deppish Kirkland, sein Oberstaatsanwalt – versuchen, alle Informationen von der Verteidigung fernzuhalten. Sie wollen einen Überraschungsangriff aus dem Hinterhalt starten. Sie führen sich auf wie Wahnsinnige, damit ja nichts durchsickert. Ein richtiges Provinztheater! Unter dem Strich bedeutet das natürlich: Lawton fürchtet sich zu Tode.«

»Woher wissen Sie das alles?«

»Man hört so dies und das. Die Leute reden.« Der Mann blickte von einem Ende des Flurs zum andern. »Ich werd Ihnen was sagen. Lawton hat sich mit diesem Prozeß übernommen. Sehen Sie, es ist kein Mordfall. Niemand denkt das. Die Beweise reichen dafür nicht aus. Es ist Totschlag. Williams und Hansford haben sich gestritten. Einer griff zum Revolver. Vielleicht ist Williams hinterher in Panik geraten und hat die Dinge am Tatort verändert. Aber vorsätzlich war das Ganze nicht.«

»Warum klagte Lawton ihn dann wegen Mordes an?«

»Das hat vielleicht mit Politik zu tun. Womöglich will er ganz groß rauskommen, nachdem er den Prozeß gegen die Rangers verloren hat. Oder er will nicht, daß man denkt, er ginge mit den Hermaphroditen zu sanft um.«

»Mit wem?«

»Hermaphroditen. Darum geht es doch hier in diesem Prozeß. Oder wissen Sie das gar nicht?«

»Oh. Ja, richtig. Davon habe ich gehört.«

Als erste rief Lawton die Polizistin auf, die in der Nacht der Schießerei Dienst gehabt hatte. Um 2.58 Uhr habe Jim Williams angerufen und gemeldet, er sei in seinem Haus in eine Schießerei verwickelt worden. Mehr wußte sie nicht. Als nächster ging Joe Goodman in den Zeugenstand. Goodman sagte aus, Williams habe ihn zwischen 2.20 Uhr und 2.25 Uhr angerufen und ihm gesagt, er habe Danny erschossen. Das bedeutete einen Zeitraum von mehr als dreißig Minuten zwischen den Schüssen und Williams' Anruf bei der Polizei. Die übrigen Zeugen der Anklage stellten ihre Vermutungen an, was wohl vor und während dieser Zeit geschehen sein könnte. Auf ihre Aussagen stützte sich die Theorie der Staatsanwaltschaft über den Ablauf der Geschehnisse:

Williams hatte, hinter seinem Schreibtisch sitzend, einmal auf den unbewaffneten Danny Hansford geschossen. Hansford griff sich an die Brust und fiel mit dem Gesicht nach unten auf den Boden. Dann ging Williams um den Schreibtisch herum und gab noch einmal aus kürzester Entfernung zwei Schüsse auf Hansford ab, die ihn hinter dem Ohr und in den Rücken trafen. Dann legte er seine Pistole auf den Schreibtisch, nahm sich eine zweite Waffe und feuerte von der anderen Seite des Tisches aus »auf sich selbst«, um den Anschein zu erwecken, als hätte Hansford auf ihn geschossen. Eine Kugel ging durch ein paar Papiere, eine andere traf eine Gürtelschnalle aus Metall, die oben auf dem Schreibtisch lag. Williams wischte seine Fingerabdrücke von dieser zweiten Pistole ab, zog Hansfords rechte Hand unter dem Körper hervor und legte sie über die Waffe. Dann rief er Joe Goodman an. Während Goodman und seine Freundin auf dem Weg zu ihm waren, ging Williams im Haus herum, zerschlug Flaschen, warf die große Uhr in der Halle um und schuf so den Eindruck allgemeiner Verwüstung. Dreißig Minuten nach dem Anruf bei Joe Goodman rief er die Polizei an.

Nach Auffassung der Staatsanwaltschaft gab es Beweise dafür, daß Jim Williams eine Reihe grober Schnitzer unterlaufen waren. Als er die Schüsse »auf sich selbst« abgab, hatte er an der falschen Stelle gestanden. Dort, wo Dannys Kopf lag; er hätte sich dorthin stellen sollen, wo Dannys Füße lagen. Zum zweiten zeigten Polizeiaufnahmen von der Schreibtischplatte winzige Papierpartikel, die sich *oben auf* der deutschen Luger befanden, die Williams angeblich benutzt hatte, als er auf Danny schoß. Das konnte nur bedeuten, daß Williams auf Hansford geschossen und die Waffe auf den Tisch gelegt hatte, *bevor* von der anderen Seite des Schreibtisches, wo Danny Hansford gestanden haben soll, irgendwelche Kugeln abgefeuert wurden und den Papierstoß trafen. Drittens fand man einen Kugelsplitter auf dem Stuhl, auf dem Williams nach eigenen Angaben gesessen hatte, als Danny auf ihn schoß. Viertens war das Blut an Dannys Hand verschmiert, was nahelegte, daß Williams die Hand unter dem Körper hervorgezogen und sie über die Waffe gelegt hatte. Am merkwürdigsten war allerdings der Stuhl, der Dannys Bein festhielt; ein Stuhlbein stand auf dem Saum seiner Jeans. Das konnte nur nach dem Tod von Danny arrangiert worden sein. Die Staatsanwaltschaft meinte, Williams habe ihn aus Versehen so hingestellt, während er den Tatort umgestaltete.

Dr. Larry Howard, Direktor des gerichtsmedizinischen Instituts, faßte zusammen, was die Anklage vermutete. »Der Tatort wirkte gestellt.«

Während der viertägigen Vernehmung der Zeugen der Anklage fang Bobby Lee Cook wiederholt Gelegenheit zu scharfen Kreuzverhören. Einmal stürzte er sich auf einen scheinbaren Widerspruch in der Theorie der Staatsanwaltschaft, daß Hansford mit dem Gesicht nach unten auf dem Boden lag, als ihn der Schuß in den Kopf traf. Mit dramatischer Gebärde warf er sich auf den Fußboden des Gerichtssaals und bat Detective Joseph Jordan, ihn so hinzulegen, wie Danny Hansford gelegen hatte, als man ihn fand.

»Liege ich jetzt so auf dem Boden wie der Verstorbene?« fragte Cook und sah zu Detective Jordan hoch.

»Kippen Sie den Kopf mehr nach rechts. Noch ein bißchen. Ja, fast. Ja, richtig, Sir.«

»Sind Sie sich im klaren, daß die Kugel rechts über dem Ohr eintrat?«

»Ja, Sir«, erwiderte der Detective.

»Und ist es nicht so, daß die rechte Seite meines Kopfes geschützt auf dem Fußboden ruht?«

»Das ist richtig.«

»Dann konnte der Schuß in den Kopf nicht abgegeben worden sein, während das Opfer am Boden lag. Es sei denn, man hätte von unten geschossen.«

»Das ist im Grunde richtig.«

»Es wäre sogar völlig unlogisch«, krähte Cook. »So, als wollte man jemandem weismachen, Flüsse könnten bergauf fließen!«

»Ja, Sir«, erwiderte der Detective.

Zu den fehlenden Fingerabdrücken auf Dannys Waffe mußte sich Lawton sagen lassen, daß das Material des Griffs der Luger kaum gute Fingerabdrücke liefern würde. Dafür sei es einfach zu rauh, meinte Detective Jordan.

Was Williams in den Augen der Staatsanwaltschaft am stärksten belastete, war der negative Test auf Schußspuren an Dannys Händen. Detective Joseph Jordan bezeugte, man sei mit aller Sorgfalt vorgegangen, um auch nur den winzigen Rest von Rückständen nachzuweisen. Er habe Papiertüten über die Hände gestülpt und mit Siegelband zugeklebt. Randall Riddell, der die Tests im gerichtsmedizinischen Labor durchgeführt hatte, sagte aus, daß er überhaupt keine Spuren an Dannys Händen habe finden können. Cook nahm ihn sich vor.

»Natürlich kennen Sie sich mit Antimon, Blei und Barium aus. Sie haben täglich mit diesen Elementen zu tun in Ihrem Spezialgebiet der Spurenanalyse, nicht wahr?«

»Richtig, Sir«, meinte Riddell.

»Was ist die Atommasse von Antimon?« fragte Cook.

»Die weiß ich nicht auswendig.«

»Und von Blei?«

»Das kann ich nicht genau sagen.«

»Nennen Sie mir die Atommasse von Barium.«

»Die weiß ich nicht auswendig.«

»Sagen Sie mir die Ordnungszahl von Blei.«

»Kenne ich nicht.«

»Wie lautet die Ordnungszahl von Barium?«

»Kenne ich nicht.«

»Von Antimon?«

»Ist mir nicht gegenwärtig«, sagte Riddell mit hochrotem Kopf.

»Welche Methoden haben Sie bei der Untersuchung der Abstrichtupfer von Mr. Hansfords Händen angewandt?« fragte Cook.

»Atomare Absorption«, antwortete Riddell.

»Und das Ergebnis war negativ?«

»Ja, Sir.«

»Ist Ihnen eigentlich bekannt, daß die Absorptionstests in der Gegend um Atlanta zu sechzig Prozent negativ ausfallen, wenn man sie bei Personen anwendet, die *mit einem Revolver Selbstmord begangen haben?*«

»Ich würde gern Ihre Zahlen sehen, Sir.«

»Sie würden gern Zahlen sehen?« sagte Cook. »Kennen Sie Dr. Joseph Burton?«

»Ja, Sir«, gab Riddell zurück. »Er ist amtlicher Leichenbeschauer in Atlanta, glaube ich.«

Bobby Lee Cook rief Dr. Joseph Burton als ersten Zeugen der Verteidigung auf. Als amtlicher Leichenbeschauer in Miami und Atlanta hatte Burton schon gut und gern siebentausend Autopsien durchgeführt. Zur Zeit des Prozesses gegen Jim Williams arbeitete er an dem Fall des vermeintlichen Kindesmörders Wayne Williams, der in Atlanta viel Staub aufgewirbelt hatte. Auf Burton ruhten jetzt Cooks Hoffnungen, einen Gutteil der Beweise der Staatsanwaltschaft im Prozeß gegen Williams anzufechten.

»Dr. Burton«, begann Cook seine Vernehmung, »was bedeutet Ihrer Meinung nach ein negatives Ergebnis bei einem atomaren Absorptionstest auf Schußspuren?«

»Sehr wenig. Sie können bei zwei Schüssen aus derselben Waffe einmal ein positives und einmal ein negatives Resultat erhalten. Der Test ist unzuverlässig. Praktisch jeder Gerichtsmediziner wäre froh, wenn man diese Tests einstellen würde.« Er habe, fuhr Dr. Burton fort, diese Tests an Selbstmordopfern durchgeführt und festgestellt, daß weniger als fünfzig Prozent positiv ausfielen.

»Läßt also Ihrer Meinung nach ein negatives Resultat darauf schließen, daß der Verstorbene keine Waffe abgefeuert hat?«

»Nein, Sir, keineswegs.«

Dr. Burton war mehrfach im Mercer House gewesen, um die Schüsse zu rekonstruieren, und glaubte, sie seien alle drei hinter dem Schreibtisch abgefeuert worden. »Es wäre gar nicht möglich gewesen, um den Tisch herumzugehen und die Schüsse so abzugeben, daß sie in der vorgefundenen Weise durch den Körper und in den Fußboden gingen.« Burton interpretierte den Tathergang ebenso wie der Gerichtsmediziner Dr. Metts. Die erste Kugel traf Hansford in die Brust; dann wirbelte er linksherum, so daß der zweite und der dritte Schuß in den Kopf und in den Rücken gingen. Burton machte darauf aufmerksam, daß in der südwestlichen Zimmerecke, etwa zwei Meter von Dannys Kopf entfernt, winzige Haar- und Schädelpartikelchen gefunden wurden. »Sie stammen von der Kugel, die durch den Kopf ging, und liegen genau in Schußlinie.« Also habe Williams nicht etwa eine Art von Gnadenschüssen abgefeuert, sondern drei Schüsse in schneller Abfolge – bumm, bumm, bumm –, bis der Körper zu Boden fiel. Das erkläre die Knochensplitter, das Haar, die Löcher im Boden, die Blutspritzer und die Schußwinkel im Körper.«

Dr. Burton bot auch eine Erklärung für das verschmierte Blut auf Dannys Hand an: Nach dem ersten Schuß in die Brust könnte Hansford seine Pistole fallen gelassen und sich an die Brust gegriffen haben. »Als dann der Körper auf den Boden schlug, schnellte die Hand vielleicht einfach seitwärts unter dem Körper hervor. So könnte das Blut also verschmiert worden sein.«

Und der Stuhl auf Dannys Hose? »Der Stuhl ist nicht das Problem in diesem Fall«, sagte Dr. Burton. »Er spricht nicht dafür, daß die Szene nachgestellt wurde, gerade weil er so vollkommen merkwürdig wirkt, wie er da auf dem Hosenbein steht.«

Mit der Aussage von Dr. Burton hatte die Verteidigung auf die wichtigsten Argumente der Staatsanwaltschaft geantwortet. Obendrein rief sie Lawtons Einsprüchen zum Trotz mehrere Zeugen auf, die aussagten, daß Danny Hansford eine extrem gewalttätige Persönlichkeit war. Ein Psychiater am Georgia Regional Hospital hatte Hansford behandelt, als er im Haus seiner Mutter Möbel zerschlagen und gedroht hatte, »jemanden umzubringen«. Er habe Hansford Beruhigungsspritzen geben und ihn einschließen lassen müssen, sagte der Arzt, weil er eine Gefahr für sich selbst und das Krankenhauspersonal dargestellt hätte. Eine Krankenschwester hatte auf seine Aufnahmepapiere »mordlüstern« geschrieben. Eine Woche nach seinem Tod hätte Hansford eigentlich vor Gericht erscheinen müssen aufgrund einer Anzeige wegen einer Prügelei mit dem Nachbarn. Auch diesmal hätte Williams die Kaution von sechshundert Dollar bezahlt und ihn aus dem Gefängnis geholt.

Auf den Fluren des Bezirksgerichts herrschte die einhellige Meinung, daß Bobby Lee Cook genügend Zweifel an den Beweisen der Staatsanwaltschaft gesät hatte, damit die Jury guten Gewissens den Spruch »nicht schuldig« fällen konnte. Das Fundament für einen Freispruch war gelegt. Nun kam es nur noch auf Jim Williams an, die Sympathie der Jury zu gewinnen. Die Jury bestand aus sechs Männern und sechs Frauen. Es waren einfache Menschen aus der Mittelschicht – eine Sekretärin, ein Lehrer, Hausfrauen, eine Krankenschwester, ein Klempner. Eine Frau war schwarz, der Rest der Jury weiß.

Williams trug einen hellgrauen Anzug, als er den Zeugenstand betrat. Voller Aufmerksamkeit lehnte er sich vor, als ihn Bobby Lee Cook behutsam auf eine Reise durch seine bescheidene Kindheit in Gordon, Georgia, schickte. Williams erzählte von seiner Ankunft in Savannah, als er einundzwanzig war, der Restaurierung alter Häuser, seinem geschäftlichen Erfolg und seinem Aufstieg in der Gesellschaft Savannahs. Er sprach in zuversichtlichem, ein klein wenig hochmütigem Ton. Er berichtete von den internationalen Fabergé-Auktionen, die er zweimal im Jahr in Genf besuchte.

»Sie haben sicher schon von Fabergé-Parfüm gehört«, sagte Williams. »Darum geht es hier aber nicht. Karl Fabergé war der

Hofjuwelier des russischen Zaren und auch der meisten anderen europäischen Höfe. Er hat einige der feinsten Schmuckstücke der Welt angefertigt. Ich sammle Fabergé-Kunst in bescheidenem Rahmen.«

Williams erinnerte sich, wie er Danny Hansford kennengelernt hatte. »Ich stieg gerade aus meinem Wagen, als dieser Kerl auf einem Rad auf mich zufuhr. Er hätte von jemandem gehört, sagte er, daß ich in meiner Werkstatt auch Leute ohne Berufserfahrung anstellen würde. ›Das ist richtig‹, erwiderte ich, ›aber nur, wenn sie noch lernfähig sind.‹ Am Anfang entfernte Danny den alten Lack von den Möbeln. Er arbeitete mit Unterbrechungen zwei Jahre lang für mich. Teilzeit. Zwischendurch verließ er immer mal wieder die Stadt und kam dann zurück.«

In allen Einzelheiten beschrieb Williams, wie Danny am 3. April ausflippte und durch das Haus tobte – einen Monat vor seinem Tod: Danny stand im Schlafzimmer, wo er gerade in den Fußboden geschossen hatte, und starrte mit der Waffe in der Hand Williams an. »Was muß ich denn eigentlich noch alles tun, damit ihr mich umbringt?« schrie er. Dann lief er raus und schoß auf dem Platz um sich. Als Williams die Polizei rief, rannte Danny nach oben und gab vor, tief und fest zu schlafen.

Kurz nach diesem Vorfall bat Williams Hansford, mit ihm nach Europa zum Einkaufen zu fahren. Williams erklärte, daß er an Hypoglykämie leide und schon mehrmals ohnmächtig geworden sei. Er brauche jemand, der ihn begleitete. »Ich wollte aus zwei Gründen nicht irgendwo unterwegs bewußtlos werden, ohne daß jemand bei mir war: wegen meiner Gesundheit und wegen meines Geldes.« Williams hatte vor, viel Bargeld mitzunehmen, weil er dann einen besseren Wechselkurs bekommen konnte. Er hatte Danny gebeten mitzufahren, »weil ich dachte, ich hätte ihn dann besser im Auge«.

Doch Mitte April kündigte Hansford an, nicht ohne seinen Stoff auf die Reise zu gehen, und Williams weigerte sich, ihn in dem Fall mitzunehmen. »Danny und ich kamen überein, daß Joe Goodman statt dessen nach Europa fahren sollte. Damit war uns beiden gedient: Danny konnte in Savannah sein Marihuana rauchen, und ich hatte einen Reisebegleiter.«

Eine Woche später, in der Nacht der Schießerei, habe Danny in blinder Wut herumgetobt. Nach Williams' Schilderung machte er ein Riesentheater, weil ihn seine Mutter in Jugendstrafanstalten gesteckt und gehaßt hätte, weil er seinem Vater ähnlich sah, von dem sie sich hatte scheiden lassen. Er tobte, weil sein Freund George Hill seinen Wagen zurückhaben wollte und seine Freundin Bonnie sich weigerte, ihn zu heiraten, weil er keinen festen Job hatte. Dann ging er auf Williams los. »Und du hast mir die Reise nach Europa weggenommen!« Danny zertrat das Atari-Spiel. Williams stand auf und verließ das Zimmer. Hansford packte ihn an der Kehle und warf ihn gegen die Tür. Williams entkam in sein Arbeitszimmer, wo er die Polizei rufen wollte. Danny kam hinterher. »Wen willst du anrufen?« brüllte er.

»Joe Goodman«, gab Williams geistesgegenwärtig zur Antwort. »Ich will die Reise nach Europa absagen.« Williams rief Joe Goodman an, und Danny und er sprachen beide mit ihm am Telefon. Das war um 2.05 Uhr nachts. Der Anruf dauerte ein paar Minuten.

Williams fuhr mit seiner Geschichte fort, während der vollbesetzte Gerichtssaal schweigend lauschte. »Danny setzte sich mir gegenüber auf den Stuhl und lehnte sich zurück. Er nahm einen silbernen Humpen in die Hand und sah ihn aufmerksam an. Dann sagte er: ›Dieser Silberhumpen hat sich soeben entschlossen, durch das Bild da drüben zu fliegen.‹ Es war ein englisches Gemälde, etwa zwei Meter fünfzig mal drei Meter groß, das die

Drake-Familie darstellte. Danny hatte diesen wahnsinnigen Ausdruck in den Augen.

Da stand ich auf, streckte meinen Finger aus und rief: ›Danny Hansford, du wirst in meinem Haus gar nichts mehr kaputtmachen! Du verschwindest auf der Stelle!‹ Und Danny erhob sich und ging hinaus in die Halle, von wo ich dann krachende Geräusche hörte. Er kam mit einer Pistole in der Hand zurück und sagte: ›Ich gehe morgen, du schon heute abend.‹

Ich griff in die Schublade, und als ich vom Stuhl aufstand, wurde ein Schuß abgefeuert. Ich fühlte, wie die Kugel meinen rechten Arm streifte.«

Irgendwann zwischen 2.20 Uhr und 2.25 Uhr rief Williams erneut bei Joe Goodman an, diesmal um ihm mitzuteilen, daß er Danny erschossen hatte.

Spencer Lawton erhob sich zum Kreuzverhör. Als erstes bat er Williams, die Pistolen zu beschreiben, die er im Mercer House aufbewahrte: die in der Eingangshalle, die im hinteren Zimmer, die Waffe im Arbeitszimmer und die im Wohnzimmer. Williams lehnte sich mit leicht erhobenem Kinn in seinem Sitz zurück. Er starrte Lawton mit eisiger Geringschätzung an und antwortete knapp und schneidend. Lawton ließ Williams noch einmal die Geschehnisse der fraglichen Nacht rekapitulieren bis zu dem Punkt, an dem Williams gespürt haben wollte, wie die erste Kugel seinen rechten Arm streifte.

»Erinnern Sie sich noch, daß Sie Albert Scardino von der *Georgia Gazette* vier Tage nach dem Vorfall sagten, daß die erste Kugel am *linken* Arm vorbeiging?«

»Mr. Lawton«, gab Williams zurück, »unter den damaligen Umständen habe ich mir keine Notizen gemacht.«

»Könnte es nicht auch sein, daß Sie Schwierigkeiten hatten, die

Seite zu bestimmen, an der die Kugel vorbeiging, weil Sie auf der anderen Seite des Schreibtisches standen, als Sie in den Papierstapel schossen?«

»Ich habe nie in irgendwelche Papierstapel geschossen. Wovon sprechen Sie überhaupt?«

»Und daß Sie die Arme verwechselten, weil Sie sich die Szene erst ausdenken mußten?«

Williams blickte den Staatsanwalt mit einem Ausdruck purer Abscheu an. Hochmütig und herrisch saß er da im Zeugenstand, als brauche er sich gar nicht zu verteidigen. Man hätte ihn mit seinen Fabergé-Manschettenknöpfen auch für den Zaren halten können oder für Kaiser Maximilian, der an seinem goldverzierten Schreibtisch saß. Williams hatte sich die gelangweilte Arroganz der Monarchen und Aristokraten zu eigen gemacht, deren Porträts und Nippsachen er nun besaß.

Lawton ging zum nächsten Punkt über. »Sie haben uns viel über Ihre Beziehung zu Danny Hansford erzählt. Gab es außer der Tatsache, daß er Sie Ihrer Darstellung nach angegriffen hat, keinen Grund, ihm den Tod zu wünschen?«

»Überhaupt keinen.«

»Sie hegten keinen Groll, keine bitteren Gefühle gegen ihn?«

»Dann hätte ich ihn bestimmt nicht um mich haben wollen. Ich habe versucht, ihn auf die rechte Bahn zu bringen, ihm zu helfen, und er hat Fortschritte gemacht.«

»Sie scheinen«, sagte Lawton, »äußerst besorgt um sein Wohlergehen gewesen zu sein. Sie hatten ihm gegenüber wohl etwas *ungewöhnliche* Gefühle, denn –«

»Was für *ungewöhnliche* Gefühle?« unterbrach ihn Williams.

»Mir scheint, Sie sahen es als Ihre persönliche Aufgabe an, ihn vor sich selbst zu retten.«

»Ich habe nur versucht, ihm zu helfen, etwas aus seinem Leben zu machen. Danny hat mir mehr als einmal gesagt, daß ich der einzige Mensch sei, der ihm wirklich helfen wollte, daß ich der einzige sei, der ihn nicht benutzt hat.«

»Nun ja, auch auf die Gefahr hin, lästig zu werden – ich möchte einfach das Wesen dieser Beziehung verstehen und –«

»Schön«, meinte Williams.

»Was genau hat er für Sie getan? Er fuhr Ihren Wagen?«

»Ja.«

»Ich erinnere mich, daß Sie ausgesagt haben, er arbeite noch stundenweise in Ihrer Werkstatt und sollte sich wegen Ihres Gesundheitszustandes um Sie kümmern. Richtig?«

»Ja. Er kam öfter vorbei, um nach mir zu sehen. Manchmal verbrachte er die Nacht hier im Haus, manchmal auch zusammen mit seiner Freundin.«

»Haben Sie ihn jemals noch für andere Arbeiten oder Dienste bezahlt, außer den hier schon genannten?«

»Er hat in meinem Pick-up Möbel für mich transportiert.«

»Und für andere Gefälligkeiten oder ähnliches haben Sie ihn nicht bezahlt?«

»Was meinen Sie damit?« fragte Williams kühl. »Was für Gefälligkeiten sollten das sein?«

»Ich frage ja nur. Ich will nur sichergehen, daß ich alles richtig verstanden habe.«

Jetzt war es Spencer Lawton, der mit seinem Zeugen Katz und Maus spielte. Je mehr Williams sich wendete und drehte, um so entgegenkommender schien Lawton zu werden. Er lockte ihn noch nicht ins Netz, sondern horchte ihn aus und zog das Spiel in die Länge. Noch einmal fragte er Williams, ob er noch irgend etwas über sich und Danny zu sagen habe.

»Haben wir jetzt Ihr Verhältnis zu Danny *erschöpfend* beschrieben?«

»M-mh-«

»Ist das gleichbedeutend mit einem Ja?«

»Ja.«

Jim Williams schien ein Lächeln zu unterdrücken. Er spürte, daß er den Wettstreit schon fast gewonnen hatte. Er hatte Lawtons forschenden Fragen standgehalten. Er hatte es geschafft, daß sein guter Name nicht durch den Schmutz gezogen worden war. Von jetzt an verlief ohnehin alles zu seinen Gunsten. Seiner Aussage folgten sieben untadelige Leumundszeugen, sieben hochangesehene Bürger Savannahs. Sie hatten die Verhandlung nicht verfolgen können und warteten draußen vor dem Gerichtssaal. Alice Dowling, die Witwe des verstorbenen Botschafters Dowling; der silberhaarige George Patterson, Bankpräsident im Ruhestand; Hal Hoerner, noch ein pensionierter Bankier; Carol Fulton, die hübsche, blonde Ehefrau von Dr. Tod Fulton; Lucille Wright, die Lieferantin für Savannahs Gesellschaften. Sie und andere warteten nur darauf, der Jury zu erzählen, was für einen guten und friedfertigen Charakter Williams habe, der jetzt den Zeugenstand verließ und in aller Ruhe den Aufmarsch seiner Freunde und das Ende des Prozesses abwartete.

Doch seine Freunde mußten sich gedulden. Spencer Lawton kündigte zwei Zeugen an, die Williams' Aussagen widerlegen sollten. »Mit Erlaubnis des Hohen Gerichts rufe ich als nächsten Zeugen der Anklage: George Hill.«

George Hill war einundzwanzig Jahre alt. Er hatte lockiges, dunkles Haar und eine kräftige Statur. Er sei, sagte er im Zeugenstand, Matrose auf einem Schlepper in Thunderbolt und der beste Freund von Danny Hansford gewesen. Er kannte auch Jim Williams.

Lawton fragte ihn, ob Williams hier im Gerichtssaal anwesend sei, und Hill identifizierte ihn.

»Wissen Sie irgend etwas über die Beziehung zwischen Jim Williams und Danny Hansford?« fragte Lawton.

»Ja«, sagte Hill.

»Was genau wissen Sie über die Beziehung zwischen den beiden?«

»Na ja, Mr. Williams gab Danny Geld, wenn er etwas brauchte. Er kaufte ihm ein schönes Auto und feine Klamotten dafür, daß er mit ihm ins Bett ging.«

»Wofür bitte?«

»Dafür, daß Danny mit ihm schlief.«

»Woher wissen Sie davon?«

»Danny und ich haben ein paarmal darüber gesprochen. Danny hat mir gesagt, daß er das Geld und alles andere liebte. Er sagte, es mache ihm nichts aus, wenn Mr. Williams ihn dafür bezahlen wollte, an seinem Schwanz zu lutschen.«

Als diese Worte fielen, herrschte lautlose Stille im Saal. Lawton legte eine Pause ein, um ihre Wirkung nicht zu zerstören. Mitglieder der Jury blickten einander verlegen an. Blanche Williams betrachtete ihre Schuhe. Der Gerichtsreporter, der vor mir saß, lachte sein stummes Lachen.

Bobby Lee Cook saß wie versteinert da. Am Morgen hatte er bei einer Sitzung im Richterzimmer offiziell Einspruch gegen Lawtons Absicht eingelegt, George Hill in den Zeugenstand zu rufen. George Hills Aussage darüber, was ihm Danny Hansford erzählt habe, sei unzulässig, weil sie auf bloßem Hörensagen beruhe. Und wenn Hill die Grenzen überschreiten würde, könne man der Jury nicht mehr sagen, sie solle das soeben Gehörte ignorieren. »Man kann das Gesagte nicht ungeschehen machen«, sagte er. »Man kann kein Stinktier zu den Geschworenen auf die Bank setzen und ihnen erzählen, sie hätten nichts gerochen.« Doch Lawton wandte ein, daß George Hill möglicherweise etwas über das Mordmotiv sagen könnte, und Richter Oliver entschied, daß er aussagen dürfe.

»Hat Danny Ihnen je von Streitigkeiten zwischen ihm und Mr. Williams berichtet?« fuhr Lawton fort.

»Nun, ein paarmal, als ich dort war«, sagte Hill, »hatten sie kleine Auseinandersetzungen, immer wenn Mr. Williams Danny nicht genügend Geld geben wollte. Einmal – da war ich aber nicht dabei – fing Danny an, mit einem Mädchen namens Bonnie Waters auszugehen, was Mr. Williams nicht besonders gefiel. Er kaufte Danny für vierhundert Dollar eine goldene Halskette unter der Bedingung, daß er das Mädchen nicht wiedersehen würde. Danny schenkte die Halskette Bonnie und brachte sie mit der Kette um ihren Hals ins Mercer House mit. Williams wurde ganz schön wütend und befahl Danny, seine Sachen zu packen und zu verschwinden. Danny bekam richtig Angst, daß er seinen Ernährer verlieren könnte.«

»Wann war das?«

»Ungefähr zwei Tage vor seinem Tod.«

Im Kreuzverhör spielte Cook die Rolle des lieben Onkels. Er bat Hill, der Jury von seiner Vorliebe für Waffen zu erzählen – Hill besaß zwei Pistolen und vier Gewehre – und von der Zeit, als er einen anderen Jungen und dessen Vater überfiel und ihre Tür eintrat. Hill war auch einmal zusammen mit einem Freund verhaftet worden, weil sie fünfzehn Straßenlampen ausgeschossen hatten. Cook fragte auch, warum George Hill der Polizei nichts von dem Vorfall mit der Halskette erzählt habe, sondern erst jetzt, mehr als sechs Monate später, mit dieser Geschichte herausrückte. »Wem haben Sie denn zuerst davon erzählt?«

»Na ja«, sagte Hill, »Dannys Mutter hat sich bei mir gemeldet und mich gebeten, mit ihrem Anwalt oder mit einem der Staatsanwälte zu sprechen.«

»Oh, Dannys Mutter hat sich bei Ihnen gemeldet?« Cook tat äußerst überrascht.

»Ja, Sir.«

»Und sie erzählte Ihnen, daß sie Jim Williams verklagt hätte, nicht wahr? Und sie wollte zehn Millionen Dollar einsacken und Ihnen etwas davon abgeben! *Ist es nicht so?*«

»Das ist eine Lüge«, sagte Hill, »und es ist nicht sehr anständig von Ihnen, so etwas zu sagen.«

Jetzt war es an Bobby Lee Cook, eine Pause einzulegen, damit die Stille im Saal das soeben Gesagte unterstrich.

Spencer Lawtons zweiter Zeuge war Greg Kerr, ein weiterer Freund von Danny Hansford. Kerr war einundzwanzig und blond und arbeitete in der Druckerei der *Savannah Evening Press*. Er trug eine Brille mit Drahtgestell und war sichtlich nervös. In sicherem Bewußtsein, daß man ihn ohnehin damit konfrontieren würde, spuckte er alles aus, was er in seinem Leben angestellt hatte. Er war wegen Drogenbesitzes und Verdunkelungsgefahr verhaftet worden; er bewegte sich in der »Homosexuellenszene«, seit ihn ein Lehrer in der High-School verführt hatte. Sein letztes homosexuelles Erlebnis allerdings läge drei Wochen zurück, und er habe jetzt für immer Schluß damit gemacht.

»Wissen Sie aus eigener Kenntnis, ob Danny Hansford und Jim Williams irgendeine Beziehung irgendeiner Art gehabt haben könnten?« fragte Lawton.

»Ja«, antwortete Kerr.

»Woher wissen Sie davon?«

»Ich war bei ihnen zu Hause, um Backgammon zu spielen, und Danny verließ das Zimmer, weil er irgendwie müde war. Ich sagte, er sei wirklich ein gutaussehender Typ, und Williams meinte daraufhin.

›Ja. Er ist sehr gut im Bett. Und außerdem ganz gut ausgestattet.‹«

»Hat Danny Drogen genommen?« fragte Lawton.

»Ja, das hat er. Er hatte Marihuana im Haus, als ich einmal da war.«

»Hat er jemals darüber gesprochen, woher er es bekam?«

»Ja. Er sagte: ›Jim kauft mir all meine Drogen.‹«

Bobby Lee Cook sprang auf die Füße. »Euer Ehren, das ist nun eindeutig üble Nachrede!«

Richter Oliver wies den Einspruch ab.

Im Kreuzverhör gelang es John Wright Jones aufzudecken, daß Jim Williams Greg Kerr einmal mitten in einem Backgammonspiel einen Betrüger genannt und ihm das Backgammonbrett über den Kopf geschlagen hatte. Kerr könnte also auch aus Rachsucht ausgesagt haben. Kerr wies das entschieden zurück. Vor ein paar Tagen habe er in der *Evening Press* gelesen, daß Danny Hansford während der Verhandlung als gewalttätige Person bezeichnet worden sei. Da sei ihm klargeworden, daß es seine Pflicht war, vor Gericht auszusagen.

»Mr. Williams hat mir immer wieder versichert, daß er unschuldig sei«, sagte Kerr, »und er hat überall damit angegeben, daß er bis zur letzten Instanz gehen würde. Da hatte ich das Gefühl, wissen Sie, nun da Mr. Hansford tot ist, und als ich las, daß ihn alle schlechtmachen, daß ich hier erscheinen müßte. Ich rief Mr. Lawton an, so ungefähr um halb elf noch am selben Abend.«

»Warum haben Sie sich nicht schon früher gemeldet?« fragte Jones.

»Ich hab ja schon so oft daran gedacht, aber ich hatte Angst, weil ich immer noch mit der Homosexuellenszene zu tun hatte und eben dachte, ich sollte es lieber nicht tun.«

»Und wann haben Sie sich aus der ›Homosexuellenszene‹, wie Sie es nennen, gelöst?«

»Ich versuche es schon seit drei oder vier Jahren. Ich hatte noch ein homosexuelles Erlebnis vor drei Wochen, an das ich mich kaum erinnere, und davor hatte ich mich schon anderthalb Monate lang zurückgezogen. Ich habe mich gebessert, und ich werde nie mehr solch ein Leben führen, weil es Unrecht ist, das steht auch schon in der Bibel, und ich rufe alle Homosexuellen auf, damit aufzuhören, solange es noch geht, weil sie sonst als alte Trottel enden, die niemand mehr haben will. Ich habe Glück. Ich bin jung, und ich habe aufgehört.«

»Seit ungefähr drei Wochen.«

»Ich habe damit aufgehört.«

»Keine weiteren Fragen«, sagte Jones.

Greg Kerr verließ den Zeugenstand und den Gerichtssaal.

Bobby Lee Cook erhob sich und sagte: »Rufen Sie bitte Mrs. Dowling herein.«

Alice Dowling, die Witwe des Botschafters, betrat den Gerichtssaal mit liebreizendem Lächeln und nicht der leisesten Ahnung, was hier vorgefallen war, während sie und die anderen draußen auf dem Flur gewartet hatten. Sie kannte Williams schon, seit er sie bei der Restaurierung ihres Hauses in der Oglethorpe Avenue beraten hatte.

»Hatten Sie Gelegenheit, mit Mr. Williams auf einer seiner Parties, Festlichkeiten und anderen gesellschaftlichen Anlässen zu plaudern?« fragte Cook.

»Ja«, erwiderte Mrs. Dowling höflich. »Wir gehen schon seit vielen Jahren zu seiner Weihnachtsparty.«

»Haben Sie dort oder bei einer anderen Gelegenheit den Eindruck gewonnen, daß Mr. Williams Drogen nahm oder Drogenkonsum guthieß?«

»Überhaupt nicht.«

Jetzt nahm Spencer Lawton Mrs. Dowling ins Kreuzverhör.

»Mrs. Dowling, haben Sie von einer Beziehung gehört, die Jim Williams möglicherweise zu einem jungen Mann namens Danny Hansford unterhielt?«

»Nein, Sir. Ich weiß überhaupt nichts über das Privatleben von Mr. Williams.«

»Danke. Das wäre alles.«

Der Reihe nach betraten nun die hochangesehenen Freunde von Jim Williams den Gerichtssaal und verbürgten sich für seinen guten Charakter. Alle waren sie Gäste auf seinen wundervollen Weihnachtsparties gewesen, hatten nie Drogen bei ihm gesehen und auch nicht gehört, daß er sich positiv dazu äußerte, und Danny Hansford war ihnen völlig unbekannt.

Als die Zeugenvernehmungen vorüber waren, verkündete der Richter eine Unterbrechung übers Wochenende und ermahnte die Juroren, nicht über den Fall zu sprechen und keine Berichte über den Fall in Zeitungen oder im Fernsehen zur Kenntnis zu nehmen. Am Montag würde man die Schlußplädoyers und die Ermahnung der Jury durch den Richter hören.

Am Sonntag stand – mit oder ohne Hintergedanken – in der *Savannah Morning News* ein Bericht über die harten Lebensbedingungen im Chatham-County-Gefängnis. Ein Bundesrichter hatte es besichtigt und es als »dreckig« bezeichnet. Er wäre erstaunt und entsetzt, sagte er, über die hygienischen Zustände dort. Die Insassen wären »zusammengepfercht, schlecht ernährt, schmutzig und ohne ausreichende medizinische Versorgung«. Das Gebäude war erst drei Jahre alt, ein moderner Betonbau mit einem Streifen gutgepflegtem Rasen. Bei Nacht wurde es angestrahlt und wirkte so sauber und friedlich wie eine Bankfiliale in Palm Springs. Doch drinnen zeigte sich ein ganz anderes

Bild. Nach Aussage des Bundesrichters herrschte hier das Chaos. »Es mangelt an Aufsicht und Kontrolle«, sagte er. »Das Essen ist eine einzige Katastrophe.«

Am Montag morgen war die Stimmung im Gerichtssaal gespannt. Spencer Lawton erhob sich zu seinem Schlußplädoyer. »Jim Williams leidet nicht nur an Hypoglykämie. Mit ihm stimmt auch einiges andere nicht«, sagte er. »Jim Williams ist fünfzig Jahre alt. Er ist äußerst wohlhabend, kultiviert und vornehm. Er wohnt in einem eleganten Haus und reist zweimal im Jahr ins Ausland. Er hat viele mächtige und einflußreiche Freunde. Und noch etwas zeichnet Williams aus. Sein Haus ist voll von deutschen Lugerpistolen, die dort geladen und schußbereit herumliegen. Auf dem Schreibtisch in seinem Arbeitszimmer steht die Kühlerfigur eines Nazidienstwagens. Außerdem besitzt er einen Nazioffiziersring mit Totenkopf und gekreuzten Knochen.

Danny Hansford war ein unreifer, unterprivilegierter, unkultivierter, verwirrter, leicht erregbarer junger Mann, den Gefühle von Verrat und Zurückweisung, selbst von seiten seiner Mutter, plagten. Danny Hansford, so meine ich, war eher eine tragische Figur als ein schlechter Mensch. Können Sie sich nicht vorstellen, wie leicht ein junger Mann mit seinem Hintergrund verführbar war, wenn er in so einem Haus lebte und mit einem Mann wie Jim Williams befreundet sein durfte?

Danny Hansford hat Jim Williams nie wirklich etwas bedeutet. Er war eine Schachfigur, eine bloße Schachfigur in einem dreckigen kleinen Spiel aus Manipulation und Ausbeutung. Vielleicht hat Danny sich selbst als gerissener Gauner gesehen. Na ja, das Spiel war eine Nummer zu groß für ihn. Er hatte es mit einem absoluten Profi zu tun und war am Ende der Verlierer. Ich glaube nicht, daß er der Betrüger war. Ich glaube, daß er betrogen wurde. Er war so etwas wie ein Gefangener in einem luxuriösen Konzentrationslager, wo die Folter nicht körperlich ist, sondern psychisch und emotional.

Es ist doch mehr als seltsam, daß Jim Williams einen unfähigen, unzuverlässigen, emotional unberechenbaren depressiven Psychopathen bei sich aufnahm, der ihm auch noch in den schlimmsten Stunden, wenn er seine Anfälle bekam und ins Koma fiel, beistehen und Schutz bieten sollte. Und es ist ebensowenig begreiflich, daß Jim Williams freiwillig jemanden nach Europa mitnahm, den er, wie er selbst sagt, für kriminell, gewalttätig und psychotisch hielt.«

Lawton entfaltete eine giftige Beredsamkeit. Er sprach sanft, wie schon die ganze Zeit während des sechstägigen Prozesses, doch sein gerechter Zorn hallte wie ein Aufschrei durch den Saal.

»Was hier geschehen ist, war Mord«, sagte Lawton, »der als Notwehr ausgegeben wird, eine Notwehr, die es nie gegeben hat. Thomas Hobbes hat einmal gesagt, das Leben sei grausam, gemein und kurz, und Danny Hansford hätte ihm in seinen letzten fünfzehn oder zwanzig Sekunden sicher zugestimmt, als er sein Leben auf dem Perserteppich von Jim Williams aushauchte.«

Es war während seines Schlußplädoyers, in den letzten Augenblicken des Prozesses, als Lawton der Theorie der Anklage vom tatsächlichen Ablauf des Geschehens noch eine unerwartete, teuflische Wende gab. Er behauptete nämlich, daß die frühere Geschichte von Dannys gewalttätigem Ausbruch – als er am Abend des 3. April durch das Haus gestürmt und in den Fußboden des Schlafzimmers geschossen haben soll – reine Erfindung war. Williams habe das alles inszeniert, so Lawton, als eine Art Vorbereitung für den späteren Mord an Danny Hansford. »Könnte es nicht so geplant worden sein?« fragte er. »Hat Jim Williams vielleicht gewußt, daß er irgendwann vor diesem

Gericht würde aussagen müssen, er habe Danny Hansford in Notwehr erschossen? Wollte Williams möglicherweise einen Beweis für Dannys Gewalttätigkeit schaffen, wollte er, daß es bei der Polizei aktenkundig wurde, und hat er vielleicht das Ganze arrangiert, während Danny oben schlief?«

Lawton glaubte, daß die Schüsse auf Danny Hansford keine Notwehr und auch kein Verbrechen aus Leidenschaft waren, sondern sorgsam geplanter Mord. Seiner Auffassung nach zertrampelte Williams am 3. April, während Danny Hansford oben schlief, im Erdgeschoß einen Tisch mit Marmorplatte, warf einen geschliffenen Glaskrug auf den Boden, zerschlug Porzellangegenstände aus dem 18. Jahrhundert und feuerte mit einer deutschen Luger auf die Straßenbeleuchtung am Monterey Square – und das alles in der Absicht, hinterher die Polizei zu rufen und es auf Danny Hansford zu schieben. Warum aber hatte der Schuß in den Fußboden des Schlafzimmers Danny nicht aufgeweckt? Weil es nach Lawtons Theorie in dieser Nacht gar keinen Schuß in den Schlafzimmerboden gegeben hatte; das Loch im Fußboden des Schlafzimmers war ein *altes* Einschußloch. Dafür hatte Lawton einen überzeugenden Beweis: die Aussage von Corporal Michael Anderson, des Polizisten, der in jener Nacht ins Haus gekommen war: »Wir hoben den Teppich hoch und sahen ein Einschußloch im Fußboden, konnten aber keine Kugel finden. Ich konnte nicht sagen, ob das Loch alt oder neu war.« Jetzt, ganz zum Schluß seines Plädoyers, teilte Lawton der Jury mit: »Offenbar glaubte Corporal Anderson nicht, daß dieses Einschußloch von Danny Hansford stammte.« Bobby Lee Cook, der sein Plädoyer schon gehalten hatte, konnte nicht mehr auf Lawtons bestürzende Behauptung antworten.

Der Richter setzte die Verhandlung für diesen Tag aus. Am nächsten Morgen war der Saal wieder brechend voll. Richter

Oliver instruierte die Jury des längeren und entließ die Geschworenen zur Urteilsberatung.

Drei Stunden später verbreitete sich im Gericht die Nachricht, daß die Jury in den Saal zurückkehrte. Der Gerichtsdiener rief zur Ordnung, und die Geschworenen betraten der Reihe nach den Gerichtssaal.

»Obmann, haben Sie Ihr Urteil gefällt?« fragte Richter Oliver.

»Ja, Sir, das haben wir«, sagte der Obmann.

»Würden Sie es bitte dem Protokollführer geben, damit er es verlesen kann?« Der Obmann gab dem Protokollführer ein Stück Papier, der Protokollführer stand auf und las:

»›Wir, die Jury, befinden den Angeklagten des Mordes für schuldig.‹«

Durch den Gerichtssaal ging ein Laut des Entsetzens.

»Das Urteil lautet lebenslängliche Freiheitsstrafe«, sagte Oliver.

Zwei Gerichtsdiener gingen auf Williams zu und führten ihn zu einer kleinen Tür am Ende der Geschworenenbank. Bevor er durch diese Tür ging, machte Williams kurz halt und drehte sich um – er verzog keine Miene, seine dunklen Augen waren unergründlich wie eh und je.

Die Zuhörer strömten aus dem Saal auf den Korridor und versammelten sich um Bobby Lee Cook, der vor den Fernsehkameras stand, seiner Enttäuschung Ausdruck verlieh und ankündigte, in wenigen Tagen Berufung einzulegen. Während seiner Worte ging eine einsame Gestalt, unbemerkt von den Reportern, am Rand der Menge vorbei und betrat einen Fahrstuhl. Es war Emily Bannister, Danny Hansfords Mutter. Während sich die Fahrstuhltür schloß, wandte sie sich um. Auf ihrem Gesicht lag kein Lächeln, sondern ein Ausdruck tiefer Befriedigung.

KAPITEL 17

Ein Loch im Fußboden

Der Tag hatte für Jim Williams im hellen Glanz des Mercer House begonnen und in der düsteren Enge des Chatham-County-Gefängnisses geendet. Sein glitzerndes Gesellschaftsleben war vorüber. Nie mehr würden die feinen Kreise von Savannah beten, daß er sie zu seinen extravaganten Parties einlud. Er würde den Rest seines Lebens in der Gesellschaft von Einbrechern, Räubern, Vergewaltigern und anderen Mördern verbringen – jenen Leuten, die Williams so geringschätzig als »kriminelle Elemente« bezeichnet hatte, wie Lee Adler immer und überall betonte.

Jim Williams' tiefer und plötzlicher Absturz schockierte Savannah. Man wollte aber einfach nicht wahrhaben, daß Williams wirklich so tief gefallen war, was wiederum zeigte, was für ein hohes Ansehen er in der Stadt genoß. Kaum zwölf Stunden nachdem er aus dem Gerichtssaal abgeführt worden war, machten Gerüchte die Runde, daß er sich sein Leben hinter Gittern ganz nach seinem persönlichen Geschmack einrichtete.

»Er läßt sich seine Mahlzeiten von draußen schicken«, sagte Prentiss Crowe. »Das hat man wohl schon arrangiert. Den Lunch bekommt er aus der Pension von Mrs. Wilkes, sein Abendessen den einen Abend von Johnny Harris und den anderen vom Elizabeth's. Er hat schon eine Liste von Gegenständen zusammengestellt, die in seine Zelle gebracht werden sollen – eine feste Matratze und einen Regency-Schreibtisch.«

Von offizieller Seite wurde bestritten, daß Williams irgendwelche Vergünstigungen erhielt. Er würde wie jeder andere Insasse des Chatham-County-Gefängnisses behandelt, hieß es. Und das waren, wie jedermann wußte, keine guten Nachrichten für Williams. Ein noch unheilvolleres Schicksal drohte ihm im Staatsgefängnis von Reidsville, wo er wahrscheinlich seine Strafe abbüßen mußte. Reidsville war ein knallhartes Gefängnis, siebzig Meilen westlich von Savannah. In dem Augenblick, als Richter Oliver das Urteil verkündete, befanden sich die Gefangenen von Reidsville im Aufstand und zündeten das Gefängnis an. An seinem ersten Morgen als Sträfling konnte Williams in der Zeitung neben dem Hinweis seiner eigenen Verurteilung einen Bericht über den Gefangenenaufstand lesen. Die Geschichte stand auf der ersten Seite. Am folgenden Tag war Reidsville wieder auf der Titelseite. Drei schwarze Gefangene hatten einen weißen Insassen mit dreißig Messerstichen getötet. Danach hatten die Beamten das Gefängnis durchsucht und ein kleines Waffenarsenal beschlagnahmt, darunter auch eine selbstgebastelte Bombe. Unter diesen Umständen bestand die drängende Frage nicht darin, wer Jim Williams im Chatham-County-Gefängnis das Essen liefern würde, sondern ob es seinen Anwälten gelänge, ihn vor der Verlegung nach Reidsville zu schützen.

Nach zwei Tagen hatte das Rätselraten um Williams und sein Schicksal ein Ende, weil Richter Oliver ihn wegen der bevorstehenden Berufung gegen 200 000 Dollar Kaution freiließ. Ein Schwarm Reporter und viele Kameras drängten sich um Williams, als er sich, aus der Tür des Gefängnisses tretend, auf den Weg in sein vereinsamtes Paradies machte. »Und die Geschäfte gehen weiter, Mr. Williams?« rief ihm ein Reporter nach.

»Die Geschäfte gehen weiter. Ganz richtig!« erwiderte er. Ein paar Minuten später war er wieder im Mercer House.

Dem Anschein nach kehrte Williams' Leben zu einer gewissen Normalität zurück. Er handelte wieder mit Antiquitäten und fuhr mit Erlaubnis des Gerichts nach New York, um bei einer festlichen Abendgesellschaft anwesend zu sein, mit der das Cooper-Hewitt-Museum die Ausstellung der Fabergé-Sammlung von Königin Elizabeth eröffnete. Äußerlich schien er gefaßt; in Gesprächen hatte er nichts von seiner scharfen Zunge eingebüßt. Allerdings war er jetzt ein verurteilter Mörder, und sein geistreicher Witz konnte die stille Verzweiflung nicht verbergen. Seine schwarzen Augen schienen noch dunkler geworden zu sein. Immer noch wurde er zu Dinnerparties eingeladen, aber die Einladungen nahmen ab. Immer noch schauten alte Freunde vorbei, aber nicht mehr so oft.

Im privaten Gespräch äußerte er seine Verbitterung. Was ihn am meisten ärgerte, war nicht das Urteil oder der Ansehensverlust oder die Kosten der Verteidigung, sondern daß man ihn überhaupt eines Verbrechens bezichtigt hatte. Anfangs hatte er angenommen, daß sein Wort als Gentleman genügen würde, um die ganze Affäre still und leise aus der Welt zu schaffen. So hatte man in Savannah ja auch frühere Vorfälle behandelt, an denen prominente Verdächtige beteiligt waren – zum Beispiel den Sturz von der Treppe, der einen reichen Mann tötete, der sich gerade von seiner Frau hatte scheiden lassen wollen, oder den Fall der alten Jungfer, die die durchlöcherte Leiche ihres Liebhabers einbalsamierte, bevor sie die Polizei rief.

»Zumindest habe ich sofort die Polizei gerufen«, erzählte mir Williams kurz nach seiner Freilassung. »Sie hätten sie in jener Nacht erleben sollen. Als es sich über den Polizeifunk herumsprach, was geschehen und wo es geschehen war, kamen sie in Scharen herbei. Sie liefen durch das Haus wie Kinder, die das Schloß von Versailles besichtigten. Sie schauten sich alles an und tuschelten miteinander. Vier Stunden wuselten sie hier herum – haben Sie so etwas schon mal gehört? Wenn in Savannah ein schwarzer Mann am Freitagabend einen anderen Schwarzen tötet, schauen vielleicht zwei Polizisten für dreißig Minuten vorbei, und damit hat es sich. Aber bei mir machte die Polizei geradezu einen Festakt daraus. Als die Fotografin mit ihren Bildern fertig war, ging sie in die Küche, kochte Tee und Kaffee und servierte noch Plätzchen dazu. Das war zwar verdammt lästig, dachte ich, aber wohl kaum zu vermeiden. Wenn sie ihren Spaß gehabt haben, werden sie sich ja wohl verziehen. Sie waren äußerst höflich, entschuldigten sich ständig und fragten, ob sie mir helfen könnten. Ein besonders unterwürfiger Polizist kam zu mir und sagte, er habe den Teppich mit Sodawasser getränkt, damit man die Flecken von Dannys Blut wieder herausbekommen könnte. Ich dankte ihm für diese Besonnenheit. Später auf dem Polizeirevier unterzeichnete ich ein paar Papiere – reine Routine, wie ich annahm. Die Beamten waren so freundlich, daß ich keine Ahnung hatte, daß ich des Mordes angeklagt war, bis ich es am nächsten Tag in der Zeitung las.«

Williams' tiefster Groll richtete sich allerdings nicht gegen die Polizei, sondern gegen die feine Gesellschaft von Savannah und die hierarchischen Strukturen, die sie beherrschten.

»Die Menschen aus den sogenannten guten Familien Savannahs werden in eine Hackordnung hineingeboren, aus der sie nur entkommen können, wenn sie die Stadt für immer verlassen. Erst müssen sie auf die richtige höhere Schule gehen – Savannah Country Day oder Woodberry Forest –, dann auf ein gutes College, dann wieder nach Hause kommen und in die Reihe treten. Sie müssen für eine bestimmte Firma oder bestimmte Leute arbeiten und sich allmählich nach oben kämpfen. Sie müssen das richtige Mädchen aus der richtigen Familie heiraten und selbst eine anständige kleine Familie gründen. Sie müssen Mitglied von Christ Church oder Saint John's sein. Sie müssen in den Oglethorpe Club, den Jachtclub und den Golfclub eintreten. Schließlich haben sie es dann mit Ende Fünfzig oder Anfang Sechzig geschafft. Aber inzwischen sind sie ausgebrannt, unglücklich und unerfüllt. Sie betrügen ihre Frauen, hassen ihre Arbeit und führen ein trostloses Leben als hochgeachtete Versager. Ihre Frauen, die meisten jedenfalls, sind kaum mehr als Langzeithuren – mit dem entscheidenden Unterschied, daß, berücksichtigt man die Häuser, die Autos, die Kleider und die Clubs, Savannahs respektable Frauen weit mehr Geld für ihren Arsch bekommen als eine Prostituierte. Wenn solche Leute nun jemanden wie mich sehen, der sich ihrer Hackordnung nie gefügt hat, dann *hassen* sie diese Person. Das habe ich so oft gespürt. Sie können nicht über mich herziehen, und das gefällt ihnen gar nicht.«

Trotz seiner Verbitterung war Williams zuversichtlich, daß seine Berufung Erfolg haben würde. Wenn nicht, dann hatte er sich schon überlegt, wie er sich am besten an Savannah rächen könnte. Dafür wäre das Mercer House ideal. »Ich könnte das Haus einer sozialen Einrichtung vermachen, um dort ein Rehabilitationszentrum für Drogensüchtige einzurichten. Es ist doch groß genug, um täglich ein paar Hundert Süchtige zu behandeln, oder? Und der Monterey Square würde dann sozusagen zum Wartezimmer für die Junkies werden. Die Nachbarn wären fix und fertig, besonders die hochnäsigen Adlers. Aber wer könnte sich schon gegen eine so gemeinnützige Geste aussprechen!«

Und wenn nun Danny Hansfords Mutter ihren Zehn-Millionen-Dollar-Prozeß gegen ihn gewinnen würde? Wäre sie dann nicht die neue Besitzerin des Hauses? »Dannys Mutter wird niemals im Mercer House leben«, erklärte Williams, »eher würde ich es zerstören. Das wäre nicht leicht, denn das Haus ist solide gebaut; die Innenwände sind aus Backstein. Ich weiß aber, wie man das gesamte Haus in die Luft jagen kann. Man muß nur Löcher durch die Decken der vier Eckzimmer im Erdgeschoß brechen und sie mit Aceton füllen – und das ganze Haus geht hoch. In Georgia ist Brandstiftung nur ein Verbrechen, wenn man die Versicherungssumme kassieren will. Mercer House ist nicht versichert. Dannys Mutter hätte dann zwar ein nettes Grundstück, aber ohne ein Haus darauf.«

Während Jim Williams noch überlegte, wo genau er die Löcher in die Decken des Mercer House bohren sollte, konzentrierte sich das Oberste Gericht des Bundesstaates Georgia auf ein Loch, das es schon gab – das Einschußloch im Schlafzimmerfußboden im ersten Stock, das Danny Hansford einen Monat vor seinem Tod verursacht haben soll, als er durch das Haus tobte. Es war das Loch, von dem Corporal Anderson, der Beamte, der Danny festnahm, aussagte: »Ich konnte nicht erkennen, ob es ein neues oder altes Einschußloch war.« Spencer Lawton stellte daraufhin die Behauptung auf, daß das Loch alt war und daß Williams die ganze Geschichte erfunden hatte, um einen Monat später behaupten zu können, er habe Hansford »in Notwehr« erschossen.

Ein paar Wochen nach dem Schuldspruch erhielt Bobby Lee Cook einen anonymen Brief aus dem Büro des Bezirksstaatsanwalts. Er enthielt eine Kopie des Polizeiberichts, den Corporal Anderson in der Nacht des früheren Vorfalls geschrieben hatte. Im Bericht stand der Satz: »*Wir haben tatsächlich ein frisches Einschußloch im Fußboden gefunden.*« Im Prozeß hatte er unter Eid etwas anderes behauptet.

Die Verteidigung hatte auf richterlichen Beschluß hin vor dem Prozeß eine Kopie von Andersons schriftlichem Bericht erhalten, aber Lawton hatte die betreffende Zeile abgedeckt. Als Bobby Lee Cook den vollständigen Text sah, wurde ihm sofort klar, daß Lawtons Eingriff praktisch als Amtsvergehen zu betrachten war. Vor allem darauf gründete Cook seine Beschwerde vor dem Supreme Court. Das Gericht reagierte zornig. Es hob den »offenkundigen Widerspruch« zwischen den beiden Aussagen von Corporal Anderson über das Einschußloch hervor und verurteilte Lawtons Vertuschungsversuch. »Wir können und werden keine Behinderung der Wahrheitsfindung in einem Prozeß dulden«, lautete die einstimmige Entscheidung. »*Das Urteil ist aufgehoben.* Dem Wiederaufnahmegesuch muß stattgegeben werden.«

KAPITEL 18

Mitternacht im Garten der Lüste

Bei aller Aufregung über die Aufhebung des Urteils gegen Jim Williams schien die Entscheidung des Georgia Supreme Court kaum mehr als eine Gnadenfrist zu sein. Das Loch im Fußboden hatte im Prozeß nur eine marginale Rolle gespielt; die Beweisführung der Anklage war in den wesentlichen Punkten unberührt geblieben. Williams würde in seinem zweiten Prozeß mehr zu seiner Verteidigung vorbringen müssen, wenn er keine erneute Verurteilung riskieren wollte.

Nichtsdestoweniger war Williams überglücklich. Er prahlte damit, daß ihn die Aufhebung des Urteils völlig entlastet habe. Er freute sich unbändig, daß im Wortlaut der Entscheidung des Bundesgerichts Spencer Lawton und die Polizei als Lügner bezeichnet wurden. Williams machte zarte Andeutungen darüber, daß seine Verteidigung diesmal tatsächlich überzeugender sein würde. »Von jetzt an wird die Angelegenheit in meinem Sinne verlaufen«, sagte er mit einem Augenzwinkern und gerissenem Gesichtsausdruck. »Gewisse ›Kräfte‹ sorgen schon dafür.« Dabei ließ er es absichtlich im ungewissen, ob er damit nur sagen wollte, daß sich die öffentliche Meinung zu seinen Gunsten gewendet habe oder ob insgeheim Bestechung im Spiel sei.

Eines Abends lud mich Williams ins Mercer House ein. Als ich eintraf, saß er am Schreibtisch in seinem Arbeitszimmer vor einem Glas Wodka Tonic. Er fing sofort an, mich mit Geschichten über seine beiden Lieblinge zu versorgen – über den »korrupten« Spencer Lawton und den »voreingenommenen und dummen« Richter Oliver. Dann kam er auf die geheimnisvollen Kräfte zu sprechen, die für ihn arbeiteten.

»Wissen Sie, ich hatte nie Zweifel daran, daß der Supreme Court meine Verurteilung aufheben würde«, sagte er. »Ich wußte es die ganze Zeit. Ich war mir ganz sicher. Und wissen Sie, warum? Weil ich mich weigerte, auch nur daran zu *denken*, daß sie meine Berufung verwerfen könnten. Wenn ich daran gedacht hätte, wenn ich mich damit beschäftigt hätte, hätte ich Depressionen bekommen und mir das Schlimmste ausgemalt, und dann wäre das Schlimmste auch passiert.« Ich spürte, wie Williams mich beobachtete und meine Reaktion abwartete.

»Konzentration«, fuhr er fort. »Das war es. Wie bei dem kleinen Experiment an der Duke University mit den Würfeln, von denen ich Ihnen erzählt habe. Ich verbesserte die Chancen in meinem Fall genauso wie die Männer mit den Würfeln, genauso wie bei meinem Psycho-Würfelspiel: durch geistige Kinetik.

Vielleicht halten Sie das alles für blanken Unsinn. Die meisten Menschen denken so, und ich kann ihnen nur sagen: Schön, dann glaubt ihr es eben nicht, ich brauche euch nichts zu beweisen – ihr aber ignoriert eine wertvolle Kraft, die uns allen gegeben ist.« Williams lächelte geheimnisvoll, doch es schien ihm ernst zu sein.

»Natürlich habe ich Hilfe gehabt«, sagte er. »Ich habe mich nicht allein auf meinen Fall konzentriert. Ein Experte in diesen Sachen hat mir dabei zur Seite gestanden. Und ich kann Ihnen versichern, daß der Richter, der leitende Staatsanwalt und wer immer in der Jury sitzen mag, in meinem zweiten Prozeß Ziel einiger sehr wirksamer Schwingungen sein werden.«

Williams holte eine Handvoll Würfel aus der Tasche und legte neun davon fein säuberlich auf der Schreibunterlage aus Löschpapier übereinander.

»In Ermangelung eines besseren Wortes benutze ich einfach den Begriff ›Schwingungen‹. Diese Schwingungen, diese Gedankenwellen – wie immer man es auch bezeichnen mag – werden von mir und einer Frau namens Minerva erzeugt. Sie ist eine alte und sehr liebe Freundin, die in Beaufort, South Carolina, lebt – ungefähr fünfundvierzig Minuten entfernt von hier. Heute abend werde ich sie besuchen.«

Williams holte eine Flasche Wasser aus einer Schublade. »Das ist Regenwasser«, sagte er. »Ich soll es heute abend mitbringen, hat Minerva gesagt. Ebenso wie die Würfel. Diese Dinge werden wir heute nacht noch brauchen.« Williams sah mich an. »Wenn Sie den Mumm dazu haben, können Sie gern mitkommen. Es wird höchstens zwei oder drei Stunden dauern. Interessiert?«

»Sicher, warum nicht?« erwiderte ich. Und sobald ich es gesagt hatte, fielen mir mehr als ein Dutzend Gründe ein, warum ich nicht interessiert sein könnte, aber nun war es nicht mehr zu ändern. Eine halbe Stunde später gingen wir durch die Hintertür des Mercer House zur Remise, wo ein grüner Jaguar auf einem Orientteppich parkte. Williams stellte seinen Wodka Tonic auf das Armaturenbrett und fuhr den Wagen langsam auf die Wayne Street hinaus. Kurz darauf glitten wir durch die ruhigen Straßen von Savannah, über die Talmadge Brücke und in die Dunkelheit der Tiefebene von South Carolina hinein.

Das Licht der Armaturen warf ein bleiches Schimmern auf Williams' Gesicht. »Wenn ich Minerva als Medizinfrau oder Voodoo-Priesterin bezeichnen würde, läge ich gar nicht so falsch«, sagte er. »Sie ist das und noch mehr. Sie war die Lebensgefährtin von Dr. Buzzard, dem letzten großen Voodoo-Zauberer in Beaufort County. Vielleicht wissen Sie noch nicht, daß Sie sich im Herzen des Voodoo-Landes befinden. Das ganze Küstengebiet ist davon geprägt, seit die Sklaven den Voodoo aus Afrika mitgebracht haben.

Dr. Buzzard ist vor ein paar Jahren gestorben, und Minerva hat seine Praxis übernommen. Jahrelang war Dr. Buzzard der König unter den Medizinmännern des Tieflandes. Er war eine überwältigende Erscheinung – groß, aufrecht und dürr wie ein Pfeifenreiniger. Er trug einen Ziegenbart und eine Brille mit purpurroten Gläsern. Ein Blick in seine Augen hinter diesen Purpurgläsern war unvergeßlich. Besonders wirkungsvoll war seine ›Verteidigung‹ seiner ›Patienten‹ bei Strafprozessen. Dann saß er im Gerichtssaal, kaute auf einer Wurzel und starrte die gegnerischen Zeugen an. Manchmal änderten sie ihre Aussage, wenn sie im Zeugenstand saßen und Dr. Buzzards Blicke spürten. Oder sie zogen den Schwanz ein und rannten einfach davon. Dr. Buzzard konzentrierte seine Energie auch auf die Jury und den vorsitzenden Richter. Ich kenne einen Richter in Savannah, der sagt, er würde sofort erkennen, wenn bei einem Prozeß Medizinmänner beteiligt sind, weil dann sein Richtersitz mit Wurzeln und Kräutern und Knochen geschmückt sei.

Dr. Buzzard hat nicht schlecht davon gelebt. Die Menschen haben ihn dafür bezahlt, ihre Feinde mit Flüchen zu belegen oder Flüche zu bannen, die ihre Feinde über sie verhängt hatten. Manchmal arbeitete er für beide Seiten gleichzeitig. Er wurde reich, baute auf der Insel Saint Helena zwei große Kirchen und fuhr stets in großen, protzigen Autos herum. Auch den Damen war er sehr zugetan, und in den letzten Jahren wurde Minerva seine Geliebte.« Williams nippte an seinem Drink und stellte ihn wieder auf das Armaturenbrett.

»Als Dr. Buzzard starb, setzte sich Minerva seine purpurrote Brille auf und ließ sich als Medizinfrau nieder. Sie hat viel von ihm gelernt, aber auch eigene Methoden entwickelt. Der ständige Kontakt zu Dr. Buzzard verleiht ihr einen besonderen Status und gewisse spirituelle Kräfte. So geht sie also ständig zu seinem Grab und spricht mit ihm.«

Williams sagte, er selber glaube nicht an den Voodoo-Kult. »Ich kann mit dem ganzen Hokuspokus nichts anfangen, den Kräutern und Wurzeln und zermahlenen Knochen und Froschzungen und was nicht alles. Das sind nur Requisiten. Aber die spirituelle Kraft, die dahintersteht, ist wirkungsvoll. Minerva hat mir aufgetragen, heute abend neun blanke Würfel mitzubringen und etwas ›frisches Wasser, das durch kein Rohr gelaufen ist‹. Mit den Würfeln hatte ich kein Problem, nur das Wasser mußte ja wohl aus einem Fluß stammen oder Regenwasser sein. Zufällig war in einer Schale in meinem Garten etwas Regenwasser. Das habe ich in diese Flasche gefüllt.«

»Hätte sie denn den Unterschied bemerkt, wenn das Wasser aus der Leitung gekommen wäre?« fragte ich.

»Am Wasser sicher nicht«, meinte er. »Aber ein Blick in meine Augen, und sie hätte es gewußt.«

In Beaufort war es dunkel und still. Williams fuhr über die Hauptstraße, vorbei an den großen, alten Häusern, die vom Hafen aus auf die Sea Islands blickten – 18.-Jahrhundert-Stadtvillen aus Backstein und Holz mit dunklen Streifen. Seine Lage in der Mitte zwischen Charleston und Savannah hatte Beaufort einst zu einem bedeutenden Schiffahrtszentrum gemacht, heute jedoch war das wundervoll erhaltene Kleinstadtjuwel in Vergessenheit geraten. Langsam fuhren wir durch enge Straßen, an denen hübsche, weiße Häuser standen, die in der Dunkelheit leuchteten. Dieser ordentliche, sorgsam gepflegte Teil des Städtchens machte bald ungepflasterten Wegen und winzigen, baufälligen Cottages Platz. Wir hielten vor einer hölzernen Baracke mit einem sandbestreuten Vorplatz. Abgesehen von den hellblauen Türen und Fenstern war die Behausung nicht gestrichen. »Habenichts-Blau«, sagte Williams. »Hält die bösen Geister fern.« Das Haus war dunkel. Williams klopfte sacht und stieß die Tür auf. Das flackernde Licht eines Fernsehers war die einzige Beleuchtung im vollgestopften vorderen Raum. Ein penetranter Geruch nach Schweinefleisch und Gemüse durchzog das Haus. Ein Mann schlief auf einer Bettcouch. Als wir in das Zimmer traten, bewegte er sich. Eine junge schwarze Frau kam mit einem Teller voll Essen durch den Vorhang vor der Türöffnung. Ohne etwas zu sagen, deutete sie mit dem Kopf in den hinteren Teil des Hauses, und wir gingen einfach durch. Minerva saß in einem kleinen Zimmer unter einer nackten Glühbirne. Es fehlte nicht viel, und man hätte sie für einen Mehlsack halten können. Über ihrem runden Körper spannte sich ein Baumwollkleid. Ihre Haut war hellbraun, ihr Gesicht so rund wie ein friedlicher Mond. Ihr graues Haar hatte sie zu einem Knoten zurückgebunden, nur über den Ohren hing jeweils ein kleines Zöpfchen herab. Sie trug eine Brille mit purpurroten Gläsern und Drahtgestell. Der Tisch vor ihr war mit Flaschen, Phiolen, Zweigen, Schachteln und Stoffresten überhäuft, und auf dem Boden lagen überall Einkaufstüten herum, manche prall gefüllt, manche auch leer. Als sie Williams erblickte, lächelte sie breit und entblößte dabei ihre Zahnlücken. Dann bot sie uns zwei Klappstühle an.

»Hab schon auf dich gewartet, Baby«, raunte sie.

»Nun, Minerva, wie ist es dir so ergangen?« fragte Williams.

Über Minervas Antlitz zogen dunkle Wolken. »Ich schlag mich mit 'ner Menge Friedhofsdreck herum.«

»Nicht schon wieder!«

Minerva nickte. »Mm-hmmm. Es gibt viel Mißgunst und Hinterlist.« Minerva sprach mit einer Stimme, die von weit her zu kommen schien. Ihre Worte klangen, als seien sie vor Ewigkeiten auf einem entfernten Planeten gesprochen worden und hätten erst jetzt durch sie die Erde erreicht.

»Die Exfrau meines Sohnes. Sie hat drei Kinder von ihm. Sie kommt her und wirft Friedhofserde auf meine Veranda. Eimerweise Dreck. Das blockiert mich ganz schön, und das Geschäft geht den Bach runter. Dann kriegt mein Junge noch Ärger mit den Bullen, ich kann nicht schlafen, und dann hab ich auch noch einen Mordskrach mit meinem Alten, der tot ist.«

»Dr. Buzzard?«

»Yeah, genau. Ich brauche Geld und hab gewettet. Ich geh immer zu ihm und geb ihm einen Groschen, damit er mir eine Zahl sagt. Aber er hat keine verdammte Zahl rausgerückt. Ich hab das Arschloch verflucht. Ich weiß nicht, warum er mir keine Kohle geben will.«

Minerva legte eine kleine Wachspuppe zur Seite, an der sie gearbeitet hatte. »Es sieht so aus, als wären wir beide wieder im Geschäft, oder?«

»Ja«, sagte Williams. »Jetzt müssen wir uns auf den zweiten Prozeß konzentrieren.«

»Ja, das weiß ich.« Minerva lehnte sich vor und rückte ihr Gesicht ganz nah an Williams heran. »*Er arbeitet schwer gegen dich, Baby!*«

»Wer denn?« fragte Williams erschrocken. »Doch nicht Dr. Buzzard!«

»Nein, nein«, erwiderte Minerva. »Der Junge. Der tote Junge.«

»Danny? Nun, das überrascht mich nicht. Er hat das Ganze geplant. Er wußte, daß ich seine verdammten Spiele satt hatte. Er wußte, daß ich fünfundzwanzigtausend Dollar in bar im Haus hatte in jener Nacht, weil ich zum Einkaufen nach Europa fahren wollte. Das war seine große Chance. Er konnte mich umbringen und es nehmen.«

Minerva schüttelte ihr Haupt. »Der Junge arbeitet schwer gegen dich.«

»Und kannst du in der Sache etwas tun?«

»Ich kann es versuchen.«

»Gut. Dann gibt es noch etwas, was du für mich tun sollst.«

»Was denn, Baby?«

»Ich möchte, daß du den Bezirksstaatsanwalt mit einem Fluch belegst.«

»Aber sicher doch. Sag mir noch mal seinen Namen.«

»Spencer Lawton. L-A-W-T-O-N.«

»Yeah. Ich habe schon an seinem Namen gearbeitet. Wie ist es ihm denn ergangen, seit wir dich freigekriegt haben?«

»Er ist verzweifelt. Er ist jetzt schon seit zwei Jahren Bezirksstaatsanwalt und hat noch nie einen Fall vor Gericht gewonnen. Er ist tief gekränkt. Die Leute lachen über ihn.«

»Sie werden noch mehr zu lachen haben. Hast du die Sachen mitgebracht, wie ich es dir gesagt hab?«

»Ja. Das habe ich.«

»Wasser, das noch nie durch ein Rohr gelaufen ist?«

»Ja, ja.«

»Hast du es in einen Quartkrug getan? Ohne Etikett? Und ohne Metalldeckel?«

»Ja.«

»Und die neun blanken Würfel?«

»Sind in meiner Tasche.«

»Okay, Baby. Setz dich hin und tu, was ich dir sage.« Minerva reichte Williams einen Federkiel und ein Fläschchen mit roter Tinte, auf dem »Taubenblut« stand. »Schreib Spencer Lawtons Namen siebenmal auf dieses Stück Papier. Schreib Vor- und

Nachnamen zusammen. Schreib keine Is, und zieh keinen Querstrich durch das t. Während du das jetzt tust, bereite ich schon alles andere vor.«

Minerva füllte eine Einkaufstüte aus Plastik mit seltsamen Dingen – zwei Kellen, Stoffetzen, ein paar Flaschen. Irgendwo unter dem ganzen Zeug auf dem Tisch klingelte ein Telefon. Minerva grub den Hörer aus.

»Hallo. Mmh-mhm. Okay, hör mir gut zu.« Sie flüsterte jetzt fast. »Sie will dich wiederhaben, aber sie will, daß du ihr hinterherläufst und bettelst. Vergiß nicht, was ich dir gesagt hab. Bevor du wieder mit ihr schläfst, nimm ein Honigbad mit einem Eßlöffel Honig. Trockne dich nach dem Sex mit dem Musselintuch ab, das ich dir gegeben hab. Häng es zum Trocknen auf. Aber nicht auswaschen! Später wickelst du es dann um eine rote Zwiebel und bindest die Ecken mit einem Kreuzknoten zusammen. Wie? Ich sagte, einem Kreuzknoten. Den Knoten, den ich dir gezeigt habe. Okay. Dann mußt du nur noch das Tuch dort vergraben, wo sie hinüber- oder vorbeigeht. M-mh. Aber verlaß dich nicht darauf, Liebes, daß sie dir viel Geld gibt. Weil sie dir nämlich nichts geben wird. Deswegen verstehn sich nämlich sie und ihr Mann nicht. M-mh. Sie rückt nämlich nicht mit Geld raus. Und sei ja vorsichtig mit deinen persönlichen Sachen – deinen dreckigen Socken, Unterhosen, deinem Haar. Porträtfotos. Sie könnte versuchen, sie zu jemand wie mir zu bringen. Steck ein Foto von ihr in deine Brieftasche, mit dem Kopf nach unten. Tu das für mich. Mm-mhm. So ist's recht. Und sag mir Bescheid. Bye-bye.«

Minerva legte den Hörer auf und blickte Williams an. »Fertig, Baby?«

»Ja«, sagte er.

»Okay. Du weißt ja, wie das mit der toten Zeit ist. Die tote

Zeit dauert eine Stunde – eine halbe Stunde vor Mitternacht bis eine halbe Stunde nach Mitternacht. Die halbe Stunde vor Mitternacht ist da, um Gutes zu tun. In der halben Stunde nach Mitternacht kann man Böses bewirken.«

»Richtig.«

»Wir brauchen heute abend wohl von beidem etwas, und deshalb machen wir uns am besten gleich auf den Weg. Steck das Papier zu den Würfeln in die Tasche und nimm die Flasche Wasser mit. Wir gehen in den Blumengarten.«

Minerva nahm ihre Einkaufstüte und ging durch die hintere Tür voraus. Wir blieben ihr dicht auf den Fersen, während sie langsam und schwerfällig den Weg entlangschritt. Als sie am nächsten Haus vorbeikam, stand ein alter Mann aus einem Stuhl auf der Veranda auf und ging hinein. In einem anderen Haus machte jemand ein Fenster zu. Irgendwo fiel eine Tür ins Schloß. Zwei Männer, die neben einem Oleanderbusch standen, verabschiedeten sich voneinander und verschwanden in der Dunkelheit. Nach wenigen Augenblicken hatten wir das Ende des Weges erreicht. Die Sichel des Neumonds hing wie eine zierliche Wiege über einem Wäldchen aus hohen, dunklen Bäumen. Wir standen jetzt am Rand eines Friedhofs. Das Flutlicht des Basketballfelds auf der anderen Seite, hundert Meter hinter dem Wäldchen, tauchte den Friedhof in einen fahlen Schein. Ein Junge tippte einen Ball auf und versuchte, ihn in den Korbring zu werfen. *Tack, tack, tack ... boiinng*. Ansonsten lag der Friedhof still und verlassen da.

»Viele Leute arbeiten in unserem Geschäft«, sagte Minerva, »aber heute abend sieht es so aus, als hätten wir den Garten ganz für uns allein.«

Im Gänsemarsch spazierten wir auf einem gewundenen Pfad

über den Friedhof und blieben schließlich unter einer großen Zeder vor einem Grab stehen. Zuerst dachte ich, dieses Grab wäre neu, weil die Erde im Vergleich zu den anderen so frisch aufgeworfen schien. Minerva ließ sich vor dem Grabstein auf die Knie fallen. Sie griff in ihre Einkaufstüte und gab Williams eine Kelle.

»Geh ans andere Ende und grab mit diesem Spaten ein zehn Zentimeter tiefes Loch«, sagte sie. »Leg einen der Würfel hinein und schütt es wieder zu.« Williams gehorchte. Die Erde ließ sich mühelos ausheben. Das Grab war offenbar so oft aufgewühlt und umgegraben worden, daß die Erde locker wie Sand in einer Sandkiste war.

Ich stand ein paar Meter abseits und beobachtete die beiden. Minerva und Williams sahen aus wie zwei Leute, die an verschiedenen Enden einer Picknickdecke knieten. Sie blickten sich über die Knochen von Dr. Buzzard hinweg in die Augen.

»Jetzt ist die Zeit gekommen, um Gutes zu tun«, sagte Minerva. »Zuerst müssen wir den Jungen etwas beruhigen. Erzähl mir was von ihm.«

»Er hat versucht, mich umzubringen«, erwiderte Williams.

»Das weiß ich. Erzähl mir, was vorher passiert ist.«

»Nun.« Williams räusperte sich. »Danny hat immer Streit gesucht. Einmal ist er auf seinen Hauswirt wütend gewesen und hat ihm einen Stuhl durchs Fenster geworfen. Danach lief er nach draußen und hat ihm den Wagen mit einem Stein zerkratzt. Ein andermal hatte er Wut auf einen Kammerjäger, der sein Apartment aussprühen sollte; er haute ihm mit der Faust eins aufs Auge, schlug ihn mit dem Kopf aufs Pflaster und jagte ihn, nachdem der Mann Anzeige gegen ihn erstattet hatte, mit einem Baseballschläger um den Madison Square, wobei er immer wieder schrie, daß er ihn umbringen würde. Einmal hat er vor mir damit angegeben, daß er fünfmal auf einen Jungen geschossen habe, der auf seinem Motorrad saß, weil der Junge versucht hatte, sich mit einer Bardame zu verabreden, mit der Danny damals ging. Eine Kugel traf den Jungen in den Fuß. Dannys Mutter hat Polizeischutz beantragt. Sie erwirkte eine ›Bannmeilenverfügung‹, nach der er sich ihr nicht weiter als zwanzig Meter nähern durfte.«

Minerva verschränkte die Arme und fröstelte. »Das hat nichts gebracht. Dieser Junge kämpft immer noch mächtig gegen dich.« Sie dachte einen Augenblick lang nach. »Erzähl mir etwas Gutes von ihm.«

»Da fällt mir nichts ein«, sagte Williams.

»Hat er denn nur Schlechtes getan? Was hat ihn glücklich gemacht?«

»Sein Camaro. Er liebte diesen Camaro. Er sauste damit herum und versuchte, mit möglichst vielen Rädern auf einmal vom Boden abzuheben. Wenn er ganz schnell um die Kurve bog, gelang es ihm gewöhnlich mit zweien. Wenn er nach Tybee rausfuhr, schoß er gern über diese Kuhle auf der Straße, die zur Lazaretto-Creek-Brücke führt, weil er dann alle vier Räder auf einmal in die Luft bekam, wenn er es richtig anstellte. Das tat er für sein Leben gern. Niemand durfte dieses Auto berühren. Es war sein Stolz und seine Freude. Er malte es mit einer Sprühdose von oben bis unten schwarz an, das fand er toll. Er verbrachte Stunden damit, es zu reparieren, zu waschen und diese Rallyestreifen draufzumalen. Und diese Streifen und die kleinen Schnörkel – das machte er wirklich gut. Er war sehr kreativ. Die meisten Leute haben nicht gemerkt, daß Danny künstlerisch begabt war. Er fiel durch alle Fächer in der Schule, nur in Kunst, da hatte er eine Eins. Natürlich hat er aus seiner Begabung nichts gemacht. Er war viel zu ungeduldig. Ich besitze ein paar Bilder von ihm. Sie sind phantasievoll und wild, aber das Talent ist unverkennbar. Ich habe so oft zu ihm gesagt: ›Danny, *mach etwas draus. Du bist wirklich gut.*‹ Aber er konnte sich nie länger mit einer Sache beschäftigen. Er hat nur die achte Klasse geschafft, ist aber aufgeweckt und intelligent. Einmal habe ich ihn dafür bezahlt, daß er im Mercer House zwei Kristalleuchter auseinandernahm und reinigte. Als er fast damit fertig war, fiel mir auf, daß er all die kleinen Prismen umgekehrt eingesetzt hatte. Das waren Hunderte. Ich erklärte ihm, daß jedes Prisma wie ein Diamantring sei und daß die flache Seite nach außen und die Spitze nach innen zeigen müsse, sonst würden sie nicht funkeln. Er müsse sie alle wieder abnehmen und richtig anbringen, sagte ich. Natürlich würde ich ihm die Überstunden bezahlen. Da starrte er entgeistert den Kronleuchter an, stieg von der Leiter runter und sagte: ›Zum Teufel damit. Ich hau ab. Ich sitz hier doch nicht 'ne Prismenstrafe ab!‹ Ich lachte über seine Sturheit. Ich fand es gut, daß er sich nicht so knechten ließ. Er stürmte aus dem Haus, aber ich konnte sehen, daß auch er leise vor sich hin lachte.«

Minerva lächelte. »Ich hab gespürt, wie er sich etwas zurückzog«, sagte sie.

»Was meinst du damit?«

»Ich hab's gespürt, als du diese Dinge über ihn gesagt hast. Der Junge hat sich etwas entspannt.«

»Wie kommt das?«

»Er hörte dich sagen, daß du ihn geliebt hast!«

»Wie bitte?! Das ist doch ... er hat versucht, mich umzubringen!«

»Ich hab gemerkt, daß er gegen dich kämpfte, Baby, und jetzt weiß ich, warum er es getan hat. Er hat versucht, deinen Haß zu wecken. Er will, daß du der Welt zeigst, wie sehr du ihn haßt.

Auf diese Weise überzeugst du alle davon, daß dein Haß groß genug war, um ihn kaltblütig abzuknallen. Wenn du so weitermachst, wirst du ganz sicher im Knast landen, und das weiß er.«

»Ich habe allen Grund, ihn zu hassen«, sagte Williams. »Er hat versucht, mich zu töten.«

»Und dafür hat er einen hohen Preis gezahlt. Und jetzt will er, daß du auch einen hohen Preis zahlen mußt!«

Minerva entleerte ihre Einkaufstüte und breitete den Inhalt vor sich aus. »Zum Streiten bleibt uns keine Zeit mehr! Das war eine Lockerung, wie ich sie gebraucht habe. Jetzt kann ich arbeiten. Schnell, die Zeit läuft uns davon. Es geht schon auf Mitternacht zu. Grab noch ein Loch und leg einen zweiten Würfel hinein, und *denk bitte diesmal an den Camaro von dem Jungen!* Komm schon! Mach schon! Denk an die hübschen Streifen, die der Junge so geschickt gemalt hat. Denk an sein Talent!«

Williams grub schweigend ein weiteres Loch und legte einen Würfel hinein. Minerva grub auf ihrer Seite auch ein Loch, in das sie eine Wurzel steckte. Dann bedeckte sie es mit Erde und streute weißes Pulver darüber.

»Nun grab ein drittes Loch und denk an die zwei Bilder, die du von dem Jungen hast. Denk daran, wie gut sie sind. Wir versuchen, ihn von deinem Fall abzuziehen. Er weicht zurück. Oh, er weicht zurück. Ich spür's.«

Minerva nahm einen Zweig und stach mit ihm mehrmals in den Boden, dabei murmelte sie und sang vor sich hin. Sie streute noch etwas Pulver und zeichnete dann einen Kreis auf die Erde. »Bist du soweit, Baby? Nun mach das Ganze noch einmal und denk an die Geschichte mit dem Kronleuchter. Denk daran, wie du darüber lachen mußtest. Und wie der Junge sich gefreut hat. Tu mir den Gefallen.«

Minerva fuhr mit ihren Beschwörungen über dem Kopf von

Dr. Buzzard fort, während Williams zu seinen Füßen schweigend ein weiteres Loch grub.

»Nun noch ein letztes Mal«, sagte Minerva, »und diesmal kommen alle übrigen Würfel ins Loch, und du denkst an all die Dinge auf einmal. Und dann erinnerst du dich daran, was sonst noch gut an dem Jungen war und was du vielleicht vergessen hast zu erwähnen.« Minerva sah zu, wie Williams ihre Anweisungen befolgte. »Jetzt nimmst du die Flasche und gießt ein bißchen Wasser auf jedes Loch, damit deine freundlichen Gedanken über dem Jungen Wurzeln schlagen und blühen und dir Gutes tun.«

Minerva schloß die Augen und saß mehrere Minuten schweigend da. Vom Kirchturm schlug es Mitternacht. Sie machte die Augen wieder auf und nahm sich rasch eine rosa Geldbörse aus Plastik, die sie mit frischer Friedhofserde füllte. »Friedhofserde wirkt am besten, wenn sie genau um Mitternacht vom Grab geschaufelt wird. Doch das hier ist nicht für deinen Fall, Baby, sondern für mich privat.« Sie seufzte. »Schwarze Magie hört nie auf. Was von dir geht, kommt wieder zu dir. Hast du einmal mit dem Mist begonnen, mußt du weitermachen. Sonst tötet es dich. Zwei, fünf, zehn, zwanzig Jahre.« Der Geldbeutel war jetzt mit Erde vollgestopft. Sie tat ihn in die Einkaufstüte zurück.

»Jetzt ist Mitternacht vorüber«, sagte sie. »Zeit, um Böses zu tun. Ich werd mich jetzt mit dem Staatsanwalt befassen. Er ist ein Mann, also werde ich ihm Unglück in der Liebe bringen und mich an neun verschiedene tote Frauen wenden. Neun. Ich werde sie dreimal anrufen. Ich weiß natürlich nicht genau, ob sie alle auf deiner Seite sind. Aber bei irgendeiner finden wir einen Zugang, und die Toten werden mit ihm genauso abrechnen wie das letzte Mal. Nimm das Stück Papier aus der Tasche, auf dem sein Name steht, und leg es mit der Schrift nach oben auf den Boden.« Williams tat ihr den Gefallen. »Jetzt falte das Papier einmal zusammen und noch ein zweites Mal. Dann steck es wieder in deine Tasche. Okay. Nun bleibst du ganz still sitzen, während ich die Toten anrufe.«

Traumverloren flüsterte Minerva unverständliche Worte. Ich konnte nur die Namen der toten Frauen heraushören: Viola, Cassandra, Serenity, Larcinia, Delia. Dazu setzte Minerva all ihre Requisiten ein, die sie mitgebracht hatte – Wurzeln, Zaubermittel, Pülverchen, Stoffetzen. Sie legte die Dinge auf den Boden und rührte sie mit zwei Stöcken durch, als mischte sie einen Voodoo-Salat. Dann tat sie jeden einzelnen Gegenstand wieder in ihre Einkaufstüte zurück und sah Williams an.

»Geh zum Rand des Friedhofs und warte dort auf mich. Und sieh dich nicht um. Ich muß hier noch etwas erledigen.«

Williams und ich machten uns auf den Weg. Nach ein paar Schritten versteckte ich mich hinter einer Eiche und sah zurück. Minerva begann vor sich hin zu murmeln. Aus dem Murmeln wurde Stöhnen, aus dem Stöhnen Wehklagen, und das Wehklagen wurde lauter und lauter. Minervas Arme flatterten und kreisten wie kleine Propeller. Als sie schließlich außer Atem war, fielen ihr die Hände in den Schoß. Einen Moment lang senkte sie den Kopf und schwieg. Auf dem Friedhof war nur noch das entfernte Tack-tack-tack des Basketballs zu hören. Endlich flüsterte Minerva flehentlich:

»Hör mir zu, alter Mann! Warum behandelst du mich so? Sag mir, warum? Ich bringe dir Würfel und frag nach einer Zahl, du aber willst mir ums Verrecken keine sagen! Da liegst du nun Nacht für Nacht und lachst mich aus. Hab' ich dich nicht gut behandelt? Hab' ich nicht im Bett auf dich gewartet, als du alt und müde warst und schlechte Zähne hattest? Verdammt, *hör* mir endlich zu!« Minerva schlug mit ihrer Kelle auf den Boden. »Sag mir eine verdammte Zahl! *Sag sie mir!*« Wieder stieß sie mit der Kelle in den Boden. »Ich werd dir keinen Frieden lassen, alter Mann, bis du mir 'ne Zahl gesagt hast. Sieh mich an in diesem ollen Kleid. Ich muß mir ein neues kaufen. Das Dach leckt. Der Junge hat Ärger mit der Polizei. Man schmeißt mir Friedhofsdreck auf meine Veranda. Ich bin blockiert. Das Geschäft geht'n Bach runter.« Bei jeder Klage stieß Minerva mit der Kelle in unmittelbarer Nähe von Dr. Buzzards Rippen auf die Erde. Schließlich verstaute sie die Kelle in ihrer Einkaufstüte und richtete sich seufzend auf.

Ich stahl mich fort und gesellte mich zu Williams, der am Rand des Friedhofs stand. Gleich darauf kam Minerva auf uns zu und murrte: »Sturer alter Bock. Ich verfluche das Miststück, aber trotzdem sagt er mir keine Zahl.«

»Hast du denn die verdammte Wette immer noch nicht gewonnen, Minerva?« fragte Williams.

»Doch, ich hab gewonnen«, meinte sie. »Einmal hab ich sechsunddreißig Dollar auf einen dreifachen Dreier gesetzt. Und das war die Zahl.«

»Wieviel hast du gewonnen?«

»Ich hätte zehntausend Dollar gewinnen können, habe aber keinen Penny gekriegt.«

»Warum nicht?«

»Der Buchmacher hat die Zahl geändert!«

»Und das hast du einfach so hingenommen?«

»Gar nichts hab ich einfach hingenommen, Baby. Ich hab es so gedreht, daß er nicht mehr arbeitet. Ich ging in den Garten und zahlte ihm seine Freundlichkeit heim. Jetzt geht es ihm schlecht, und wir haben einen neuen Buchmacher.«

Als wir uns auf den Rückweg machten, gab Minerva Williams noch letzte Instruktionen zum Abschied. Er sollte das Stück Papier mit Spencer Lawtons Namen in ein Glas mit Wasser tun, das noch nie durch ein Rohr geflossen war. Das Glas sollte er, bis der Prozeß vorüber war, in einen dunklen Schrank stellen, wo es weder vom Sonnenlicht noch vom Mondschein berührt werden konnte. Aus der Zeitung mußte er ein Foto von Lawtons Gesicht ausschneiden, dessen Augen mit einem Füller übermalen – erst das rechte Auge, dann das linke –, neun Striche über seine Lippe ziehen, als ob er ihn zunähen wollte, das Foto in seine Manteltasche stecken und dafür Sorge tragen, daß ein Prediger seinen Mantel berührte. Danach mußte er das Foto genau dort verbrennen, wo Danny Hansford gestorben war.

»Tu das«, sagte Minerva, »und Spencer Lawton wird deinen Fall verlieren. Und noch eins darfst du nicht vergessen. Jeden Tag mußt du einmal deine Augen schließen und dem Jungen sagen, daß du ihm verziehen hast. Und das muß aufrichtig sein und aus tiefstem Herzen kommen. Hast du verstanden?«

»Ja, ich habe verstanden«, sagte Williams.

Minerva hielt an einer Straßenkreuzung an. »Jetzt gehst du nach Savannah zurück und tust, was ich dir gesagt hab.«

»Kommst du nicht mit nach Hause?« fragte Williams.

Minerva tätschelte ihre Einkaufstüte. »Baby, ich nehme nie Friedhofserde in mein eigenes Haus mit. Ich liefere sie vorher ab, und das muß ich ganz allein machen.«

Auf der Rückfahrt sprach Williams kein Wort.

»Werden Sie mit dem Foto von Spencer Lawton so verfahren, wie es Ihnen Minerva geraten hat?« fragte ich.

»Vielleicht. Es klingt ja etwas blöd, könnte mir aber ganz guttun – seinen Mund zunähen, seine Augen schwarz übermalen. Ja, das könnte mir glatt zur Gewohnheit werden.«

»Und was ist mit der täglichen Botschaft, daß Sie Danny verziehen haben? Werden Sie das auch tun?«

»Ganz sicher nicht! Danny war nichts anderes als ein verhinderter Mörder.«

Williams nahm sein Glas und trank den Rest seines Wodkas aus.

»In meinem Fall geht es doch nur um eins: Geld! Danny wußte, daß ich fünfundzwanzigtausend Dollar in bar im Haus hatte. Als mein Anwalt, Bob Duffy, an jenem Abend ins Mercer House kam, ging er überall herum und warf ein scharfes Auge auf all die Kostbarkeiten. Als ich ihn fragte, was er für meine Verteidigung nehmen würde, meinte er: ›fünfzig Riesen‹. Später, als mir klarwurde, daß ich einen guten Strafverteidiger brauchte, nahm ich mir Bobby Lee Cook, der seine Frau mitbrachte, die sich in meinem Haus Antiquitäten im Wert von fünfzigtausend Dollar aussuchte. Das war sein Honorar. Dazu kamen dann noch seine Unkosten. Ihm stand John Wright Jones zur Seite, der zwanzigtausend Dollar bekam. Und jetzt geht alles wieder von vorn los, und ich muß wieder zahlen.

Den Vogel allerdings hat Dannys Mutter abgeschossen mit ihrer Forderung von zehn Millionen Dollar. Danny Hansford, der ihr nur Kummer und Sorgen gemacht hat, den sie aus dem Haus geworfen hat, den sie nicht mehr in ihre Nähe ließ – Danny ist plötzlich ihr über alles geliebter Sohn, keine lebensgefährliche Bedrohung mehr, sondern ein Aktivposten von zehn Millionen Dollar. Gott weiß, was es mich wieder kosten wird, diese Klage zurückzuweisen.

Alle wollen also, wie Sie sehen, nur Geld. Und das ist einer der Gründe, warum ich Minerva so schätze. Man kann von dem Voodoo-Zauber halten, was man will; sie hat jedenfalls für heute abend nur fünfundzwanzig Dollar genommen. Ich weiß nicht, ob Sie verstanden haben, worum es ihr ging. Aber sie ist wirklich schwer in Ordnung.«

Ich erwiderte nichts darauf, dachte aber im stillen, daß ich Minervas Absicht schon begriffen hatte. Ich hatte sehr gut begriffen, worum es ihr ging. Die Frage war nur, ob Williams das auch getan hatte.

KAPITEL 19

Lafayette Square, wir sind da!

Mit einem Glas in der Hand stand Joe Odom auf dem Dach seines neuen Hauses und blickte auf die Festwagen und die Bands, die dort unten über den Lafayette Square zogen. Der Standort war ideal, um die Parade zum St. Patrick's Day zu verfolgen. Vom Dach aus hatte Joe einen Blick auf das grüngefärbte Wasser, das aus dem Springbrunnen in der Mitte des Platzes sprudelte. Er konnte auch die vielen Menschen an den Straßenrändern sehen, die grüne Hüte trugen und große Pappbecher voll mit grünem Bier in der Hand hielten. St. Patrick's Day in Savannah war das Gegenstück zum Mardi Gras in New Orleans. An diesem offiziellen Feiertag blieb niemand in der Stadt zu Haus. Es wurden mehr als zweihundert Gruppen, vierzig Bands und dreißig Festwagen erwartet. Die Menge jubelte, als das Anheuser-Busch-Gespann von acht Clydesdale-Pferden mit ihren zottigen Hufen um den Platz trottete – direkt an Joes neuem Heim vorbei.

Wie die meisten Paraden zum St. Patrick's Day wirkte auch die in Savannah völkerverbindend. Schwarze, Schotten und Deutsche gingen Seite an Seite mit den Iren, und doch hatte der Umzug einen deutlich südstaatlichen Beigeschmack – an einer Stelle sogar einen leicht bitteren. Auf den Platz marschierte eine Kolonne konföderierter Soldaten in grauen Uniformen, die Nachhut bildete ein Pferdewagen. Der Wagen hatte niedrige Aufbauten aus Holzbrettern und wirkte wahrscheinlich leer, wenn man ihn von der Straße aus betrachtete. Aber vom Dach aus konnten wir einen blaugekleideten Unionssoldaten sehen, der reglos am Boden des Wagens lag. Es war eine schaurige Szene, vielleicht gerade weil sie so verstohlen daherkam.

»Armer verfluchter Yankee«, sagte Joe. »Sehen Sie nur, wie er da unten liegt, blutüberströmt und tot.«

»Der Bürgerkrieg ist schon eine ganze Weile vorbei«, meinte ich. »Wird es nicht langsam Zeit, daß man all das vergißt?«

»Nicht, wenn Sie aus dem Süden stammen. Aber dieser tote Yankee da unten ist nicht nur eine Erinnerung an den Bürgerkrieg. Er macht darauf aufmerksam, daß das noch heute jedem Yankee widerfahren könnte, wenn er hierherkommt und die Leute gegen sich aufbringt.« Joe sah mich an und hob vielsagend sein Glas. »Auch einem Kerl aus New York, der beschlossen hat, ein Buch über uns zu schreiben, in dem hauptsächlich Transvestiten, Mörder, Leichen und Giftflaschen vorkommen... und zu allem Überfluß noch – was haben Sie mir da vor ein paar Minuten erzählt? O yeah, Voodoo! *Voodoo!* Zauberei auf einem Friedhof! Menschenskind!«

»Ich habe mir das wirklich nicht ausgedacht, Joe.«

»Das habe ich auch nicht gemeint.«

»Dann nehme ich einmal an, daß Sie nicht völlig dagegen sind.«

»O nein. Wenn ich so darüber nachdenke, ist es eigentlich gar nicht so schlecht. Denn wenn all diese Irren in Ihrem Buch herumlaufen, muß ja wohl einer die Rolle des Helden übernehmen – und die fällt dann mir zu.«

Joe Odoms neues Haus war das prächtigste unter den vieren, in denen er gewohnt hatte, seit ich ihn kannte. Die prunkvolle, dreistöckige Stadtresidenz im Stil des Second Empire hatte sich

Samuel P. Hamilton, Bürgermeister von Savannah, im Jahre 1873 bauen lassen. Das Hamilton-Turner House, das oft auch als »Charles-Addams House« bezeichnet wurde, war mit seinem Mansardendach und dem Firstkamm aus eisernen Spitzen ein so typisches und schönes Beispiel seiner Art, daß man es in *A Field Guide to American Houses* beschrieben hat. Hohe Zwillingsfenster führten auf elegante Balkone hinaus, und ein gußeiserner Palisadenzaun umrahmte das ganze Anwesen. Alles in allem war das Hamilton-Turner House ein so imposanter und zugleich phantasievoller Bau, daß Passanten voller Bewunderung stehenblieben. Joe war kein Mensch, der sich eine solche Gelegenheit entgehen ließ; ein paar Tage nachdem er eingezogen war, hing ein Schild am Tor: PRIVATES ANWESEN, FÜHRUNGEN VON 10 UHR MORGENS BIS 6 UHR ABENDS.

Gutunterrichtete Bürger Savannahs waren verblüfft, weil sie wußten, daß nur das Äußere des Hamilton-Turner House einer näheren Betrachtung wert war. Das Innere hatte man schon vor langer Zeit ausgeweidet und in Apartments aufgeteilt. Joe hatte das Stockwerk mit den Gesellschaftsräumen übernommen, und nur dieser Teil des Hauses war zu besichtigen. Die Wohnung verfügte über hohe Fenster mit wunderschönen Ausblicken auf den Platz; die einstige Folge der herrschaftlichen, großzügig geschnittenen Räume allerdings hatte man opfern müssen, um Badezimmer, Schlafzimmer, Kammern und eine Küche einzurichten. Wände waren versetzt und offene Bogenfluchten zugemauert worden. Und dennoch konnte man sich in dieser Etage immer noch einen großen Konzertflügel und vornehme Feste vorstellen. Hier gab es alte Kronleuchter und Kaminsimse und Säulenspiegel (obwohl nichts davon zur ursprünglichen Einrichtung gehörte), und Joe gelang es, mit dem Rest seiner eigenen Möbel und Antiquitäten, die er von Freunden geliehen oder von hiesigen Antiquitätenläden auf Kommissionsbasis erhalten hatte, eine ansprechende Atmosphäre zu schaffen.

Joe hatte tatsächlich etwas völlig Neues in Savannah hervorgebracht: das einzige Privathaus, das ganztägig als Touristenattraktion diente. Es gab zwar noch sieben andere Häuser, die man besichtigen konnte, aber das waren alles Museumshäuser – architektonisch bedeutsame Gebäude, fachgerecht restauriert und von professionellen Museumskräften auf gemeinnütziger Basis geführt. Joes aufgeputzte Gesellschaftsetage nahm nun den Konkurrenzkampf mit den Museen auf. Und es gelang ihm, Besucher anzulocken. Mindestens fünfzig Leute schauten täglich einfach von der Straße aus vorbei, und ein halbes Dutzend oder mehr Reisebusse hielten vor der Tür. Normalerweise blieb eine Busladung zum Lunch, und am Abend bot Joe im Speisezimmer Privatpersonen Diners bei Kerzenlicht an.

Um all diesen Publikumsverkehr zu bewältigen, stellte Joe eine kleine, unbeirrbar fröhliche schwarze Haushälterin ein und postierte sie in frisch gestärkter, schwarzweißer Hausmädchenuniform oben an der Eingangstreppe. Sie hieß Gloria und hatte große Augen und kleine Korkenzieherlocken, die ihr in die Stirn fielen. Im Bewußtsein, daß sie die Hälfte des Geldes, das man ihr an der Tür zusteckte, behalten durfte, winkte sie praktisch jeden herbei, der sich dem Haus auch nur näherte. An flauen Tagen scheute sie sich nicht, Sonderpreise auszuhandeln – einen Dollar pro Person statt der üblichen drei. (»Es mag nur ein Dollar bloß sein«, sagte sie später, »aber mehr als nichts allemal.«) Gloria servierte ihren Kunden ein Glas Limonade und führte sie durch die Gesellschaftsetage, während sie voller Bewunderung von den Glanzzeiten in der Geschichte des Hauses erzählte. Als erstes Haus in Savannah habe es elektrischen Strom gehabt (der Bürgermeister, der es gebaut hatte, war Direktor der Elektrizitätswerke), und im späten 19. Jahrhundert sei es gesellschaftlicher und kultureller Mittelpunkt der Stadt gewesen. »Auch heute spielt sich hier im Haus einiges ab«, fügte sie mit breitem Lächeln hinzu. Wenn »Mr. Joe« zu Hause wäre, würde er ein paar Klassiker für die Gäste spielen, und Gloria würde dann die paar Zeilen singen, die sie aus »Stormy Weather« kannte, und dazu so etwas wie Hula tanzen.

Joe verdiente mit dem Haus durchschnittlich fünfhundert Dollar die Woche, das meiste in bar, was ihm sehr entgegen kam, weil es keine einzige Bank mehr in Savannah gab, die ihn ein Girokonto eröffnen ließ. Selbst über das Bankkonto des Sweet Georgia Brown's konnte er nicht länger verfügen. Es lief auf Mandys Namen; sie unterschrieb nun alle Schecks, die den Angestellten und den Lieferanten der Bar ausgehändigt wurden.

Mandy und Joe waren der Hochzeit noch keinen Schritt näher gekommen. In letzter Zeit hatte er sich sogar wieder mehr und mehr für andere Frauen interessiert. Nicht nur einmal fand Gloria die Tür zu seinem Schlafzimmer verschlossen, wenn sie die Gruppen durch das Haus führte. Um Ausreden war sie allerdings nie verlegen. »Hinter dieser Tür liegt das Schlafzimmer des Hausherrn«, sagte sie dann, »und heute wird es für die Zeitschrift *Southern Accents* fotografiert, da können wir natürlich nicht stören. Es tut mir sehr leid, aber das Zimmer kann heute nicht besichtigt werden.« Ein wenig unglaubwürdig wurde ihre Erklärung durch das Kichern und Lachen hinter der Tür – vielleicht aber auch nicht.

Mandy entgingen Joes Seitensprünge keineswegs. »Bei Gott, Joe Odom macht mich noch zur Feministin«, sagte sie. »Wenn mir das jemand vor zwei Jahren erzählt hätte, wäre ich tot umgefallen vor Schreck.« Und sie legte ein neues Selbstbewußtsein an den Tag. Sie schnappte sich das Scheckbuch vom Sweet

Georgia Brown's und ließ die Kasse nicht mehr aus den Augen. Nun war das Bargeld, das aus dem Geschäft mit den Touristen in Joes Taschen floß, seine einzige Rettung. Die Sache hatte nur einen Haken: Sie war illegal, denn das Hamilton-Turner House lag in einer reinen Wohngegend, und private Häuser durften dort nicht für den Publikumsverkehr geöffnet werden.

Der Lafayette Square war eine ruhige, konservative Ecke von Savannah. Ihn säumten stattliche Reihenhäuser und elegante Einzelvillen. Das Reihenhaus, in dem der Schriftsteller Flannery O'Connor als Kind gelebt hatte, stand schräg gegenüber von Joe in der Charlton Street. In der Abercorn Street lag in vollem architektonischen und historischen Glanz das herrliche Andrew Low House, eine rosafarbene Stadtvilla in italienischem Stil mit neoklassizistischem Portikus; Juliette Gordon Low hatte dort 1912 die erste weibliche Pfadfinderorganisation gegründet, und jetzt war es das Hauptquartier der Colonial Dames. Unter all seinen Nachbarn stellte ein Haus jedoch das bitterste Mahnmal dar: das Lafayette Apartmenthaus, das an Joes Finanzdebakel vor ein paar Jahren erinnerte. In stummer Anklage stand es am anderen Ende des Platzes. In seinen Mauern lebten ein halbes Dutzend Menschen, die sich noch immer nicht von dem Schock erholt hatten, daß sie vor Gericht gehen mußten, um ihre Apartments aus der Konkursmasse zurückzuerhalten, als Joe mit seinem Darlehen in Verzug geraten war.

Der Lärm und die Abgase der Busse störten die Anwohner des Lafayette Square, doch die Hochzeitsfeiern trieben sie zur Verzweiflung. Für diese Veranstaltungen betrachtete Joe den Platz buchstäblich als seinen persönlichen Vorgarten. Er ließ eine Dixieland-Band in der Säulenhalle vor seiner Haustür spielen und schlug Zelte auf dem Platz auf, ohne irgendeine Erlaubnis einzuholen. Der Dixie schmetterte, Hunderte von Hochzeitsgästen schnatterten und wuselten überall herum. »Alle Menschen lieben Hochzeiten«, sagte Joe, der sich hinsichtlich der Duldsamkeit seiner Nachbarn gewaltig irrte. Nachdem sie drei derartige Hochzeiten ertragen hatten, bildeten die Anwohner ein Komitee und sandten einen Spion ins Hamilton-Turner House, um herauszufinden, was dort vor sich ging.

Der Spion war eine schäbig gekleidete Frau in mittlerem Alter, die in der Southside lebte. Als angebliche Touristin betrat sie um drei Uhr nachmittags das Hamilton-Turner House für eine etwa zwanzigminütige Besichtigungstour. Zwei Stunden später tauchte sie frisch geföhnt und geschminkt wie Kleopatra wieder auf. Sie erklärte, Joe Odom sei ein Goldstück, die Haushälterin Gloria zum Fressen süß und daß sie einfach keine Zeit mehr für weitere Diskussionen habe, weil sie schnell nach Hause gehen und sich umziehen müsse, um rechtzeitig zur Happy Hour im Sweet Georgia Brown's zu sein.

Wütend schickte das Komitee eine zweite Spionin aus, auch eine Frau in mittlerem Alter, diesmal aber eine, die etwas mehr davon verstand, weil sie schon einmal Führerin in einem der Museumshäuser gewesen war. Die zweite Spionin kam zurück und berichtete, daß im Hamilton-Turner House nicht nur die Besichtigungen stattfanden. »Joe Odom ist bei allem persönlichen Charme unfähig, zwischen Privatleben und seinen Geschäften zu unterscheiden. Seine vielen Freunde gehen ein und aus und mischen sich ohne Scheu unter die zahlenden Gäste. Sie unterhalten sich, machen sich Drinks, sie plündern den Kühlschrank, sie benutzen das Telefon. Vier Männer spielten im Eßzimmer Poker, und ich könnte schwören, daß ich einen von ihnen erst vor kurzem in den Abendnachrichten gesehen habe – er war sehr dick, deswegen ist er mir im Gedächtnis geblieben – und er wegen Unterschlagungen oder Drogenhandel verhaftet worden ist. Auf einem Sofa lag zusammengerollt eine Frau und schlief, wie Mr. Odom lachend erzählte, nach einer Marathonsauftour ihren Rausch aus. In der Küche trafen wir auf einen sehr redseligen jungen Mann, der einer älteren Frau eine Dauerwelle verpaßte. Er hatte die Frechheit, mir zu sagen, meine Haare könnten seine Dienste auch gut vertragen. Wenn man zu diesen Aktivitäten noch das unaufhörliche Kommen und Gehen der Mieter aus den oberen Wohnungen hinzurechnet – sie müssen alle durch Mr. Odoms Eingangshalle gehen, um ins Treppenhaus zu gelangen –, dann kann man sich eine ungefähre Vorstellung davon machen, was für eine Atmosphäre dort herrscht.

Mr. Odoms Hausbesichtigungen sind ein ausgesprochener Betrug«, fuhr die Spionin fort. »Drei Dollar Eintritt sind zuviel für einen kurzen Blick in ein hastig eingerichtetes Apartment ohne historischen Wert. Die meisten Gegenstände, die Mr. Odom anpreist, sind unecht – beispielsweise General Oglethorpes Schnupftabakdose. Die Einrichtung ist ein reiner Stilmischmasch – ein paar echte Möbel, viele Reproduktionen, fast alle in erbärmlichem Zustand. Ein Zweiersofa hatte statt des vierten Beins einen umgedrehten Putzeimer. In Anbetracht der prekären Finanzlage von Mr. Odom war ich nicht überrascht, wie häufig er darauf hinwies, daß alles im Haus käuflich zu erwerben sei – Teppiche, Bilder, Möbel, Nippessachen. Er sang ein paar Lieder, recht gekonnt, aber gleich danach warb er unverhohlen für das Sweet Georgia Brown's, wo ohnehin schon auf jedem Tisch stapelweise Reklamezettel liegen. Es scheint klar, daß dieses ganze geschmacklose Unternehmen nur ein Köder für Mr. Odoms Nachtclub ist. Die Museumshäuser dagegen vermitteln Bildungserlebnisse, und die Eintrittsgelder dort werden für den guten Zweck verwandt, Savannahs historisches Erbe zu erhalten. Mr. Odoms Führungen bringen das ganze Konzept in Verruf.«

Kurz nach dieser Besichtigung erhielt Joe ein amtliches Schreiben vom Ordnungsamt, daß die Führungen durch das Hamilton-Turner House am Lafayette Square unzulässig seien und sofort einzustellen seien.

Joe ignorierte die amtliche Anordnung. »Gar keine Antwort ist noch immer die beste Antwort«, sagte er. »Das verschafft dir zwei oder drei Monate Luft oder sogar sechs, wenn du Glück hast.« Inzwischen überzeugte er still und heimlich Freunde in der Stadtplanungskommission, einen Antrag zu stellen, nach dem Besichtigungen künftig auch in Privathäusern erlaubt seien. Als die Downtown Neighborhood Association davon Wind bekam, wandte sie sich entschieden dagegen und brachte den Antrag zu Fall. Ein paar Wochen später – am Tag vor der St.-Patrick's-Day-Parade – forderte das Ordnungsamt Joe erneut auf, die Führungen zu unterlassen, und drohte mit gerichtlichen Schritten. Jetzt nahm sich auch die *Savannah Morning Post* der Geschichte an. Joes Atempause, so schien es, war vorüber.

Der Wagen mit dem toten Unionssoldaten bog um die Ecke und fuhr die Abercorn Street herauf.

»Ich weiß nicht, Joe«, sagte ich. »Ich habe den Eindruck, daß Sie noch vor mir in dem Wagen da liegen könnten.«

»Machen Sie sich mal bloß keine Sorgen um Ihren Freund Joe«, meinte er.

»Sie werden doch der gerichtlichen Aufforderung nachkommen?«

»Ich? Der größte Gastgeber von Savannah? Ich soll meine Pforten schließen? Ich bin doch nicht asozial. Geht mir einfach gegen den Strich. Außerdem werde ich stinkreich, weil ich so gastfreundlich bin. Ich müßte ja verrückt sein, wenn ich plötzlich ungesellig würde.« Joe warf einen prüfenden Blick über die umliegenden Gebäude, als wären es feindliche Festungen. »Ich hab einen Plan.«

»Welchen denn?«

»Ich dachte daran, die Dienste Ihrer neuen Freunde in Anspruch zu nehmen. Diese Minerva zum Beispiel. Wir könnten doch um Mitternacht nach Beaufort fahren und mit ihr ein Schwätzchen halten. Mal sehen, ob sie ein paar der Leute, die mich stillegen wollen, verzaubern kann. Oder vielleicht können wir Ihren Spezi Luther Driggers dazu bringen, sie zu vergiften. Oder Ihren Freund Jim Williams, sie zu erschießen... in Notwehr natürlich.«

»Nicht gerade die feine englische Art.«

»Keine gute Idee? Nun, ich hab noch eine andere. Wirklich, und diesmal eine ernstgemeinte. Kommen Sie mit nach unten. Ich zeige Ihnen, was ich meine.«

Händeschüttelnd und Hallos austeilend, kämpfte sich Joe die Treppen hinunter. Auf jedem Stockwerk waren die Paradefeiern in vollem Gange. Freunde riefen Joe aufmunternde Worte zu. »Nicht aufgeben, Joe!« »Kämpf um dein Recht!« »Zur Hölle mit ihnen, das dürfen sie nicht machen.« Und Joe antwortete immer wieder: »Keine Sorge. Wir machen nicht dicht. Wir machen nicht dicht.«

In den Salons war das Gedränge so stark, daß man kaum durchkommen konnte. Es war das erste Mal, daß Joe in einem Haus wohnte, an dem die Parade unmittelbar vorbeiführte, so daß seine Party zum St. Patrick's Day noch mehr Leute anzog als gewöhnlich. Unterdessen führte Gloria, die Haushälterin, unverzagt Touristen für drei Dollar pro Kopf durchs Haus – vielleicht zum letztenmal. Drei Paare standen um sie herum und spitzten die Ohren, um bei all dem Lärm noch etwas zu verstehen. »In der guten alten Zeit«, erzählte Gloria, »saßen die Damen an diesem Kamin hinter diesen perlengeschmückten Hitzeschirmen. Denn damals bestand das Make-up der Damen aus Wachs, und wenn es zu heiß wurde, lief es an ihren hübschen Gesichtern herunter...«

Joe führte mich in ein unordentliches Hinterzimmer und nahm aus einer Schreibtischschublade ein Bündel Papiere. »Also, hier ist mein Plan«, sagte er. »Um das hier zu verfassen, mußte ich meinen Ruhestand aufgeben und wieder Anwalt werden. Aber egal, morgen früh gehe ich zum Gericht und ersticke dieses ganze Juristengeschwätz im Keim.« Er gab mir die Papiere. Es waren die Gründungsanträge für die Hamilton-Turner-Museumsstiftung, die als »gemeinnützige Gesellschaft« beschrieben wurde, »mit der Zielsetzung, das Innere des Hamilton-Turner House mit Hilfe der Erlöse zu restaurieren, die durch private, gemeinnützige Besichtigungen des Gebäudes erzielt werden – Joseph A. Odom, Präsident«.

»So, das ist es, kurz und schmerzlos«, sagte er. »Nachdem wir Löhne und Unkosten abgezogen haben, werden wohl kaum Gewinne übrigbleiben. Aber wir haben die Vorschriften eingehalten. Ab morgen früh wird also das Hamilton-Turner House kein Privathaus mehr sein, sondern ein Museum. Und wenn mich dann noch jemand zumachen will, müssen sie die anderen Häuser auch schließen.«

»Glauben Sie, daß Sie damit durchkommen?«

»Zumindest so lange, bis sie einen Dreh finden, dagegen anzugehen. Aber dann bin ich ja hoffentlich schon der Held Ihres Buches und reich und berühmt.«

In diesem Augenblick schmetterten die Trompeten sinnigerweise eine Fanfare, und die Zimbeln schlugen einen Tusch.

KAPITEL 20

Sonny

Zwei Wochen vor dem Beginn des Wiederaufnahmeverfahrens stand Jim Williams auf der Straße vor seinem Antiquitätengeschäft und beobachtete, wie drei Männer ein schweres Möbelstück von einem großen Lastwagen abluden.

»Jetzt ablassen«, sagte er. Sie ließen ein Sideboard mit Schnitzereien herunter. »Auf der rechten Seite ein bißchen höher.«

»Wie steht's denn so?« fragte ich.

»Die Geschäfte gehen weiter«, meinte er.

»Ich meinte eigentlich diese andere Sache.«

»Meinen Prozeß? Ich habe keinen blassen Schimmer. Das macht alles meine Anwälte. Mich ödet das Ganze bloß an. *Das* da, *das* interessiert mich.« Mit einem Kopfnicken deutete Williams auf das Sideboard. »Ein seltenes georgianisches Möbel. Schwarze Walnuß. Frühes 19. Jahrhundert. Die Regencydetails sind äußerst ungewöhnlich. Ich habe so etwas noch nie gesehen.«

Er sprach, als ob das Regencymöbel seine einzige Sorge sei. Dabei hatte es erst vor ein paar Wochen Schwierigkeiten bei der Zusammenstellung seiner Verteidigung für den zweiten Prozeß gegeben, die zu einem Wechsel der Anwälte führten. Bobby Lee Cook hatte trotz aller Gerissenheit und Erfahrung Probleme mit seinen Gerichtsterminen bekommen. Er mußte einen anderen Klienten vor dem Bundesgericht vertreten, und der Terminkalender des Bundes hatte immer Vorrang vor den Fällen innerhalb der Einzelstaaten. Williams, der plötzlich ohne Anwalt dastand, wandte sich an Frank »Sonny« Seiler, einen prominenten Strafverteidiger in Savannah, Teilhaber in der Kanzlei Bouhan, Williams und Levy. Seiler war schon am Rand mit dem Fall beschäftigt, weil Williams ihn für seine Verteidigung in der Zivilklage von Dannys Mutter engagiert hatte, die unmittelbar nach dem Mordprozeß verhandelt werden würde. Jetzt bat Williams Seiler, auch seinen Strafprozeß zu übernehmen.

Seiler war Anfang Fünfzig und genoß in der Juristengemeinde von Savannah hohes Ansehen. Er war Präsident der Anwaltskammer von Georgia gewesen und galt als einer der Spitzenanwälte des Landes in Zivilprozessen. Außerdem war er in Savannah geboren, was von kaum zu unterschätzender Bedeutung sein konnte. Jurys, besonders Jurys in Savannah, mißtrauen Anwälten von außerhalb aus tiefstem Herzen. Bobby Lee Cook stammte aus Summerville, Georgia, hundert Meilen nördlich von Atlanta – das war weit genug weg, um in Savannah als Fremder zu gelten. Seiler war nicht nur hier aufgewachsen, sondern hatte sich auch noch einen Platz in den Gegenden um Savannah erworben. Vor dreißig Jahren war er, im Alter von zweiundzwanzig, am unteren Ende der East Broad Street in den Savannah River gesprungen und in sechs Stunden achtzehn Meilen bei starkem Wellengang und Hurrikanwarnung bis nach Tybee rausgeschwommen.

»Sonny Seiler ist schon eifrig mit meinem Fall beschäftigt«, sagte Williams. »Er ruft an und will mit mir darüber sprechen, aber ich höre kaum zu. Er schreibt mir Briefe, und ich werfe nur einen kurzen Blick darauf. Wenn es Sie interessiert, gehen Sie zu ihm, und lassen Sie es sich erklären. Dann können Sie mir in knappen, wohldurchdachten Worten erzählen, was Sie von meinem Fall halten. Dann bräuchte ich mir nicht die Mühe zu machen. Sein Büro ist gleich in der Nähe, im Armstrong House, der großen, grauen Villa Ecke Bull und Gaston Street, die mir einmal gehört hat. Ich sage ihm Bescheid. Sehen Sie nur zu, daß Sie nach fünf Uhr dorthin gehen. Während der Bürozeiten schreibt er mir vermutlich seine üblichen Stundensätze auf. Mit Anwälten kenne ich mich mittlerweile aus.« Williams machte ein finsteres Gesicht. »Meine besten Grüße auch an Uggah.«

»Uggah?«

»U-G-A. Uga. Uga ist eine große, weiße Bulldogge. Er ist das Maskottchen der University of Georgia. Sonny Seiler ist der stolze Besitzer.« Williams sagte das mit geringschätzigem Blick. »Sonny ist sehr begeisterungsfähig. Er ist der größte Fan der Universitäts-Footballmannschaft. Das Maskottchen gehört ihm seit den fünfziger Jahren, als er dort Jura studierte. Der gegenwärtige Uga ist der vierte in der Uga-Dynastie. Fünfundzwanzig Jahre Ugas und Football. Zu Heimspielen fährt Sonny Uga nach Athens in einem großen georgiaroten Kombiwagen. Auf dem Nummernschild steht ›UGA IV‹.«

Die Eingangshalle des Armstrong House war ein höhlenartiger Raum mit Marmorfußboden und prunkvollem Kamin. Das lebensgroße Ölporträt eines britischen Adligen im scharlachroten Umhang beherrschte eine Wand. Darunter saß der alte Mr. Glover, der Portier, in einem Sessel und schlief. Eine Empfangsdame am Fuß der geschwungenen Treppe flüsterte mir zu, ich solle einfach hinaufgehen.

Seilers Büro war ein großer, eleganter Raum, der einmal das Schlafzimmer des Hausherrn gewesen war. Durch die hohen Balkontüren konnte man quer über die Bull Street auf den Oglethorpe Club blicken. An den Wänden hingen statt der zu erwartenden Bilder der Firmengründer Porträts von Uga I, Uga II und Uga III. All diese Bulldoggen trugen über ihren massigen Schultern ein knallrotes Footballjersey und mitten auf der Brust ein schwarzes G für Georgia. Seiler saß in einem weißen, kurzärmligen Hemd hinter seinem Schreibtisch. Er war kräftig gebaut und hatte breite Schultern. Als ich den Raum betrat, sprang er von seinem Stuhl auf wie ein Halfback, der aus einem verknäulten Haufen ausbricht. Wir gaben uns die Hand. Auf seinem monströsen Ring war in diamantenen Großbuchstaben zweireihig zu lesen: GEORGIA – NATIONAL CHAMPIONS – 1980. Ich setzte mich auf die andere Seite des Schreibtisches. Obwohl es schon Viertel vor sechs war, kam ich sofort zur Sache. Vielleicht hatte Seiler ja immer noch Bürostunden und stoppte die Zeit.

»Werden Sie bei diesem Prozeß anders vorgehen als beim ersten?« fragte ich.

»Teufel noch mal, ja«, sagte er. »Wir haben eine völlig neue Strategie entwickelt. Der größte Fehler der Verteidigung im ersten Prozeß war, das Homosexuellenthema nicht direkt anzusprechen. Bobby Lee Cook ging davon aus, daß diese Frage außen vor bleiben würde, und rechnete mit einer Jury aus vertrockneten Lehrerinnen, was ihm prompt zum Verhängnis wurde. Als der Richter diese beiden Punk-Freunde von Hansford über die sexuelle Beziehung zwischen Jim und Danny aussagen ließ, traf ihn das völlig unvorbereitet. Deswegen dürften wir diesen Fehler nicht noch mal machen, sagte ich zu Jim. Sonst würde Lawton die beiden Kerle wieder vorladen und die Jury ebenso beeindrucken wie beim letztenmal. Diesmal müsse er selbst davon anfangen, *mit seinen eigenen Worten.* Er solle sich überwinden und ganz ruhig und gelassen davon erzählen. Aber Jim weigerte sich entschieden. Er würde nie vor seiner Mutter von solchen Dingen sprechen. Da sagte ich: ›Um Himmels willen, Jim, sie saß doch während des ersten Prozesses im Saal! Sie hat es schon gehört!‹ ›Aber nicht von mir‹, meinte er. Ich dachte kurz nach und fragte ihn dann, ob er aussagen würde, wenn seine Mutter nicht anwesend sei. Dann würde sie es ja nicht von ihm hören. Endlich gab Jim nach und erklärte sich einverstanden. Er brauche sich keine Sorgen zu machen, sagte ich noch, denn wir würden ihn unterstützen und eine Jury aussuchen, die keine Vorurteile gegen Homosexuelle haben werde.«

»Wie wollen Sie denn das erreichen?«

Seiler lehnte sich vor und stützte die Ellbogen auf den Schreibtisch. »Nun, Coach, das läuft folgendermaßen ab. Wir fragen die künftigen Juroren: ›Hätten Sie ein Problem damit, wenn Sie erführen, daß ein Angeklagter homosexuell ist?‹ Natürlich antworten sie alle: ›O nein! Überhaupt nicht.‹ Dann fragen wir weiter: ›Würden Sie Ihre Kinder von einem homosexuellen Lehrer unterrichten lassen?‹ Damit kriegen wir dann schon mehr dran: ›Na ja ... nein. Das wär' mir nicht so lieb‹, sagen sie dann, und schon erklären wir sie für befangen. Wenn sie diese Frage bestehn, kriegen wir sie mit: ›Gibt es in Ihrer Kirchengemeinde Homosexuelle?‹ oder: ›Würde es Ihnen etwas ausmachen, wenn Ihr Pfarrer homosexuell wäre?‹ Wenn sie Vorurteile haben, kommen wir früher oder später immer drauf.«

Seiler war nicht an einem Wechsel des Gerichtsorts interessiert. »Das könnte uns noch leid tun«, sagte er. »Wir hätten überhaupt keinen Einfluß darauf, wo wir am Ende landen würden. Wir könnten uns im Ware County wiederfinden.« Er verdrehte die Augen. »Dort gibt es nur einen Haufen verfluchter Rednecks. Verdammt noch mal, dort gilt es noch als Sünde, beim Sex das Licht nicht auszumachen. Sie würden Jim lynchen, bevor es überhaupt dazu käme, ihn zu verurteilen. Da sind wir meiner Meinung nach in Savannah besser dran. Der Staatsanwalt hat nicht so viel in der Hand, wie er uns weismachen will, und es wird von Tag zu Tag weniger.«

»Wie denn das?« wagte ich zu fragen.

»Das kann ich Ihnen verraten. Lawton redet immer von den überwältigenden Beweisen gegen Jim. Das ist Unfug. Er hat zwei Lieblingstheorien: die Schußspurentheorie und die Gnadenschußtheorie. Er behauptet, die fehlenden Schmauchspuren an Dannys Hand bewiesen, daß er nicht geschossen hat und daß Danny auf dem Boden lag, als Jim ihm in den Rücken schoß. Doch wir haben nun brandneue Beweise, die beide Theorien glatt umhau'n. Ich kann Ihnen davon ruhig erzählen, weil wir es sowieso schon der Staatsanwaltschaft mitteilen mußten.

Im letzten Monat durften wir per Gerichtsbeschluß unsere eigenen Sachverständigen benennen, die die beiden Lugerpistolen – Jims und Dannys – und das Hemd, das Danny trug, im Labor testeten. Wir bemühten uns um den besten Gerichtsmediziner des Landes, Dr. Irving Stone, vom Institute for Forensic Sciences in Dallas. Er hat damals nach dem Attentat die Kleidung von Präsident Kennedy und Gouverneur Connally untersucht. Mit anderen Worten, er ist nicht gerade 'ne Niete.

Jetzt warteten wir natürlich gespannt auf die Ergebnisse, die uns nützen oder schaden konnten, und wir mußten in jedem Fall Lawton davon unterrichten. Aber der Staatsanwalt schickte sowieso seinen Mann mit nach Dallas – Dr. Larry Howard, den Leiter des gerichtsmedizinischen Instituts in Georgia. Der gute alte Howard brachte die Waffen und das Hemd nach Dallas.

Als Dr. Stone nun Dannys Pistole ausprobieren wollte, geschah etwas Unerwartetes. Sie ging nicht los. Zuerst dachte Stone, die Waffe sei gesichert. Das Problem war jedoch, daß der Abzug ungewöhnlich schwer ging, etwa viermal so schwer wie gewöhnlich. Stone mußte sich richtig anstrengen, um den Abzug zu betätigen, und als er es geschafft hatte, machte die Pistole einen starken Ruck. Da hatten wir nun also eine überraschende Erklärung dafür, daß Danny Jim verfehlt und in den Schreibtisch geschossen hatte. Wie ein Geschenk war sie uns in den Schoß gefallen.

Dann untersuchte Dr. Stone, ob die Waffe immer die gleichen Schußspuren hinterließ. Und stellen Sie sich vor, er fand heraus, daß sich der Rückstand um mehr als die Hälfte verringerte, wenn man die Pistole in einem abwärts geneigten Winkel abfeuerte, wie Danny es getan haben mußte. Und außerdem war die Menge der Schmauchspuren unterschiedlich. Jetzt konnte man unseren guten alten Doktor Howard ziemlich schwer atmen hören.

Danach kam Dannys Hemd an die Reihe. Teufel noch mal, da fanden sich überhaupt keine Spuren! Nach Dr. Stone war das der Beweis dafür, daß Jim wenigstens einen Meter von Danny entfernt gestanden haben mußte, weil seine Pistole sonst Schmauchspuren hinterlassen hätte. Also konnte Jim nicht um den Schreibtisch herumgegangen sein und die letzten zwei Schüsse abgefeuert haben, denn dann hätte es Schußspuren auf Dannys Hemd gegeben. Soweit also zu Lawtons Gnadenschußtheorie. Ich dachte, gleich kippt der alte Howard um.«

Seiler holte einen braunen Umschlag aus seiner Schreibtischschublade. »Jetzt kommt noch eine kleine Überraschung, die wir für Lawton bereithalten. Als die Polizei bei Jim angekommen war, fotografierten sie den Raum, in dem die Schießerei stattfand. Auf diesen Bildern sind doch alle möglichen belastenden Einzelheiten zu erkennen, nicht wahr? Das Stuhlbein auf Danny Hansfords Hose, Papierschnipsel auf der Waffe auf dem Schreibtisch, verschmiertes Blut an Dannys Handgelenk. Böse Sachen. Lawton hat im ersten Prozeß zwanzig Fotos vorgelegt, die Polizeifotografin hat jedoch ausgesagt, *fünf Filme* verbraucht zu haben. Folglich gibt es über hundert Bilder, die wir nicht gesehen haben. Vor ein paar Wochen beantragten wir nun, die übrigen Bilder sehen zu dürfen. Wir wußten nicht, wonach wir suchten, und wir glaubten offen gestanden auch nicht, daß wir irgend etwas finden würden.

Jedenfalls bekamen wir vor ein paar Tagen den ganzen Satz Bilder. Okay. Jetzt sehen Sie sich das hier an.«

Das Foto zeigte den Stuhl hinter Williams' Schreibtisch. Auf dem Teppich lag an einem Bein des Stuhls ein Lederbeutel.

»Vergleichen Sie nun das Foto... mit diesem hier.« Auf der zweiten Aufnahme lag der Lederbeutel nicht mehr unmittelbar am Stuhlbein, sondern einige Zentimeter weit weg. »Am Teppichmuster kann man erkennen, daß sowohl der Stuhl als auch der lederne Beutel bewegt worden sind. Ich weiß weder, warum, noch, wer es getan hat; auf alle Fälle sollte jedoch niemand an einem Tatort irgend etwas anfassen oder bewegen, bevor nicht alles fotografiert und vermessen ist. Wenn die Polizei irgendwas verändert, ist sie verpflichtet, von dieser Veränderung eine Aufnahme zu machen, und das haben sie nicht getan. Auf den übrigen Bildern fanden wir nämlich noch mehr solcher Dinge.«

Seiler zeigte mir noch eine Reihe anderer Fotografien von Gegenständen auf Williams' Schreibtisch. »Sehen Sie sich die Stellung der rosa Dose an... hier... und hier.« Auch die Dose war bewegt worden. Ebenso ein Exemplar des *TV Guide*, ein Stapel Umschläge, Papiere und ein Telefonbuch.

»Wenn man sich all diese Bilder ansieht – und nicht nur die zwanzig, die der Staatsanwalt im ersten Prozeß vorgelegt hat –, erkennt man, daß überall am Tatort Gegenstände hin und her geschoben wurden. Das heißt, daß am Tatort keine ordentliche Spurensicherung stattgefunden hat. Die Vorschrift lautet, daß sich niemand mehr im Zimmer aufhalten soll, wenn die Fotos gemacht werden, aber nun sehen Sie sich diese Aufnahmen an: Hier kann man Füße, Arme, Beine, Schuhe von Zivilisten, Schuhe von Polizisten erkennen – schwarze Schuhe, Filzschuhe. In jener Nacht wuselten die Polizisten im ganzen Haus herum. Es war eine richtige Versammlung. Und jetzt stellen wir fest, daß sie die Beweise verrückt haben. Das ist doch heller Wahnsinn! Das verstößt doch gegen elementare Vorschriften. Und obendrein entwertet es *alle Beweise im gesamten Raum*!«

Seiler strahlte. »Ich sag ja, wir stehn gut da. Nur Jims Arroganz im Zeugenstand könnte uns gefährlich werden. Aber das kriegen wir nie in den Griff. Damit müssen wir eben leben.«

Seiler kippte seinen Stuhl zurück und verschränkte die Hände hinter dem Kopf. »Lawton steckt in der Klemme und ist selbst schuld daran. Er hat den schweren Fehler gemacht, im ersten Prozeß Beweise zurückzuhalten. Lawton ist sprachgewandt und intelligent, gar keine Frage. Aber er hat nicht die Erfahrung, über die ein Staatsanwalt verfügen sollte. Glauben Sie mir, ich weiß, wovon ich rede. Ich bin seit fünfundzwanzig Jahren im Geschäft und schon hundertmal im Gerichtssaal gewesen. Spencer Lawton hat in seinem Leben nur zwei Fälle verhandelt – den Fall der Rangers und Jims ersten Prozeß –, und er hat noch nicht einen gewonnen, jetzt nachdem das Urteil gegen Jim aufgehoben wurde. Er ist ängstlich und unerfahren, und das werden wir uns zunutze machen. Wir halten ihn ja schon ganz schön auf Trab mit allen möglichen Winkelzügen und Einzelheiten. Aber gegen die ungeheure Publizität des Prozesses können wir natürlich nichts machen, nur die Jury werden wir diesmal isolieren müssen. Das tue ich zwar wirklich nicht gern, aber dafür werden wir die Sache beschleunigen und auch am Samstag Gerichtssitzungen anberaumen.« Seiler schüttelte den Kopf. »Und das auch noch mitten in der Footballsaison. Was ich nicht alles für Jim

Williams tue. Seit fünfundzwanzig Jahren war ich bei jedem Georgia-Heimspiel dabei. Wahrscheinlich werde ich wegen des Prozesses in diesem Jahr mindestens ein Spiel verpassen, vielleicht sogar zwei. Aber beim Eröffnungsspiel an diesem Samstag gegen UCLA werden wir dabeisein.«

»Sie und Uga?«

»Ja«, sagte Seiler. »Kennen Sie Uga?«

»Nein, aber ich habe schon viel von ihm gehört.«

»Uga ist das berühmteste Tier in Georgia und wird von allen geliebt!« Seiler deutete auf einen Aktenschrank neben dem Schreibtisch. »Das ist alles voll von Uga.« Er zog die Schubfächer heraus. Sie waren vollgestopft mit Ausschnitten, Fotografien, Postern und Briefen.

»Im letzten Jahr war Uga beim Festessen zur Verleihung der Heisman Trophy in New York«, sagte er. »Haben Sie schon davon gehört? Hier, sehen Sie!« Seiler förderte ein AP-Funkfoto zutage, auf dem er und Uga IV mit Herschel Walker, dem Georgia-Halfback, der in diesem Jahr die Heisman Trophy gewonnen hatte, zu sehen waren. Alle drei, darunter auch der Hund, trugen Smokingfliegen. »Uga ist der einzige Hund, der je zu einem Heisman-Dinner eingeladen wurde.«

Er wühlte weiter in den Akten. »Ugas Korrespondenz ist erstaunlich. Als er am Knie operiert wurde, schickten ihm Hunderte von Menschen aus dem ganzen Land Karten und wünschten ihm gute Besserung. Die sind hier auch noch irgendwo. Selbst Mike, der Tiger, hat ihm eine Karte geschickt.«

»Wer ist Mike, der Tiger?«

Seiler sah mich einen Moment lang überrascht an und drückte dann auf die Sprechanlage. »Betty, haben Sie die Akte mit Ugas Karten? Ich kann sie nicht finden.«

Seilers Sekretärin kam mit besorgtem Blick in den Raum. »Sie sollte aber da sein, Sonny«, sagte sie, öffnete eine andere Schublade und sah sie durch. Dann ging sie wieder, und Seiler kramte weiter, ganz vertieft in seine Tätigkeit. Inzwischen blickte ich mich ein wenig im Zimmer um. Auf dem Kaminsims rekelte sich eine lebensgroße Porzellanbulldogge. Darüber liefen auf einem Flachrelief mehrere geschnitzte Bulldoggen hintereinander her. Betty kam ins Zimmer zurück.

»Ich glaube, das hier ist es, Sonny«, sagte sie. Sie gab ihm eine Akte mit der Aufschrift »Knieverletzung«. Karten und Briefe rutschten auf den Schreibtisch. Seiler suchte und wühlte und sagte dann erleichtert: »Hier ist sie, Mike, der Tiger. Und hier ist noch eine vom Adler des Boston College... der Kentucky-Wildkatze... von Mrs. Willinghams vierter Klasse in Macon.« Manche Briefe waren mehrere Seiten lang. Seiler hielt ein paar von ihnen hoch.

»Ich sag Ihnen, Uga ist ein Phänomen. Uga II hat es sogar ins *Who's Who* der Tiere geschafft. Er war unser Maskottchen, als wir vor ein paar Jahren die Landesmeisterschaften gewannen.«

Seiler ging ans Bücherregal und zog das Buch heraus. Wirklich, Uga II war dort verewigt, zusammen mit Struppi, Moby Dick, Toto und dem Weißen Kaninchen. Ich legte das Buch auf Seilers Tisch zurück, der jetzt mit Uga-Andenken überhäuft war.

»Sie sollten«, sagte Seiler und sah von seinem Haufen hoch, »wirklich versuchen, an diesem Wochenende nach Athens zu kommen. Wir spielen gegen UCLA. Sie sollten sich wenigstens ein Spiel ansehen, während Sie noch hier sind. Kommen Sie doch mittags in der Hotelsuite vorbei. Wir treffen uns dort immer vor dem Spiel. Da wird Uga dann auch angezogen.«

Am Samstag morgen war die Straße nach Athens so überfüllt, daß man den Eindruck hatte, Savannah werde soeben evakuiert. Schwarzrote Fähnchen flatterten an den Autoantennen. Selbstgemachte Schilder beschworen das gemeinsame Ziel: Vorwärts, ihr Bulldoggen! Nieder mit UCLA!

Gegen zwölf hatte sich ein Dutzend Gäste in Sonny Seilers Hotelsuite eingefunden. Im Radio auf dem Toilettentisch lief gerade eine Rateshow zu dem bevorstehenden Spiel, an der man per Telefon teilnehmen konnte. Seiler saß auf der Bettkante und telefonierte. Er trug einen roten Pullover, schwarze, legere Hosen und eine weiße Baseballkappe mit dem Buchstaben G vorn in der Mitte. Er brüllte in den Telefonhörer.

»Bist du's, Remer? Kannst du mich verstehn? Wir sind alle hier und hören uns diese verdammte Show an, aber du hast noch nicht da angerufen!... Ein Haufen Blödmänner aus Georgia oder Florida war schon dabei und hat gefragt, wann wir weiße und wann wir rote Hosen tragen würden und wie viele Meisterschaftsspiele Georgia schon in roten Hosen verloren hätte. Rufst du noch an?...Es ist diese kostenlose 0800-Nummer, die ich dir gegeben hab. Hast du sie?... Okay, Kumpel, wir hören alle zu.«

Sonny stand vom Bett auf. »Das war Remer Lane. Er ist wieder in Savannah. Er wird bei der Rateshow anrufen und nach Uga fragen.« In diesem Moment war Uga ein riesiger Haufen pelziger weißer Falten, der auf einer Decke im Duschraum ruhte. Um ihn herum drängten sich die Bewunderer, darunter auch Seilers Tochter Swann. »Hey, Baby, hey, Liebes«, flötete eine Frau. »Du wirst uns doch heute Glück bringen, Süßer!«

Sonny ging zu der provisorischen Bar auf dem Nachttisch und goß mehrere Drinks ein. »Ich sag euch was. Ich hab jede Menge Vertrauen in das Team. Wir werden eine Spitzensaison hinlegen, aber Herschel wird uns gewaltig fehlen.«

»Amen«, sagte ein Mann in rotem Blazer. Herschel Walker hatte im vorigen Jahr seine letzte Saison gespielt und war jetzt zu den New Jersey Generals gewechselt.

»Wir werden uns gut schlagen«, sagte ein anderer Mann, »aber ich komme jetzt schon ins Schwitzen wegen dem Florida-Spiel. Nicht, weil ich das Ergebnis fürchte. Nein, wegen der Karten. Alle wollen sie eine Karte. Normalerweise komme ich ganz gut an die Dinger ran, und das scheinen Gott und die Welt zu wissen. Dabei ist es, gütiger Himmel, erst September, und es hat schon angefangen.«

»September!« sagte ein großer Mann in einer rot-schwarzen Windjacke. »Mein Telefon fängt schon Mitte Juli an zu klingeln. Im August ist dann die Hölle los. Ich kriege Anrufe, Aktennotizen aus dem Büro, Telegramme, Briefe. Ich bin der beliebteste Mann in ganz Georgia, wenn das Spiel zwischen Georgia und Florida vor der Tür steht.«

Die meisten der Männer in diesem Raum waren Footballfans mit guten Beziehungen, die sich jetzt gegenseitig erzählten, wie sie Karten für Freunde und Bekannte besorgt hätten. »Hey, Sonny!« rief einer. »Wie steht's denn mit dem Williams-Mordfall? Wirst du ihn gewinnen, was meinst du?«

Seiler sah den Mann an. »Wird Georgia UCLA schlagen?« Georgia war eindeutiger Favorit. »Weißt du, Kumpel«, sagte Seiler, »schließ noch keine Wetten gegen uns ab. Wir haben noch einige Überraschungen in der Hinterhand. Neue Beweise, ein paar neue Zeugen. Es wird ein... Oh, warte mal! Da ist es!« Seiler drehte das Radio lauter.

»...*natürlich hat Uga einen großen Appetit*«, sagte der Sprecher, »*und unser Anrufer aus Savannah will wissen:* ›*Welche Hundefuttermarke frißt Uga?*‹«

»Gut gemacht, Remer!« sagte Seiler. Jeder im Raum wußte die

Antwort: Jim Dandy. Uga fraß nicht nur das Hundefutter von Jim Dandy, sondern warb auch dafür. Aus Plastikbechern trank man nun auf Uga IV und Jim Dandy. Swann Seiler steckte ihren Kopf durch die Tür. »Daddy, es ist Zeit, Uga anzuziehen.«

Seiler hielt ein rotes Footballjersey hoch und rief: »Heeeeeeuuhhhh!« Uga trottete ins Zimmer, wedelte mit dem Schwanz und wackelte mit dem Fünfundsechzigpfundkörper. Seiler zog dem Hund das Jersey über den Kopf und legte ihm ein Halsband mit Eisenspitzen um. »Wenn wir verlieren«, sagte Swann, »werden wir das Jersey nie wieder tragen. Manchmal ziehen wir uns in der Mitte eines Spiels um, wenn nicht alles so läuft wie geplant.«

»Heute haben wir fünf oder sechs dabei«, sagte Sonny. »Da können wir ihm notfalls ein neues anziehn. Ich hoffe aber, es wird nicht nötig sein.«

»Mom hat sie früher immer gemacht«, sagte Swann. »Manche Jerseys, die Uga trägt, wenn wir ein Meisterschaftsspiel gewonnen haben, sind schon Geschichte. Uga hat eine größere Garderobe als ich.«

Die Gäste zogen sich die Mäntel an, während Seiler den Hund bürstete und etwas Talkumpuder über einen gräulichen Fleck auf seinem Kopf streute. »Das ist nur für die Fotos«, sagte er. »Man kennt ihn nun mal als schneeweißen Hund. Na ja, und das soll so bleiben.« Er machte die Tür auf, und Uga stürzte, heftig an der Leine zerrend, auf den Flur und zog die ganze Prozession hinter sich her in den Aufzug, wieder hinaus und quer durch die Lobby.

Auf dem Parkplatz draußen vor dem Sanford-Stadion hob Seiler Uga auf das Dach seines roten Kombis, der das Nummernschild »UGA IV« trug. Auf diesem Thron empfing Uga die Ehrung seiner Fans. Tausende von Zuschauern winkten ihm auf ihrem Weg ins Stadion zu, riefen seinen Namen, tätschelten ihm den Kopf und machten ein Foto. Uga wedelte und keuchte und leckte so viele Hände, wie er nur erwischen konnte.

Kurz vor dem Anstoß nahm Seiler Uga von seinem Hochsitz herunter und führte ihn an das offene Ende des U-förmigen Stadions. Er und Uga legten eine Gedenkminute ein vor den drei marmornen Grabsteinen, die auf einem eigens angelegten Erdwall standen. Das war Ugas Ahnenpark. Vor jedem Grabmal lagen viele Blumensträuße, und auf jedem stand eine Inschrift für einen verstorbenen Uga:

»UGA. Ungeschlagen, kein Unentschieden. Sechs Bowl Teams. ›Verdammt guter Hund‹ (1956–1967).

UGA II. Fünf Bowl Teams. ›Nicht schlecht für einen Hund‹ (1968–1972).

UGA III. Ungeschlagen, unumstritten und unerreicht. National Champions of College Football 1980. ›Was für ein Hund!‹«

Die Band versammelte sich an dem offenen Ende. Die Georgia Cheerleaders holten Uga ab und führten ihn in sein Hundehaus, das wie ein großer, roter Hydrant auf Rädern aussah. Es hatte eine Klimaanlage, denn die heißen Temperaturen Georgias waren für eine englische Bulldogge wie Uga nicht gerade ideal. Jetzt wurde der Hydrant für die Eröffnungszeremonie aufs Mittelfeld gerollt. Unmittelbar vor dem Anstoß sprang Uga heraus und trabte an den Spielfeldrand. Die Menge brüllte. »Verdammt guter Hund! Verdammt guter Hund! Verdammt guter Hund! *Ruuff! Ruuff! Ruuff! Ruuff-ruuff-ruuff-ruuff-ruuffruuffruuff-ruuff!*«

Abends rief ich Williams an, um ihm von meiner Begegnung mit Seiler zu erzählen.

»Scheint so, als fahre er in Ihrem Fall ganz neue Geschütze auf«, sagte ich.

»Davon gehe ich mal aus«, meinte Williams, »wenn ich mir seine Honorare so ansehe. Was hatten Sie für einen Eindruck von ihm?«

»Klug, energisch und sehr an Ihrem Fall interessiert.«

»Mmmmm, und an dem Geld, das er mit meinem Fall verdient.« Am anderen Ende der Leitung konnte ich das Klicken von Eiswürfeln hören.

»Wollen Sie, daß ich Ihnen erkläre, was er inzwischen in der Hand hat?«

»Nein, nicht unbedingt. Aber Sie könnten mir sagen – obwohl es mich auch nicht wirklich interessiert –, wer das Spiel heute gewonnen hat.«

»Georgia. Neunzehn zu acht.«

»Sehr gut. Dann ist Sonny bester Stimmung. So was Kindisches aber auch. Wenn Georgia verliert, liegt er absolut am Boden. Er ist dann wie gelähmt und kann tagelang nicht mehr richtig arbeiten.«

»Wenn das so ist, wird er Sie wohl ausgezeichnet verteidigen. Es war ein toller Sieg.«

»Hoffentlich nicht zu berauschend. Sonst könnte er meinen Prozeß als allzu große Ernüchterung betrachten.«

»Ich glaube, das Spiel war nicht so wichtig. Es war nur ein Ausscheidungsspiel.«

»Wunderbar. Ich möchte nicht, daß er zerstreut und verträumt ist. Er soll frisch und munter sein. Ja, das könnte gehen.« Williams schwieg einen Moment lang. Die Eiswürfel klickten. »Ja, das hört sich gut an.«

KAPITEL 21

Anmerkungen zur zweiten Runde

Die sechs Männer und sechs Frauen – sieben Schwarze, fünf Weiße – waren entsetzt, als Richter Oliver ihnen sagte, sie sollten am nächsten Morgen wiederkommen und genügend Kleidung für einen zweiwöchigen Aufenthalt mitbringen. Vier von den sechs Frauen brachen in Tränen aus, ein Mann sprang auf und brüllte: »Das mach ich nicht mit! Das mach ich nicht mit! Ich verliere meine Arbeit und *werde in diesem Fall alles andere als unvoreingenommen sein.*« Ein anderer Mann hechtete auf die Tür zu und mußte vom Gerichtsdiener zurückgehalten werden. »Und wenn ihr mich ins Gefängnis steckt!« schrie er. »Ich lasse mich hier nicht einsperren!« Der Richter bestellte die sechs widerspenstigen Juroren in sein Amtszimmer und hörte sich ihre Klagen an. Dann befahl er ihnen, nach Hause zu gehen und zu packen.

Den Anfang macht Lawton mit der Polizeifotografin, Sergeant Donna Stevens, die auf einer Tafel mit riesigen Vergrößerungen das Mercer House fotografisch vorstellt. »Das ist eine Außenansicht des Hauses«, sagt sie. »Und das ist das Wohnzimmer. ... Das ist die Halle und das die umgekippte Standuhr. ... Das ist der Eingang zum Arbeitszimmer, und dort lag das Opfer auf dem Fußboden. ... Diese Aufnahme zeigt das Blut auf dem Teppich. ...«

Nach ihrem Vortrag beginnt Seiler mit dem Kreuzverhör.

»Erinnern Sie sich noch, einen Lederbeutel und ein Stuhlbein fotografiert zu haben?«

»Ja.«

»Haben Sie die Dinge gleich zu Anfang fotografiert?«

»Ja, Sir, das habe ich getan.«

»Und haben Sie das Ganze noch mal fotografiert, nachdem die Polizisten und andere Leute ihre Arbeit erledigt hatten?«

»Ja.«

Seiler hält die zwei Fotos hoch, die den Lederbeutel und das Stuhlbein in verschiedenen Stellungen zeigen. »Mich interessiert der wandernde Geldbeutel«, sagt er und zieht die Augenbrauen hoch. Sergeant Stevens räumt ein, daß der Stuhl bewegt wurde, der Geldbeutel indessen sei nicht berührt worden. Seiler fragt, ob sie nicht an den Teppichmustern erkennt, daß auch der Beutel bewegt worden ist. Nein, sie könne nichts dergleichen feststellen. Seiler läßt nicht locker. »Nun ja, dann sehen wir uns mal das erste Bild an und zählen die Pünktchen auf dem Teppich«, sagt er. »Eins... zwei... drei... vier... fünf... sechs! Und auf dem zweiten Bild sind nur *zwei* Pünktchen, oder?«

Sergeant Stevens gibt widerwillig zu, daß auch der Lederbeutel bewegt worden ist.

Seilers selbstbewußtes Auftreten im Gerichtssaal gefällt der Jury. Im tadellosen Maßanzug, mit Umschlagmanschetten und glänzend polierten Schuhen schreitet er auf und ab. Er grollt und donnert. Sein Ton ist mal neugierig, mal sarkastisch, empört oder überrascht. Im Vergleich dazu wirkt Lawton farblos. Unbeholfen steht er in seinem zerknitterten Anzug da. Er tritt schüchtern und bescheiden auf und zuckt jedesmal zusammen, wenn Seiler ruft: »Einspruch! Mr. Lawton stellt schon wieder eine Suggestivfrage.« Und Seiler protestiert häufig, um Lawton zu zermürben und der Jury gegenüber anzudeuten, daß der Staatsanwalt die prozeßrechtlichen Verfahrensweisen nicht richtig beherrscht.

In Clary's Drugstore macht sich Ruth laut Gedanken darüber, ob dieser Prozeß auch so »pikant« sein werde wie der erste. Luther Driggers meint, Williams habe einen Fehler gemacht, nachdem er auf Danny geschossen hat. »Er hätte Dannys Leiche wegschaffen, die Zähne herausziehen, sie in Salpetersäure auflösen, ihm die Haut abziehen und den Rest an die Krebse verfüttern sollen.«

»Wozu so eine komplizierte Vertuschung?« fragt Ruth.

Luther zuckt die Achseln. »Besser, als die Leiche auf dem Boden im Mercer House liegen zu lassen.«

»Was auch immer Jim Williams mit der Leiche hätte tun sollen, er macht einen Fehler bei seiner Verteidigung«, sagt Quentin Lovejoy und stellt seine Kaffeetasse behutsam auf den Tisch. Mr. Lovejoy ist ein freundlicher Altphilologe Mitte Sechzig, der mit seiner unverheirateten Tante in einem spätviktorianischen Reihenhaus lebt. »Wie kann man nur Danny Hansford als gewalttätigen, brutalen Kriminellen hinstellen! Jim Williams tut sich keinen Gefallen damit, den Jungen dermaßen schlechtzumachen.«

»Aber Quentin«, sagt Ruth fassungslos, »Danny Hansford hat seine Schwester zusammengeschlagen! Seine Mutter hat ihn bei der Polizei angezeigt. Er ist x-mal verhaftet worden. Er war im Gefängnis. Er war ein gemeiner Krimineller!«

»Ganz und gar nicht«, sagt Mr. Lovejoy mit leicht erhobener Stimme. »Das einzige Verbrechen, das der Junge je begangen hat, war, zwanzig Jahre alt zu werden.«

Seiler wehrt sich gegen den Begriff »Schauplatz des Verbrechens«, den die Zeugen der Anklage häufig verwenden. »Es ist noch nicht bewiesen, daß hier überhaupt ein Verbrechen geschehen ist«, betont er.

Richter Oliver reagiert nicht. Er scheint doch tatsächlich ein Schläfchen zu halten. Seine Augen sind geschlossen, sein Kinn ruht auf der Brust. Der Richter hat zum wiederholten Mal durch tiefe Seufzer und zunehmend schlechte Laune kundgetan, daß ihn dieses Wiederaufnahmeverfahren langweilt. Im Gericht spricht man schon von seinen Nickerchen. Jedenfalls erwidert er nichts auf Seilers Protest. Kaum eine Minute später sagt ein Zeuge der Anklage schon wieder »Schauplatz des Verbrechens«, und Seiler läßt es durchgehen.

Während einer Verhandlungspause auf dem Flur fällt mir eine purpurrote Brille ins Auge. Minerva sitzt mit einer Plastikeinkaufstüte in der Hand auf einer Bank. Ich setze mich neben sie, und sie erzählt mir, daß sie als Leumundszeugin für Williams vorgeladen ist. Die Verteidigung hofft, mit ihr einen guten Eindruck auf die sieben schwarzen Juroren zu machen. Sie wird sich mit ihrem Teilzeitberuf als Wäscherin vorstellen, und vom Zeugenstand aus wird sie dann die Möglichkeit haben, mit dem Staatsanwalt, dem Richter und den Mitgliedern der Jury in direkten Augenkontakt zu treten und sie alle zu verzaubern.

Während sie dort im Flur wartet, summt und gluckst sie leise vor sich hin. Ab und zu reißt sie die Tür auf und guckt in den Gerichtssaal.

Auch Danny Hansfords Mutter, Emily Bannister, sitzt auf dem Flur. Sonny Seiler hat sie, genau wie Bobby Lee Cook, als Zeugin der Verteidigung benannt, damit sie nicht in den Gerichtssaal kommen kann. Sie wirkt ruhig und gefaßt, und ich denke mir plötzlich, daß Seiler vielleicht weniger befürchtet hat, sie könnte eine Szene machen, als daß vielmehr ihre verlorene Erscheinung die Herzen der Jury gewinnen würde. Wie dem auch sei, sie weigert sich immer noch, mit der Presse oder mit mir zu reden. Während des Fortgangs der Verhandlung sitzt Mrs. Bannister auf dem Flur direkt vor der Tür des Gerichtssaals, liest, schreibt etwas in eine Zeitschrift hinein und stickt.

Am ersten Samstag im Gericht scheinen sowohl Sonny Seiler als auch Richter Oliver nervös zu sein. Sie machen sich Gedanken über das Spiel zwischen Georgia und Mississippi, das zur gleichen Zeit in Athens stattfindet. Seiler hat einen Mitarbeiter vor der Tür postiert, der sich die Übertragung im Radio anhört. Richter Oliver, der früher Präsident des University of Georgia Club war, bittet Seiler, ihn auf dem laufenden zu halten. Seiler erledigt das flüsternd in kleinen Konferenzen am Richtertisch. Georgia gewinnt zwanzig zu sieben.

Am Montag morgen soll Williams aussagen. Kurz vorher steht er draußen vor dem Gerichtssaal und wirkt recht entspannt. »Sonny hat mich gestern abend angerufen, um mir zu sagen, daß ich bescheiden und reuevoll auftreten soll. Ich weiß nicht, ob es mir gelingt, aber ich habe mir schon viel Mühe gegeben, um einen verarmten Eindruck zu machen. Ich trage denselben blauen Blazer wie am Freitag. Hoffentlich denkt die Jury nun, ich hätte nichts anderes anzuziehen. Sie können ja nicht wissen, daß es sich um ein maßgeschneidertes Dunhill-Jackett handelt und daß die Knöpfe aus achtzehnkarätigem Gold sind.«

Seiler hält sich an seinen neuen Schlachtplan. Bevor Williams in den Zeugenstand tritt, führt seine Schwester seine Mutter aus dem Saal. Seiler fragt Williams unumwunden nach seinem Verhältnis zu Danny Hansford.

»Er war ein netter Kerl, manchmal ganz bezaubernd. Er hatte seine Freundin, ich hatte meine. Für mich ist Sex jedoch eine ganz natürliche Sache. Wir haben ein paarmal miteinander geschlafen. Hat mich nicht besonders berührt – und ihn auch nicht. Ich hatte meine Freundin, er hatte seine. Es ergab sich einfach ganz zufällig, ganz natürlich.«

Den Mitgliedern der Jury ist anzumerken, daß sie dieses Arrangement überhaupt nicht natürlich finden.

Lawton steht auf, um Williams ins Kreuzverhör zu nehmen. Williams betrachtet ihn mit unverhohlener Verachtung.

»Sie haben angedeutet, daß Sie ab und zu mit Hansford Sex hatten«, sagt Lawton. »Ist das richtig?«

»Mm-hmmm.«

»Und daß Sex für Sie eine ganz natürliche Sache sei.«

»Es ist nicht einfach nur natürlich. Damals ging Danny auf den Strich und verkaufte sich auf der Bull Street an jeden, der bereit war, Geld dafür zu bezahlen.«

»Ganz richtig. Sie erwähnten ja, daß er seit seinem vierzehnten Lebensjahr als Straßenjunge arbeitete.«

»Allerdings.«

»Er ist in der achten Klasse von der Schule abgegangen und war so um die Zwanzig, richtig?«

»Er war einundzwanzig. Also kein Kind mehr.«

»Es ist natürlich ganz allein Ihre Sache, was Sie für Verhältnisse eingehen. Aber Sie waren zweiundfünfzig, und er war einundzwanzig. Halten Sie das für eine natürliche und normale Beziehung?«

»Mm-hmmm. Ich war zweiundfünfzig Jahre alt, aber er hatte

locker zweiundfünfzig Jahre Erfahrung auf der Straße zusammen.«

»Keine weiteren Fragen mehr. Ich danke Ihnen sehr.«

Williams Ausdrucksweise war vielleicht nicht so, wie es sich Seiler erhofft hat; aber seine Offenheit macht die Aussage der beiden Freunde von Danny Hansford überflüssig, was für Williams nach Seilers Auffassung von erheblichem Vorteil sein dürfte.

Während einer Unterbrechung erzählt mir Seiler, daß Richter Oliver alt und erschöpft sei. »Er hat Angst davor, daß sein Urteil wieder vom Obersten Gericht aufgehoben werden könnte, und gestattet der Verteidigung, viel mehr Beweise über Danny Hansfords Gewalttätigkeit vorzubringen als im ersten Prozeß. Bei einem jüngeren, tüchtigeren Richter würden wir nicht mal die Hälfte von dem Zeug durchbringen.«

Barry Thomas, der Meister in Williams' Werkstatt, ist einer der Zeugen, die über Danny Hansfords Gewalttätigkeit aussagen dürfen. Thomas, ein schmächtiger Schotte, erinnert sich, wie er von Hansford zwei Monate vor dessen Tod im Mercer House ohne ersichtlichen Anlaß und ohne Vorwarnung angegriffen wurde.

»Ich hatte gerade Feierabend und wollte durch die Eingangstür des Mercer House verschwinden, als ich hinter mir Schritte hörte. Ich drehte mich um und sah Mr. Hansford, der hinter mir herlief. Er ging einfach auf mich los und gab mir einen Fußtritt in den Bauch. Jim packte ihn, zog ihn von mir fort und sagte: ›Sie machen besser, daß Sie hier wegkommen. Danny spielt wieder verrückt.‹

Und ein paar Tage darauf hat sich Mr. Hansford für den Tritt bei mir entschuldigt und gesagt, daß er nicht wußte, was er tat. Er wollte, daß ich ihm als Wiedergutmachung ebenfalls in den Magen trete, aber das tat ich nicht. Ich hielt ihn für krank. Ich weiß nicht, warum er mich angriff. Es gehörte eben einfach zu seinem Wesen.«

Als Thomas nach seiner Aussage in den Flur hinausgeht, packt ihn eine Hand am Ohr. Er läßt ein schrilles »Auuu!« ertönen, und ich schlüpfe auch schnell zur Tür hinaus und sehe, daß die Hand, die sein Ohr gepackt hat, Minerva gehört.

»*Warum hast du das gesagt?*« zischt sie.

»Was gesagt?« fragt Thomas und packt ihren Arm.

»Über den toten Jungen«, sagt sie und zieht ihn heftig am Ohr. »Warum hast du das gesagt?«

»Weil es doch wahr ist. Er hat mich ohne Grund in den Bauch getreten.«

»Das ist doch egal«, sagt sie und läßt sein Ohr los. »Du hast den Jungen schon wieder wütend gemacht. Jetzt müssen wir ihn schnell beruhigen.«

»Was soll ich denn tun?«

»Bring mir Pergament. Und einen Füller. Einen mit roter Tinte. Und... was war das denn noch?... eine Schere! Die Schere ist wichtig. Und eine Kerze und eine Bibel. Beeil dich!«

»Pergament?« fragt Thomas. »Wo soll ich denn jetzt Pergament her –« Minerva packt ihn wieder am Ohr.

»Ich weiß, wo Sie eine Bibel bekommen können«, werfe ich ein und trete näher. »Im Motel auf der anderen Straßenseite.«

Fünf Dollar entlocken dem Angestellten am Empfang des Motels eine Bibel und eine Kerze. Bei Friedman's Mal- und Schreibbedarf kauft Thomas einen roten Filzstift und ein Paket schweres Velinpapier, das pergamentähnlichste, was sie haben.

Als er bezahlen will, hält ihn Minerva zurück. »Leg das Geld so auf den Ladentisch, daß die Dame nicht mit deiner Hand in Berührung kommt. Küsse das Geld, bevor du es hinlegst, dann kommt es zu dir zurück.« Gehorsam küßt Thomas die Münzen und legt sie auf den Ladentisch.

Als wir wieder in Thomas' Wagen sitzen, breitet Minerva ihre Utensilien auf dem Rücksitz aus und sagt: »Bring uns jetzt so nah wie möglich ans Wasser.« Thomas fährt die abschüssige Straße mit dem Kopfsteinpflaster hinunter, die vom Factor's Walk zur River Street führt. Langsam rollen wir an der Strandpromenade der River Street entlang, auf der einen Seite die Docks, auf der anderen die alten Lagerhäuser. Minerva deutet auf einen alten Dreimaster. »Da sind wir.«

Thomas fährt den Wagen an den Bug des Schiffes, Minerva macht die Kerze an und beginnt zu singen. Mit dem roten Filzer kritzelt sie Bibelsprüche auf das pergamentähnliche Papier. Als sie damit fertig ist, schneidet sie das Papier in kleine Vierecke und zündet eines nach dem anderen mit der Kerze an. Wie schwarze Schneeflocken wirbeln die Aschestückchen im ganzen Wagen umher.

»Nimm diese drei Stücke, die noch nicht verbrannt sind«, sagt sie zu Thomas, »und sag Mr. Jim, er soll sie in seine Schuhe legen.«

Plötzlich wird mir bewußt, daß wir drei Gesellschaft bekommen haben. Der Polizist, der zum Fenster hereinschaut, ist nur noch zwei Handbreit von meinem Gesicht entfernt.

»Ma'am?« sagt er.

Minerva hält die brennende Kerze vors Gesicht und starrt den Polizisten durch ihre purpurroten Brillengläser an. »Ahhhhhhhhhhhh!« sagte sie, steckt die Kerze in den weit geöffneten Mund und hält sie mit den Lippen fest. Das Licht der

Flamme läßt ihre Wangen wie eine Kürbislaterne leuchten. Mit einem Zischen geht die Kerze aus, die sie alsdann dem Polizisten überreicht. »Jetzt verbrennen wir nichts mehr«, sagt sie sanft. Sie tippt Thomas auf die Schulter, und als wir um die Ecke biegen, sehe ich im Seitenspiegel den Polizisten, der immer noch die Kerze in der Hand hält und uns fassungslos hinterherschaut.

Wieder zurück im Gerichtssaal hören wir, wie ein Psychiater aussagt, daß Danny Hansford als Kind ein Atemanhalter war. Was er damit meint, ist, daß Danny seine Mutter dadurch quälte, daß er den Atem anhielt, bis er blau wurde und das Bewußtsein verlor.

Minerva wird nun doch nicht aussagen. Ihr ist plötzlich eingefallen, daß sie einen der Juroren kennt, der sich sicher noch gut an sie erinnert. »Ich hab nur etwas Schwarze Magie an ihm ausprobiert. Er ist immer noch stocksauer.« Was sie ihm angetan hat und warum, will sie nicht sagen.

Dr. Irving Stone, der Gerichtsmediziner aus Dallas, macht seine Aussage über die Schmauchspuren und die anderen Umstände der Schießerei ganz im Sinne der Verteidigung, wie es Seiler erwartet hat. Er wird von Joseph Burton unterstützt, dem Leichenbeschauer aus Atlanta, der schon im ersten Prozeß aussagte. Noch unwiderstehlicher als ihre Aussagen klingt indessen ihr kleines Fachgespräch auf dem Korridor.

»Neulich nach dem Absturz der Delta in Dallas hab ich 357 Leichen identifiziert«, sagt Stone. »Dreißig am Tag. Es hat zwölf Tage gedauert.«

»Meine Güte«, sagt Burton. »Schönes Tempo. Wie viele haben Sie an den Fingerabdrücken erkannt?«

»Vierundsiebzig Prozent.«

»Und an den Zahnakten?«

»Weiß nicht mehr. Zehn Prozent vielleicht. Am besten war der mit dem Schrittmacher. Habe die Seriennummer notiert. Dann den Hersteller angerufen. So kriegte ich seinen Namen raus.«

Zwei Überraschungszeugen ruft Seiler erst relativ spät im Prozeß auf.

Vanessa Blanton, eine etwa fünfundzwanzigjährige Frau mit braunem Haar, ist Kellnerin in der Restaurantbar 1790. Sie hat früher in einem Reihenhaus am Monterey Square gelebt und erinnert sich, einen Monat bevor Danny starb, einen jungen Mann gesehen zu haben, der mit einer Pistole in die Bäume schoß. Sie hatte keine Ahnung, daß der Vorfall irgendwie im Zusammenhang mit dem Williams-Prozeß stand, bis ein Mitarbeiter von Sonny Seiler zufällig im Restaurant mit anhörte, wie sie einer anderen Kellnerin davon erzählte. Seiler ließ sie vorladen. Sie nimmt im Zeugenstand Platz.

»Wir hatten die Bar um halb drei geschlossen, und ich stieg in meinen Wagen und fuhr direkt nach Haus. Ich ging gerade die Treppe hoch, als ich einen Schuß hörte. Ich blickte über die Schulter zu Mr. Williams' Haus hinüber, denn von dort schien der Schuß gekommen zu sein. Da stand ein junger Mann in Bluejeans und T-Shirt und zielte auf die Bäume. Er gab noch einen zweiten Schuß ab.«

»Was taten Sie dann?« fragt Seiler.

»Ich hatte gerade die Haustür aufgeschlossen, um in meine Wohnung zu gehen, als ich mich noch einmal umdrehte und sah, wie der junge Mann wieder die Treppe zu Mr. Williams' Haus hochging. Dann überlegte ich einen Moment lang und wollte schon die Polizei rufen. Aber als ich noch mal aus dem Fenster schaute, fuhr vor dem Haus schon ein Streifenwagen vor.«

Miss Blanton ist für Spencer Lawton und sein Bild vom Geschehen am 3. April ein schwerer Schlag. Er bezweifelt, daß sie die Gestalt vor dem Mercer House auf die Entfernung hin und angesichts der Dunkelheit genau erkennen konnte. Aber sie bleibt bei ihrer Geschichte.

Seilers zweite Überraschung im Zeugenstand ist Dina Smith, eine blonde Frau Mitte Dreißig. Sie kam aus Atlanta und war in der Nacht, in der Danny erschossen wurde, bei ihrem Cousin ganz in der Nähe des Monterey Square zu Besuch. Kurz nach zwei Uhr morgens ging sie in der lauen Nachtluft spazieren und setzte sich auf eine Bank am Monterey Square. »Als ich da auf der Bank saß, hörte ich nach ein paar Minuten dicht hintereinander laute Pistolenschüsse. Sehr laute Schüsse, die von überall her zu kommen schienen. Ich war starr vor Schreck, sah mich um, blieb noch zwanzig oder dreißig Minuten am Platz sitzen und ging dann in die Wohnung zurück.«

»Befanden sich zu der Zeit irgendwelche Polizeiwagen vor Mr. Williams' Haus?« fragt Seiler.

»Nein, Sir. Die Haustür stand offen. Die Lichter waren an.«

»Gut. Haben Sie irgend jemanden gesehen?«

»Nein, Sir.«

»Haben Sie die Polizei gerufen?«

»Nein, das nicht.«

»Warum nicht?«

»Ich wußte nicht, was ich ihnen hätte erzählen sollen. Mir war nicht klar, was ich eigentlich gehört hatte.«

Am nächsten Morgen verließ Mrs. Smith das Haus ihres Cousins und wollte zum Strand gehen, als sie einen Übertragungswagen des Fernsehens vor dem Mercer House sah. Danach las sie in der Zeitung, was geschehen war. Bei einem späteren Besuch habe sie dann über ihren Cousin Jim Williams kennengelernt, als er in Berufung gegangen war. Sie erzählte Williams, was sie gehört hatte, und er bat sie, mit seinen Anwälten zu sprechen.

Das Wesentliche an Dina Smiths Aussage ist, daß alle Schüsse, die sie gehört hat, ganz schnell hintereinander fielen, genau wie Williams behauptete. Es gab keine Pausen – keine Zeit, wenn man ihr glauben darf, in der Williams eine zweite Waffe holen und die Schüsse von Hansfords Seite des Schreibtisches vortäuschen konnte.

Der letzte Gerichtstag: ein Samstag. Auf dem Plan stehen heute: die Schlußplädoyers, die Belehrung der Jury, das Spiel zwischen Georgia und Mississippi.

Sonny Seiler betont noch einmal das ungeschickte Vorgehen der Polizei im Mercer House. »Während der Tatortbesichtigung befanden sich unzählige Leute im Arbeitszimmer von Jim Williams. Zuerst erscheint Corporal Anderson, der noch einen Neuling mitbringt. Ihnen folgt Officer Traub, soweit mir bekannt ist, und dann geht es zu wie im Taubenschlag. Einer nach dem anderen kommt herein – ich weiß nicht, wie viele genau, insgesamt wohl so um die vierzehn –, und die Party kann beginnen. Denn so oft passiert es ja in Savannah nicht, daß man in ein historisches Herrenhaus voller alter Möbel und Kostbarkeiten gerufen wird, das ein dunkles Geheimnis zu bergen scheint. Und alle laufen sie irgendwann ins Arbeitszimmer: Anderson, White, Chessler, Burns, Traub, Gibbons, Donna Stevens. Alle ohne Ausnahme, rein und raus, vor und zurück, im ganzen Raum herum. Jeder ist neugierig. Jeder hebt Gegenstände auf und stellt sie wieder ab. Und alle Sachverständigen hier im Zeugenstand, auch Ihre eigenen, sagen, daß dieses Ermittlungsverfahren nicht korrekt sei. Und doch wollen sie Ihnen weismachen, daß sie alle Spuren hervorragend gesichert hätten, während sie die Fotos machten. Quatsch! Wir haben die Bilder ja gesehen.«

Trotz der Aussage von Vanessa Blanton hält Lawton in seinem Schlußplädoyer an der Idee fest, daß Jim Williams den Vorfall vom 3. April inszeniert hat. Er wendet sich an die Jury: »Wenn Sie glauben, daß Vanessa Blanton Danny Hansford wirklich dort draußen vor dem Mercer House gesehen hat, in Ordnung. Doch ich behaupte, daß es in der Dunkelheit und bei den vielen Schatten sehr schwer zu sagen ist, ob man Danny Hansford sieht ... oder aber: *Jim Williams!* Wir müssen die Möglichkeit in Betracht ziehen, daß es eine Übung, eine Generalprobe war, die die Vorstellung von Danny Hansfords gewalttätigem Wesen einen Monat vor seiner Ermordung erhärten sollte.«

Was Dina Smith anbetrifft und die Schüsse, die sie auf der Parkbank gehört haben will, so glaubt Lawton ihr schlicht und einfach nicht. »Ich behaupte, daß sie eine Freundin ist, die jemand aus der Not helfen wollte.«

Gegen Ende seines Vortrags läßt sich Lawton zu einer Theatereinlage hinreißen, um die Theorie vom schwergängigen Abzug an Dannys Pistole zu widerlegen: »Die Verteidigung wollte uns glauben machen, Hansford habe Williams verfehlt, weil der Abzug seiner Waffe so schwer ging. So schwer, daß Dr. Stone – Ex-FBI-Agent und offensichtlich kein Schwächling – beide Hände brauchte, um diese Waffe abzufeuern. Dazu möchte ich Ihnen jetzt etwas zeigen.« Lawton reicht Dannys Waffe seiner zierlichen Assistentin und bittet sie, auf die Wand zu zielen und den Abzug zu ziehen. Das gelingt ihr mühelos, und der Lauf schlägt nicht im geringsten seitlich aus. Seiler protestiert gegen diese Demonstration, aber Richter Oliver weist ihn ab.

Nach den Plädoyers wendet sich Richter Oliver an die Jury und bietet ihr drei Möglichkeiten an: schuldig des Mordes, schuldig der fahrlässigen Tötung und nicht schuldig. Es ist halb sechs abends, als sich die Jury zur Beratung zurückzieht. Williams und seine Familie fahren nach Hause. Seiler macht sich auf den Weg in sein Büro im Armstrong House; noch auf dem Flur des Gerichtsgebäudes erreichen ihn gute Nachrichten: Georgia hat Mississippi 36 zu 11 geschlagen.

Ich frage Minerva, ob ich ihr etwas zu essen holen soll, während wir warten. Sie schüttelt den Kopf und wühlt in ihrer Einkaufstüte herum. »Ich hab hier noch einiges zu erledigen.«

Nach drei Stunden läßt die Jury verlauten, daß sie zu einer Entscheidung gekommen ist. Seiler kehrt sichtlich beunruhigt in den Gerichtssaal zurück. »Es ist zu früh«, sagt er. »Der Fall ist viel zu kompliziert. Sie können noch gar nicht zu einem wohldurchdachten Urteil gekommen sein. Vielleicht wollten sie es nur schnell hinter sich bringen und nach Hause gehen.« Auch Blanche Williams hat eine düstere Vorahnung. »Wir hatten uns noch nicht einmal zum Abendessen gesetzt, als sie uns anriefen. Ich war gerade dabei, einen Karamelkuchen zu backen, den James so gern ißt. Als wir das Haus verließen, sah ich, wie James etwas in seinen Strumpf steckte. Vielleicht ein Päckchen Zigaretten. Vielleicht hatte er das Gefühl, nicht wieder nach Haus zurückzukommen.«

Im Gerichtssaal fällt mir sofort auf, daß vor der Geschworenenbank eine dünne Spur aus weißem Pulver verläuft. Wurzeln und Zweige liegen vor dem Richtersitz. Minerva kaut langsam an einer Wurzel. Die Jury kommt im Gänsemarsch herein. Minerva starrt sie durch ihre purpurnen Brillengläser an.

Auf Befehl des Richters steht Williams auf. Der Obmann gibt dem Schreiber ein Stück Papier, auf dem das Urteil steht:

»Wir befinden den Angeklagten des Mordes für schuldig.«
Richter Oliver läßt den Hammer niedersausen. »Das hierfür vorgeschriebene Urteil lautet: lebenslänglich.«

Im Saal herrscht absolute Stille. Williams nimmt gelassen einen Schluck Wasser aus dem Pappbecher. Dann geht er quer durch den Raum und wird von den Gerichtsdienern durch die Tür geleitet, die zu dem Tunnel führt, der ihn ins Gefängnis bringen wird.

Ich fühle Minervas Hand auf meinem Arm. Sie starrt auf die Gruppe von Menschen um Spencer Lawton herum und lächelt fein.

»Was gibt's?« frage ich sie und wundere mich darüber, daß sie jetzt noch lachen kann.

Sie zeigt mit dem Finger auf den Bezirksstaatsanwalt, der uns den Rücken zukehrt. Er sammelt seine Papiere ein und nimmt die leise gemurmelten Glückwünsche seiner Mitarbeiter entgegen; der fußsohlengroße weiße Fleck auf seinem Hosenboden ist ihm nicht bewußt.

»Hast du das weiße Zeug auf den Stuhl des Staatsanwalts getan, Minerva?«

»Das weißt du doch.«

»Was ist das?«

»High John, der Eroberer. Eine machtvolle Wurzel.«

»Aber was kann sie denn jetzt noch ausrichten?«

»Das Pulver an der Stelle bedeutet, daß Delia immer noch auf den Staatsanwalt einwirkt.« Delia war einer der Namen, die Minerva auf dem Friedhof angerufen hatte. »Und sie hat ihn am Wickel, sie ist noch nicht fertig mit ihm.«

»Was wird denn nun deiner Meinung nach geschehen?« frage ich.

»Wenn Delia nicht losläßt?«

»Ja. Wenn sie dranbleibt.«

»Nun, dann muß der Staatsanwalt Mr. Jim freilassen. So einfach ist das. Wenn ich an seiner Stelle wär, würde ich nicht grad ans Feiern denken. Nicht wenn Delia an meinem Hintern kleben würde. Als sie noch lebte, war sie schlimm. Im Tod ist sie noch schlimmer! Und jetzt wird sie Himmel und Hölle in Bewegung setzen!«

»Was ist mit den anderen acht toten Frauen, die du auf dem Friedhof angerufen hast?«

»Von den ersten drei kam keine Antwort. Delia war die vierte.«

»Und Dr. Buzzard? Spielt er auch eine Rolle?«

»Er hat Delia freie Bahn gegeben.«

»Hat er dir endlich eine Zahl genannt?«

Minerva lacht. »Nein, verdammt. Er hat's lieber, wenn ich arm bin. Dann muß ich viel arbeiten und immer in den Blumengarten gehn, um ihn zu besuchen. So hat er mich besser im Griff.«

Sie nimmt ihre Einkaufstüte und macht sich zum Gehen fertig. Als die Tüte einen Moment lang aufgeht, sehe ich mit einem kurzen Blick so etwas wie einen Hühnerfuß. Minerva winkt mir zum Abschied zu und verschwindet in der Menge auf dem Korridor.

Ich dränge mich aus dem Gerichtssaal an Sonny Seiler vorbei, der soeben vor den Fernsehkameras von einer erneuten Berufung spricht. Der Gerichtsreporter scheint sich wie immer klammheimlich die Hände zu reiben und sagt, als er sich an mich heranmacht:

»Bei guter Führung ist Williams in sieben Jahren wieder draußen.«

»Wenn es nach einer gewissen Dame namens Delia geht, sogar schon früher«, erwidere ich.

»Nach wem bitte?« Der Reporter spitzt beide Ohren.
»Delia.«
»Wer ist Delia?«
»Fragen Sie lieber, wer Delia *war*. Sie ist tot, mehr weiß ich auch nicht.«

KAPITEL 22

Die Zelle

Die postumen Kräfte der verstorbenen Delia, wenn sie denn welche besaß, wirkten offenkundig eher langfristig. Das wurde am Tag nach Jim Williams' Verurteilung deutlich, als seine Anwälte bei Richter Oliver Freilassung auf Kaution erreichen wollten und barsch abgewiesen wurden. Nur in einem Punkt ließ sich der Richter erweichen: Williams würde nicht sofort in das berüchtigte Staatsgefängnis von Reidsville überführt werden. Er konnte im Chatham-County-Gefängnis in Savannah bleiben und sich mit seinen Anwälten beraten, während sie in Berufung gingen – und das konnte ein Jahr oder länger dauern. Dieses Entgegenkommen mißfiel den Kommissaren des County, die beschlossen, Williams auf monatliche Zahlung von neunhundert Dollar für Kost und Logis zu verklagen. (Die Klage wurde zurückgezogen, als der Staatsanwalt des County den Kommissaren verdeutlichte, daß sie im Gericht kaum eine Chance hätte.)

In Abwesenheit seines Herrn machte das Mercer House einen gespenstischen Eindruck. Die inneren Jalousien der großen Fenster schlossen die Außenwelt aus. Die festlichen Parties waren vorbei. Die eleganten Gäste, die in ihren Abendkleidern die Eingangstreppe heraufkamen, waren nur noch Erinnerung. Doch die Hecke wurde weiter sorgfältig beschnitten, der Vorderrasen gemäht, und abends schien Licht durch die schräggestellten Jalousien. Denn Blanche Williams war von Gordon nach Savannah ins Mercer House gezogen. Sie lebte dort allein und wartete ab. Sie putzte das Silber und wischte Staub, und jede Woche backte sie einen frischen Karamelkuchen für den Fall, daß ihr Sohn zurückkommen würde.

Den Laden in der Remise versorgte inzwischen Barry Thomas, der Meister in Williams' Möbelwerkstatt. Von Zeit zu Zeit stand Thomas draußen vor dem Geschäft und machte Polaroidfotos von einem Plantagenhaus-Schreibtisch oder einer Kommode, die von einem Lastwagen abgeladen wurde. Dann schickte Thomas die Fotos zusammen mit den Katalogen bevorstehender Versteigerungen ein paar Blocks weiter ins Gefängnis, so daß Williams seine Neuerwerbungen betrachten und eine Auswahl von den Sachen treffen konnte, die er ersteigern wollte. Es war ein offenes Geheimnis, daß Williams seinen Antiquitätenhandel vom Gefängnis aus betrieb.

Hierbei kam ihm der glückliche Umstand zugute, daß sich in seiner Zelle ein Telefon befand. Gewöhnlich hatten die Lebenslänglichen nicht einfach telefonischen Zugang zur Außenwelt; Williams Zelle jedoch beherbergte nicht nur verurteilte Verbrecher, sondern auch Menschen, die noch auf ihren Prozeß warteten und deswegen mit ihren Anwälten und Familien sprechen durften. Man konnte nur nach draußen telefonieren, und alle Anrufe mußten R-Gespräche sein. Natürlich wäre es für Jim Williams ganz undenkbar gewesen, wenn der Operator ein Geschäftsgespräch folgendermaßen eingeleitet hätte: »Ich habe ein R-Gespräch von Jim Williams aus dem Chatham-County-Gefängnis.« So wandte er den Trick an, ein R-Gespräch ins Mercer House anzumelden, wo es seine Mutter oder Barry Thomas annehmen und weiterleiten konnten. Auf diese Weise blieb Williams mit den wichtigen Leuten im Antiquitätenhandel in Kontakt, ohne daß bekannt wurde, woher seine Anrufe kamen. Er plauderte mit Geza von Habsburg bei Christie's in Genf und machte ein Angebot für Fabergé-Manschettenknöpfe, die einst einem russischen Großherzog gehört hatten. Er sprach mit dem Herausgeber der Zeitschrift *Antiques* über einen Artikel, den er über die Porträtkünstlerin des 18. Jahrhunderts, Henrietta Johnston, schreiben wollte. Williams ließ jedem Anruf einen Brief folgen, der im Mercer House auf seinem persönlichen Büttenpapier getippt wurde – »Vielen Dank für das Gespräch. Hoffentlich sehen wir uns bald...«

Als ich das erste Mal mit ihm sprach, stellte ich fest, daß es für Williams gar nicht so leicht war, vorzutäuschen, daß er aus der würdigen Umgebung des Mercer House anrief. Im Hintergrund lief laut ein Fernseher, und ich vernahm heiseres Gebrüll und gelegentlich auch helles Kreischen. Man hatte Williams in eine Zelle für Homosexuelle und Geistesgestörte gesteckt. Er und seine Zellengenossen wurden zu ihrer eigenen Sicherheit von den anderen Gefängnisinsassen isoliert. Die Zelle maß sieben mal sieben Meter und war mit acht Insassen belegt. Die unterschiedlichen Persönlichkeiten, die man hier zusammengepfercht hatte, schufen eine angespannte Atmosphäre.

»Es hängt alles davon ab, was für Leute hier zusammenkommen«, erklärte Williams. »Im Augenblick gibt es hier noch einen weißen Gefangenen und fünf schwarze Jungs. Drei der fünf *noirs* spielen den ganzen Tag Karten; nur wenn es im Fernsehen Musik gibt, tanzen sie und singen sich die Lungen aus dem Leib. Und das kommt häufig vor, weil der Fernseher von acht Uhr morgens bis um zwei oder drei Uhr nachts läuft – mit voller Lautstärke. Ich trage Wattepfropfen im Ohr, und darüber habe ich meine Kopfhörer, damit ich meine Kassetten hören kann. Doch der Lärm des Fernsehers ist durchdringend, und wenn sie anfangen, zu singen und zu stampfen, kann ich kaum mehr meine eigene

Musik hören. Ich habe jetzt schon Angst davor, wenn wieder *Soul Train* drankommt.

Die anderen zwei Schwarzen sind ein seit langem getrenntes Liebespaar, das sich hier wiedergefunden hat. Da gab es viel Klagen und Weinen, als sie sich erkannten, und Vorwürfe von Untreue, Liebeserklärungen und Vergebungen – Schluchzen, Lachen, Kreischen. Jetzt flechten sie sich gerade gegenseitig die Haare. Irgendwann werden sie sich ohrfeigen und dann vermutlich miteinander schlafen. Der weiße Gefangene ist nicht ganz richtig im Kopf. Sie haben ihn heute morgen reingebracht, und seitdem scheuert er sich an der Wand und hält laute Predigten. Er hört einfach nicht auf. Es ist ein richtiges Irrenhaus hier.

Nur zur Fütterung wird es dann etwas ruhiger. Das Menü besteht gewöhnlich aus Sandwiches mit ranziger Erdnußbutter und Gelee oder einer kleinen Scheibe verdorbenem Fleisch. Es ist völlig ungenießbar, was meine Zellengenossen aber nicht wissen und somit für eine Weile Ruhe geben. In der Zeit erledige ich meine Anrufe. Oder ich besteche sie mit Zigaretten und Süßigkeiten, die ich vom Verpflegungswagen kaufe.«

Williams redete seinen Freunden aus, ihn im Gefängnis zu besuchen. »Der Besucherraum ist ein langer, schmaler Gang mit einer Reihe von Stühlen vor Panzerglasfenstern«, sagte er. »Ganze Familien kommen hierher, um ihre kriminellen Angehörigen zu sehen. Babys schreien; jeder brüllt, um gehört zu werden, und keiner versteht auch nur ein Wort. Es ist das reinste Irrenhaus.« Williams war es entschieden lieber, daß ihn niemand unter diesen erniedrigenden Umständen zu Gesicht bekam. Seine Rettung war das Telefon. An den Abenden pflegte er gesellschaftliche Kontakte. Zwar klickten jetzt keine Eiswürfel mehr im Glas, aber er konnte weiter seine Zigarillos rauchen, und ich hörte, wie er eine von ihnen paffte, während er sprach.

»Bei uns hat sich was getan«, erzählte er mir eines Abends, Mitte November. »Wir haben einen neuen Zellengenossen, der auf allen vieren herumkriecht und den ganzen Tag lang wie ein Hund bellt. Dann und wann hebt er ein Bein und pißt an die Wand. Wir haben uns beschwert, leider vergeblich. Gestern nachmittag, während der Mann schlief, bestach ich die anderen, damit sie den Fernseher leiser stellten und sich ruhig verhielten, so daß ich schnell ein paar Anrufe erledigen konnte. Ich war mitten im Gespräch mit einem wichtigen Kunsthändler in London wegen eines Gemäldes, das ich verkaufen wollte, als der neue Insasse aufwachte und anfing zu bellen. Ich redete einfach weiter. ›Oh, das ist mein russischer Wolfshund‹, sagte ich. Aber dann verwandelte sich das Bellen in ein helles Kläffen. ›Was ist das für einer?‹ fragte der Händler. ›Ein Yorkie‹, sagte ich, hielt meine Hand halb über den Hörer und rief: ›*Würde mal jemand die Hunde in den Garten rauslassen?*‹ Dann machte ich meinen anderen Zellengenossen ein Zeichen, und sie griffen sich den Verrückten und hielten ihm den Mund zu. Der Händler und ich fuhren mit unserem anregenden Gespräch über die Tradition der englischen Landschaftsmalerei fort, während sich zu meinen Füßen meine Zellengenossen balgten. Man hörte Grunzen und Erstickungslaute. Ich weiß nicht, was der Händler dachte, aber er kaufte das Bild.«

Obwohl Williams mit seiner gewohnten Selbstsicherheit sprach, versuchte er nicht, die Bitterkeit seiner Existenzweise zu verheimlichen. Er hatte keinen visuellen Kontakt mehr zur Außenwelt. Die sechs schmalen Fenster seiner Zelle waren mit schmutzigen Milchglasscheiben ausgestattet, und das elektrische Licht in der Zelle brannte vierundzwanzig Stunden am Tag. Williams sagte, daß er das Essen nicht runterbrächte und hauptsächlich von Erdnüssen und Süßigkeiten lebte, die er sich vom

Verpflegungskarren kaufte. Auf seiner Stirn hatte sich eine harte Beule gebildet, in den Ohren klingelte es, und an den Armen und auf dem Rücken hatte er Ausschlag. Als der Ausschlag schlimmer wurde, ging er zum Doktor und traf im Wartezimmer auf fünf andere Gefangene mit denselben Symptomen. »Weder die Decken noch die Matratze werden gereinigt, wenn sie gewechselt werden«, sagte er, »und dem Arzt hier vertraue ich sowieso nicht.« Mehrere Kronen waren Williams von den Backenzähnen gefallen, aber einen Zahnarzt gab es im Gefängnis nicht. Er hätte zu seinem eigenen Zahnarzt gehen können, aber nur in Ketten, also lehnte er es ab.

Williams beteuerte weiterhin seine Unschuld. Er war überzeugt davon, daß die Jury im zweiten Prozeß einfach das Urteil des ersten nachgebetet hatte. Aufgrund seiner traurigen Berühmtheit waren sie alle schon vorher mit dem Fall vertraut und glaubten, daß das erste Urteil bloß wegen eines Formfehlers aufgehoben worden war. Williams sprach geringschätzig von der Jury, den Zeugen, dem Staatsanwalt, Richter Oliver und den örtlichen Zeitungen. Den bittersten Hohn jedoch hatte er sich für seine eigenen Anwälte aufgespart.

»Ich hasse sie«, sagte er. »Da halten sie nun Konferenzen und Versammlungen ab, vermutlich um über meine Berufung zu sprechen, leisten wenig und schicken mir Rechnungen für die Zeit, die sie vergeudet haben. Fünf-, zehntausend Dollar, das ist gar nichts für sie. Das letzte, was sie wollen, ist, meinen Fall erfolgreich abzuschließen. Dann hätten sie sich ja den Geldhahn zugedreht. Bis heute haben sie mich vierhunderttausend Dollar gekostet, und ich mußte ganze Wagenladungen wertvoller Antiquitäten verkaufen, um sie zu bezahlen. Alistair Stair von Stair and Company kam aus New York und kaufte einen lackierten Queen-Anne-Schreibtisch und ein seltenes Wandschränkchen aus der Zeit von Charles II., das in Charleston gebaut worden war. Er kaufte auch die Standuhr in der Halle, die Danny Hansford umgestoßen hat. Alles sehr schöne Sachen. Die schönste silberne Kaffeemaschine, die ich je gesehen habe! Ein Paar Marmorlöwen aus dem kaiserlichen Palast in Peking zur Zeit des Boxeraufstandes! Das waren meine Schätze. Ich verkaufte das dreihundert Jahre alte amerikanische Himmelbett aus meinem Schlafzimmer – das schönste Bett dieser Art, das ich kannte. Ich verkaufte eine irische Leinenpresse, die in dem Buch über irische Möbel von Desmond Guinness beschrieben ist. Ich verkaufte Teppiche, Porträts. Ein paar irische Chippendale-Stühle – einer davon war der Stuhl, den ich irrtümlich auf Dannys Hosenbein abgestellt haben soll. Jeder Penny aus den Verkäufen geht auf die Bank und dann wieder direkt an Anwälte, Ermittler und Sachverständige. Ich habe keine andere Wahl. Ich muß es einfach tun. Geld ist Munition, und solang ich welches habe, setze ich es eben ein. Spencer Lawton hat ein unbegrenztes Budget, Vollzeitermittler, kostenlosen Zugriff auf staatliche Labors. Aber ich muß für jeden Schritt, den meine Anwälte machen, bezahlen, um meine Unschuld zu beweisen.

Alle denken, ich schwimme nur so im Geld. Sie meinen, ich hätte ein Luxusleben geführt mit vielen Dienern und Frühstück im Bett. Aber das ist alles gar nicht wahr. Dreimal die Woche kommt ein Hausmädchen, aber ich habe keine Köchin. Das Frühstück mache ich mir selbst, zum Lunch esse ich ein Sandwich, und abends gehe ich essen, meistens in den Coffeeshop Days Inn. Doch die meisten Leute wollen das nicht glauben. In Savannah gilt man ja schon als reich, wenn man nur seine Rechnungen bezahlt.«

Und wie kämen die Anwälte nun mit seiner Berufung voran?

»Mmmmm. Immer wenn ich anrufe und Sonny Seiler sprechen will, ist er entweder bei einem Fußballspiel in Athens oder im Urlaub oder nirgends aufzutreiben. Neulich habe ich ihn mal erwischt und gefragt, wie es so läuft. Sonny sagte: ›Gar nicht gut, Jim. Überhaupt nicht gut.‹ Er klang sehr niedergedrückt, und ich nahm natürlich das Schlimmste an und fragte, was denn passiert sei. Und Sonny meinte: ›Herrgott, Jim, liest du denn keine Zeitung? Die Dogs haben am letzten Samstag verloren!‹

Darauf sagte ich zu ihm, daß mich im Moment nur ein Spiel interessiere, und das sei das, in dem ich selbst die Hauptrolle spielte.«

Tatsächlich konnte Williams' Berufung erst dann Fortschritte machen, wenn die Prozeßabschrift vom Gerichtsstenographen getippt worden war. Das komplizierte Verfahren hatte sich lang hingezogen, die Abschrift würde fünfzehnhundert Seiten umfassen. Das konnte Monate dauern. Derweil blieb Williams optimistisch. »Ich komme hier ganz sicher heraus. Das Oberste Gericht von Georgia wird mein Urteil aufheben, und wenn ich draußen bin, werde ich dafür sorgen, daß man Spencer Lawton Amtsverfehlungen, Anstiftung zum Meineid und Verletzung meiner Bürgerrechte vorwirft.«

»Wie wollen Sie das schaffen?« fragte ich.

»Genauso, wie ich Häuser restauriere«, gab Williams zur Antwort. »Schritt für Schritt. Zentimeter für Zentimeter. Das hat mir mein alter Mentor, Dr. L. C. Lindsley, beigebracht. Habe ich Ihnen schon von ihm erzählt? Dr. Lindsley war Collegeprofessor und lebte in einem der großen Häuser von Georgia, das er auch restauriert hat. Westover wurde 1822 in Milledgeville im großen Stil erbaut, mit Wendeltreppe und hohen weißen Säulen zu beiden Seiten des Eingangs.

Er hat mir gesagt, daß man nicht versuchen sollte, ein altes

Haus gleich auf einmal vollständig zu sanieren – vom Dach bis zu den Fenstern, mit Verschalung, Zentralheizung und neuen Leitungen. Man sollte sich nur eine Sache auf einmal vornehmen. Heute zum Beispiel, sagt man sich, richte ich alle Türschwellen ein. Dann konzentriert man sich auf die Verschalung und nimmt danach die Fenster in Angriff. Immer eins nach dem anderen. Man sieht sich ein Fenster an und überlegt, wie man es fachgerecht renoviert. Man muß sich die einzelnen Teile vornehmen, denn so wurde das Haus auch gebaut. Und dann irgendwann ist das Ganze fertig. Andernfalls bleibt das Haus der Sieger.

So werde ich auch hier rauskommen, Schritt für Schritt. Zuerst nehm ich mir Sonny Seiler vor, damit er mit der Berufung vorwärtskommt. Dann die sieben Richter des obersten Gerichtshofs, die ich mit mentalen Botschaften beeinflussen werde, genau wie nach meinem ersten Prozeß. Sie werden die Dinge mit meinen Augen sehen.«

Ich hörte Williams an seinem Zigarillo ziehen und sah ihn im Geiste vor mir, wie er mit schräggelegtem Kopf Rauch zur Decke blies.

»So oder so werde ich hier rauskommen. Darauf können Sie Gift nehmen. Und ich spreche nicht von Selbstmord, obwohl ich diese Möglichkeit in Erwägung gezogen habe. Mein Urteil wird aufgehoben werden. Auch wenn es Ihnen unmöglich erscheint – Dr. Lindsley hat mir einmal gesagt: ›Wissen Sie, daß Rotkehlchen ein Haus bewegen können? Kleine Vögel mit orangenen Bäuchlein? In Westover haben sie es versucht.‹ Ich gab das Rätselraten auf und fragte, wie sie denn das gemacht hätten. Sie äßen die Beeren des Chinarindenbaums, antwortete er mir, und dann ließen sie die Samen in der Nähe der Hausfundamente fallen. Dort wüchse dann ein Chinarindenbaum, der das Haus mit seinen Wurzeln untergraben würde. Und er hatte recht. Ich habe es selbst gesehen. Chinarindenbäume wachsen sehr schnell und reißen die Fundamente eines Hauses auf. Und genauso werde ich die Arbeit von Spencer Lawton zunichte machen, die mich hierhergebracht hat. Ich werde ihn in seinen Grundfesten erschüttern. Es kann allerdings noch etwas dauern.«

KAPITEL 23

Lunch

Millicent Mooreland hatte es offenbar nicht eilig, zur Lunchparty von Blanche Williams zu kommen, denn sie fuhr mehrmals um den Monterey Square herum. Dann wandte sie sich nach Norden und drehte eine Runde um den Madison Square. In aller Ruhe fuhr sie hin und zurück, erst um diesen Platz und dann um den nächsten.

Mrs. Mooreland kannte Blanche Williams kaum. Sie hatte sie nur kurz auf den Weihnachtsparties im Mercer House getroffen. Aber in den acht Monaten, die Williams jetzt nun schon im Gefängnis saß, hatte sie Mrs. Williams alle paar Wochen angerufen und sich erkundigt, wie sie zurechtkam. Schließlich war Mrs. Williams mit fast achtzig Jahren ganz allein ins Mercer House gezogen und hatte in der Nähe weder Familie noch Freunde.

Mrs. Williams war gerührt und fragte ihren Sohn, wie sie sich bei Mrs. Mooreland und den vielen anderen seiner Freunde für ihre Güte bedanken könnte. »Warum lädst du sie nicht einfach alle zum Mittagessen ein?« hatte er vorgeschlagen. Die Vorstellung machte Mrs. Williams angst, aber ihr Sohn beruhigte sie. »Du mußt überhaupt nichts tun. Ich kümmere mich um alles.«

Aus seiner Gefängniszelle heraus organisierte Jim Williams jede Einzelheit für die Lunchparty seiner Mutter. Er verfaßte die Gästeliste. Er bestellte Papier für die Einladungen und entwarf ein Muster, das seine Mutter übernehmen konnte. Er telefonierte mit Lucille Wright, der Lieferantin, und bestellte bei ihr ein Buffet mit Low-Country-Spezialitäten. Er suchte die Speisen aus – Shrimps, geräucherten Schinken, Lammbraten, Okraschoten, Kürbis, Süßkartoffeln, Reis, Maisbrot, Kuchen und Plätzchen – und sagte zu Mrs. Wright, sie solle für zwanzig Personen planen (später erweiterte er die Liste auf fünfundvierzig) und für das Essen das Porzellan der Herzogin von Richmond und das Silber von Kaiserin Alexandra nehmen, das sie in der Vitrine im Speisezimmer finden würde. Williams engagierte seinen gewohnten Barkeeper und schärfte seiner Mutter, die nichts trank, ein, ihren Gästen wenigstens eine halbe Stunde vor dem Lunch Cocktails zu servieren. »Das wird sie etwas lockerer machen«, meinte er. »Die Stimmung sollte nicht zu düster und ernst sein.« Zum Schluß beauftragte er noch Barry Thomas, das Haus am Morgen der Party mit frischen Blumen zu schmücken und im Garten den Springbrunnen anzustellen, bevor die Gäste kamen.

Mrs. Mooreland fuhr nicht bloß zum Zeitvertreib um die Plätze, sondern gaffte auf eine Weise in die Parks, die sie an sich gar nicht kannte, und starrte die Menschen auf den Bänken unverhohlen an – besonders die jungen Männer. Sie war über sich selbst empört und konnte sich doch nicht zurückhalten.

Widerstrebende Gefühle kämpften in ihrer Brust. Alles hatte mit der Schlagzeile in der Morgenzeitung begonnen: NEUE ZEUGEN IM FALL WILLIAMS. Zwei neue Zeugen hatten sich gemeldet, die zu Williams' Gunsten aussagen wollten. Was für gute Neuigkeiten! Und das am Tag von Mrs. Williams' Lunchparty! Der erste Hoffnungsschimmer für Jim seit fast einem Jahr. Noch bevor sie den Artikel gelesen hatte, lief Mrs. Mooreland zur Treppe und rief die Nachricht hinauf zu ihrem Mann. Dann ging sie in die Küche zurück und fing an zu lesen.

Die zwei neuen Zeugen waren junge Männer, der eine achtzehn, der andere siebenundzwanzig. Sie kannten sich nicht und sagten unabhängig voneinander aus, daß Danny in den Wochen vor seinem Tod auf sie zugekommen sei und sie in Pläne eingeweiht habe, Jim Williams zu töten oder zu verwunden, um sein Bargeld zu stehlen. Die jungen Männer hatten Danny Hansford auf den Plätzen der Bull Street getroffen, wo er schwule Männer abschleppte.

Mrs. Mooreland errötete leicht und las weiter.

Einer der jungen Zeugen nahm gerade an einem Rehabilitationsprogramm für Drogenabhängige teil. Der andere war schon öfter verurteilt worden und saß im Moment wegen Autodiebstahls im Chatham-County-Gefängnis. Danny Hansford hätte von ihnen verlangt, so sagten beide, Williams zu verführen, sie hätten abgelehnt. Als Hansford dann erschossen wurde, dachte der eine bei sich: Nun hat es der Idiot selbst versucht. In der Zeitung stand, daß Sonny Seiler die eidesstattlichen Erklärungen der jungen Männer bei der Berufung einsetzen würde.

Mrs. Mooreland geriet in inneren Aufruhr. Sosehr sie sich für ihren Freund Jim Williams freute, so unangenehm waren ihr die peinlichen Details aus Jims Privatleben, die sie bis zu seinem Prozeß nicht gekannt und die sie danach erfolgreich verdrängt hatte. Und jetzt diese unaussprechlichen Sachen mit diesen Plätzen! Und diese neuen Zeugen! Was waren das für *Leute*? Männliche Prostituierte! Einbrecher! Diebe! Beim Frühstück schüttete Mrs. Mooreland ihrem Mann ihr Herz aus. Er versuchte, das Ganze ins rechte Licht zu rücken. »Es ist wohl kaum vorstellbar, daß so ein kleiner, widerlicher Stricher wie Danny Hansford seine Mordpläne mit jemand wie Mac Bell besprechen würde. Oder mit Reuben Clark.« Die Namen, die Mr. Mooreland erwähnte, gehörten zwei hochangesehenen Gentlemen in Savannah, beide von Beruf Bankpräsidenten.

Nun, da hatte er irgendwie recht, das mußte Mrs. Mooreland

zugeben. Aber sie war immer noch wie vor den Kopf geschlagen, wenn sie an das ruchlose Treiben auf den Plätzen dachte, und als sie nun an diesem sonnigen Maimittag um sie herumfuhr, spielte sie zaghaft Detektiv. Vielleicht ist das so einer, dachte sie, als sie einen Jungen mit struppiger Mähne erblickte, der auf einer Bank am Madison Square herumlümmelte. Doch dann fiel ihr ein, daß er auch einer von diesen Kunststudenten sein konnte, vom Savannah College of Art and Design. Worauf war denn heute überhaupt noch Verlaß? Mrs. Mooreland schauderte und sah auf ihre Uhr. Es wurde Zeit, zur Party zu fahren. Aber wie sollte sie bloß Mrs. Williams die Neuigkeit beibringen? Sie konnte doch kaum ausrufen: »Ist es nicht wundervoll?« Denn Unzucht, Mord und Diebstahl waren ja wirklich nichts Wundervolles. Nichts von dieser kleinen gräßlichen Geschichte eignete sich als Tischgespräch auf einer gepflegten Lunchparty. Sie könnte sich doch einfach dumm stellen, sagte sie zu ihrem Mann, und so tun, als hätte sie heute noch gar keine Zeitung gelesen. Aber er meinte, daß sich Mrs. Williams dann vielleicht gezwungen sähe, alles selbst zu erzählen. »Besser, du sagst etwas Unverbindliches wie ›Wir halten ihm die Daumen‹.« Und das tat sie dann schließlich auch.

Tatsächlich hatten alle Gäste diesen Vorsatz gefaßt. Mrs. Williams stand im hellblauen Chiffonkleid an der Tür des Mercer House und nahm die verhaltenen Glückwünsche ihrer Besucher entgegen.

»Jetzt wendet sich wohl das Blatt«, sagte Mrs. Garrard Haines und küßte Mrs. Williams auf die Wange.

»Ist *heute* nicht ein sonniger Tag!« meinte Lib Richardson.

Alexander Yearly drückte es praktisch aus: »Ich schätze, es wird nicht mehr lang dauern, bis Jim wieder unter uns weilt.«

Mrs. Williams strahlte. »Das hat James auch gesagt. Alles wird sich zum Guten wenden.«

Durch die offenen Flügeltüren am Ende der Eingangshalle schweifte der Blick durch das ganze Haus bis in den üppig grünen Garten hinaus. Die rückwärtige Seite des Mercer House unterschied sich deutlich von der italianisierten vorderen Fassade. Von hinten sah das Gebäude wie ein Herrenhaus aus der Zeit vor dem Bürgerkrieg aus. Hohe Säulen stützten eine geräumige Veranda, die von dichten Glyziniengirlanden überschattet war. Viele Gäste nahmen ihren Lunch mit nach draußen zu den Korbstühlen und blickten bewundernd auf das Wäldchen aus drei Meter hohen Bananenpflanzen und den Lilienteich des verwunschenen Gartens.

Betty Cole Ashcraft saß neben Lila Mayhew. Mrs. Mayhew stocherte geistesabwesend in ihren Tomaten und Okraschoten herum. »Wahrscheinlich werden wir noch ein Weihnachten ohne Jims wunderschöne Party verbringen müssen«, sagte sie mit Sehnsucht in der Stimme.

»Meine Güte, Lila«, gab Mrs. Ashcraft zur Antwort, »es ist doch erst Mai. Bis Weihnachten ist noch so viel Zeit, und außerdem sieht es im Moment nicht danach aus, als ob für Jim schon alles vorüber ist.«

»Jim gab seine Party immer an dem Abend vor dem Debütantinnenball«, fuhr Mrs. Mayhew fort. »Das war sein Fest und seine Nacht. Freitag. Was haben wir bloß gemacht, als es Jim und seine Parties noch nicht gab? Ich kann mich überhaupt nicht mehr daran erinnern.«

»Na, das macht nichts, Lila. Noch bevor du dich versiehst, werden Jim und seine Feste zurückkehren. Sie müssen ihn jetzt einfach freilassen. Das geht gar nicht anders, wo diese üblen Schlägertypen endlich aus ihren Löchern gekrochen sind und erzählt haben, wie sie Jim umbringen wollten. Ein Wunder, daß Jim sie nicht alle erschossen hat. Er hätte jedes Recht dazu gehabt.«

Mrs. Mayhew legte ihre Gabel nieder. »Jedes Jahr hat Beautene mir zu Jims Party ein neues Kleid gemacht. Beautene ist meine farbige Schneiderin. Manchmal hat sie, glaube ich, nur ein altes verändert, damit es wie ein neues aussah. Ich hätte den Unterschied sowieso nicht gemerkt. Aber im letzten Jahr, als Jim über Weihnachten im Gefängnis war, sagte ich zu ihr: ›Beautene, in diesem Jahr müssen wir uns keine Mühe geben. Da ist nichts los in Savannah am Abend vor dem Cotillonball.‹«

»Aber Lila«, sagte Mrs. Ashcraft sanft.

»Und wißt ihr, was mir Beautene geantwortet hat? Sie sagte: ›Miss Lila, für eure Leute ist vielleicht nichts mehr los an diesem Abend. Aber *wir* – wir feiern in dieser Nacht wie immer *unseren* Debütantinnenball.‹«

»Gütiger Gott! Das kann doch nicht wahr sein!«

»Doch. Die farbigen Mädchen gehen am Abend vor dem Cotillon zu ihrem Debütantinnenball. Als mir Beautene davon erzählte, habe ich sie fast beneidet. Und mir wurde mehr denn je bewußt, wie sehr ich Jim Williams' Weihnachtsparty vermißte.«

Mrs. Mayhew nippte an ihrem Eistee und sah verträumt in den Garten hinaus.

In der Stille, die dem Gespräch der beiden Damen folgte, nahm ich die gedämpft geführte Unterhaltung zwischen einem Mann und zwei Frauen auf dem Diwan gegenüber wahr. Sie sprachen wie Bauchredner, bewegten ihre Lippen kaum, damit man nicht hören konnte, was sie sagten. Und als ich mich auf sie eingestellt hatte, wurde mir klar, warum.

»Das wird ihm nichts nützen?« fragte eine der Frauen den Mann. »Warum nicht?«

»Nun, zum einen, weil diese Aussagen klingen, als hätte Jim dafür bezahlt.«

»Würde denn Jim so was tun?«

»Natürlich. Das würde ich an seiner Stelle doch auch tun. Sonny Seiler hat einen Privatdetektiv auf die Kerle angesetzt – Sam Weatherly, ehemaliger Polizist, guter Mann. Meint, daß einer der Jungs die Wahrheit sagen könnte. Der andere ist reines Gift; er steht im Ruf, Zeugenaussagen an den Meistbietenden zu verkaufen.«

»Warum kann Sonny nicht nur denjenigen benutzen, der die Wahrheit sagt?«

»Weil keine Jury einem Stricher glauben wird, und außerdem ist seine Aussage bedeutungslos. Danny Hansfords Absichten stehen hier nicht zur Debatte. Vielleicht hat er Jim töten wollen, es gibt aber keinen Beweis dafür, daß er es versucht hat. Es ist nicht mal bewiesen, daß er in jener Nacht überhaupt eine Waffe in der Hand hatte. Keine Fingerabdrücke. Keine Schußspuren. Alles dreht sich um die Indizien. Wenn Jim jemanden finden könnte, der sie widerlegt, wäre sein Geld gut angelegt.«

Mrs. Williams kam mit einer Polaroidkamera auf die Veranda. »Und jetzt«, rief sie, »bitte etwas freundlich!« Ihre Gäste schauten von den Tellern hoch, und Mrs. Williams drückte auf den Auslöser. Die Kamera surrte und stieß ein schwarzes Rechteck aus. Mrs. Williams ging wieder ins Haus und legte das Foto zu den anderen auf das Sideboard. »Später«, sagte sie, »werde ich die ganzen Bilder zu Jim bringen. Dann hat er das Gefühl, daß er auch hier bei uns gewesen ist. Das weiß ich genau. Immer wenn etwas Wichtiges geschieht, mache ich Fotos und zeige sie ihm. Zum Beispiel als die Glyzinie über der Haustür blühte. Da sagte er: ›Vielen Dank, Mutter. Jetzt weiß ich, daß es Frühling ist.‹«

Jetzt begannen die Gesichter auf den Fotos auf dem Sideboard erkennbar zu werden. Da saß Emma Kelly zwischen Joe Odom und Mandy im hinteren Zimmer. Bei ihrer Ankunft hatte Emma Mrs. Williams erzählt, daß sie in den vergangenen acht Monaten täglich Jims Lieblingslied »Whispering« auf dem Klavier gespielt hätte. Joe Odom bemerkte mit ironischem Lächeln, daß Jim und er bald die Plätze tauschen könnten, wenn die Dinge so weitergingen wie bisher.

Zwei Gäste, deren Gesichter soeben auf dem Sideboard Farbe annehmen, hatten ungläubiges Erstaunen hervorgerufen, als sie auf der Lunchparty erschienen waren: Lee und Emma Adler.

Die Feindschaft zwischen Lee Adler und Jim Williams hatte sich wegen der engen Verbindung zwischen Adler und Lawton noch verschärft. Spencer Lawton hatte erst kürzlich angekündigt, daß er sich zur Wiederwahl aufstellen lassen würde, und Adler bürgte für einen Bankkredit über zehntausend Dollar für die Wahlkampagne. Das waren zwei Drittel des Gesamtbetrags, der Lawton für seine Kampagne zur Verfügung stand. Adler gab sich keine Mühe, die enge Beziehung zu Lawton zu verbergen, er hängte sogar ein großes Wahlplakat für Lawton an den Zaun vor seinem Haus. Von den Fenstern des Mercer House aus konnte man das lächelnde Gesicht Lawtons sehen. Ja, Adler schien sich geradezu an Williams' Unglück zu weiden. Er organisierte eine Party, um Gelder für Lawtons Kampagne aufzubringen, und las den versammelten Gästen ein Telegramm eines »Lawton-Anhängers« vor, der leider nicht hatte kommen können. Unterschrieben war das Scherztelegramm mit »Jim Williams, Chatham-County-Gefängnis«, und es wünschte Lawton nur das Allerschlechteste. Adlers Zuhörer fanden das wenig komisch. »Es war einfach geschmacklos«, sagte ein Gast. »Wir fühlten uns alle sehr unbehaglich, besonders Spencer Lawton, der auch anwesend war.«

Williams führte inzwischen von seiner Zelle aus Krieg gegen Lawton, indem er heimlich Geldmittel für seine Kontrahenten bereitstellte. In der Zeitung erschienen ganzseitige Anti-Lawton-Anzeigen mit der Überschrift: BEZIRKSSTAATSANWALT LAWTON DER KORRUPTION UND DES AMTSMISSBRAUCHS BESCHULDIGT. Die Anzeige sollte die Wähler daran erinnern, daß das Oberste Gericht von Georgia bei der Aufhebung des ersten Urteils der Meinung gewesen war, daß Lawton »im Prozeß die Wahrheitsfindung behindert« habe. Die Anzeigen waren von Jim Williams geschrieben und bezahlt worden.

Die Adlers ihrerseits waren ebenso irritiert wie alle anderen, daß sie von Mrs. Williams eingeladen worden waren. Als sie sich ins Gästebuch eintrug, setzte Emma Adler in Klammern das Wort Nachbarn hinter ihren Namen, als wollte sie verdeutlichen, daß der Grund ihres Hierseins ein rein geographischer war.

Mrs. Williams schob das Foto mit den Adlers in die Mitte des Stapels. »James hat sicher seine Gründe«, sagte sie in ihrer ruhigen Art, »aber vor drei Monaten etwa... oh, da habe ich mich über Lee Adler dermaßen aufregen müssen. Davon habe ich James natürlich nichts erzählt. Eines Nachmittags hat er einen Höflichkeitsbesuch gemacht, und ich dachte, nun ja, der Mann weiß, daß James in Schwierigkeiten steckt, und will einfach mal so vorbeischauen. Er kam also rein und war sehr höflich. Aber ich, ich habe es sofort durchschaut, daß er aus einem ganz anderen Grund gekommen war. Er sagte mir: ›Mrs. Williams, ich habe in New York Mr. Soundso von Sotheby's getroffen, und wenn ich irgendwas für James tun kann, oder wenn er irgendwas verkaufen will, lassen Sie es mich einfach wissen.‹ *Also wirklich!* Ich kann Ihnen sagen, ich wär fast in die Luft gegangen, aber ich nahm mich zusammen und blieb ganz ruhig, wie es sich gehört. Ich sagte ihm: ›Mr. Adler, ich bin Ihnen sehr verbunden, aber selbst da, wo er jetzt ist, hat James immer noch Verbindungen. Er kann in New York anrufen. Er kann in London anrufen. Er kann mit Genf sprechen.‹ Ich war nicht grob zu ihm, nur innerlich, Honey, da hab ich gekocht, weil ich wußte, daß er hier herumschnüffeln wollte.«

Lee Adlers Beziehung zu Spencer Lawton war genau der Grund, warum Jim Williams seiner Mutter aufgetragen hatte, ihn einzuladen. Jim war der Auffassung, daß Spencer Lawton von Adler beherrscht wurde. »Leopold ist die Macht hinter dem Thron«, sagte er. »Er ist der Wesir am türkischen Hof, der Mann, der hinter einem Seidenschirm steht und ins Ohr des Sultans flüstert. Lawton traut sich nicht, einen Schritt zu tun, ohne daß Leopold ihm Anweisungen gibt. Dadurch wird Leopold für mich zu einer Gefahr. Er hat allen Grund, mich zu hassen, denn er verdankt es mir, daß er aus dem Vorstand des Telfair Museums geflogen ist, und ich bin sicher, daß er den Staatsanwalt dazu gebracht hat, mich des vorsätzlichen Mordes anzuklagen, auch wenn er es abstreitet. Keine Frage, er ist gefährlich. Aber ich verstehe ihn. Ich spreche seine Sprache, wenn es sein muß. Zwischen uns gibt es auch so etwas wie Ganovenehre. Es ist nie zu spät, jemandem einen Olivenzweig zu reichen. Mit meinen neuen Zeugen erlebt mein Fall eine entscheidende Wende. Das spüre ich, und dann möchte ich nicht, daß Leopold hinter jenem Seidenschirm herumschleicht und seine Fäden spinnt.«

Williams hatte wirklich ein paar Eisen im Feuer – eine laufende Berufung, mögliche neue Zeugen und einen Kandidaten, der Lawton um sein Amt bringen wollte. Nichts von alldem schien besonders vielversprechend – wenn aber Williams daraus Hoffnung und Trost schöpfte, was konnte es schon schaden? Es war allerdings unwahrscheinlich, daß eine nette Lunchparty Lee Adler auf seine Seite ziehen konnte. Und doch hatte Williams alle Trümpfe gezückt, die er zur Verfügung hatte – seine bezaubernd arglose Mutter, die Verführungskünste von Lucille Wrights Küche, die Gesellschaft gemeinsamer Freunde und, nicht zu vergessen: die geheimnisvollen Kräfte von Minerva. Minerva war aus Beaufort herübergekommen und hatte sich in die Uniform eines Hausmädchens gezwängt. Anfangs stand sie ruhig im Eßzimmer, während sich die Gäste am Buffet bedienten. Später ging sie dann mit einem Krug Eistee herum. Bei der Gelegenheit goß sie den Adlers zwei hohe Gläser ein, kaute auf einer Wurzel und fixierte sie mit einem durchdringenden Blick durch die Purpurgläser ihrer Brille.

Während des Essens hielt sich Williams durch regelmäßige Anrufe über den Stand der Dinge auf dem laufenden. Er erinnerte Barry Thomas an den Springbrunnen (Thomas hatte vergessen, ihn anzustellen) und gab seiner Mutter und Lucille gute Ratschläge. Als der letzte Gast gegangen war, konnten Mrs. Williams und Barry Thomas Jim Williams berichten, daß die Party ein Erfolg war. Mrs. Williams versprach, ihm umgehend die Fotos ins Gefängnis zu bringen, damit er sich selbst ein Bild machen könne.

Als sie den Hörer aufgelegt hatte, verweilte sie einen Augenblick lang am Schreibtisch. Vor ihr lag die Morgenzeitung.

»Barry?« sagte sie.

Barry Thomas, der schon an der Tür war, drehte sich um. »Ja, Mrs. Williams?«

Mrs. Williams zögerte und starrte auf den Zeitungsartikel über die neuen Zeugen.

»Ich... ich habe mich nur etwas gefragt. All diese Sachen, die sie über James gesagt haben... und diesen Hansford... und jetzt noch diese anderen Jungs.« Mrs. Williams deutete auf die Zeitung. »Ich versuche ja, mich gar nicht darum zu kümmern, aber mir ist, als hätte man dieselben Dinge über James, den König von

England, gesagt. Wissen Sie, den, der seine eigene Bibel, die King-James-Bibel, schreiben ließ. Ob das wohl wahr ist? Haben Sie je gehört, daß man so etwas über King James erzählt hat?«

»O ja«, sagte Thomas, »King James hatte seine Lieblinge unter den Männern am Hof, wenn Sie das meinen. Er hatte seine besonderen Freunde. Ich glaube, sogar mehrere.«

Über Mrs. Williams' Gesicht huschte die Andeutung eines Lächelns. »Nun«, sagte sie leise, »dann ist es ja in Ordnung.«

KAPITEL 24

Schwarzes Menuett

Mitte August lehnte Richter Oliver trotz der Aussagen der neuen Zeugen ein Wiederaufnahmeverfahren für Williams ab. Daraufhin kündigte Sonny Seiler an, daß er sich mit der Berufung an die nächste Instanz, den Georgia Supreme Court, wenden werde. Ein paar Wochen später wurde Spencer Lawton erneut zum Bezirksstaatsanwalt gewählt, was ihm ermöglichte, Williams auf jeder Stufe seines Verfahrens Steine in den Weg zu legen.

Als Williams von den schlechten Neuigkeiten erfuhr, nahm er den Telefonhörer und machte bei Christie's in Genf ein Gebot auf ein Fabergé-Zigarettenetui, das einmal Edward VII. gehört hatte. »Es hat mich fünfzehntausend Dollar gekostet, die ich mir im Moment eigentlich nicht leisten kann«, sagte er, »aber ich fühle mich dann einfach besser. Sicher bin ich der einzige Mensch, der ein Stück von Fabergé aus einer Gefängniszelle heraus erworben hat.«

Immer mehr versuchte Williams, sich und anderen vorzumachen, daß er nicht wirklich im Gefängnis saß. Wie bisher telefonierte er über das Mercer House und diktierte Briefe, die auf seinem persönlichen Papier getippt und an Zeitungen und Magazine geschickt wurden. Einer dieser Briefe, der im *Architectural Digest* erschien, lobte das Magazin für einen Artikel der bekannten New Yorkerin Brooke Astor. »Köstlich!« lautete Williams' Kritik. »Brooke Astor hat uns aufs beste unterhalten, indem sie uns von ihren frühen Erfahrungen mit großen formellen Abendessen berichtet hat. Ihre Erinnerungen sind ein Leitfaden für die hohe Kunst, gut zu leben. Meine besten Grüße an unsere Gastgeberin. – James A. Williams, Savannah, Georgia.«

Williams wollte sich nicht an den Gedanken gewöhnen, im Gefängnis zu sein. »Das ist eine Überlebensfrage. Ich versuche, mich zu hypnotisieren, so daß ich zumindest in meinen Gedanken *nicht hier bin*.«

Wo immer auch Jim in seinen Gedanken verweilen mochte – im frühen Herbst war es klar, daß sein Körper über Weihnachten noch im Gefängnis bleiben mußte. Wieder einmal würde es an dem Abend vor dem Cotillonball, der früher für seine Weihnachtsparty reserviert war, eine schmerzliche Lücke im gesellschaftlichen Kalender geben. Ich erinnerte mich, wie sich Lila Mayhew damals im Mai darüber beklagt hatte, daß sie an diesem Abend keine Veranstaltung besuchen konnten. Und mir fiel ihre schwarze Schneiderin ein, die von dem Debütantinnenball der Schwarzen erzählt hatte, der am Abend von Jim Williams' Weihnachtsparty stattfinden sollte. Je länger ich darüber nachdachte, desto stärker wurde der Wunsch, als Beobachter des lokalen Geschehens mehr über den schwarzen Debütantinnenball zu erfahren und, wenn irgend möglich, zu ihm eingeladen zu werden.

Seit fast vierzig Jahren stellten die schwarzen Bürger Savannahs ihre Debütantinnen auf formellen Bällen vor. Die Veranstaltung wurde von den Graduierten der Alpha Phi Alpha, einer schwarzen Studentenverbindung am Savannah State College, finanziell getragen. Alpha Phi Alpha war die älteste schwarze Collegeverbindung des gesamten Landes, gegründet um die Jahrhundertwende in Cornell. Die Vereinigung sollte mehr sein als eine gesellige Studentenverbindung; sie trat für das gesellschaftliche Ansehen der Schwarzen ein. In Savannah waren die Graduierten in der Verbindung mit fünfundsechzig Mitgliedern aktiver als die Gruppe der Studenten, die nur fünfzehn Mitglieder zählte.

Die graduierten Alphas bildeten die obere Schicht der schwarzen Gemeinde von Savannah. Dazu gehörten Lehrer, Schuldirektoren, Ärzte, Geistliche, Geschäftsleute und Anwälte. Nur Bankiers oder die Teilhaber der bedeutenden Anwaltskanzleien der Stadt, die Direktoren großer Firmen oder reiche Erben suchte man hier vergebens. Im Gegensatz zu den Mitgliedern des Cotillon gehörten die Alphas nicht dem Oglethorpe Club, dem Golf- oder dem Jachtclub an. Einer von Savannahs drei schwarzen Stadträten war ein Alpha, aber man konnte nicht behaupten, daß die Verbindung – oder die schwarze Gemeinde insgesamt – ein entscheidender Machtfaktor in Savannah war. Die jährlichen Aktivitäten der Alpha-Graduierten umfaßten eine Kampagne zur Wählerregistrierung, einen Wohltätigkeitsball für Stipendien und eine Reihe von gesellschaftlichen Ereignissen, die ihren Höhepunkt in dem Debütantinnenball fanden.

Der Debütantinnenball verdankte sich einer Eingebung von Dr. Henry Collier, einem Gynäkologen und dem ersten schwarzen Arzt, der im Candler Hospital operierte. Die Idee kam Dr. Collier in den vierziger Jahren, als er von einer Gruppe schwarzer Geschäftsleute in Texas hörte, die einen Ball ausgerichtet hatten. Er schlug den Alpha-Mitgliedern vor, in Savannah eine ähnliche Veranstaltung zu unterstützen, und sie stimmten zu.

Dr. Collier wohnte am Mills B. Lane Boulevard, einige Meilen westlich der Altstadt. Er hatte sein Haus in den fünfziger Jahren gebaut, als ihm niemand in der exklusiven weißen Enklave des Ardsley Park ein Anwesen verkaufen wollte. Es war ein verschachtelter Backsteinbau, der über die Jahre sichtlich planlos erweitert worden war. Hinter einer bescheidenen Haustür tat sich eine hohe Eingangshalle auf mit einer prachtvollen Wendeltreppe und einem sprudelnden zweistufigen Springbrunnen in der Mitte. Dr. Collier, ein lebhafter Mann in den späten Sechzigern, begrüßte mich herzlich und führte mich in die Wohnküche der Familie, wo wir Kaffee tranken, während er mir begeistert von seinem Lieblingskind, dem Debütantinnenball, erzählte.

»Unser erster Ball war 1945. Damals führten wir fünf Mädchen in die Gesellschaft ein und dachten uns das System aus, nach dem wir seither vorgehen. Die Mitglieder der Verbindung nominieren die Mädchen, und wir überprüfen dann, ob sie unseren Kriterien genügen. Die Mädchen müssen moralisch einwandfrei sein. Das ist am wichtigsten. Sie müssen die High-School abgeschlossen haben und an einer weiterführenden Schule eingeschrieben sein. Wir fragen ihre Nachbarn, ihre Lehrer und die Menschen in ihrer Kirchengemeinde. Damit ein Mädchen disqualifiziert wird, muß jemand schon eindeutige Kenntnis von mangelhaftem Verhalten haben – daß sie von zu Hause weggelaufen ist oder häufig in Bars herumlungert oder Probleme mit der Polizei bekommen hat. Eine Abtreibung zum Beispiel schließt von der Teilnahme am Ball aus.

Wenn die Debütantinnen akzeptiert sind, müssen sie eine sogenannte Benimmwoche durchlaufen, damit sie so etwas wie kultivierte Formen kennenlernen. Darum kümmern sich die Alphabettes. So nennen wir die Frauen der Alphas – die Alphabettes.«

Dr. Collier zeigte mir Fotos von den letzten Debütantinnenbällen. »Das war unser erster Ball. Er fand im Coconut Grove statt, einer schwarzen Tanzhalle. Damals gab es ja noch Rassentrennung, so daß uns kein Hotel einen Ballsaal vermietete, und für die Zeitungen existierten wir einfach nicht. Nur in der schwarzen Presse schrieb man über uns. All das änderte sich mit der Aufhebung der Rassentrennung. 1965 konnten wir zum erstenmal unsere Debütantinnen im Ballsaal des alten DeSoto-Hotels vorstellen – im selben Raum, in dem am nächsten Abend der Cotillon stattfand. Zur gleichen Zeit beschloß auch die *Savannah Morning News* endlich, die Schwarzen mit Mr., Mrs. und Miss anzureden – und sie veröffentlichten von nun an die Namen unserer Debütantinnen. Dennoch würde ich nicht sagen, daß wir schon auf einer Stufe mit dem Cotillon stehen. Die Gesellschaftsspalten berichten immer über alle Parties, die dem Cotillonball vorausgehen – die Lunchparties für Mütter und Töchter, die Barbecues, die Gartenfeste, die Austernfeten und was sonst nicht noch alles. Aber wenn wir Fotos von unseren vorbereitenden Festen einschicken, nehmen sie sie nicht. Doch mit der Zeit...« Dr. Collier hob den Blick zum Himmel. »Mit der Zeit wird auch das noch kommen.«

Dr. Collier blätterte die Seiten des Fotoalbums um, und ein Debütantinnenjahr nach dem anderen zog vorüber. In der Mitte, um das Jahr 1970, fiel mir auf, daß sich die Hautfarbe der Mädchen verändert hatte. Fast alle frühen Debütantinnen waren hellhäutige Farbige gewesen, jetzt sah man auch dunkle Gesichter dazwischen. Der Wandel fiel mit der Entwicklung des schwarzen Bewußtseins zusammen, dem die Alphas anscheinend durch eine größere Bandbreite von annehmbaren Hautfärbungen für Debütantinnen Rechnung getragen hatten.

Dr. Collier blätterte weiter. »Manche Leute behaupten ja, daß unser Ball nur eine Kopie des Cotillon ist. Das stimmt natürlich, aber in einer Hinsicht ist unser Ball besser als der weiße. Das freut mich immer wieder. Sehen Sie sich dieses Bild an!« Dr. Collier zeigte auf ein Foto mit einer Reihe von fünfzehn Debütantinnen, die ihre linke Hand anmutig auf die erhobene rechte Hand ihrer Begleiter stützten. »Wissen Sie, was das ist? Sie tanzen ein Menuett! Das gibt es beim Cotillonball nicht.« Dr. Collier lachte ein fröhlich gackerndes Lachen. »Ja, so ist das. Bei uns tanzen sie ein *Menuett*!«

»Wie kamen Sie denn auf diesen Tanz?«

Dr. Collier warf die Arme in die Luft und lachte. »Ich weiß auch nicht! Wahrscheinlich hab ich es im Kino gesehen. Wir machen es auch ganz vorschriftsmäßig, ein Streichquartett spielt das Menuett aus Mozarts *Don Giovanni*. Und ich sage Ihnen, das ist ein Anblick, den Sie sehen müssen. Kommen Sie doch, ich lade Sie ein.«

»Ooooouh, *Kindchen*!« flötete Chablis, als ich ihr erzählte, daß ich zum schwarzen Debütantinnenball gehen würde. »Nimm mich doch als deine Begleitung mit, Honey!«

Ich konnte mir kaum einen verrückteren Fauxpas vorstellen, als mit einem schwarzen Transvestiten am Arm auf dem Ball zu erscheinen. Ich wollte so unauffällig wie möglich sein und hatte schon beschlossen, allein hinzugehen. »Tut mir leid, Chablis. Das geht wirklich nicht.«

Chablis konnte überhaupt nichts Außergewöhnliches an der Idee finden, mich zum Ball zu begleiten. »Ich verspreche dir, Baby, daß ich dich nicht in Verlegenheit bringe«, flehte sie mich an. »Ich werd nicht fluchen oder unanständig tanzen oder mit meinem Hintern wackeln. Ich mach nichts von dem Unfug. Ehrenwort. Ich will die ganze Nacht The Laaaayyy-dy Chablis sein, nur für dich allein. Oh, ich bin noch nie auf 'nem richtigen Ball gewesen. Nimm mich mit, nimm mich mit, nimm mich mit.«

»Das kommt überhaupt nicht in Frage.«

Chablis zog einen Flunsch. »Ich weiß, was du denkst. Du denkst, ich bin nicht gut genug für diese aufgedonnerten schwarzen Ärsche.«

»Darauf wäre ich gar nicht gekommen, aber wenn ich's mir recht überlege – die Debütantinnen sollen ja ziemlich anständige junge Damen sein, was man so hört.«

»Oh?« Chablis schenkte mir einen schelmischen Blick. »Und was heißt das, wenn ich mal so fragen darf?«

»Nun, zum einen ist noch keine von ihnen beim Ladendiebstahl erwischt worden.«

»Dann müssen sie es echt gut können, Honey. Oder noch nie einkaufen gewesen sein. Ernsthaft. Du willst mir doch nich erzählen, daß unter fünfundzwanzig Weibern nicht eine drunter ist, die schon mal 'nen Büstenhalter oder 'ne Strumpfhose geklaut hat. Na gut, nun erzähl mir, was noch so anständig an denen ist.«

»Sie sind alle im College eingeschrieben.«

»Mmm.« Chablis musterte ihre Fingernägel.

»Sie arbeiten freiwillig für die Gemeinde.«

»M-mh.«

»Sie gehen regelmäßig zur Kirche und sind für ihren tadellosen Lebenswandel bekannt.«

»Mm-hmmm.«

»Man hat sie noch nie in Bars oder Kneipen herumhängen sehen.«

»Kindchen, du gehst mir auf die Nerven! Als nächstes erzählste mir noch, daß ihre Muschis untersucht worden sind, und sie sind alle noch Jungfrauen.«

»Ich weiß nur, Chablis, daß sie einen makellosen Ruf haben. Das hat man untersucht. Und keine von ihnen hat sich je danebenbenommen.«

Chablis warf mir von der Seite einen schrägen Blick zu. »Bist du sicher, daß diese Mädchen schwarz sind?«

»Na klar.«

»Dann müssen sie aber eeeeecht potthäßlich sein.«

»Nein, Chablis, sie sehen eher ziemlich gut aus.«

»Na schön, vielleicht, aber wenn ich 'nen Haufen eingebildeter Nonnen in weißen Kleidern rumspazieren sehn will, dann geh ich doch echt in die Kirche. Dafür brauch ich doch keinen Ball. Und jetzt mußt du mich gar nicht mehr fragen, ob ich mit dir geh, Honey, weil ich nämlich nicht geh.«

»Na ja«, sagte ich, »das wäre dann also erledigt.«

Die fünfundzwanzig Debütantinnen waren aus einer Gruppe von fünfzig Kandidatinnen ausgewählt worden. Manche der vorgeschlagenen Mädchen hatten das Angebot abgelehnt, weil sie sich die achthundert Dollar nicht leisten konnten, die man für das Eintrittsgeld, das Kleid, die gesellschaftlichen Verpflichtungen vor dem Ball und andere Kleinigkeiten brauchte. Die künftigen Debütantinnen wurden ins Quality Inn geladen, wo ihnen die Alphabettes, die Gattinnen der Alphas, erzählten, was in den nächsten Monaten vor dem Ball auf sie zukommen würde.

Man erwartete von ihnen, entweder zehn Stunden gemeinnütziger Arbeit abzuleisten oder einen dreiseitigen Aufsatz über ein vereinbartes Thema zu schreiben. Sie mußten Menuettstunden nehmen und mit den anderen Debütantinnen eine Einführungsparty geben, zu der alle auserwählten Mädchen mit ihren Eltern, alle Begleiter und alle Mitglieder des Alpha-Debütantinnenkomitees samt Ehefrauen einzuladen waren. Die Benimmwoche war das Herzstück der sozialen Vorbereitung der Debütantinnen. Die Alphabettes, die Frauen der Alphas, gaben ihnen Unterricht in Schönheitspflege und Umgangsformen – wie man eine

Party vorbereitet, Einladungen verschickt, einen Tisch deckt, die Leute einander richtig vorstellt und wie man die Dankschreiben richtig verfaßt. Die Tischmanieren wurden unter die Lupe genommen. (»Streicht die Butter nur auf das Stück Brot, das ihr gerade in den Mund nehmen wollt... Wenn Essen auf den Fußboden fällt, laßt es liegen und ruft nach dem Kellner... Wenn ihr zufällig auf eine Sehne oder einen Knorpel beißt, nehmt das Stück Fleisch mit der Gabel oder dem Löffel aus dem Mund, keinesfalls aber mit dem Finger...«) Auch die Sprache der Debütantinnen sollte verbessert werden. (»Sagt immer ›hallo‹ und nie ›hi‹... Streicht Worte wie ›äh‹ und ›tja‹ aus eurem Sprachschatz...«) Man brachte ihnen bei, wie man anmutig knickst (»man richtet sich langsam wieder auf und schießt nicht einfach hoch«), wie man anständig sitzt (»man stellt die Beine gerade zusammen oder schlägt sie an den Knöcheln übereinander, niemals aber an den Knien«) und wie man wie eine Lady geht (»Rücken gerade, Schultern zurück, Arme an die Seiten und *keine aufreizenden Bewegungen!*«).

Die Begleiter der Damen sollten zumindest zwei Voraussetzungen erfüllen: Sie mußten die High-School abgeschlossen haben und gegenwärtig ein College besuchen oder beim Militär sein, und sie durften keine Vorstrafen haben. Geeignete Begleiter zu finden war gar nicht so einfach. Den Jungen erschien diese Aufgabe mehr eine Last denn eine Ehre. Sie drückten sich davor, zu den Tanzstunden zu gehen, einen Frack auszuleihen und so viele Parties zu besuchen, auf denen es mehr alte Damen und Herren als junge Leute gab. Daher kam es häufig vor, daß sich der Freund des Mädchens entschuldigen ließ und sie mit jemandem gehen mußte, der zu diesem Dienst verpflichtet worden war – ein älterer Bruder, der Sohn eines Alphas oder jemand aus der Studentenverbindung der Alphas.

Am Tag des Balles versammelten sich gegen Mittag die fünfundzwanzig Debütantinnen im Hyatt Regency zur Generalprobe. Sie gingen nach oben in eine Suite, die als Garderobe diente, zogen sich um und kamen dann in den Ballsaal hinunter, wo ihre Väter und Begleiter bereits warteten. Dort übten sie Walzer und das Menuett.

Der schwarze Ball wurde etwas bescheidener gefeiert als der weiße Cotillon am nächsten Abend: Statt der fünf Bars mit kostenlosen Getränken gab es nur zwei, an denen man bezahlen mußte; das Dinner fehlte, und die Dekoration war nicht ganz so üppig. Nichtsdestotrotz blieb das bevorstehende Ereignis im Hotel nicht unbemerkt. Während der Generalprobe spähte ein Haufen Zuschauer durch die Tür, entzückt von dem Anblick so vieler junger schwarzer Mädchen in fließenden, weißen Ballkleidern. Ein Mann mit grauem Anzug und hellbraunen Schuhen deutete auf die Kisten mit Wein und Schnaps, die auf der anderen Seite des Ballsaals ausgepackt wurden. »Macht euch nichts vor«, sagte er mit durchtriebener Miene. »Schwarze trinken besseren Whiskey und dergleichen als Weiße. Dewar's, Johnnie Walker, Seagram's, Hennessy. All die teuren Marken. Und ich weiß auch, warum.« Der Mann legte die eine Hand um den Ellbogen seines Pfeife tragenden Arms und wippte mit den Füßen vor und zurück, dabei schaute er nach rechts und nach links, um sicherzugehen, daß ihm seine nächsten Nachbarn genügend Beachtung schenkten. Dann ließ er eine eigenartige, selbstgesponnene Theorie vom Stapel: »Bei den Olympischen Spielen in Mexico City gewannen die schwarzen Athleten viele Medaillen und hoben die Faust zum Black-Power-Gruß. Und seitdem trinken die Schwarzen in Savannah Dewar's Scotch, Seagram's Gin und Smirnoff Wodka. Auf den Etiketten all dieser Flaschen sind Medaillen. Die Schwarzen fingen an, sich wegen der Olympiade mit Medaillen zu identifizieren, und deswegen kauften sie diese Marken. Ungefähr zur selben Zeit begannen sie auch Hennessy Cognac zu trinken, weil auf der Flasche eine Hand etwas hochhält – und das ähnelt dem Black-Power-Gruß. Johnnie Walker Scotch zeigt einen Mann in Reithosen und Zylinder, der für das ›schöne Leben‹ steht. Alles hat etwas mit dem Symbol auf dem Etikett zu tun. Was war denn, als die Integration in die Schulen einzog? Da begannen die Schwarzen, Teacher's Scotch zu trinken, denn auf dem Label trägt ein Professor ein Barett. Sie stehen einfach auf Symbole, wißt ihr. Jedenfalls seh ich das so.«

Gegen neun Uhr begann sich die riesige Lobby des Hyatt mit den Ballgästen zu füllen. Auf einer langen, steilen Rolltreppe glitten die vielen vornehmen, prächtig gekleideten schwarzen Paare an den Topfpflanzen und Bäumen vorbei zum Ballsaal im ersten Stock hoch. Drinnen im Saal spielte ein Streichquartett Kammermusik, während sich die vierhundert Gäste erst kurz vermischten und dann ruhig an ihre Tische setzten, die um die Tanzfläche herum standen. An einem Tisch hatten sich die Ballbesucher, die wußten, daß es kein Abendessen gab, einen Imbiß mitgebracht, den sie sofort verzehrten, als das Licht gedämpft wurde.

Der Präsident der Graduierten von Alpha Phi Alpha ging ans Podium und trug die Farben der Verbindung – einen schwarzgoldenen Smoking, ein goldenes Frackhemd und eine goldene Fliege. Er begrüßte die Anwesenden und erklärte das Fest für eröffnet. Während die Streicher im Hintergrund spielten, nahm sich eine Alphabette das Mikrofon und las den Namen der ersten Debütantin vor. Die Debütantin, die von ihrem Vater geleitet wurde, ging die Stufen zu einer kleinen Plattform hoch, wandte sich zum Publikum und machte einen Knicks. Die Frau am Mikrofon nannte die Namen ihrer Eltern, ihre High-

School, ihr College und ihr Hauptfach. Dann näherte sich von der anderen Seite ihr Begleiter, nahm ihre Hand und half ihr von der Plattform herunter; bei dieser Gelegenheit wurden auch sein Name, seine Eltern, seine Schule und sein Hauptfach bekanntgegeben. Und auf diese Weise verfuhr man nun mit jeder Debütantin und ihrer Begleitung. Die Mädchen hielten alle einen Strauß gelber Blumen in der Hand, an deren Stielen winzige batteriebetriebene Lämpchen funkelten. Die Begleiter trugen Frack, schwarze Fliege und weiße Handschuhe. Ihre linke Hand ruhte mit nach außen gedrehter Handfläche hinten im Kreuz.

Am Ende der Vorstellung standen sich die Debs und ihre Begleiter in zwei langen Reihen gegenüber, die fast die ganze Tanzfläche ausfüllten. Einen Augenblick lang herrschte Stille im Saal, dann begann das Streichquartett zu spielen. Die Begleiter verbeugten sich alle auf einmal, und die Debütantinnen machten einen Knicks, dabei fegten ihre Kleider in einer schaumigen Brandung aus Rüschen und Spitzen den Boden. Dann faßten sich die Paare an den Händen und tanzten zu den Klängen von *Don Giovanni* ein anmutiges Menuett. Mit jedem Schwebeschritt schien der Raum sich zu heben und zu senken; es war fast so, als glitten die Tänzer über eine Eisfläche. Eine Woge der Begeisterung ging durch das Publikum. Frauen hielten den Atem an, Männer starrten wie verzaubert. Am Ehrentisch strahlte Dr. Collier von einem Ohr zum anderen; alle waren grenzenlos glücklich.

Nach dem Menuett tanzten die Debütantinnen zwei Walzer, den einen mit ihrem Vater und den zweiten mit dem Begleiter. Dann packte das Quartett zusammen und überließ das Feld der Bobby-Lewis-Band und ihren flotten Rhythmen.

Dr. Collier hatte mich mit mehreren Alphas und Alphabettes an einen Tisch gesetzt. Verzaubert von der Eleganz des Menuetts, glühten die Alphas förmlich vor Stolz. Eine Frau erwähnte, daß der örtliche Zweig der Links – die angesehenste schwarze Frauenorganisation für soziale und politische Rechte – den Wunsch ausgedrückt hatte, nach dem Vorbild von Atlanta und anderen Städten den Vorsitz über den Debütantinnenball von Savannah zu übernehmen. Aber die Alphas wollten nicht.

»Auch die AKA hat sich angeboten, ihn zu unterstützen«, sagte eine andere Frau und meinte die Schwesternschaft Alpha Kappa Alpha. Obwohl die Frau eine Alpha war, gehörte sie auch der AKA an und hatte also in der ganzen Angelegenheit gemischte Gefühle. »Dieser Streit hat eine lange Geschichte. Wir Frauen sind der Ansicht, daß die Veranstaltung mit den Debütantinnen eigentlich unsere Sache ist. Man sollte sie nicht einer männlichen Verbindung überlassen.«

Die drei Alphas am Tisch lachten selbstzufrieden. »Wenn wir das aufgeben«, sagte eine von ihnen, »verlieren wir unseren Status. Das geht nun wirklich nicht.«

Die Frauen sahen sich an und schwiegen. Eine von ihnen wechselte demonstrativ das Thema. »Schaut mal, ist das nicht ein schönes Kleid«, sagte sie und sah quer durch den Raum zum Eingang hin.

Ich drehte mich um und erblickte eine elegante schwarze Frau, die in der Türöffnung des Ballsaals stand und unsicher in den Raum spähte, als suchte sie jemanden. Sie trug ein enganliegendes blaues Abendkleid, dessen Oberteil über und über mit Straßsteinen besetzt war. Ich wandte mich wieder ab, aber etwas an der Gestalt – etwas an den Straßsteinen und der Art, wie die Frau hochmütig den Kopf in die Luft streckte – ließ mich ein zweites Mal hinsehen. Kein Zweifel, es war Chablis.

In dem Moment, in dem ich sie erkannte, sah sie mich auch. Sie holte tief Atem, reckte ihr Kinn noch ein bißchen höher und stolzierte mit übertrieben königlichem Schritt in meine Richtung. Die Augen fest auf mich geheftet, die Lippen wie ein Model zu einem Schmollmund aufgeworfen, spielte sie The Lady Chablis, die große Kaiserin von Savannah. Die Menge teilte sich, um sie durchzulassen; alle Blicke ruhten auf ihr. Plötzlich hämmerte es in meinem Kopf, und in meinen Ohren rauschte es. Sie war nur noch fünf Schritte von mir entfernt, als sie den zarten, behandschuhten Arm ausstreckte, der mir wie die Sense des Knochenmanns vorkam, die auf mich zuschwang. Im letzten Moment schwenkte sie rechts herum und packte einen muskulösen Teenager, der neben meinem Stuhl stand, am Unterarm.

»Junger Mann«, sagte sie, »können Sie mir helfen?« Sie sah ihm schmelzend in die Augen. »Ich bin ein Mädchen in Not. In großer Not.«

Der junge Mann lächelte erfreut. »Ich kann es versuchen, Ma'am. Wie kann ich Ihnen helfen?«

Chablis drehte sich leicht, so daß sie mich sehen konnte, während sie sprach. »Ich bin hier ganz allein«, flötete sie. »Ich habe nicht die leiseste Ahnung, wer mich eingeladen hat. Ernsthaft. Mein Sekretär hat es mir auf einen Zettel geschrieben, ich aber habe ihn im Wagen gelassen und meinen Chauffeur weggeschickt. Er kommt erst um Mitternacht zurück.«

Chablis umschlang mit beiden Händen den Bizeps des jungen Mannes. »Und Sie wissen ja, wie das mit uns Damen ist. Wir dürfen nie allein sein. Das gehört sich einfach nicht in guter Gesellschaft. Wir müssen immer einen Mann an unserer Seite haben.«

»Ich verstehe, Ma'am.«

»So hoffe ich nun, daß Sie bei mir bleiben, bis ich meinen Begleiter gefunden hab. Und Sie brauchen mich nicht mehr Ma'am zu nennen. Ich heiße Chablis. Und wie heißen Sie?«

»Philip. Ich bin ein Begleiter.«

»Ooooouh, Kindchen! Ein Begleiter! Sie arbeiten bei so einer Agentur?«

»Nein, nein! Sehen Sie, alle Debütantinnen hier haben Begleiter. Ich bin mit einer Debütantin hier.«

»Oh, ich verstehe. Welche ist es denn?«

»Sie steht dort drüben mit einer Gruppe. Es ist meine Schwester.«

Überrascht zuckte Chablis zurück. »Kindchen, du machst wohl Witze! Du willst mir doch nicht erzählen, daß du es mit deiner *Schwester* treibst?«

»Nein, nein, nein«, sagte Philip. »Das haben Sie völlig falsch verstanden. Gregory – der Freund meiner Schwester – hat sich schlicht geweigert, zu dieser Sache mitzugehen. Da sei nichts zu machen, meinte er. So hat man mich an seiner Stelle abkommandiert. Das ist hier so üblich.«

»Oh, jetzt verstehe ich, Sie sind einfach eingesprungen? Sie haben gar keine echte Verabredung heute, nicht wahr?« Sie lehnte sich an ihn und streichelte zart seinen Arm.

»Na ja, da ist was dran.«

»Sag mal, Kindchen. Trägst du eine Waffe?«

»Eine Waffe? Aber nein, mit so was hab ich nichts zu tun.«

»Das ist gut. Ich hab es auch nicht vermutet bei dir, Honey. Aber einmal bin ich mit 'nem sehr vornehmen Gentleman ausgegangen, der mir 'nen Revolver an die Stirn drückte. Deswegen frag ich lieber vorher.«

»Ich glaube nicht, daß Sie in diesem Saal viele Waffen finden werden. Das sind alles sehr gesetzestreue Leute hier.«

»Hat man Sie noch nie festgenommen? Überhaupt noch nie?«

»Nun ja...«, Philip lächelte schüchtern. »Einmal schon.«

»Ooooouh! Erzähl mir davon, erzähl, erzähl! Weswegen

denn? Drogen? Marihuana? Ach, was würd ich jetzt für einen Zug aus einer –«

»Nee, das war nichts Schlimmes. Ich und ein paar Freunde hatten eines Abends zuviel getrunken, und dann haben wir sozusagen ein bißchen die Ruhe gestört.«

»Ooooouh, das glaub ich dir sofort. Ich wette, du könntest die Ruhe arg schlimm stören, wenn du wolltest. Ich verstehe. Jaaaha.« Chablis schüttelte sich vor Vergnügen. Jetzt massierte sie Philips Arm. »Oh, sieh doch«, rief sie, »hier kommt Mutter Oberin auf uns zu!«

»Das ist meine Schwester.«

Eine große Debütantin im Spitzenkleid schwebte heran, und Chablis ließ den Arm des jungen Mannes los. »Chablis, das ist meine Schwester LaVella«, sagte Philip. »LaVella, das ist Chablis.« LaVella trug einen Pagenschnitt mit Pony.

Chablis gab ihr die Hand. »Wir habn gerade über Sie geredet«, sagte sie. »Sie alle gehen also aufs College?«

»Ja, ich bin im ersten Semester am Savannah State«, erwiderte LaVella mit selbstsicherem Lächeln. »Ich studiere Elektrotechnik.«

»Wirklich, Kindchen! Elektrotechnik! Das würde ich auch gern können. Letzte Woche ist nämlich mein Fernseher mitten in *Die jungen Wilden* kaputtgegangen, und ich konnte ihm nur einen Tritt geben. Das hat natürlich nichts geholfen. Weil ich eben nie auf einem College war. Ich hatte immer Privatunterricht, vom Kindergarten an bis heute. Aber jetzt spielt das keine Rolle mehr, weil ich im Showbusiness bin und ständig herumreise.«

»Oh!« rief LaVella. »Das klingt ja wundervoll! Da kommt man soviel herum.«

»Ja, das Reisen hat schon seine Vorteile. Sehen Sie nur diese

Handtasche!« Chablis hielt ein perlenbesticktes Täschchen hoch, das im Licht glitzerte. »Die hab ich aus London.«

»Oh! Wie schön!«

»Und meine Schuhe kaufe ich in Rom. Und warten Sie mal... die Handschuhe sind aus Paris – und das Kleid aus New York.«

»Wahnsinn! Wir alle haben Ihr Kleid schon bewundert. Es ist einfach herrlich.«

»Auch du, Honey, kannst solche Kleider tragen, wenn du es nur richtig anstellst.«

»Da fange ich wohl am besten gleich an zu sparen«, meinte LaVella.

»O nein! Nein!« Chablis wedelte mit dem Finger. »So kommt man da nicht ran. Geben Sie niemals etwas von Ihrem schwerverdienten Geld für Kleider und Accessoires aus. Sie müssen sich einen richtigen Mann suchen, der Ihnen so was kauft.« Chablis legte ihre Hände wieder um Philips Arm. »Sie müssen mal ernsthaft mit Ihrem Freund reden, wie war noch sein Name... Gregory – der, der heute abend nicht mitkommen wollte. Und Sie müssen Gregory erzählen, er soll mal ein paar Mäuse lockermachen und Ihnen Kleider und Klunker schenken.«

»Ich kann es ja versuchen«, sagte LaVella mit wehmütigem Lächeln, »aber ich glaube kaum, daß ich damit Erfolg haben werde.«

»Dann müssen Sie den ganzen Mist wohl einfach klauen«, meinte Chablis, »so wie ich.«

Bevor LaVella antworten konnte, nahm Chablis Philip am Arm und führte ihn auf die Tanzfläche. »'tschuldigung, Miss Dingsda«, sagte sie, »ich und Philip wollen nur ein wenig die Ruhe stören.«

Mein erster Gedanke war die sofortige Flucht, damit Chablis

erst gar nicht dazu kam bekanntzugeben, daß ich mehr oder weniger für ihre Anwesenheit verantwortlich war. Auf ihrem Gesicht lag ein teuflisches Grinsen. Verzückt preßte sie sich an Philip, während sie über die Tanzfläche wirbelten. Ihre Körper flochten sich ineinander und bogen sich mehr im Takt der Musik, als daß sie tanzten. Der Straß auf Chablis' Kleid funkelte im Licht und ließ ihr Gesicht erglühen. Ich erkannte das Kleid, es war das hinten Hochgeschlitzte, das ich ihr in der Garderobe des Pickup zugemacht hatte. Immer wenn der Schlitz aufging, gab er den Blick auf Waden, Schenkel und Gesäßbacken frei.

Bis jetzt hatte man Chablis' Eskapaden noch nicht bemerkt, aber das konnte kaum mehr lange so bleiben, wenn man bedachte, wie tief sie sich schon nach hinten beugte und wie hingebungsvoll sie mit den Hüften wackelte. Ich stand von meinem Stuhl auf und steuerte auf die Tür zu, doch ein überschwenglicher Dr. Collier stellte sich mir in den Weg.

»Da sind Sie ja!« rief er. »Ich habe Sie überall gesucht! Wie fanden Sie denn das Menuett?«

»Phantastisch«, sagte ich, »und ich danke Ihnen für Ihre Einladung. Es war sehr freundlich. Ich habe mich gut unterhalten...«

Dr. Collier hielt mich fest am Arm. Suchend blickte er sich im Saal um. »Ich möchte Ihnen den Mann vorstellen, der den Mädchen das beigebracht hat. Er ist Sportlehrer am Savannah State. John Myles. Er hat ihnen auch den Walzer gezeigt. Im Moment kann ich ihn nicht entdecken, aber das macht nichts... wir werden ihn uns später packen.«

Jetzt hatte ich die Wahl, still und leise zu verschwinden und meinen Gastgeber zu beleidigen oder in Chablis' unvermeidliche Enttarnung verwickelt zu werden. Ich zog mich an die Bar zurück, die dem Ausgang am nächsten lag, und überlegte, was ich nun tun sollte. Von meinem Hocker aus konnte ich den Tanzboden überblicken und auch schnell zur Tür hinausschlüpfen. Ich bestellte einen doppelten Scotch.

»Und ich nehme einen Apfelschnaps!« sagte Chablis, die plötzlich neben mir Gestalt angenommen hatte. Sie atmete schwer und tupfte ihr Gesicht mit einer Serviette ab.

»Wo ist dein Freund Philip?« fragte ich.

»Seine Schwester hat uns abgeklatscht«, sagte sie und sah extrem verärgert aus. »Aber das soll sie nur, Honey. Ich werde mich schon revanchieren. Und überhaupt ist es mir egal. The Lady Chablis hat ein Auge auf einige andere Begleiter geworfen. Sobald sie 'n bißchen flüssiges Feuer im Bauch hat, wird sie selbst bald im Abklatschgeschäft drin sein. Ganz oben.« Der Barkeeper stellte Chablis ein Gläschen Apfelschnaps hin. Sie trank es auf einen Zug aus und hustete. Ihre Augen loderten zornig. Sie blickte auf die Tanzfläche, und ihr Mund verzog sich zu einem höhnischen Grinsen. »Ene, mene, mu... fang dir 'nen Begleiter am Schuh. Geht so nicht das kleine Liedchen, Honey? Hab ich es richtig aufgesagt? Hab' ich? Hey, Mr. Chauffeur, hörst du mir eigentlich zu?«

»Entschuldige, Chablis, aber ich finde, du hast ganz schöne Nerven, einfach hier so hereinzuspazieren.«

»*Ooooouh,* jetzt hab ich dich wütend gemacht, Baby. Du bist ja so was von süß, wenn du sauer bist, Kindchen. Aber weißt du, Baby, The Lady hatte heute abend einfach Bock auf 'n bißchen Hochnäsigkeit. Und dieser Ballsaal ist im Augenblick der hochnäsigste Platz in Savannah. Deswegen ist die Lady hier.«

»Komm, laß uns nicht streiten«, sagte ich. »Ich habe keine Absicht, diese Leute zu beleidigen, und wenn du noch mehr Faxen machen willst, wäre es mir lieb, wenn du nicht in meiner Nähe bliebst. Oder warum gehst du nicht einfach? Bevor es zu spät ist. Du hast deinen Spaß gehabt. Warum willst du alles verderben?«

»Oh, der Spaß fängt doch erst an, Honey.«

»Für mich ist er vorbei. Ich gehe.«

»O nein, das tust du nicht, Kindchen. Sonst mach ich hier vor allen Leuten 'nen Aufstand, das versprech ich dir. Ich schreie und geh zu dem alten Mann in dem blauen Knitterhemd, mit dem du grade gesprochen hast, und erzähl ihm, daß ich mit dir hier bin und von dir schwanger bin und daß du mich grade sitzengelassen hast.«

Mir kribbelte es auf dem Kopf, und meine Haare sträubten sich. Ich hatte zuviel Respekt vor Chablis' dramatischer Begabung, um ihre Drohung auf die leichte Schulter zu nehmen. Sie lächelte und rückte näher heran. »Das hast du nu davon, daß du mich nicht mitgenommen hast«, sagte sie. »Doch wenn du 'n braver Junge bist, versprech ich, nichts zu sagen.«

»Benimm dich anständig, Chablis«, flehte ich.

»Ich versuch's, Honey. Aber leicht wird das nicht. Immer wenn ich unter feinen Hellbraunen bin, werd ich nervös. Klar? Und hier sind Massen davon. Guck dich nur um!« Chablis stützte sich auf einen Ellbogen und ließ ihre Augen langsam über die Menge, von einem Ende des Saals bis zum anderen, schweifen. »Was du hier siehst, ist die ›schwarze Gesellschaft‹. Und jetzt verrate ich dir ein großes Geheimnis über diese schwarze Gesellschaft: Je weißer du bist, desto höher kannst du in ihr aufsteigen.«

»Aber die Debütantinnen haben nicht alle helle Haut«, warf ich ein. »Sie stellen ein ganz schön breites Spektrum dar.«

»Sie können dunkle Debütantinnen machen, soviel sie wollen, das ändert doch nichts. Die Mädchen mit der hellen Haut sind diejenigen, die die erfolgreichen schwarzen Männer heiraten werden. Weil es ihre gesellschaftliche Stellung hebt. ›Black‹ mag ja ›beautiful‹ sein, Honey, aber weiß ist immer noch besser, wenn man in der Welt vorankommen will. Ich hab ja nichts gegen feine Hellbraune. Die Farbe ist nicht das Problem, aber sie sondern sich ab. Du solltest sie in der Episkopalkirche von Saint Matthew's in der West Broad Street sehen. Das ist die Kirche für die schwarze Oberschicht hier in Savannah. Man erzählt sich, daß dort ein Kamm über der Eingangstür hängt und daß man nicht eingelassen wird, wenn der Kamm nicht durch die Haare gleitet, ohne zu zerbrechen. In der Kirche sitzen die wirklich hellhäutigen Menschen in den vorderen Reihen und die dunkleren hinten. So ist das, Honey. Genau wie früher in den Bussen. Weißt du, wenn es um Vorurteile geht, können die Schwarzen den Weißen jederzeit das Wasser reichen. Das kannste mir glauben. Es ist ja nicht so wichtig, aber wenn ich schwarze Leute sehe, die sich wie Weiße benehmen, werd ich zur bösen schwarzen Hexe.« Ein verschlagenes Lächeln huschte über Chablis' Gesicht. Sie schaute mich verführerisch über die Schulter hinweg an.

»Nimm dich zusammen«, sagte ich.

Chablis bestellte noch einen Apfelschnaps und kippte ihn runter. »Jetzt ist aber Schluß mit dem Gerede. Es wird Zeit, daß die süße Puppe mit den Jungs spielt.«

Geziert bewegte sich Chablis auf die Tanzfläche und tippte der ersten Debütantin, die ihr über den Weg lief, an die Schulter. Sie und die Debütantin lächelten höflich und tauschten die Plätze. Im nächsten Augenblick kuschelte sich Chablis an die Brust ihres neuen Partners. Ich beobachtete sie von meinem Platz an der Bar aus und versuchte meine Ängste durch einen doppelten Scotch zu lindern. Fünf Minuten später löste sich Chablis von ihrem Gegenüber und klatschte ein anderes Paar ab.

In der nächsten halben Stunde machte sie das einige Male, arbeitete sich durch den ganzen Raum hindurch und angelte sich immer die attraktivsten jungen Männer. Sie achtete auch darauf, während sie ihre Runde zog, die Gefühle der Debütantinnen nicht zu verletzen. »Wunderbares Kleid!« sagte sie zum Beispiel, wenn sie abklatschte. Chablis' Mundwerk war ebenso in Bewegung wie ihr Körper. Sie flüsterte mit ihren Partnern, sie plauderte mit den Mädchen.

Um ein Uhr war der Ball zu Ende, und das Frühstücksbuffet wurde aufgefahren. Chablis füllte ihren Teller mit Eiern und Würstchen und dann, als sich die Menschen an ihren Tischen niederließen, schwebte sie auf der Suche nach einem Platz durch den Raum. Bald wurde mir klar, daß sie in unsere Richtung schwebte. Sie griff sich einen Stuhl vom Nachbartisch, zog ihn zu uns rüber und quetschte ihn zwischen die beiden Matronen, die mir gegenübersaßen und bereitwillig beiseite rückten.

»Oh, Verzeihung«, sagte Chablis. »Darf ich mich zu Ihnen gesellen?«

»Aber natürlich«, sagte eine der beiden Frauen. »Darf ich Ihnen sagen, daß ich meine Augen den ganzen Abend nicht von Ihrem wunderschönen Kleid abwenden konnte? Sie sehen darin wie ein Filmstar aus.«

»Danke«, sagte Chablis und setzte sich hin. »Tatsächlich trage ich es auch viel auf der Bühne.«

»Oh, Sie sind beim Theater?«

»Ja, ich bin Schauspielerin.«

»Wie faszinierend. Was spielen Sie denn so?«

»Shakespeare. Broadway. Synchronisation. Ich lebe und arbeite vornehmlich in Atlanta, aber heute abend bin ich nach Savannah gekommen, weil sich meine Cousine unter den Debütantinnen befindet.«

»Oh, wie schön«, sagte die Frau, »wer ist sie denn?«
»LaVella.«
»Oh, LaVella ist ein entzückendes Mädchen! Meinst du nicht auch, Charlotte?«
»O ja, unbedingt«, sagte die andere Frau und lächelte breit und nickte.

»Das finde ich auch«, sagte Chablis mit zuckersüßer Stimme, »und sie wollte schon immer eine Debütantin werden. Seit ich mich erinnern kann.« Chablis aß ihr Frühstück mit übertriebener Vornehmheit und zwei abgespreizten Fingern.

»Ist das nicht süß«, sagte die Frau. »LaVella ist so zart und hübsch. Und so intelligent.«

»Sie wollte es so sehr. Wir haben oft darüber gesprochen, Debütantin zu werden, als wir noch Kinder waren«, meinte Chablis. »Ich bin so froh, daß sie's geschafft hat. Sie hatte solche Angst, daß man sie nicht nehmen würde.«

»Nun, LaVella mußte sich wirklich keine Sorgen machen. Sie ist eine erstklassige junge Dame.«

»Sie hat sich aber trotzdem Sorgen gemacht. Sie sagte zu mir: ›Oh, Cousine Chablis, ich werd es nie schaffen. Ich weiß, daß ich es nie schaffen werde.‹ Und ich meinte dann: ›Aber Mädchen, du mußt doch keine Angst haben. Wenn Vanessa Williams trotz aller Nachforschungen Miss America werden konnte, dann solltest du dich doch mit Leichtigkeit am unbedeutenden Debütantinnenkomitee im kleinen alten Savannah vorbeimogeln.‹«

Die zwei Matronen sahen sich über Chablis hinweg an.

»›Und außerdem, Honey‹, sagte ich zu ihr. ›Du paßt doch immer so auf, nur in Atlanta herumzuhuren. In Savannah hat doch keiner die geringste Ahnung.‹«

Die zwei Frauen starrten Chablis wortlos an, die fortfuhr, zu frühstücken und zu schwätzen.

»Ich wollte auch Debütantin werden. O ja, das wollte ich so. Aber wenn ich schon Debütantin sein werde, so sagte ich zu LaVella, dann will ich auch eine *echte* sein. Eine Cotillon-Debütantin. Ehrlich!«

Eine der Frauen fing an zu husten; die andere sah voller Verzweiflung vom Tisch weg, als erspähte sie am Horizont das rettende Schiff.

»›Sicher, LaVella‹, sagte ich, ›der Alphaball ist sehr schön und prächtig. Das bezweifle ich gar nicht. Aber was machst du wohl in deinen Sommerferien? Mmh? Du wirst bei Burger King in der West Broad Street arbeiten. Nicht wahr? Tja, Honey, die Cotillon-Debütantinnen arbeiten nicht bei Burger King. Niemals, Kindchen. Sie machen Fahrradtouren durch Frankreich und England. Ehrlich! Sie gehen nach Washington und arbeiten für einen Senator, der zufällig ein Freund ihrer Familie ist. Sie segeln. Sie fliegen ans Meer und lassen sich dort den ganzen Sommer über die Sonne auf den Arsch brennen. Das ist ihr Leben. Und so will *ich* als Debütantin auch leben.‹«

Chablis tat so, als würde sie nicht merken, wie unbehaglich sich die Frauen fühlten. Sie sah kurz zu mir rüber, spitzte die Lippen, um gleich darauf weiterzuplaudern.

»Und so sagte ich: ›Geh du nur deinen Weg. Aber ich, weißt du, ich könnte wirklich eine Cotillon-Debütantin sein, wenn ich wollte. Weil ich nämlich so gut im Verwandeln bin. Ich kann alles werden, was ich nur will, und wenn ich ein reiches, weißes Mädchen sein will, Honey, dann werd ich es auch. Ich bin ja schon auf dem besten Weg dahin. Ich habe viele tolle blonde Männer zum Spielen und will unbedingt ein weißes Baby kriegen.‹«

Die Frauen warfen mir schmerzliche Blicke zu, es war ihnen peinlich, daß ich – als einzige weiße Person in diesem Saal – so etwas mit anhören mußte. Im Raum schien es immer heißer zu werden, und mein Gesicht war sicher schon knallrot. Plötzlich legte Chablis Messer und Gabel nieder.

»O mein Gott!« sagte sie. »Wie spät ist es?« Sie packte die neben ihr sitzende Frau am Handgelenk und sah auf deren Armbanduhr. »Halb zwei! Mein Fahrer wartet schon seit Mitternacht auf mich.« Sie sah sich im Saal um, schob den Stuhl zurück und stand auf. »Nun, es war schön, Sie alle kennenzulernen. Ich muß mich noch bei ein paar Leuten verabschieden, bevor ich gehe. Wenn eine der Damen zufällig meinen Chauffeur sehen sollte, könnten Sie ihm dann sagen, daß ich immer noch hier bin und er nicht ohne mich fahren soll? Und daß wir auch meinen Cousin mitnehmen – meinen anderen Cousin? Philip. Sagen Sie ihm, daß Philip und ich die Ruhe noch nicht genug gestört haben. Er weiß dann schon Bescheid.«

»Ja, sicher doch«, murmelte eine der Frauen.

»Und meinen Chauffeur können Sie ganz leicht erkennen«, sagte Chablis mit einem Blick in meine Richtung, »er ist ein Weißer.«

Dann wanderte sie durch den ganzen Raum, hüpfte von Tisch zu Tisch und steckte einigen der Jungs ihre Telefonnummer zu. Jetzt sah ich meine Chance zu verschwinden. Und zwar ganz schnell. Ich verabschiedete mich von meinen Tischgenossen mit einem kurzen Nicken und hechtete auf die Tür zu; dabei machte ich einen weiten Bogen um Chablis. Denn wenn sie mich sah, das wußte ich, würde sie mich wieder in eins ihrer Kunststückchen verwickeln. In aller Eile bedankte ich mich noch bei Dr. Collier für die Einladung, der jedoch die Dringlichkeit meines Gehens nicht einsah und mich dem Mann vorstellte, der neben ihm stand und der den Debütantinnen beigebracht hatte, das Menuett zu tanzen. Ich fand ein paar höfliche Worte und lächelte, hörte den Männern aber kaum zu, weil meine Augen den Saal nach Chablis absuchten. Als ich mich endlich verabschieden konnte, schlich ich geduckt um die Bar herum, schlüpfte durch die Türen des Ballsaals und sprang, immer zwei Stufen auf einmal nehmend, die Rolltreppe hinunter. Ich schaffte es, ohne Zwischenfall durch die Lobby zu kommen, und stürzte durch die Eingangstür hinaus auf die Bay Street, wo mich der sanfte Nebel einer ruhigen, friedlichen Nacht umfing.

KAPITEL 25

Stadtgespräch

Zur Mitte des zweiten Jahres, das Jim Williams im Gefängnis verbrachte, hatte man ihn in Savannah mehr oder weniger vergessen. Die Stadt wandte ihre Aufmerksamkeit anderen Themen zu. Man sprach zum Beispiel viel über die göttliche Heimsuchung, die angeblich über George Mercer III. gekommen war.

George Mercer III. war ein bekannter Geschäftsmann und der Halbbruder des verstorbenen Johnny Mercer. Eines Abends verließ er sein Haus im Ardsley Park, um zu einer Dinnerparty zu gehen, als ihm plötzlich einfiel, daß er seine Wagenschlüssel vergessen hatte. Er ging zurück, um sie zu holen. In der Diele hörte er eine Stimme laut und deutlich sagen: »George, du trinkst zuviel!«

Mr. Mercer sah sich um, doch in der Diele war niemand. »Wer ist da?« fragte er. »Und wo sind Sie?«

»Ich bin der Herr, dein Gott«, sagte die Stimme. »Ich bin überall.«

»Nun, ich weiß, daß ich mehr trinke, als gut für mich ist«, sagte Mr. Mercer, »aber woher soll ich wissen, daß du der Herr bist? Wenn du es wirklich bist, gib mir ein Zeichen. Jetzt sofort. Wenn du beweisen kannst, daß du Gott bist, trinke ich keinen Tropfen mehr.« Plötzlich spürte Mr. Mercer, wie er hoch in die Luft gehoben wurde. Hoch über sein Haus. Hoch über den Ardsley Park. Er schwebte so hoch, daß er ganz Savannah unter sich liegen sah – die Plätze der Altstadt, den Fluß, Tybee Island und Hilton Head. Und die Stimme fragte: »Habe ich dir nun bewiesen, daß ich wirklich bin?« Auf der Stelle erklärte sich Mr. Mercer von Gottes Existenz überzeugt, und der Herr setzte ihn wieder in der Diele ab. Danach hat man George Mercer III. nie wieder etwas trinken sehen.

Selbst die Leute, die an dieser Geschichte zweifelten, mußten zugeben, daß sich in Savannahs oberen Kreisen zumindest in spiritueller Hinsicht seltsame Dinge taten. Wie sollte man sonst die charismatischen Gottesdienste am Donnerstagabend in der episkopalischen Christ Church erklären? Die Christ Church war Savannahs ältestes und traditionsreichstes Gotteshaus, die Urkirche Georgias. John Wesley war hier im Jahre 1736 Pfarrer gewesen. Aber nun versammelten sich hier Donnerstag abends die Charismatiker im Souterrain, sprachen in Ekstase unverständliche Laute, klimperten auf der Gitarre, schlugen das Tamburin und warfen die Arme in die Luft, wann immer sie der Geist erfaßte. Die konservativen Mitglieder der Gemeinde waren entsetzt; manche weigerten sich schlicht, es zu glauben.

Aber Savannah hatte nicht nur spirituelle Probleme zu lösen, sondern auch wirtschaftliche. Auf die blühende Renaissance der Stadt war ein Niedergang gefolgt, und Savannah schien nun isolierter als je zuvor. Betriebe aus dem Norden siedelten immer noch in den Süden um, aber sie ließen sich in Atlanta, Jacksonville und in Charleston nieder, nicht in Savannah. Die Immobilienpreise in der Altstadt waren nach einem zwanzigjährigen Anstieg leicht zurückgegangen. Einzelhandelsgeschäfte verließen die Broughton Street und zogen in die Mall oder anderswo auf die Southside. Noch bedenklicher schien es, daß Savannahs lukrativste Einkommensquelle – das Frachtgeschäft – Gefahr lief, ausgerechnet durch die alte Talmadge Bridge erstickt zu werden. Die alte Brücke war nicht so hoch, daß die riesigen neuen Supertanker gefahrlos unter ihr hindurch zu den flußaufwärts gelegenen Docks fahren konnten. Bei mehreren mittelgroßen Containerschiffen waren schon die Antennen und die Radarmasten an die Unterseite der Brücke gekommen und abgeknickt. Hafenbeamte fürchteten, daß eines Tages ein ganzer Achteraufbau abgemäht werden könnte. Doch bevor es dazu kam, hätte sich natürlich ein Gutteil des Schiffsverkehrs von Savannah schon einen anderen Hafen gesucht. Die Bedrohung für die Wirtschaft Savannahs und Georgias war ernst genug, um die Kongreßabgeordneten des Staates in den Kampf um Bundesmittel für eine neue Brücke zu schicken. Nach einer Zeit zäher Verhandlungen wurde Geld bewilligt und drohendes Unheil abgewendet. Nach den Sorgen um die alte Brücke waren nun alle gespannt darauf, wie wohl die neue aussehen würde.

Bei solch bewegenden Gesprächsthemen blieb kaum noch Zeit, um an Jim Williams zu denken. »Was gäbe es schließlich«, seufzte Millicent Mooreland, »auch mehr zu sagen als ›armer Jim‹!«

Viel aufregender war dagegen, daß plötzlich auf Wänden, Bürgersteigen und Mülltonnen der Innenstadt Graffiti auftauchten, die mit »Die verstörte Jennifer« unterzeichnet waren. Der Ausdruck der Verzweiflung, der in diesem Gekritzel lag, ließ vermuten, daß eine wahnsinnige Frau in der Stadt umherschweifte, die vorhatte, sich oder anderen etwas anzutun. Nach einem Monat zunehmender Angst und doppelt verschlossenen Türen entpuppte sich »Die verstörte Jennifer« als eine Rockgruppe, die aus vier grünhaarigen Studenten des Savannah College of Art and Design bestand. Des Rätsels Lösung ließ Savannahs Bürger zwar aufatmen, bestärkte sie aber gleichzeitig in ihrer wachsenden Verärgerung über die neue Kunstschule.

Das Savannah College of Art and Design – kurz SCAD genannt – hatte 1979 seine Tore mit dem Segen der ganzen Stadt geöffnet. Die Schule hatte das mit Brettern vernagelte alte Zeughaus am Madison Square übernommen und es mit Klassenräumen und Studios für einundsiebzig Kunststudenten ausgestattet. Innerhalb von zwei Jahren schrieben sich mehr als dreihundert ein, und das College erwarb noch andere alte, leere Gebäude dazu und restaurierte sie – Speicher, Schulen, sogar ein Gefängnis. SCADs junger Präsident, Richard Rowan, ließ verlauten, daß die Zahl der Studenten letzten Endes auf zweitausend ansteigen sollte.

Die Einwohner der Innenstadt waren über Rowans Ankündigung nicht gerade erfreut. Zwar waren die Studenten ein Wirtschaftsfaktor und brachten ein wenig Leben in die ansonsten leeren Straßen, aber sie verschandelten auch nach Meinung einiger Leute die Landschaft mit ihren grünen Haaren, seltsamen Kleidern, ihren Skateboards und der Vorliebe für laute Musik – besonders spät in der Nacht. Um dieser Situation zu begegnen, formierte sich eine Gruppe von Bürgern in einem Komitee für die Erhaltung der Lebensqualität. Joe Webster, der dem Komitee vorstand, ging jeden Tag steifen Schrittes an einem Stock von seinem Büro in der C & S-Bank zum Mittagessen in den Oglethorpe Club. Sein Weg führte ihn durch die Bull Street am Haupteingang des SCAD vorbei, wo er sich jedesmal durch eine kleine Schar Studenten zwängte und schweigend mit seinem Stock auf die störenden Dinge hinwies – zerknülltes Bonbonpapier oder ein Motorrad, das im Leerlauf am Bordstein lärmte. Einmal suchten Mr. Webster und das Komitee Richard Rowan in seinem Büro auf und teilten ihm ihre Befürchtungen mit, daß das zerbrechliche Zusammenleben der Menschen in der Altstadt von Savannah zweitausend Studenten nicht verkraften würde. Rowan gab dem Komitee zur Antwort, daß er wegen der lauten

Musik etwas unternehmen würde und daß er im übrigen sein Ziel von zweitausend Studenten vor kurzem auf *vier*tausend erhöht habe.

Das College, das vielleicht Savannahs Frieden und Ruhe stören mochte, tat alles, um die äußere Schönheit der Stadt zu bewahren. Jedes Haus, das die Kunstschule erwarb, wurde geschmackvoll und authentisch restauriert, was Savannah die Komplimente seiner weit entfernten Bewunderer einbrachte. *Le Monde* nannte Savannah »la plus belle des villes d'Amerique du Nord«. Der National Trust for Historic Preservation tauchte die Stadt in schmeichelndes Rampenlicht, als er seine höchste Auszeichnung – den Louise Crowninshield Award – Lee Adler für seinen Beitrag zur Restaurierung Savannahs verlieh. Adler ging nach Washington, um den Preis entgegenzunehmen, was ihm bei seiner Rückkehr die übliche Reaktion seiner Mitbürger eintrug: Sie gratulierten ihm zu dieser hohen Ehre und beklagten sich hinter seinem Rücken bitterlich, daß er sich wieder einmal die Leistung aller als alleiniges Verdienst habe anrechnen lassen.

Die Stadt Savannah, die es gewohnt war, sich im Glanz ihrer Schönheit zu sonnen, traf es völlig unvorbereitet, daß aus dem FBI in Washington eine schockierend schlechte Nachricht kam, die bald um die ganze Welt ging. Savannah hatte im letzten Jahr die höchste Mordrate der Vereinigten Staaten gehabt – 54 Morde oder 22,6 Morde auf 100 000 Menschen. Savannah war *die* Hauptstadt des Verbrechens in Amerika! Der entsetzte Bürgermeister John Rousakis sah sich die Zahlen an und beklagte sich über die statistische Ungerechtigkeit. Die Zahlen bezogen sich auf *großstädtische* Gebiete. Savannah aber verfügte im Gegensatz zu anderen Städten nicht über ausufernde Vorstadtgebiete mit Tausenden von friedfertigen Bürgern, die die statistische Mordrate herabsetzen konnten. Wenn man nur die eigentlichen

Stadtgrenzen berücksichtigte, stand Savannah an fünfzehnter Stelle im ganzen Land, was natürlich immer beunruhigend war für eine Stadt, die nicht einmal zu den hundert größten Städten des Landes zählte.

Um Licht in die ganze Angelegenheit zu bringen, veröffentlichte der Stadtdirektor, Don Mendonsa, eine Aufschlüsselung der Polizeistatistiken, aus der hervorging, daß Kriminalität in Savannah »ein schwarzes Problem« war. Ungefähr die Hälfte der Bevölkerung der Stadt ist schwarz, sagte er, aber 91 Prozent der Mörder und 85 Prozent der Opfer sind Schwarze. Dasselbe galt bei Vergewaltigungen (89 Prozent der Täter waren schwarz und 87 Prozent der Opfer). 94 Prozent der Überfälle und 95 Prozent der Einbrüche wurden von Schwarzen verübt. Der Stadtdirektor war kein Rassist. Besorgt und mitfühlend deckte er die Ursachen des Übels auf – 12,1 Prozent Arbeitslose unter der schwarzen Bevölkerung, im Vergleich dazu 4,7 Prozent bei den Weißen, und ähnliche Unterschiede bei Schulabgängen, Teenager-Schwangerschaften, unverheirateten Müttern und dem Einkommen der Familien.

Obwohl die rassisch bedingte Ungleichheit in Savannah eher größer als in anderen Städten des Südens war, verhielten sich die Schwarzen hier Weißen gegenüber auffallend wenig feindselig. Zumindest an der Oberfläche herrschte eine bemerkenswerte Höflichkeit. Wenn ein schwarzer Mann an einem fremden Weißen auf der Straße vorüberging, konnte man annehmen, daß er nickte und »Guten Morgen«, »Wie geht's« oder einfach »Hey« sagte. Rein äußerlich schien sich wenig verändert zu haben seit dem Besuch von William Makepeace Thackeray im Jahre 1848, der Savannah als eine ruhige, alte Stadt mit breiten, baumbestandenen Straßen beschrieb, »in der man hier und da ein paar glückliche Neger herumschlendern sieht«. Thackeray war nicht der einzige, dem es auffiel, daß die Sklaven lächelten. W. H. Pierson schrieb 1863 in *The Water Witch:* »Bei aller Ungleichheit haben sie (die Sklaven) den glücklichsten Gesichtsausdruck von allen Leuten in der Konföderation. Sie singen, während die Weißen fluchen und beten.« Zur Zeit der Sklaverei dachten einige Beobachter, die sichtlich gute Stimmung der Sklaven hätte damit zu tun, daß sie im Jenseits einen Rollentausch erwarteten: Dann wären sie die Herren und die Weißen ihre Diener. In den sechziger Jahren wurde das Verhältnis durch die Bürgerrechtsbewegung zeitweilig belastet, aber im großen und ganzen verlief die Integration friedfertig. Seit dieser Zeit waren in Savannah fast immer gemäßigte Weiße an der Regierung, die es sich zur Aufgabe machten, gut mit der schwarzen Gemeinde auszukommen. So wurde der Friede zwischen den Rassen bewahrt, und die Schwarzen blieben politisch konservativ, das heißt passiv. In Savannah gab es keinen erkennbaren politischen Aktivismus der Schwarzen, die aber offenbar unter ihrer scheinbaren Selbstzufriedenheit von so tiefsitzender Angst und Verzweiflung heimgesucht wurden, daß sie Savannah zur Hauptstadt des Verbrechens in Amerika gemacht hatten.

Und wenn die geistigen, wirtschaftlichen, künstlerischen und architektonischen Belange und die Probleme mit der Kriminalität nicht ausreichten, um Jim Williams zu vergessen, dann gab es auch noch genügend Ablenkung auf gesellschaftlicher Ebene. Zum Beispiel sprach man viel über gewisse Bewegungen im Married Woman's Card Club. Es hatte freie Plätze gegeben, doch der Wettbewerb um sie war so heftig gewesen, daß man letztlich beschloß, für zwei Jahre überhaupt niemanden aufzunehmen. Zum erstenmal seit Menschengedenken war die Mitgliederzahl unter die vorgeschriebenen sechzehn gesunken. Diese dramatische Entwicklung wurde kurzzeitig noch durch die Angst vor einer Lebensmittelvergiftung bei einer der Zusammenkünfte des Clubs übertroffen. Die Damen machten sich gerade um sechs Uhr auf den Weg nach Hause, als sie die Katze der Gastgeberin tot auf den Treppenstufen vor dem Haus fanden. Jemand erinnerte sich, Minuten vorher gesehen zu haben, wie die Katze an einem Rest Krabbenkasserolle genascht hatte. Daraufhin trabten die Frauen zu ihren Autos und fuhren allesamt ins Candler Hospital, um sich den Magen auspumpen zu lassen. Am nächsten Morgen kam der Nachbar vorbei und entschuldigte sich tief betroffen, daß er die Katze überfahren habe.

Weder die Krise im Kartenclub noch die Lebensmittelvergiftung fanden in der Gesellschaftsspalte der Zeitung Erwähnung, die zu dieser Zeit ankündigte, diese Rubrik gänzlich einzustellen. Die Spalte war nie mehr gewesen als eine öde Abschrift von Gästelisten, ihr drohendes Verschwinden jedoch rief den schärfsten Protest von Mrs. Vera Dutton Strong hervor, einer der führenden Damen Savannahs. In ihrem Brief an den Herausgeber – der längste, den die Zeitung je veröffentlicht hatte – schrieb Mrs. Strong, sie habe es »kaum fassen« können, daß man die Kolumne aufgeben wolle; sie bezeichnete die Behandlung gesellschaftlicher Themen durch das Blatt als »wahre Schande«. Das entbehrte nicht einer gewissen Ironie, denn der unwiderstehlichste Gesellschaftsklatsch wäre im Augenblick die Machtprobe zwischen Mrs. Strong und ihrer aufsässigen Tochter Dutton gewesen.

Vera Dutton Strong war die Erbin des riesigen Dutton-Faserholz-Vermögens. Sie stammte als einziges Kind aus einer der reichsten Familien Savannahs; Mutter und Vater hatten sich zum Dinner immer in Frack und Abendkleid geworfen. Während ihrer Kindheit hatte sie den Spitznamen »Die Prinzessin«, der nur allzu passend für sie schien. Sie war Debütantin des Jahres, und bei ihrer Hochzeit trug sie eine exakte Kopie des Kleides, das Königin Elizabeth II. zu *ihrer* Hochzeit getragen hatte. Über die Jahre hatte sich Mrs. Strong zu einer gutmütigen, warmherzigen und willensstarken Person entwickelt. Sie hatte die Savannah Ballet Company gegründet und hielt ihre wohltätige Hand schützend über sie. Jedes Jahr vor dem Cotillonball pflegten die Mütter ihre Debütantinnentöchter zu Vera Strong zu schicken, damit sie ihnen beibrachte, wie man richtig knickst. Als typisch weltabgewandte Bürgerin Savannahs war Mrs. Strong nie in Europa gewesen und schon über Fünfzig, als sie zum erstenmal nach Charleston fuhr.

Mrs. Strongs Tochter Dutton war eine engelsgleiche Schönheit mit langem, rotem Haar und nicht der leisesten Absicht, Prinzessin oder Ballerina zu werden – beides Herzenswünsche von Mrs. Strong. Gehorsam begann Dutton im Alter von vier Jahren, Ballettstunden zu nehmen, und bald schon tanzte sie in der Truppe ihrer Mutter. Duttons Debütantinnenparty war die einzige, die je im Telfair Museum stattfand; Vera Strong engagierte Peter Duchin und sein Orchester und ließ den Eiffelturm aus Eis nachbauen, um das Thema der Party, »April in Paris«, zu betonen. Erst als Dutton eine auswärtige Schule besuchte, machten sich leichte Bestrebungen nach Unabhängigkeit bemerkbar. Sie schwänzte den Unterricht, hörte mit dem Tanzen auf und ging am Ende ganz von der Schule ab. Sie kam nach Savannah zurück, hing dort ein Jahr lang ziellos zu Haus herum und stritt sich mit ihrer Mutter. »Ich wollte doch niemals Tänzerin werden!« brüllte Dutton. »*Du* wolltest, daß ich Ballerina werde!« Aber Mrs. Strong ließ sich nicht beeindrucken. »Das ist doch Unsinn! Tanzen hat dir Spaß gemacht, sonst wärst du doch nie so gut geworden!« Nach einer besonders intensiven Auseinandersetzung stürmte Dutton aus dem Haus und bezog mit einer älteren Frau, die einmal die Pudel ihrer Mutter gezüchtet hatte, eine gemeinsame Wohnung. Dutton schnitt ihr langes Haar ab, trug Jeans statt Röcke, nahm zu und schminkte sich nicht mehr. Eines Nachmittags dann stand sie bei ihrer Mutter vor der Tür und erzählte ihr, für welchen Beruf sie sich seit längerem entschieden hätte. Sie würde auf die Polizeiakademie gehen und in Savannah Polizistin werden.

Vera Strong nahm die Neuigkeit ungewöhnlich ruhig auf. »Wenn du das wirklich willst«, sagte sie, »hoffe ich nur, daß es auch all deine Erwartungen erfüllen wird.« Mrs. Strong begleitete den Abschluß ihrer Tochter an der Polizeiakademie mit eingefrorenem Lächeln. Dasselbe Lächeln zeigte sie auch noch beim Weihnachtsessen, als ihre Tochter, die ehemalige Ballerina und Debütantin, einen marineblauen Hosenanzug aus Polyester trug, mit einem achtunddreißiger Revolver an der einen Hüfte, der chemischen Keule und Handschellen an der anderen.

Weil sie keine Niederlage eingestehen mochte, entschied sich Vera Strong, die Berufswahl ihrer Tochter als selbstlosen Gemeinsinn und nicht als Verrat an der Familientradition zu betrachten. Im Frühjahr rief sie im Oglethorpe Club an und bestellte für das Osteressen einen Tisch, wobei sie den Manager des Clubs nachdrücklich darauf hinwies, daß Dutton unmittelbar hinterher zum Dienst müsse und daher in Uniform erscheinen würde. Eine Verletzung des Protokolls voraussahnend, äußerte der Manager Bedenken und sagte, er müsse erst mit der Leitung Rücksprache halten. Zehn Minuten später rief er mit tiefstem Bedauern zurück: Die Vorschrift, daß Frauen keine Hosen tragen dürften, sei noch nie außer Kraft gesetzt worden, und der Vorstand traue sich auch jetzt nicht zu, es zu tun. Mrs. Strong beschimpfte umgehend den Manager, den Vorstand und den Oglethorpe Club, so ungebärdig sie nur konnte. Dann knallte sie den Hörer auf und bestellte einen Tisch im kompromißbereiten, aber weniger exklusiven Chatham Club.

Die *Savannah Morning News* war beeinflußbarer als der Oglethorpe Club. Von den harten Vorwürfen in Mrs. Strongs Brief tief betroffen, führte die Zeitung die Klatschspalte wieder ein. Verständlicherweise erwähnte man aber in der Kolumne niemals die rothaarige Tänzerin und ihren erstaunlichen Sprung von der Ballerina zum Ballermann oder die ewigen Sorgen, die sie ihrer Mutter machte.

Während all dieser Aufregungen ging der Streit um Joe Odom und das Hamilton-Turner House unvermindert weiter. Kurz nachdem Joe die gemeinnützige »Hamilton-Turner-Museumsstiftung« gegründet hatte, um seine verbotenen Hausbesichtigungen zu legalisieren, wandten sich seine Nachbarn mit dem Argument an das Ordnungsamt, daß das Hamilton-Turner House, sei es nun gemeinnützig oder nicht, immerhin nur hundert Meter von einer Schule entfernt lag. Das bedeutete, daß Joe zu seinen Mittag- und Abendessen keinen Alkohol verkaufen durfte. Doch das bekümmerte ihn nicht sehr. »Das Gesetz sagt nur, daß ich keinen Alkohol *verkaufen* darf. Es verbietet mir aber nicht, ihn zu *servieren*.« Irgendwo in der Grauzone zwischen Verkaufen und Servieren gelang es Joe dann, Alkohol an seine Kunden auszuschenken und auch noch Geld damit zu verdienen.

Alkohol spielte auch eine Rolle in einem kleinen Drama um Serena Dawes. Serena und Luther Driggers hatten sich getrennt; seitdem fuhr Serena spät in der Nacht durch die Docks und versuchte, sich einen griechischen Matrosen zu angeln. Eines Abends fiel der Polizei ihr zielloses Umherfahren ins Auge, und sie hielten sie an. Serena entschied sich, die elegante Dame zu spielen, was eine einsame Leistung war, wenn man bedenkt, daß sie in einem kurzen Nachthemd und Slippern mit flaumigem Kaninchenfellbesatz unterwegs war. Sie klimperte mit den Augenwimpern und rief mit liebreizender Stimme aus, daß sie nur ein bißchen mit dem Wagen spazierenfahren wollte und sich verirrt hätte. Als sie von den Polizisten wegen Fahrens unter Alkoholeinfluß ins Bezirksgefängnis gesteckt wurde, hätte sie ihnen am liebsten laut kreischend das Gesicht zerkratzt, aber sie nahm sich zusammen und dankte ihnen mit scheuem Blick für ihre Rettung. Nur um klarzustellen, daß sie es mit einer Dame von Stand zu tun hätten, erwähnte sie, daß ihr Urgroßvater »schwiegerelterlicherseits« Botschafter am Hof von St. James gewesen sei. Eine Stunde später kam Luther Driggers und holte sie auf Kaution heraus.

Das also waren die weltbewegenden Dinge, mit denen sich Savannah beschäftigte, die Stadt, die *Le Monde* für die schönste in ganz Nordamerika hielt. Schön war sie wirklich, aber immer noch sehr isoliert und deswegen auch ein wenig zu vertrauensselig. Die Polizei hatte kürzlich vor zwei Betrügern gewarnt, die mit Schecks bezahlten, die auf eine nichtexistente Firma ausgestellt waren. Die Betrüger hatten ihren Opfern eine faire Chance gegeben, indem sie ihre Schwindelfirma »Fly By Night, Inc.« genannt hatten, und dennoch lösten viele Geschäfte in Savannah die Schecks ein. Ungefähr um dieselbe Zeit kam heraus, daß die Angestellte, die das Geld im Nachlaßgericht verwaltete, nicht multiplizieren konnte und daß einer der Richter die Situation ausgenutzt und in die Kasse gegriffen hatte. Mit anderen Worten, das Leben als solches ging weiter. Savannahs Stadtverwaltung mußte sich mit so wesentlichen Fragen herumschlagen wie: Sollte eine zweite große Einkaufspassage gebaut werden? Hatte Mr. Charles Hall Whitfield Square ruiniert, als er sein reichverziertes Haus in einem Dutzend rosa- und purpurfarbener Töne anstreichen ließ? Und wenn, hat die Stadt ein Recht, ihn zu zwingen, es mit unauffälligeren Farben zu übermalen?

Dann wurden an einem Junitag all diese Probleme von der Neuigkeit verdrängt, daß der Supreme Court von Georgia Jim Williams' Verurteilung wegen Mordes wieder einmal umgestoßen hatte.

Das Gericht nannte zwei Gründe für die Aufhebung des Urteils. Zum einen hätte Richter Oliver nicht zulassen dürfen, daß ein Polizist aus Savannah als »Sachverständiger« für die Anklage aussagt, und zwar zu Beweisen, die die Juroren sehr gut selbst beurteilen konnten – das verschmierte Blut auf Danny Hansfords Hand, der Stuhl auf seinem Hosenaufschlag, die Papierschnipsel auf der Waffe. Zum anderen warf das Gericht Spencer Lawton vor, daß er bis zu seinem Schlußplädoyer gewartet hatte, um zu zeigen, daß der Abzug an Hansfords Pistole leicht zu betätigen war. Eigentlich, so das Gericht, hatte Lawton mit seiner Demonstration neue Beweise eingeführt, die in die Verhandlung gehört hätten, um der Verteidigung die Chance zur Reaktion zu geben.

Williams hatte Glück. Die Urteilsaufhebung wurde mit vier zu drei beschlossen. Die drei Richter, die dagegen waren, argumentierten, daß die Fehler geringfügiger Natur waren und daß sie auf das Urteil ohnehin keinen Einfluß hätten. Aber das spielte jetzt auch keine Rolle mehr. Da das Oberste Gericht Williams nicht freigesprochen hatte, stand er immer noch unter Mordanklage. Er würde ein drittes Mal vor Richter Olivers Gericht stehen, und eine dritte Jury würde ein weiteres Urteil fällen.

Williams verließ das Gefängnis von Chatham County ein wenig schmaler als zuvor, ein wenig grauer an den Schläfen und mit geisterhaft blassem Teint, weil er fast zwei Jahre lang nicht an die frische Luft gekommen war. Er blinzelte in der Sonne. Als er und Sonny Seiler zu einem Wagen gingen, der am Bordstein parkte, kam ihnen eine kleine Schar Reporter und Kameraleute nach und bestürmten sie mit Fragen.

Glaubte Williams, daß man ihn in einem dritten Prozeß freisprechen würde?

»Ja, natürlich«, sagte er.

Was wäre denn der entscheidende Faktor?

»Geld. In meinem Fall ging es von Anfang an ums Geld. Die Staatsanwaltschaft gibt das Geld des Steuerzahlers aus und ich das meinige – fünfhunderttausend Dollar bis heute. Das Strafrechtssystem treibt die Preise in die Höhe, falls Sie das noch nicht bemerkt haben. Ich wäre immer noch im Gefängnis, wenn ich die Anwälte und die Sachverständigen und ihre endlosen Unkosten nicht hätte bezahlen können. Bis jetzt habe ich es geschafft, mit der Staatsanwaltschaft gleichzuziehen. Dollar um Dollar, Auge um Auge.«

Als er sich dem Wagen näherte, schaute Williams über die Montgomery Street und sah an der Bushaltestelle eine alte, schwarze Frau stehen. Durch purpurfarbene Brillengläser schaute sie in seine Richtung. Williams erwiderte kurz ihren Blick und lächelte. Dann wandte er sich wieder an die Reporter.

»Na ja, vielleicht nicht gerade Auge um Auge. Wie ich schon des öfteren sagte, arbeiten gewisse Kräfte zu meinen Gunsten – Kräfte, von denen der Staatsanwalt nichts ahnt.«

»Und was wären das für Kräfte?«

»Sie können sie unter... ›Verschiedenes‹ abhaken.«

Minuten später war Jim Williams wieder im Mercer House, in den Zeitungen und in den Köpfen der Menschen, ob ihnen das nun gefiel oder nicht.

KAPITEL 26

Eine andere Geschichte

Mit der Aussicht auf einen dritten Prozeß wurde Williams' Fall zu einer Attraktion weit über die Grenzen Savannahs hinaus. Williams' distanziertes und zynisches Auftreten war ein gefundenes Fressen für die Medien. Die Zeitschrift *Us* (»Der Skandal, der Savannah erschütterte«) meinte, daß Williams wie »von Bülow auftrete«. Die Herausgeber des Bildbandes *A Day in the Life of America* schickten einen Fotografen nach Savannah mit dem Auftrag, Williams als Beispiel südstaatlicher Dekadenz zu filmen. Der Fotograf, Gerd Ludwig, baute seine Kameras und Beleuchtung im Mercer House auf.

»Er blieb den ganzen Tag«, erzählte Williams nachher, »und bemühte sich sehr, meine ›Dekadenz‹ auf die Platte zu bannen. Ich hätte es ihm natürlich auch leichter machen und mich zum Beispiel mit meiner neuesten Erwerbung ablichten lassen können – dem Dolch, mit dem Prinz Jussupow Rasputin ermordete. Das wäre doch gut angekommen, oder? Jussupow schnitt Rasputin damit den Schwanz und die Hoden ab.«

Williams interessierte sich wenig für die juristischen Aspekte seines bevorstehenden Prozesses. Statt dessen beschäftigte er sich mit »Verschiedenem«, was bedeutete, daß er unaufhörlich mit seinem Psycho-Würfelspiel spielte und Minerva gestattete, ebenso unaufhörlich um das Mercer House zu schleichen. Sie vollzog die nötigen Rituale, um einen möglicherweise vorhandenen Fluch vom Haus zu nehmen, und sie verzauberte Menschen, von denen Jim annahm, daß sie ihm übelwollten. Zufällig erwischte ich sie an einem Nachmittag im März während der jährlichen »Besichtigung herrschaftlicher Häuser« bei einer dieser Zeremonien. Wie gewöhnlich hatte sich Williams geweigert, das Mercer House für Touristen zu öffnen, Lee und Emma Adler dagegen hatten bereitwillig ihre Tore aufgemacht. Williams stand an seinem Wohnzimmerfenster, rauchte einen Zigarillo und machte sarkastische Bemerkungen, als er die Besucherscharen über die Straße ziehen sah. Er winkte mich ans Fenster. Gerade gingen zwei gutgekleidete Paare im Gänsemarsch die Haustreppe der Adlers hoch, und dicht hinter ihnen folgte Minerva mit der unvermeidlichen Einkaufstüte. Oben auf der Treppe blieb sie stehen, während all die anderen hineingingen; dann faßte sie, nach einem vorsichtigen Blick in alle Richtungen, in ihre Tüte und warf etwas, was nach einer Handvoll Erde aussah, in den kleinen Vorgarten. Dann streute sie noch etwas auf die Treppen. Williams lachte.

»War das Friedhofserde?« fragte ich.

»Was sonst?« sagte er.

»Um Mitternacht von einem Friedhof geholt?«

»Wann sonst?«

Minerva ging in das Haus der Adlers. »Was um Himmels willen will sie da drin?«

»Vermutlich nur ihren üblichen Hokuspokus abladen. Zweige, Blätter, Federn, Pulver, Hühnerknochen. Ich hab ihr erzählt, daß Lee Adler den Staatsanwalt beherrscht, und mehr brauchte sie nicht zu hören, um eine fleißige Hexe zu werden. Sie ist mehrmals draußen in Vernonburg gewesen, um Spencer Lawtons Haus zu besprechen, gestern hat sie Richter Olivers Cottage in Tybee einen Besuch abgestattet. Sie hat einige der besten Häuser in Savannah mit Friedhofserde beworfen, Gott segne sie.«

Während Williams sich auf diese mystischen Verrichtungen beschränkte, führte Sonny Seiler schweres Geschütz auf, um die Position der Verteidigung zu stärken. Er versuchte, den Großteil der Beweise, die man im Mercer House sichergestellt hatte, mit der Begründung zu unterdrücken, daß die Polizei keinen Durchsuchungsbefehl gehabt hätte; der Antrag wurde vom Georgia Supreme Court abgelehnt. Sein Gesuch um einen anderen Verhandlungsort wurde ebenfalls zurückgewiesen. Als der Prozeß näher rückte, stand Seiler im wesentlichen mit der gleichen Verteidigungsstrategie da wie im zweiten Prozeß. Diesmal würde er die Jury nicht isolieren, was die ganze Sache leicht verbesserte, aber neue Beweise oder neue Zeugen waren nicht in Sicht. Er hatte sich dagegen entschieden, Hansfords zwei junge Freunde mit ihrer Geschichte von dem Plan, Williams zu töten, vorzuladen, weil er fürchtete, das Ganze könnte nach hinten losgehen; außerdem war Hansfords Hang zur Gewalt durch die anderen Zeugen zur Genüge belegt. Das eigentliche Problem war das gänzliche Fehlen von Schußspuren an Danny Hansfords Hand. Das war in beiden Prozessen gegen Williams entscheidend gewesen, auch wenn die Verteidigung alles versucht hatte, es zu erklären. Seilers Sachverständiger, Dr. Irving Stone, hatte ausgesagt, daß der nach unten geneigte Schußwinkel der Waffe, dazu noch das Blut auf Hansfords Hand und die Verzögerung von zwölf Stunden, bevor die Polizei nach den Spuren suchte, den Rückstand auf Hansfords Hand um siebzig Prozent hätte vermindern können, aber nicht um mehr. Unwahrscheinlich war, daß ein beträchtlicher Teil von den dreißig Prozent zufällig auf dem Weg ins Krankenhaus abgerieben worden war, denn die Polizei hatte die routinemäßige Vorsichtsmaßnahme ergriffen, Papierbeutel über Hansfords Hände zu kleben, bevor sie seine Leiche abtransportierte. Seiler telefonierte mit Dr. Stone noch einmal und fragte, ob er irgendeine Möglichkeit sähe, dieses Nullergebnis der Pulverspuren zu erklären. »Nein«, antwortete ihm Dr. Stone, »nicht bei dem jetzigen Informationsstand.«

Zu dem Schußspurenproblem kam noch das mit Williams' Zeugenaussage. Es war jetzt fast vier Jahre her, seit er das letzte Mal im Zeugenstand war, und Seiler machte sich Sorgen, daß Jim vielleicht unbedeutende Details verwechseln und seinen früheren Aussagen widersprechen könnte. Zwei Wochen vor Beginn des Prozesses bestand er darauf, daß sich Williams gründlich mit seinen früheren Aussagen beschäftigte. Jede Abweichung, selbst die geringste, würde Lawton die Möglichkeit geben, seine Glaubwürdigkeit in Zweifel zu ziehen. Seiler wollte mit den Kopien am Samstag nachmittag zur gemeinsamen Durchsicht ins Mercer House kommen. Am Samstag morgen rief mich Williams an und lud mich ein, bei der Durchsicht der Aussage anwesend zu sein. »Kommen Sie eine halbe Stunde früher«, sagte er. »Ich möchte Ihnen noch etwas mitteilen.«

Als er die Tür öffnete, wußte ich sofort, daß seine Chancen nicht so gut standen. Er hatte sich seinen Schnurrbart abrasiert. Das hatte ihm Seiler schon bei der zweiten Verhandlung mit der Begründung geraten, daß er dann nicht so gefährlich aussähe. Aber Williams hatte abgelehnt. Jetzt war er anscheinend gewillt, alles zu tun, um bei der Jury einen guten Eindruck zu hinterlassen.

Er kam sofort zur Sache. »Sonny weiß noch nicht, daß ich meine Geschichte ändern will. Ich werde sagen, was in der Nacht wirklich geschehen ist. Denn das ist meine einzige echte Chance, diesen Fall zu gewinnen.«

Ich schwieg. Williams holte tief Atem und präsentierte seine neue Geschichte:

»Der Abend begann genauso, wie ich es immer erzählt habe.

Danny und ich gingen in ein Autokino. Er trank Bourbon und rauchte Gras. Als wir wieder zu Hause waren, fing er an zu streiten, beschädigte den Atari-Computer, packte mich an der Kehle und stieß mich gegen den Türpfosten. Das alles ist wahr. Dann folgte er mir ins Arbeitszimmer, genau wie ich es gesagt habe. Wir riefen Joe Goodman an. Unmittelbar danach nahm Danny den Humpen in die Hand und sagte: ›Dieser Humpen hat sich gerade entschlossen, durch das Gemälde da drüben zu fliegen.‹ Ich befahl ihm zu verschwinden. Er ging in die Halle, ich hörte ein lautes Krachen, er kam mit der Luger zurück und sagte: ›Ich gehe morgen, du aber schon heute abend.‹ Dann hob er den Arm und betätigte den Abzug. Auch das ist wahr. Das habe ich die ganze Zeit über ausgesagt. Doch jetzt kommt der Unterschied: *Die Waffe war gesichert!* Als Danny den Abzug drückte, passierte nichts! Nichts rührte sich. Keine Kugeln streiften meinen Arm. Danny senkte die Waffe, entsicherte sie, und aus dem Lauf löste sich eine Kugel. Das gab mir Zeit, in die Schublade zu fassen, meine eigene Pistole herauszunehmen und ihn zu erschießen. Ich feuerte dreimal. Bam, bam, bam. Er fiel tot um. Doch er hatte nicht einmal geschossen. Da dachte ich: Oh, verdammt, was hab ich getan! Ich ging um den Schreibtisch herum, nahm seine Waffe, gab zwei Schüsse quer über den Schreibtisch ab und ließ den Revolver auf den Boden fallen. In der augenblicklichen Panik wußte ich einfach nicht, was ich sonst tun sollte.«

Nachdem Williams sich all das von der Seele geredet hatte, schien er seltsam hochgestimmt. »Sehen Sie, das erklärt die fehlenden Schmauchspuren an Dannys Hand!« Er beobachtete genau, wie ich auf seine neue Geschichte reagierte.

Ich fragte mich, ob mir die Verblüffung im Gesicht geschrieben stand.

»Die Polizei und mein Anwalt, Bob Duffy, kamen zur gleichen Zeit«, fuhr er fort. »Ich führte sie ins Arbeitszimmer und erzählte, Danny habe auf mich geschossen und mich verfehlt, und daß ich ihn dann erschossen hätte. Mir war selbst so, als ob ich durch diese Geschichte alles nur noch viel schlimmer machte, aber ich sah einfach keinen anderen Ausweg. Doch nun, wo ich schon zweimal verurteilt worden bin, habe ich mich endlich entschlossen, die Wahrheit zu erzählen. Und wenn ich das tue, fällt Spencer Lawtons Gerüst zusammen. Dann wird man mich freisprechen.«

»Und warum sind Sie sich da so sicher?«

»Weil es alles erklärt! Die fehlenden Schmauchspuren an Dannys Hand. Der Schuß auf den Boden. Die Papierschnipsel auf der Waffe. Es fügt sich alles zusammen!«

Ich hatte das Gefühl, daß Williams bei mir einen Versuchsballon startete. Seine neue Geschichte deckte sich mit den Beweisen und bestätigte seine Notwehrbehauptung. Aber sie paßte einfach zu gut und kam viel zu spät, um ihm noch viel zu nützen.

»Wenn Sie diese Geschichte erzählen«, sagte ich und versuchte, nicht allzu oberlehrerhaft zu wirken, »geben Sie zu, all die Jahre über einen Meineid geleistet zu haben.«

»Ja, natürlich«, erwiderte er, »aber was soll's!«

Offenkundig wollte Williams nicht von seinem Vorhaben abgebracht werden. Deshalb erzählte ich ihm nicht, daß seine neue Geschichte meiner Meinung nach Musik in Spencer Lawtons Ohren war oder daß, wenn er zugab, alle Schüsse abgefeuert zu haben, jede Jury – selbst eine wohlwollende – annehmen müßte, daß Hansford in dieser Nacht überhaupt keine Waffe angerührt habe.

»Haben Sie Sonny Seiler schon etwas davon erzählt?«

»Das wollte ich tun, sobald er hier ist.«

Schön, sollte sich Sonny Seiler doch damit befassen. Schließlich war es auch wirklich nicht meine Sache, Williams gute Ratschläge zu erteilen. Ich lenkte die Unterhaltung auf harmlose Themen, während wir warteten. Ohne seinen Schnurrbart, sagte ich zu Williams, sähe er irgendwie gütig aus. Das könne positiv auf eine Jury wirken. Nach Seiler Ausschau haltend, spähte ich aus dem Fenster und sah Minerva auf einer Parkbank sitzen.

»Verzaubert sie gerade wieder jemanden?«

»Wahrscheinlich«, sagte Williams. »Ich bezahle ihr fünfundzwanzig Dollar am Tag und stelle keine Fragen mehr.« Kurz darauf kam Seiler mit seiner Sekretärin und zwei Anwälten, die ihm bei diesem Fall zur Seite standen: Don Samuel und David Botts. Seiler war außer Atem. »Wir haben heute nachmittag eine Menge zu tun«, sagte er, »fangen wir also an!«

Wir versammelten uns im Arbeitszimmer. Williams saß an seinem Schreibtisch, Seiler stand mitten im Raum. Er trug einen blauen Blazer und eine rot-weiß-schwarze Krawatte der Georgia Bulldoggen. Ich fing an, ihn zu bemitleiden. Sein Fall war dabei auseinanderzufallen, aber er war voller Energie und Tatendrang.

»Nun, Jim«, sagte er, »wir gehen mit ernsthaften Problemen in diesen Prozeß, und ich möchte nicht, daß Lawton Sie im Kreuzverhör in Widersprüche verwickelt. Wenn Sie dort sagen, Sie hätten zweimal geblinzelt, bevor Sie Hansford erschossen, wird er Ihnen vorhalten, daß Sie bei früherer Gelegenheit von dreimaligem Blinzeln gesprochen haben.«

»Sonny«, sagte Williams, »bevor Sie weiterreden, muß ich Ihnen etwas über meine Zeugenaussage mitteilen.«

»Okay«, meinte Seiler, »das können Sie gleich tun. Aber erst mal möchte ich zusammenfassen, wie wir dastehen. Erstens: Wir haben keinen Wechsel des Gerichtsortes erreicht. Zweitens: Unser Antrag auf Nichtberücksichtigung der Beweise wurde abgelehnt. Drittens: Wir haben uns wie die Wahnsinnigen mit diesem verdammten Schmauchspurentest herumgeschlagen.«

»Das weiß ich doch alles, Sonny«, meinte Williams. »Was ich jetzt sagen will, hat unmittelbar damit zu tun.«

»Lassen Sie mich erst ausreden. Dann können Sie weitermachen.«

Ärgerlich lehnte sich Williams mit gekreuzten Armen in seinem Sessel zurück. Seiler fuhr fort:

»Vor ein paar Wochen hat mir Dr. Stone erzählt, daß er sich nicht erklären könne, wie Danny aus einer Pistole geschossen haben soll, ohne daß sich an seiner Hand irgendwelche Rückstände nachweisen ließen. Aber einen Hinweis hat er mir gegeben. ›Warum gehen Sie nicht noch einmal ins Candler Hospital‹, sagte er, ›und versuchen festzustellen, was sie mit Hansfords Leiche gemacht haben, bevor sie seine Hände nach Spuren absuchten. Vielleicht können Sie dort etwas rausfinden.‹ Er meinte, daß Schußspuren um so leichter verschwänden, je mehr eine Leiche bewegt oder berührt würde.

Gestern fuhr ich ins Krankenhaus und fragte nach Danny Hansfords Akte. Sie gaben mir den Autopsiebericht. Das war für mich nichts Neues, davon hatten wir schon die ganze Zeit eine Kopie. Aber *diese* Kopie hatte ein Deckblatt, das ich noch nicht kannte. Es war ein grünes Aufnahmeformular, das die diensthabende Krankenschwester, Marilyn Case, ausgefüllt hatte. Darauf stand: ›Beide Hände in der Notaufnahme mit Beuteln zugeklebt.‹ Neugierig geworden bat ich sie um eine Erklärung.

Man habe Tüten über Dannys Hände gestülpt, erzählte sie, damit keine Pulverspuren verlorengingen; der Coroner habe angerufen und ihr das befohlen. ›Moment mal‹, sagte ich. ›Die Polizei hat behauptet, sie hätten Dannys Hände schon im Mercer House eingetütet! Wollen Sie mir erzählen, daß sich an Dannys Händen keine Beutel befanden, als man ihn in die Notaufnahme einlieferte?‹ ›Ganz sicher nicht‹, sagte sie. ›Ich habe die Hände selbst in die Tüten gesteckt.‹«

Seiler strahlte. »Wissen Sie, was das bedeutet? Die Polizei hat die Hände überhaupt nicht mit Beuteln geschützt! Sie haben die ganze Zeit gelogen. Sie haben es vergessen! Sie haben Hansford in eine Decke gehüllt, ihn auf die Bahre gelegt und in die Ambulanz gerollt, ins Krankenhaus gefahren und in die Notaufnahme gebracht, ihn von der Bahre gehoben, aus der Decke gewickelt – und die ganze Zeit über schlugen seine nackten Hände hin und her und streiften das Hemd, die Jeans, die Decke – *und alle Schußspuren gingen verloren*! Ich rief Dr. Stone an und berichtete ihm von meiner Entdeckung. ›Sonny‹, sagte er, ›du bist auf Gold gestoßen!‹«

Seiler nahm eine Kopie des Aufnahmeformulars aus seiner Aktentasche. »Hier ist es, Kumpel! Das ist der Todesstoß für Spencer Lawtons kostbaren Schmauchspurentest. Darauf haben sie verdammt noch mal den ganzen Fall aufgebaut, und wir werden diesen Schuß genau zwischen die Torpfosten setzen. Dazu kommt noch, daß Lawton verpflichtet war, uns zusammen mit dem Autopsiebericht eine Kopie von diesem Blatt zu geben, was er nicht getan hat. Also hat er schon wieder Beweismittel unterschlagen. Er wird einen Anfall kriegen, wenn wir ihm das unter die Nase reiben.«

Seiler legte das Formular in seine Aktentasche zurück und ließ die Schlösser einschnappen. »Okay, Jim«, sagte er. »Sie wollten doch etwas sagen.«

Williams saß mit aufgestütztem Arm am Tisch und legte sein

Kinn in die gewölbte Hand. Er sah mich an, zog die Augenbrauen hoch und sagte dann zu Seiler:

»Halb so wild, Sonny. War nicht besonders wichtig.«

An diesem Nachmittag verließ ich das Mercer House mit dem unguten Gefühl, daß ich mehr wußte, als ich wissen wollte. Um Mitternacht schaute ich im Sweet Georgia Brown's vorbei und setzte mich neben Joe auf die Klavierbank.

»Ich muß Sie mal was Juristisches fragen«, sagte ich.

»Ich wußte doch, daß Sie Ärger mit Ihrem Buch kriegen würden«, erwiderte Joe. »Aber keine Bange, dafür bin ich ja da.«

»Es ist eine rein hypothetische Frage. Nehmen wir an, daß eine ungenannte Person – ein aufrechter Bürger, der seine Nase nicht in anderer Leute Angelegenheiten steckt – zufällig an vertrauliche Informationen in einem Kriminalfall gerät. An etwas Geheimes, das der eidlichen Zeugenaussage widerspricht. Würde dieser Mensch ein Komplize werden, wenn er einfach seinen Mund hielte?«

Joe sah mich an und grinste breit, während er weiter Klavier spielte. »Sie wollen mir doch nicht soeben erzählt haben, daß Jim Williams Sie zu guter Letzt auch noch in eine seiner vielen Alternativgeschichten über die Schüsse in jener Nacht eingeweiht hat?«

»Wer hat denn was von Jim Williams gesagt?«

»Ach richtig, wir sprachen ja rein hypothetisch. Also, nach den Buchstaben des Gesetzes ist diese ungenannte Person nicht verpflichtet, ihre geheimen Informationen preiszugeben, die – wenn sie das sind, was ich denke – ohnehin kaum mehr geheim sind. He-he. Ich habe mich schon gefragt, wie lang wohl ein gewisser Schriftsteller aus New York brauchen würde, um das herauszufinden, was halb Savannah ohnehin schon weiß.«

Während Joe mit mir sprach, kamen ein Polizist und eine Polizistin näher und stellten sich verlegen neben das Klavier.

»Mr. Joe Odom?« fragte der Polizist.

»Das bin ich«, erwiderte Joe.

»Wir müssen Sie verhaften.«

»Wirklich? Was werfen Sie mir vor?« Joe spielte immer noch Klavier.

»Verkehrsvergehen«, sagte die Polizistin. »Wir sind aus Thunderbolt. Sie haben sechs Geschwindigkeitsüberschreitungen nicht bezahlt und einmal widerrechtlich auf der Straße gewendet.«

»Irgendwelche geplatzten Schecks?«

»Nein, nur die Verkehrssachen.«

»Oh, das freut mich zu hören.«

»Wir müssen Sie in unserem Streifenwagen mit nach Thunderbolt nehmen. Und wenn wir Sie verwarnt und zweihundert Dollar Kaution bekommen haben, dann können Sie sich wieder auf den Weg machen.«

»Klingt fair«, sagte Joe, »aber ich würde gern noch ein paar Sachen zu Ende bringen. Ich war gerade dabei, meinen Freund juristisch zu beraten. Und...« Er beugte sich zu den beiden Beamten rüber und senkte die Stimme. »Sehen Sie das alte Ehepaar dort an der Eismaschine? Sie sind von Swainsboro hierhergefahren, um ihren sechzigsten Hochzeitstag zu feiern, und sie haben mich gebeten, ihnen ein Potpourri ihrer Lieblingssongs zu spielen. Ich bin etwa in der Mitte. Alles in allem könnte ich in vier oder fünf Minuten fertig sein, wenn Ihnen das recht ist.« Die Polizistin murmelte etwas Zustimmendes und setzte sich zusammen mit ihrem Kollegen in die Nähe der Tür. Joe schickte den Kellner mit Cokes rüber und wandte sich wieder mir zu.

»Jetzt zu dieser nicht so geheimen Geheiminformation«, sagte er. »Ich würde dieser ungenannten Person, falls sie daran interessiert sein sollte, erzählen, daß alle Versionen von Jim Williams gewisse Gemeinsamkeiten aufweisen. Die Schüsse fielen im Verlauf eines Streits und ganz spontan. Es war kein vorsätzlicher Mord. Das Opfer war ein durchgedrehter, betrunkener, drogensüchtiger Junge mit einem Hang zur Gewalt und der Angeklagte ein verängstigter, wütender, friedfertiger älterer Mann ohne Vorstrafen. Ein Szenario bestenfalls für Totschlag, aber niemals für vorsätzlichen Mord. Und in Georgia lautet das Urteil für Totschlag gewöhnlich fünf bis zehn Jahre, von denen zwei Jahre abzusitzen sind. Jim hat schon zwei Jahre abgesessen.«

»Wenn man wollte, könnte man es wahrscheinlich so betrachten.«

»Das ist jedenfalls meine Antwort auf Ihre Frage nach der juristischen Seite.«

»Vielen Dank.«

»Und nun wäre da noch die unbedeutende Frage meines Beratungshonorars zu klären – he-he. Ich denke, ich verzichte darauf, wenn Sie mir einen kleinen Gefallen tun. Sie müssen nur einem gewissen Funkwagen in ein paar Minuten nach Thunderbolt folgen, dann umdrehen und einen gewissen Verkehrssünder nach Haus fahren.«

»Abgemacht«, sagte ich.

Schwungvoll spielte Joe sein Potpourri zu Ende. Dann ging er an die Bar und nahm, als Mandy gerade nicht hinschaute, zweihundert Dollar aus der Kasse. Auf dem Weg zur Tür machte er dem Ehepaar aus Swainsboro seine Aufwartung. Die Frau trug einen rosa Blumenstrauß, der über ihrem Herzen festgesteckt war.

»O Joe«, sagte sie, »das war wunderbar. Vielen, vielen Dank!«

Ihr Mann stand auf und schüttelte Joe die Hand. »Es ist noch nicht Mitternacht, Joe. Warum gehst du so früh?«

Joe strich die Revers seines Smokings glatt und zupfte die buntkarierte Fliege zurecht. »Ich habe gerade die Information erhalten, daß sich eine offizielle Autokolonne auf den Weg nach Thunderbolt macht und ich eingeladen bin, im ersten Wagen mitzufahren.«

»Donnerwetter!« sagte die Frau. »Das ist eine hohe Ehre.«

»Ja, Ma'am«, gab Joe zurück. »Wenn man wollte, könnte man es so betrachten.«

KAPITEL 27

Glückszahl

Blanche Williams betrat das Eßzimmer und setzte sich zum Mittagessen an den Tisch.

»Die Katze will nicht fressen«, sagte sie.

Jim Williams sah aus seinem Sotheby-Auktionskatalog hoch, den er mit zu Tisch gebracht hatte. Er blickte die Katze an, die reglos in der Türöffnung saß. Dann las er wieder im Katalog.

Mrs. Williams faltete ihre Serviette auseinander und legte sie sich auf den Schoß. »Genau wie beim letztenmal«, sagte sie. »Da hat die Katze auch nichts gefressen. Und davor auch nicht. Jedesmal, wenn wir vom Gericht zurückgekommen sind und auf die Entscheidung der Jury warteten, hat die Katze nicht gefressen.«

Williams' Schwester, Dorothy Kingery, schaute auf ihre Uhr. »Halb zwei. Jetzt sind sie schon drei Stunden dabei. Wahrscheinlich nehmen sie jetzt ihren Lunch ein. Ob sie dafür wohl eine Pause machen oder einfach weitergrübeln, während sie essen?«

Williams sah von seinem Katalog auf. »Hört euch das an. ›Als Katharina von Braganca, die Infantin von Portugal, 1662 in England ankam, um Charles II. zu heiraten, brachte sie die größte Mitgift der damaligen Zeit mit. Teil der Mitgift war die Hafenstadt Bombay in Indien....‹« Er lachte. »Na, solch eine Prinzessin ließe ich mir gefallen!«

»Jetzt ist es schon das dritte Mal«, sagte Mrs. Williams, »daß sie ihr Essen nicht angerührt hat.«

Dorothy Kingery studierte das Sandwich auf ihrem Teller. »Sonny will anrufen, sobald sich im Gericht etwas tut. Hoffentlich hören wir hier drinnen das Telefon.«

»Ich weiß nicht, woher sie das wissen kann«, sagte Mrs. Williams nachdenklich. »Aber sie weiß es jedesmal.«

Plötzlich schlug Williams den Auktionskatalog zu und stand auf. »Ich hab eine Idee. Wir essen unseren Lunch von den Tellern aus dem Nanking-Schiff. Nur so als Glücksbringer.«

Er nahm mehrere blauweiße Teller aus der Vitrine und reichte sie herum. Seine Mutter und seine Schwester nahmen die Sandwiches von ihren schlichten, weißen Tellern und legten sie auf die blauweißen. Die blauweißen Teller hatten zu einer umfangreichen Exportsendung von chinesischem Porzellan gehört, die 1752 im Südchinesischen Meer verlorengegangen und 1983 geborgen worden war. Williams hatte bei Christie's mehrere Dutzend Teller, Tassen und Schüsseln erworben, die in den letzten Wochen im Mercer House angekommen waren.

»Diese Teller haben seit zweihundertdreißig Jahren auf dem Meeresgrund gelegen«, sagte er, »und sind wie neu. Man fand sie in ihrer Originalverpackung. Ihr Zustand ist tadellos. Niemand hat je von ihnen gegessen. Wir sind die ersten. Merkwürdige Art, Geschirr aufzubewahren, nicht wahr?«

Mrs. Williams hob ihr Sandwich hoch und guckte ihren Teller an.

»Einer Katze kann man nichts vormachen«, meinte sie.

Vor zwei Wochen, am ersten Tag von Williams' drittem Prozeß, schien das Ergebnis so sonnenklar, daß die *Savannah Morning News* nur die leidenschaftslose Schlagzeile WILLIAMS STEHT WIEDER EINE VERURTEILUNG WEGEN MORDES BEVOR zustande brachte. Die neun Frauen und drei Männer, die seit sechs Jahren dem Medienrummel um diesen Prozeß ausgesetzt waren, gaben zu, daß sie den Fall gut kannten und daß sie schließlich nicht vergessen konnten, daß zwei frühere Jurys Jim Williams schuldig gesprochen hatten. Die Spannung und Ungewißheit der ersten beiden Verhandlungen war einem Gefühl gewichen, daß nun das Unvermeidliche seinen Lauf nehmen würde. Wieder zogen die Fernsehkameras vor das Gerichtsgebäude, aber die Zuschauerbänke im Saal waren diesmal nur zur Hälfte besetzt. Prentiss Crowe las nicht einmal mehr die Zeitungsberichte. »Es ist doch genauso langweilig, als würde man sich immer wieder den gleichen Film ansehen«, meinte er.

Trotzdem war der Gerichtsreporter zur Verhandlung erschienen und saß zusammengesackt auf seinem Platz, den Arm über die Rückenlehne gehängt, als fürchte er, auf den Boden hinunterzurutschen. Wie immer wußte er Bescheid und hatte so manches gehört. »Jim Williams' Schuld oder Unschuld ist gar nicht mehr wichtig«, sagte er. »Alles dreht sich um Spencer Lawtons Inkompetenz. Jeder fragt sich doch, wie lang er es noch machen wird! Dieser Fall wird doch immer mehr zu einem schlechten Stierkampf. Lawton, der Matador, schafft es nicht, den Bullen zur Strecke zu bringen. Zweimal hat er jetzt schon mit seinem Degen zugestoßen, doch der Stier ist noch auf den Beinen, die Fans werden ungeduldig, und Lawton macht sich lächerlich.«

Die Anklage ließ ihre altvertraute Zeugenriege aufmarschieren – die Polizeifotografin, die Beamten, die in der Nacht der Schießerei ins Mercer House kamen, die Laborangestellten. Jeder von ihnen beantwortete die Fragen Lawtons und wurde dann von Sonny Seiler ins Kreuzverhör genommen. Richter Oliver nickte schläfrig auf seiner Bank. Der Gerichtsreporter gähnte.

»Was taten Sie, als die Leiche aus dem Mercer House weggeschafft wurde?« fragte Lawton Detective Joseph Jordan auch diesmal.

»Ich habe die Hände eingetütet«, antwortete Jordan.

»Könnten Sie der Jury erklären, was Sie mit Eintüten meinen und zu welchem Zweck Sie das getan haben?«

»Immer wenn geschossen wird«, erläuterte Detective Jordan, »und man annimmt, daß der Tote eine Waffe abgefeuert hat, steckt man die Hände in Papiertüten, um zu verhindern, daß fremde Substanzen an die Hände kommen oder vorhandene Schmauchspuren abgewischt werden.«

Sonny Seiler nahm den nichtsahnenden Detective Jordan mit unbewegtem Gesicht ins Kreuzverhör.

»Was haben Sie denn für Tüten genommen?«

»Papiertüten.«

»Womit haben Sie sie zugebunden?«

»Mit dem Beweissicherungsband, glaube ich.«

»Sind Sie ganz sicher, daß die fraglichen Hände eingetütet waren, bevor die Leiche aus dem Haus geschafft wurde?«

»Ich selbst habe sie in die Papierbeutel gesteckt«, sagte Jordan.

Als die Anklage ihren Beweisvortrag abschloß, erhob sich Sonny Seiler und rief seine erste Zeugin auf.

»Ich rufe Marilyn Case.«

Ein frisches Gesicht! Eine neue Zeugin! Eine Änderung im Drehbuch! Der Gerichtsreporter beugte sich vor. Richter Oliver schlug die Augen auf. Lawton und sein Assistent tauschten beunruhigte Blicke aus.

Sie war etwa vierzig, hatte blonde Locken und trug ein graues Kostüm mit einer weißen Seidenbluse. Sie arbeitete schon seit fünfzehn Jahren als Krankenschwester im Candler Hospital; davor war sie Assistentin des Gerichtsmediziners von Chatham

County gewesen. Ja, sie hatte in der Notaufnahme Dienst, als man Danny Hansfords Leiche hereinbrachte. Seiler gab ihr eine Kopie des Aufnahmeformulars, ging lässigen Schrittes an Spencer Lawton vorbei und ließ eine zweite Kopie auf seinen Tisch gleiten. Während Lawton und sein Assistent die Köpfe über dem Blatt zusammensteckten, hängte Seiler für die Jury eine Vergrößerung davon auf eine Staffelei und fuhr mit seiner Befragung fort.

»Mrs. Case, erkennen Sie dieses Dokument?«

»Ja, Sir.«

»Ist das Ihre Handschrift?«

»Ja, Sir.«

»Erzählen Sie der Jury, Mrs. Case, Ma'am, ob Hansfords Hände mit Beuteln umhüllt waren, als Sie ihn im Krankenhaus aufnahmen.«

»Nein, Sir, das waren sie nicht.«

Durch den Saal ging überraschtes Gemurmel. Richter Oliver sorgte mit dem Hammer für Ruhe.

»Dann«, fragte Seiler nun, »haben also Sie selber die Hände in Tüten gesteckt?«

»Ja, so war es.«

»Wie haben Sie das gemacht?«

»Ich habe mir zwei Plastiktüten geholt, sie über beide Hände gezogen und die Handgelenke mit Klebeband umwickelt.«

Nach einem kurzen und stockenden Kreuzverhör durch den sichtlich erschütterten Spencer Lawton verließ Marilyn Case den Zeugenstand. Seiler rief dann den Gerichtspathologen Dr. Stone auf. Sämtliche Spuren hätten von den ungeschützten Händen auf dem Weg ins Krankenhaus verlorengehen können, so lautete sein Urteil. Dann fügte er noch mild hinzu, daß Marilyn Case alles noch schlimmer gemacht hatte, als sie in guter Absicht

Plastiktüten statt Papierbeutel nahm. »Plastiktüten sind absolut tabu. Sie erzeugen statische Elektrizität, die sogar kleine Partikel von der Haut abziehen kann. Und wenn der Körper dann noch fünf Stunden lang in einem Kühlfach des Leichenschauhauses liegt, wie das bei Hansford der Fall war, läuft durch Kondensation in dem Plastikbeutel das Wasser nur so an den Händen herunter.«

»Und wenn man das alles bedenkt«, fragte Seiler, »sind Sie dann noch überrascht, daß man keine Schußspuren an Dannys Händen fand?«

»Ich wäre überrascht, wenn man welche gefunden *hätte*«, gab Dr. Stone zur Antwort.

Das Fernsehen brachte nachmittags die Kurzmeldung: »Im Mordprozeß gegen Jim Williams ist verblüffendes neues Beweismaterial zutage getreten. ... Den Staatsanwalt traf es völlig unvorbereitet. ... Es heißt, Williams wird das Gericht als freier Mann verlassen. ...« Als Sonny Seiler an diesem Abend ins Restaurant 1790 ging, erhoben sich die anderen Gäste und klatschten Beifall.

Lawton, dem sein wichtigstes Belastungsmaterial abhanden gekommen war, änderte in seinem Plädoyer die Argumentationsweise. »Wir brauchen den Schmauchspurentest nicht, um Jim Williams' Schuld zu beweisen«, sagte er. »Er war nur ein Beweisstück unter vielen.« Dann zählte er Punkt für Punkt die verbleibenden Beweise auf: die Lage der Kugelsplitter, die Papierschnipsel auf der Waffe, die Flugbahn der Kugel, das Stuhlbein auf Hansfords Hose, das Blut an seiner Hand, das fehlende Blut an seiner Pistole. Vor allem ritt er auf der Sechsunddreißigminutenlücke zwischen Dannys Tod und dem Anruf bei der Polizei herum. »Was hat Jim Williams in jenen sechsunddreißig Minuten gemacht?« fragte er. »Ich kann es Ihnen sagen. Er hat sich eine neue Waffe geholt, ging zu dem am Boden liegenden Danny hinüber und schoß von dort auf den Schreibtisch. Dann zog er Dannys Hand unter dem Körper hervor und legte sie über die Pistole. Und was erklärt die übrige Zeit? Er ist im ganzen Haus herumgelaufen und hat bewußt Einrichtungsgegenstände zerstört!«

Lawton hielt die Polizeifotos hoch. »Das ist die Standuhr, die Danny Hansford angeblich umgeworfen hat. Sie liegt mit der Vorderseite nach unten in der Halle. Der Sockel der Uhr befindet sich noch dicht an der Wand. Ich bin der Ansicht, daß es anders aussehen würde, wenn sich hier ein kräftiger, einundzwanzigjähriger Danny Hansford ausgetobt hätte. Dann wäre die Uhr auf den Steinfußboden geschlagen und durch die Halle gerutscht. So aber berührt ihr Unterteil fast die Wand. Und weshalb? Weil es Jim Williams getan hat. Er kippte die Uhr sorgsam vornüber und ließ sie erst ein paar Zentimeter über dem Boden fallen, gerade noch tief genug, damit das Gehäuse einen Sprung bekam und das Glas zerbrach. Aber nicht so tief, daß der Schaden irreparabel war. Jim Williams selbst hat erzählt, daß er sie reparieren und verkaufen konnte.

Sehen wir uns weiterhin an, was sonst noch beschädigt worden ist. Ein Stuhl und ein Tisch wurden umgestoßen. Ein Silbertablett wurde von einem Tisch gefegt. Jemand hat auf einem Atari-Computer herumgetrampelt und einen Viertelliter Bourbon zerschlagen. Der Gesamtschaden beläuft sich auf wieviel... etwa einhundertzwanzig Dollar und siebzehn Cents? Ich weiß es nicht genau. Aber ich möchte Sie an all die teuren Antiquitäten erinnern, die *nicht* zu Bruch gegangen sind – Kommoden, Tische, Gemälde im Wert von fünfzigtausend oder hunderttausend Dollar. Nun sagen Sie mir bitte, ob ein junger, tobsüchtiger und mordlüsterner Mann in einem Haus von jemandem, der Antiquitäten über alles liebt, nur einen derart geringfügigen Schaden angerichtet hätte. Natürlich nicht. Diese Möbelstücke wurden von einem Mann beschädigt, der sie, wenn man so will, liebt – von Jim Williams.«

Die feierlichen Gesichter auf der Geschworenenbank ließen vermuten, daß Lawton wenigstens leicht an Boden gewonnen hatte. »Was Jim Williams in jenen sechsunddreißig Minuten allerdings *nicht* getan hat«, sagte er mit vor Sarkasmus triefender Stimme, »war, einen Krankenwagen zu rufen. Er ist uns als mitfühlender Mann beschrieben worden, der Geld für die Humane Society spendet. Nun ja, zumindest diese Gesellschaft hätte er anrufen können, damit sie sich um Danny Hansford kümmert.« Eine junge Geschworene tupfte sich mit einem Taschentuch die Augen ab. »Wir schenken Ihnen Ihren Schmauchspurentest«, rief Lawton. »Wir brauchen ihn nicht, um Jim Williams zu verurteilen.«

Am Ende des Tages hatte der spürbare Stimmungsumschwung der Jury Sonny Seiler in Alarmbereitschaft versetzt. Lawton hatte den Fall wirkungsvoll um die verbleibenden Beweisstücke herum geordnet und damit von dem verwirrenden Umstand der nicht eingetüteten Hände abgelenkt. Seiler konnte nichts mehr dagegen tun, denn er hatte den Beweisvortrag schon abgeschlossen und sein Schlußplädoyer gehalten. Der Richter schickte die Jury über Nacht nach Haus. Am nächsten Morgen belehrte er sie, und die Jury zog sich zur Urteilsfindung zurück.

Im Mercer House aß die Familie Sandwiches und schwieg. Mrs. Williams faltete ihre Serviette zusammen und schaute aus dem Fenster. Dorothy fuchtelte mit dem Löffel herum. Williams blätterte im Sotheby-Auktionskatalog.

Das Telefon klingelte. Sonny Seiler meldete, die Jury habe sich Hamburger zum Lunch bestellt. Um halb fünf rief er wieder an, weil sich die Jury soeben ein Wörterbuch hatte kommen lassen. Einer der Geschworenen wollte das Wort »vorsätzlich« nachschlagen.

Um halb sechs schickte Richter Oliver die Geschworenen über das Wochenende nach Haus, sie waren an einem toten Punkt angelangt. Seiler hatte von den Gerichtsdienern, die für ihre Neugier und Schwatzhaftigkeit bekannt waren, erfahren, daß die Jury zu gleichen Teilen gespalten war. Die Beratung wurde am Montag morgen um zehn Uhr wiederaufgenommen. Gegen Mittag fiel Seiler auf, daß die Wachtmeister nicht mehr mit ihm plauderten. Sie blickten zur Seite, wenn er im Flur an ihnen vorbeiging. Das ließ nichts Gutes ahnen. »Es bedeutet, daß die Anklage zugunsten der Anklage fällt«, sagte er.

Um drei Uhr stand es elf zu eins für eine Verurteilung. Die Obmännin übergab dem Richter eine Notiz. »Eine Geschworene will ihre Ansicht nicht ändern, egal, was wir sagen oder tun.« Innerhalb von Minuten verbreiteten die Gerichtsdiener, daß die einsame Kämpferin Cecilia Tyo hieß und eine aufgeweckte, geschiedene Frau Ende Fünfzig war. Mrs. Tyo hatte den anderen Geschworenen erzählt, sie hätte sich vor Jahren in einer ähnlich lebensbedrohlichen Situation wie Jim Williams befunden. Ihr Freund, der bei ihr wohnte, war betrunken und wütend in die Küche gekommen und hatte versucht, sie zu erwürgen, während sie gerade kochte. Kurz bevor sie das Bewußtsein verlor, bekam sie ein Filetiermesser zu fassen, stach es ihm zwischen die Rippen und verwundete ihn schwer. Mrs. Tyo glaubte besser als alle anderen zu wissen, was Notwehr ist, und war entschlossen, bei ihrer Entscheidung zu bleiben. »Meine drei Kinder sind groß. Ich brauche nicht nach Haus zu gehen und zu kochen. Ich habe keine Verpflichtungen und kann hier so lange bleiben, wie es nur sein muß.«

Um fünf Uhr bestellte der Richter alle Parteien in den Gerichtssaal. Williams kam vom Mercer House, Seiler aus dem Büro. Die Jury nahm auf der Geschworenenbank Platz. Mrs. Tyo, das weiße Haar zu einem Knoten hochgebunden, blickte mit vorgeschobenem Unterkiefer mürrisch zu Boden. Sie sagte kein einziges Wort und sah keinen der anderen Geschworenen an.

»Obmännin, sind Sie zu einem Urteil gelangt?«

»Leider nicht, Euer Ehren.«

»Glauben Sie, daß Sie zu einem Urteil kommen, wenn Sie sich noch weiter beraten?«

»Ich fange an zu glauben, Euer Ehren, daß wir uns beraten können, bis die Hölle zufriert, und doch nicht zu einem Urteil kommen.«

Sonny Seiler wollte auf einen ergebnislosen Prozeß hinaus, aber Richter Oliver lehnte brüsk ab. Statt dessen belehrte er die Jury in scharfem Ton, sie solle mit dem Herumtrödeln aufhören und gefälligst zu einer einstimmigen Entscheidung kommen. Dann vertagte er die Verhandlung auf zehn Uhr des folgenden Morgens und ermahnte die Geschworenen, wie schon so viele Male zuvor, keine Berichte über den Prozeß in der Zeitung zu lesen oder im Fernsehen anzuschauen und den Fall mit niemandem zu besprechen.

Jim Williams fuhr vom Gericht nach Haus, ging aber nicht hinein, sondern über die Straße auf den Monterey Square, wo er sich auf die Bank neben Minerva setzte.

»Meine Anwälte haben schon wieder Mist gebaut«, sagte er. »Nur noch eine Geschworene, eine Frau, steht auf meiner Seite.«

»Wie stark ist sie?« fragte Minerva.

»Ich weiß nicht. Sie ist ziemlich starrköpfig, glaub ich, aber heut abend wird sie unter großem Druck stehen. Der Staatsanwalt weiß, wer sie ist, und will sie um jeden Preis umstimmen. Wir müssen ihn daran hindern.«

»Weißt du, wo sie wohnt?«

»Ich kann es herausfinden. Kannst du sie beschützen?«

Minerva starrte in die Luft. »Da ist so manches, was ich kann.«

»Nun, diesmal solltest du deine stärksten Waffen einsetzen.«

Minerva nickte. »Wenn es mir gelingt, bei ihr meinen Mist abzuladen, wird sie in Sicherheit sein.«

»Tu mir einen Gefallen. Was immer du auch vorhast, nimm etwas mit, das Dr. Buzzard gehört hat. Eine seiner alten Socken zum Beispiel – oder ein Hemd oder einen Kamm. Ganz egal, was.«

Minerva sah Williams ratlos an. »Ich habe keine Socke von ihm. Und wenn ich eine hätte, wüßte ich nicht, wo ich die in meinem Durcheinander suchen sollte.«

»Aber du hast doch sicher andere Sachen von ihm.«

»Ich weiß nicht. Hab' nichts davon behalten. Hab' den Mann ja gar nicht so gut gekannt.«

»Also, Minerva, jetzt sind wir doch schon lang genug befreundet.« Williams sprach wie mit einem trotzigen Kind. »Sind das nun seine Brillengläser auf deiner Nase da oder nicht?«

Minerva seufzte tief. »Wart mal. Ich glaub, ich bin gestern über einen Schuh von ihm gestolpert. O Gott, ich weiß nicht, was ich mit diesen Schuhen gemacht hab.«

»Es muß ja kein Schuh sein. Was hast du sonst noch?«

Minerva schaute in den Baum hoch. »Mhm, irgendwo, wenn ich richtig suche, könnte ich etwas finden. Yeah... irgendwas.«

Sie lächelte. »Ich glaub, ich hab sogar noch irgendwo seine falschen Zähne liegen.«

»Und genau jetzt ist der Zeitpunkt, sie einzusetzen«, sagte Williams nachdrücklich. »Ich möchte nicht, daß sich irgendwer heute abend an der Frau zu schaffen macht.«

»Wenn es einer versucht«, meinte Minerva, »dann wird er ganz schnell ganz krank. Vielleicht stirbt er auch.«

»Das nützt mir doch nichts«, sagte Williams. »Niemand soll auch nur in ihre *Nähe* kommen. Punktum. Kannst du das erreichen?«

»Ich werd heut nacht in den Blumengarten gehen. In der toten Zeit. Ich werd mit dem alten Mann sprechen.«

»Gut.«

Ein Lächeln zog über Minervas Mondgesicht. »Und dann, wenn ich mit deinem Geschäft durch bin, wird er mir eine Zahl nennen.«

»O nein, Minerva! Versuch das nicht! Du weißt doch, daß er dir keine nennen will und nur wütend wird. Nein, nein. Heute nacht können wir das nicht riskieren.«

Nun lächelte der Mond nicht mehr, sondern zog einen Flunsch. »Aber ich brauch doch 'ne Zahl zum Spielen, damit ich Geld krieg.«

»Na gut, ich geb dir die verdammte Zahl. Jetzt gleich!«

Minerva faßte Williams scharf ins Auge.

»Du hast immer gesagt, ich hätte die Fähigkeit«, sagte er.

»Ja, ich weiß. Du bist mit einem Schleier über dem Gesicht geboren, Baby. Du hast die Gabe.«

»Sag mir, wieviel Zahlen du brauchst.«

»Ich brauch 'nen Dreier – wie eins, zwei, drei. Es kann dreimal dieselbe Zahl sein oder drei verschiedene.«

»Okay. Laß mich eine Sekunde überlegen. Dann gebe ich dir

eine Zahl, die dir einen Batzen Geld einbringt.« Williams schloß die Augen. »Die Zahlen sind... sechs... acht... und eins.«

»Sechs-acht-eins«, wiederholte Minerva.

»Richtig. Und wieviel Geld braucht man, um das Spiel zu machen? Einen Dollar, fünf oder zehn?«

Ein Hauch von Mißtrauen zog über Minervas Gesicht. »Du machst dich über mich lustig.«

»Ich mach mich nicht über dich lustig«, sagte Williams. »Aber du hast meine Frage nicht beantwortet. Was kostet es, die Wette abzuschließen?«

»Sechs Dollar.«

»Wieviel würdest du gewinnen, wenn du gewinnst?«

»Dreihundert. Hey, aber die Sache läuft auf zwei Bahnen. Auf welche Rennbahn soll ich setzen? New York oder Brooklyn? Ich würd auf New York wetten. Aber ich will nicht sechs-acht-eins auf New York setzen, und dann ist es Brooklyn. Was soll ich spielen?«

»Kannst du nicht auf beide setzen?«

»Nee, verdammt. Das würde noch mal sechs Dollar kosten. Und der Mann, der die Zahlen für die andere Bahn, für Brooklyn, schreibt, wohnt siebzig Meilen weg von mir. Deshalb muß ich die Zahl für die New Yorker Bahn haben.«

Williams machte die Augen wieder zu. »Okay. Jetzt sehe ich es. Es ist die New-York-Rennbahn. Setz sechs-acht-eins auf die New Yorker Bahn. Dann gewinnst du ganz sicher dreihundert Dollar. Ich gebe dir die sechs Dollar für deinen Einsatz.«

Minerva nahm das Geld.

»Eins aber muß klar sein«, sagte Williams. »Sechs-acht-eins wird nur funktionieren, wenn du Dr. Buzzard heute nacht in Ruhe läßt und ihn um keine Zahl anbettelst. Wenn du ihn nervst, wird der Dreier automatisch wertlos.«

»Ich werd ihn in Ruhe lassen, Baby.«

»Gut. Ich will nämlich, daß ihr beide euch heute nacht nur auf eine Sache konzentriert. Mrs. Tyo darf nicht umfallen. Du und der alte Mann, ihr könnt euch wieder mit euren Zahlen befassen, wenn meine Sache vorbei ist.«

Minerva nickte feierlich.

»Und mach dir keine Sorgen um die dreihundert Dollar. Die hast du schon so gut wie in der Tasche. Alles klar?«

Minerva stopfte die sechs Dollar in ihre Tüte. »Yeah, Baby, alles klar.«

Um zehn Uhr morgens herrschte im zweiten Stock des Chatham-County-Bezirksgerichts ein wildes Getümmel. Die Türen zu Richter Olivers Saal waren mit Ketten und Vorhängeschloß gesichert. Zu den vielen Zuschauern, die auf dem Korridor herumwimmelten, gesellten sich noch Sheriff Mitchell und ein halbes Dutzend seiner Stellvertreter. Der Sheriff und seine Männer waren in Erwartung eines Schuldspruchs gekommen, um Williams danach durch den unterirdischen Gang ins Gefängnis zu bringen. Das Vorhängeschloß an der Tür des Gerichtssaals allerdings war ungewöhnlich. Es bedeutete, daß die Sitzung später anfangen würde. Etwas Unerwartetes war geschehen:

Spencer Lawton hatte um sieben Uhr morgens einen Anruf eines Sanitäters erhalten, der für den ärztlichen Notfalldienst LifeStar arbeitete. Der Sanitäter berichtete ihm von einem Telefongespräch um halb drei Uhr nachts mit einer Frau, die ihren Namen nicht nennen wollte und medizinische Fragen bezüglich einer »Schießerei zwischen einem älteren und einem jüngeren Mann« stellte. Nach wieviel Zeit würde Blut an einer Hand gerinnen? Wie schnell würde eine Person sterben, die man in die Aorta getroffen hätte? Obwohl sie sich weigerte, ihre Identität preiszugeben, räumte die Frau schließlich ein, die Geschworene im Fall Williams zu sein, die an die Unschuld des Angeklagten glaubte. Sie fügte noch hinzu, daß sich die übrigen Juroren dahingehend geäußert hätten, daß es hier doch nur um ein paar Schwule ginge und man Williams einfach verurteilen sollte, damit man schnell nach Hause käme.

Lawton rief umgehend Richter Oliver an und verlangte, daß Mrs. Tyo als Geschworene abgelöst würde, weil sie den Fall außerhalb des Gerichts besprochen hätte. Damit wäre ein Schuldspruch so gut wie sicher gewesen. Als Seiler davon hörte, bestand er darauf, daß der Richter einen Verfahrensabbruch verkündete.

Um zehn Uhr, während die Menge auf dem Flur vor dem verschlossenen Saal auf und ab lief, bestellte Richter Oliver jedes Mitglied der Jury einzeln zu sich, um der verzwickten Lage Herr zu werden. In Gegenwart von Lawton, Seiler, einem Gerichtsstenographen und dem Sanitäter fragte er die Geschworenen unter Eid, ob sie mitten in der Nacht einen Sanitäter angerufen und den Fall mit ihm besprochen hätten. Alle verneinten, auch Mrs. Tyo. Als sie allerdings den Raum verließ, sagte der Sanitäter zum Richter: »Die Stimme kommt mir bekannt vor.«

Draußen vor dem Gerichtssaal spekulierte man darüber, ob Mrs. Tyo tatsächlich telefoniert hatte oder ob der Sanitäter von jemandem getäuscht worden war, der mit der Staatsanwaltschaft im Bunde stand, oder ob der Sanitäter selber für die Anklage arbeitete. Nachdem die inquisitorische Befragung kein Geständnis erbracht hatte, eröffnete Richter Oliver erneut die Verhandlung. Wieder fragte er die Geschworenen, ob einer von ihnen den Fall mit einem Sanitäter besprochen hätte. Keiner meldete sich. Mrs. Tyo wirkte erschöpft und hielt sich ein Taschentuch vor den Mund. Sie hatte erst kürzlich einen Herzanfall erlitten und befürchtete nun einen zweiten. Das hatte sie der Obmännin anvertraut. Seiler beantragte einen Verfahrensabbruch. Der Richter ließ ihn abblitzen und schickte die Jury, Mrs. Tyo inbegriffen, zur Beratung zurück.

In Erwartung, daß bald etwas geschehen müßte, ging Williams auf den Flur und traf am anderen Ende auf Minerva. Sie sprach zu ihm, als wäre sie in Trance.

»Gestern abend hab ich die Zähne des alten Mannes in dem Garten der Dame vergraben. Genau wie du gesagt hast.«

»Das Unheil hat schon seinen Lauf genommen«, meinte Williams. »Sie haben sich eine Geschichte ausgedacht, mit der sie die Frau aus der Jury werfen wollen.«

»Das wär auch ihre einzige Hoffnung«, sagte Minerva. »Weil nämlich sie nicht umfallen wird. Das ist ganz sicher, und ich lüge nicht. Der alte Mann hat den Fall selber übernommen. M-mh. Und nach Mitternacht haben Delia und ich uns den Staatsanwalt und den Richter vorgeknöpft.«

Williams lächelte. »Hast du die Zahl gespielt?«

»Hatte noch keine Zeit zu spielen. War zu beschäftigt.«

Gegen Mittag rief der Richter die Jury in den Saal zurück und fragte, ob sie einer Entscheidung näher gekommen waren. Als die Geschworenen verneinten, verkündete er widerstrebend einen ergebnislosen Prozeß und schloß mit einigen Hammerschlägen die Verhandlung ab. Inmitten der nun folgenden Unruhe konnte man Spencer Lawtons Stimme vernehmen, der dem Richter zurief: »Für die Akten, Euer Ehren, ich werde alles Nötige für ein Wiederaufnahmeverfahren tun!«

Ein vierter Prozeß wäre ein historisches Ereignis und Jim Williams der erste Mensch, der je im Staate Georgia zum viertenmal wegen Mordes vor Gericht stünde. Der Reporter klatschte sich lachend auf die Schenkel und brüllte, daß der Matador jetzt blutiger als der Stier sei. Unten stürzten sich die Fernsehteams auf Lawton, der trotz Verwundung ungebeugt erschien. »Nach drei Prozessen«, sagte er, »steht es fünfunddreißig zu eins für eine Verurteilung. Und wenn wir eine Jury finden, die willens und fähig ist, eine Entscheidung zu treffen, dann werden wir auch das richtige Urteil bekommen.« Am Rande der Menschenmenge, die sich inzwischen um Lawton versammelt hatte, stand Minerva, grinste breit und hielt drei zerknüllte neue Hundertdollarscheine in der Hand.

Am späten Abend dieses Tages trank Williams einen Schluck Madeira nach dem anderen und spielte Runde um Runde seines Psycho-Würfelspiels. Seine graue Tigerkatze, die seit zwei Tagen zum erstenmal wieder gefressen hatte, lag auf seinem Schoß und schlief. Williams rechnete sich aus, daß ihn sein dritter Prozeß ungefähr eine Viertelmillion Dollar gekostet hatte.

»Und davon«, sagte er, »waren nur dreihundert Dollar ihren Preis wert.«

KAPITEL 28

Triumph

Lillian McLeroy erschien auf der Treppe, um ihre Pflanzen zu gießen und dem munteren Treiben auf dem Monterey Square zuzuschauen. In der hellen Morgensonne wimmelte es von Damen in Reif- und Herren in Gehröcken, dazwischen liefen Soldaten in blauer Uniform hin und her, die Muskete über die Schulter gehängt. Die Arbeiter, die die Lastwagenladungen voll Erde über der Bull Street glattharkten, um eine ungepflasterte Straße des 19. Jahrhunderts vorzutäuschen, wirbelten vor dem Mercer House gewaltige Staubwolken auf. Der Anblick war verblüffend; doch das unheimliche Gefühl, dies alles schon einmal gesehen zu haben, ließ Mrs. McLeroy erschauern. Der Monterey Square sah an diesem Morgen genauso aus wie vor zehn Jahren, als der Film über das Attentat auf Abraham Lincoln gedreht wurde. Die Filmmannschaften mit ihren Scheinwerfern und Kameras waren wieder da, und die großen Lastwagen parkten auf der anderen Seite des Platzes. Diesmal drehten sie *Glory*, einen Streifen über das erste schwarze Regiment in der Unionsarmee während des Bürgerkrieges. Mrs. McLeroy sah zum Mercer House hinüber, in banger Erwartung, daß Jim Williams wieder eine Nazifahne über seinen Balkon gehängt haben könnte.

Doch daran war Jim Williams im Augenblick nicht interessiert. Statt die Dreharbeiten zu behindern, stellte er den Filmleuten diesmal sogar sein Haus zur Verfügung. Er gestattete ihnen, ihre Ausrüstung mitzubringen und im Wohnzimmer Spitzenvorhänge aufzuhängen, damit das Mercer House wie eine Stadtvilla in Boston um die Mitte des letzten Jahrhunderts wirkte. Zuvor hatten sich Williams und der Produzent bei einer guten Zigarre und einem Glas Madeira über das Honorar geeinigt. Der Produzent bot zehntausend Dollar. Williams lehnte sich zurück und lächelte. »Vor acht Jahren habe ich einen Mann erschossen, der dort stand, wo Sie jetzt sitzen. In ein paar Wochen beginnt mein vierter Mordprozeß, und mein Anwalt ist ein Mann mit teuren Gewohnheiten. Sagen wir fünfundzwanzigtausend, und die Sache ist perfekt.«

Das juristische Gerangel um den vierten Prozeß hatte sich fast zwei Jahre hingezogen. Sonny Seiler versuchte zunächst, einen neuen Prozeß mit der Begründung zu verhindern, daß Jim Williams damit zweimal wegen desselben Vergehens vor Gericht stehen würde. Der Antrag wurde abgewiesen, ebenso wie Seilers Einspruch. Dann verlangten sowohl Seiler als auch Lawton in separaten Anträgen, den anderen von diesem Prozeß auszuschließen. Seiler berief sich auf Lawtons Beweisunterschlagungen und warf ihm Amtsvergehen in hohem Maße vor. Lawton bezichtigte Seiler, Williams »schlampig, inkompetent und unmoralisch« verteidigt zu haben. (Lawton unterstellte Williams und Seiler, sie hätten die beiden jungen Gauner, Hansfords Freunde, für ihre eidesstattlichen Erklärungen bezahlt. Allerdings konnte er das nicht beweisen, und die beiden Zeugen waren auch nie vor Gericht erschienen.) Beide Anträge wurden zurückgewiesen. Der vierte Prozeß nahm seinen Lauf.

In einem Punkt waren sich alle Parteien einig. In Savannah konnte man keinen einzigen Geschworenen auftreiben, der sich nicht schon eine feste Meinung über diesen Prozeß und das Geld des Steuerzahlers, das er kostete, gebildet hatte. Deshalb ging Sonny Seiler an dem Morgen, an dem die Dreharbeiten zu *Glory* im Mercer House begannen, vor die nächsthöhere Instanz und beantragte einen Wechsel des Gerichtsorts. Er wußte, daß die Aussichten dafür diesmal gut waren, und hoffte nur inständig, daß der Prozeß nicht aus dem Regen Savannahs in die Traufe eines entlegenen Redneck-Nestes geraten würde.

Am Ende erhielt die Stadt Augusta den Zuschlag. Spencer Lawton betrachtete es als Sieg und erzählte fröhlich unter Freunden, Augusta sei eine Stadt von Bauerntrampeln und Williams würde dort todsicher verurteilt. Sonny Seiler war sich da nicht so sicher.

Augusta, die zweitälteste Stadt in Georgia, lag auf einer Anhöhe am Ufer des Savannah River, hundertdreißig Meilen flußaufwärts von Savannah. Die fünfzigtausend Einwohner der Stadt verteilten sich auf dem abschüssigen Gelände in einer absteigenden Hierarchie, die den natürlichen Gegebenheiten des Landes folgte. Auf dem Hügel lebten die reichen Familien in schönen Häusern und spielten Golf im Augusta National Golf Club, der Heimstatt des jährlichen Masters-Golf-Turniers. Am Fuß des Hügels, wo die Bäume ihre Schatten auf die alten Boulevards der Stadt warfen, befand sich das Geschäftsviertel und die Wohngegend der Mittelschicht. Weiter südlich erstreckte sich die Stadt über eine sumpfige Tiefebene, dort hatten die Arbeiter ihre Häuser, die Armen ihre Wohnwagen und Baracken, die Armee ihren Stützpunkt im Fort Gordon; und die Straße, die hier durchführt, ist durch Erskine Caldwell als Symbol ländlicher Armut und Verkommenheit berühmt geworden: Tobacco Road.

So lagen Glanz und Elend, Kultiviertes und Grobes in Augusta nah beieinander. Doch als die Auswahl der Jury begann, wurde deutlich, daß allen Einwohnern Augustas, ob sie nun auf dem Hügel lebten oder im Sumpf, eines gemeinsam war: Sie hatten noch nie von Jim Williams gehört.

Reporter und Fernsehteams kamen von Savannah rüber, um über den Prozeß zu berichten, die hiesigen Medien jedoch nahmen das Ganze buchstäblich nicht zur Kenntnis. Es gab keine Schlagzeilen in Augustas Zeitungen, keine Kurzmeldungen, die die Fernsehsendungen unterbrachen, keine Massen, die in den Verhandlungssaal stürmten. Zwei Wochen lang versammelten sich an jedem Werktag ruhig und gelassen sechs Männer und sechs Frauen im Gerichtsgebäude von Richmond County und folgten gespannt der Verhandlung. Sie waren fasziniert, manchmal auch ergriffen, aber im großen und ganzen nicht so betroffen wie die Menschen in Savannah, die jahrelang mit dem Jim-Williams-Mordfall gelebt hatten. Für sie war das Mercer House mit all seiner Pracht und Bedeutsamkeit nur ein Haus auf einem Foto; es hatte in ihrem täglichen Leben keine Rolle gespielt. Jim Williams war nicht in ihrer Mitte die soziale Stufenleiter hochgeklettert und hatte – wie in den letzten dreißig Jahren in Savannah – Bewunderung, Neid oder auch Empörung hervorgerufen. Ein zur Auswahl stehender Geschworener ließ Sonny Seiler hoffen, daß in Augusta die Sache mit der Homosexualität nicht so negativ zu Buche schlagen würde wie in Savannah. »Ich kann mit Schwulen nichts anfangen«, gab der Mann zu, »aber wenn sie woanders leben, stören sie mich nicht weiter.«

Im vierten Prozeß präsentierte Sonny Seiler eine perfekt inszenierte Verteidigung. Er konzentrierte sich auf den wundesten Punkt der Anklage – die Inkompetenz der Polizei. Als Detective Jordan im Zeugenstand behauptete, er habe Dannys Hände mit Beuteln geschützt, reichte ihm Seiler eine braune Papiertüte und

Beweissicherungsband und ließ sich von dem Detective die Tüte über die rechte Hand ziehen und am Gelenk zukleben. Dann ging Seiler vor der Jury auf und ab und wedelte mit seiner eingetüteten Hand in der Luft herum, damit es völlig deutlich wurde, daß jeder im Krankenhaus derart geschützte Hände hätte bemerken *müssen*. Er machte die Anklage lächerlich, indem er auf Widersprüche in den Aussagen ihrer Sachverständigen verwies – insbesondere im Fall von Dr. Larry Howard, Direktor des gerichtsmedizinischen Instituts. In einem Prozeß hatte Dr. Howard behauptet, daß Williams nicht alle Schüsse auf Hansford abgefeuert haben konnte, während er hinter dem Schreibtisch saß, in dem anderen meinte er, daß es doch möglich gewesen wäre. Einmal hatte Howard gesagt, Danny Hansfords Stuhl sei nach hinten umgekippt, dann wieder zur Seite und später nach vorn. Schadenfroh schwenkte Seiler eine Aktennotiz, die zeigte, daß sich die Beamten im Labor anfänglich abgesprochen hatten, die Ergebnisse des Schußspurentests zu vertuschen, wenn sie nicht im Sinne der Anklage ausfallen würden. »Wenn du die Testergebnisse bekanntgeben willst«, schrieb ein Beamter an den anderen, »laß es uns vorher wissen. Die Anhörung der Grand Jury ist am 12. Juni.«

»Sie stecken alle unter einer Decke«, donnerte Seiler los, »und das ist einfach widerlich. Sie schrien geradezu nach einer Verurteilung. Sie sagten: ›Mal sehen, ob uns der Test in den Kram paßt. Wenn ja, dann nehmen wir ihn. Wenn nicht, vergessen wir das Ganze.‹«

Seiler tat sein Bestes, um die Jury zu unterhalten, und nach ein paar Tagen hatten sie ihm den Spitznamen Matlock gegeben, nach dem Anwalt der beliebten Fernsehserie. Das war ein gutes Zeichen, und Seiler wußte das. Mehrmals brachte er die Geschworenen in seinem Schlußplädoyer zum Lachen. Das war ein weiteres gutes Zeichen. »Juroren lachen nie, wenn sie vorhaben, einen Mann ins Gefängnis zu schicken«, sagte er.

Minerva tauchte nur einmal während des Prozesses auf und erzählte Williams, daß sie Schwingungen zu seinen Gunsten verspürte. »Aber wenn irgendwas irgendwie schieflaufen sollte, dann zieh dir deine Unterhosen verkehrt rum an. Dann kriegst du eine kürzere Strafe.«

Die Geschworenen fällten nach fünfzehn Minuten ihren Spruch, blieben aber noch weitere fünfundvierzig Minuten im Raum sitzen, um nicht den Eindruck zu erwecken, sie hätten es sich zu leicht gemacht. Sie hatten Williams für »nicht schuldig« befunden.

Nachdem er nun endlich freigesprochen war, konnte Jim Williams nie mehr wegen Mordes an Danny Hansford vor Gericht gestellt werden. Es war vorüber – der Ärger, die Angst, die Kosten. Weil ihn nicht die geringste Schuld an Dannys Tod traf, würde jetzt seine Versicherung in Aktion treten und sich mit Dannys Mutter einigen. So war auch diese Last von seiner Seele genommen.

Wieder zurück im Mercer House, schenkte sich Williams einen Drink ein und dachte über die Zukunft nach. Zum erstenmal seit acht Jahren war er ein freier Mann. Das Mercer House, das er der Bank als Sicherheit für die Kaution hatte übertragen müssen, war wieder sein Eigentum. Er konnte es verkaufen, wenn er wollte. Es war über eine Million Dollar wert, zehnmal mehr, als er dafür bezahlt hatte. Er konnte sich von den unglückseligen Erinnerungen befreien und sich ein Penthouse in New York zulegen, ein historisches Reihenhaus in London oder eine Villa an der Riviera. Er konnte unter Menschen leben, die nicht automatisch an Mord und Totschlag und sensationelle Prozesse dachten, wenn sie ihn ansahen. Williams dunkle Augen funkelten, während er all diese Möglichkeiten bedachte. Dann fing er zu lachen an.

»Nein, ich denke, ich bleibe einfach hier«, sagte er. »Damit verärgere ich genau die richtigen Leute.«

KAPITEL 29

Und die Engel singen

Sechs Monate nach seinem Freispruch setzte sich Williams an den Schreibtisch und plante die erste Weihnachtsparty seit acht Jahren. Er rief Lucille Wright an und bat sie, für zweihundert Leute ein Festessen mit Low-Country-Küche vorzubereiten. Er mietete einen Barmann, vier Kellner und zwei Musiker. Dann nahm er sich seinen Stapel Karten vor und widmete sich seiner heikelsten und erfreulichsten Aufgabe: der Zusammenstellung der Gästeliste.

Williams studierte jede Karte eingehend, bevor er sie auf den In- oder den Out-Stapel legte. Die meisten Stammgäste kamen auf den In-Stapel – die Yearleys, die Richardsons, die Bluns, die Strongs, die Crams, die Macleans, die Minises, die Hartridges, die Haineses. Als er die Karte seiner alten Freundin Millicent Mooreland in der Hand hielt, zögerte er. Obgleich sie nie an Jims Unschuld gezweifelt hatte, war sie bedauerlicherweise nicht zu seiner letzten Party erschienen, weil Danny Hansford gerade erst gestorben war. Für diesen groben Schnitzer legte Williams sie jetzt auf den Out-Stapel. Dieses Jahr würde sie büßen müssen, um dann, am nächsten Weihnachten, wieder in Gnaden aufgenommen zu werden – vorausgesetzt, daß sie Williams nicht erneut vergrätzte.

Die Karte von Lee und Emma Adler warf Williams einfach in den Papierkorb. Es gab nun keinen Grund mehr, sich mit den Adlers gutzustellen. Lee Adler wandelte ohnehin auf seinen alten Pfaden. Er war gerade vom Weißen Haus zurückgekehrt, wo er die National Medal of Arts empfangen hatte und zusammen mit Mr. und Mrs. Bush fotografiert worden war. Das machte ihn für Williams und die meisten seiner Gäste nicht unbedingt sympathischer. Außerdem gab es momentan eine heftige Auseinandersetzung um seinen Plan, neue Häuser im viktorianischen Stil für Schwarze in der Altstadt von Savannah zu bauen. Adler schwebten mehrere Reihen identischer Häuser vor, mit PVC-Verkleidung an den Außenwänden und ohne Rasen oder Grünflächen dazwischen. Die Historic Savannah Foundation meldete wütenden Protest gegen die mindere Qualität der geplanten Häuser an. Adler sah sich gezwungen, seine Häuserreihen mit Holz statt PVC zu verkleiden und grüne Flächen einzufügen. Jim Williams wußte, daß seine Gäste auf der Weihnachtsparty liebend gern über Lee Adlers neueste Großtaten im sozialen Wohnungsbau reden würden, ohne daß Lee oder Emma etwas mithören konnten. Kein Problem: Sie würden nicht da sein.

Auch Serena Dawes' Karte wanderte in den Papierkorb – aber aus anderen, ziemlich traurigen Gründen. Vor einigen Monaten hatte Serena beschlossen, daß die dreißiger und vierziger Jahre – die Zeit ihrer ganzseitigen Glamourwerbung im *Life*-Magazin – der Höhepunkt ihres Lebens waren und daß es nur noch weiter abwärts gehen konnte. Sie kündigte an, an ihrem Geburtstag zu sterben, und weigerte sich demzufolge, das Haus zu verlassen oder Besuch zu empfangen oder zu essen. Nach mehreren Wochen wurde sie ins Krankenhaus gebracht, wo sie eines Abends den Arzt und die Schwestern rief und sich bei ihnen herzlich für ihre Fürsorge bedankte. Am nächsten Morgen war sie tot. Sie war weder verhungert, noch hatte sie mit den üblichen Mitteln Selbstmord begangen. Sie hatte einfach sterben wollen, und da sie eine Frau mit starkem Willen war, hatte sie es auch geschafft – zwei Tage vor ihrem Geburtstag.

Serenas Tod stand in keinem Zusammenhang mit dem Ende ihrer Beziehung zu Luther Driggers, aber Williams sah dennoch nachdenklich auf Driggers' Karte. Luther hatte in den letzten Monaten viel Aufmerksamkeit auf sich gezogen. Er war vom Blitz getroffen worden – auf dem Höhepunkt eines für Savannah typischen nachmittäglichen Sommergewitters. Driggers lag gerade mit seiner neuen Freundin Barbara im Bett, als eine drahtige Feuerzunge vom kohlschwarzen Himmel herabzüngelte und sein Haus umschloß. Barbara standen plötzlich die Haare zu Berge. Luther Driggers erster Gedanke war, daß er noch nie zuvor eine Frau dermaßen beeindruckt hatte. Doch dann roch er Ozon in der Luft und wußte, daß sie von einer gewaltigen elektrischen Ladung umgeben waren. »Runter mit dir!« schrie er. Dann schlug es ein. Luther wurde auf den Fußboden geschleudert, und Barbara verlor für mehrere Minuten das Bewußtsein. Später, als sie wieder Strom hatten, entdeckten sie, daß der Blitz das Innere des Fernsehers zerschmolzen hatte.

Am Anfang führte er es nicht auf den Blitzschlag zurück, daß ihm hinterher ab und zu schwindlig wurde, daß er manchmal die Treppe hinunterfiel oder in der Dusche das Gleichgewicht verlor. Er war die meiste Zeit seines Lebens über betrunken gewesen und schrieb solche Sachen dem Alkohol zu. Doch als er aufhörte zu trinken, wurde es mit den Schwindelanfällen nicht besser. Die Ärzte fanden und entfernten aus seinem Gehirn eine zähflüssige Masse von der Größe eines Golfballs und der Konsistenz von Motoröl.

In den darauffolgenden Monaten schwoll Barbaras Bauch an, und das schien nun wirklich eine direkte Folge der stürmischen Ereignisse jenes Nachmittags zu sein. Sie beschlossen, das Baby

Thor zu nennen, falls es ein Junge würde (nach dem altnordischen Gott des Donners), und einem Mädchen den Namen Athena zu geben (nach der griechischen Göttin, die Zeus' Donnerkeile trug). Aber Barbara war gar nicht schwanger. Der Blitz hatte ihre inneren Organe in Mitleidenschaft gezogen, genau wie das Innenleben des Fernsehers, und innerhalb weniger Monate wurde sie krank und starb. Driggers, der sonst bester Gesundheit war, fing wieder an, sein Frühstück in Clary's Drugstore stehenzulassen. Und die Menschen in Savannah bekamen Angst vor seinen Dämonen und der Giftflasche, die er womöglich in das Trinkwasser der Stadt kippen könnte.

»Jeder, der das glaubt, ist ein Narr«, sagte mir Driggers eines Morgens im Clary's.

»Weil Sie im Traum nicht daran dächten, so etwas zu tun, nicht wahr«, gab ich zurück.

»Oh, das würde ich schon machen«, meinte er, »wenn ich *könnte*. Es geht nur leider nicht. Erinnern Sie sich noch, was ich Ihnen sagte, als ich Sie zum erstenmal hier traf? Daß Savannahs Wasser aus einem Kalksteinvorkommen stammt? Und daß das der Grund ist, warum Ihr Toilettenbecken mit kristallisiertem, schwarzem Schaum überzogen war? Nun, aus demselben Grund – weil Savannahs Wasser ganz tief aus der Erde kommt – könnte ich es nicht vergiften, selbst wenn ich wollte. Ich käme nicht ran. Wenn es ein oberirdisches Sammelbecken gäbe, dann könnte ich leicht Gift reinschütten. Aber das gibt es nicht.«

»Das freut mich zu hören«, sagte ich.

»Freuen Sie sich nicht zu sehr«, erwiderte Driggers. »Mit all dem industriellen Gepumpe ist schon Salzwasser in den Kalkstein eingedrungen. Also müssen wir bald das dreckige Wasser aus dem Savannah River trinken. Und mein Gift könnte das Wasser auch nicht schlimmer machen, als es ohnehin schon ist.«

Jim Williams hielt Driggers' Karte zwischen Daumen und Zeigefinger und wog seelenruhig das Für und Wider ab. Luther Driggers war ein alter Freund, hatte sich aber auch darüber lustig gemacht, daß Williams nicht schlau genug gewesen war, die Leiche rechtzeitig wegzuschaffen; damit hatte er zu erkennen gegeben, daß er Jim Williams für den Mörder hielt. Driggers' Karte wanderte auf den Out-Stapel.

Und wieder zögerte Williams, als er die Karte von Joe Odom in der Hand hielt. Joe war auf die Gästeliste geraten, als er seine dritte Frau, Mary Adams, ehelichte, deren Vater zufällig Vorstandsvorsitzender der C & S-Bank war. Durch diese Heirat war Joe in die obersten Kreise von Savannah geraten, und als er sich scheiden ließ, war er selbst schon so bekannt und beliebt, daß Jim Williams ihn trotz seiner ständigen Finanzkrisen weiter zu seinen Parties einlud. In letzter Zeit jedoch hatte Joe Odoms Glückssträhne ihr jähes Ende gefunden.

Im Juli hatte der Vermieter des Sweet Georgia Brown's Joe wegen Mietschulden verklagt und die Bar schließen lassen. Joe meldete Konkurs an. Mandy, die durch die Schließung des Lokals mehr als fünftausend Dollar verlor, nahm ihre Verluste auf die leichte Schulter, bis sie zufällig mit anhörte, wie Joe von einer anderen Frau als »seiner vierten Gattin in spe« sprach. Da stürmte sie aus dem Hamilton-Turner House und schwor Rache. Und als Joe eines Morgens im November die Zeitung aufschlug und die Schlagzeile ANWALT JOE ODOM WEGEN FÄLSCHEREI ANGEKLAGT sah, wußte er, daß sie es bitter ernst gemeint hatte.

Der Zeitung zufolge hatte Joe siebenmal die Unterschrift von Mandy Nichols gefälscht, seiner Partnerin in der ehemaligen Jazzbar Sweet Georgia Brown's. Die sieben Schecks beliefen sich auf 1193,42 Dollar. Urkundenfälschung war ein Verbrechen, das mit bis zu zehn Jahren Gefängnis bestraft wurde.

Joe wußte sofort, daß Mandy die Schecks vom Girokonto des Sweet Georgia Brown's durchgegangen war – dem Konto, das auf Mandy's Namen lief, weil Joe bei keiner Bank mehr landen konnte – und sich sieben Schecks herausgesucht hatte, die Joe in ihrer Abwesenheit unterschrieben hatte.

Joe stand in der Diele, die Zeitung in der Hand, und versuchte, das Ausmaß der bevorstehenden Krise abzuschätzen. Weil der Sheriff jede Minute mit einem Haftbefehl in der Hand erscheinen konnte, zog er sich Hemd und Hose über, kletterte aus einem hinteren Fenster, sprang in seinen Lieferwagen und fuhr auf der I-95 nach Süden. Es schmeckte ihm nicht, das Wochenende in der Gesellschaft von Sheriffs, Kautionsstellern und Anwälten zu verbringen. Zumindest nicht dieses Wochenende. Am Samstag war das Georgia-Florida-Footballspiel, und niemand würde Joe davon abbringen, dabeizusein. Nichts hatte Vorrang vor dem Spiel zwischen Georgia und Florida. Nicht einmal eine Anklage wegen Urkundenfälschung.

»Der Sheriff kann warten«, sagte Joe, als er aus Jacksonville Freunde anrief, um ihnen zu sagen, wo er war. »Ich bin am Montag zurück.«

Bei seiner Rückkehr erschien Joe vor Gericht und erklärte, daß die sieben Schecks nicht eigentlich Fälschungen waren, sondern eher eine originelle Art, Geschäfte zu machen. Ein Scheck sei an den Wäschedienst gegangen, ein anderer an die Telefongesellschaft und ein weiterer an den Klempner – alles legitime Ausgaben für sein und Mandys Geschäft. Er legte Einzahlungsabschnitte vor, die beweisen sollten, daß er mehr Geld auf das Konto überwiesen hatte als die Summe der sieben Schecks. Am Schluß fügte er hinzu, daß er sicher mehr als 1193,42 Dollar unterschlagen hätte, wenn das seine Absicht gewesen wäre.

Aber Fälschung blieb Fälschung, egal wie hoch die Summe

war. Darüber hinaus konnte Joe nicht so recht erklären, warum er sich die zwei größten Schecks in bar hatte auszahlen lassen. Schließlich mußte er sich schuldig bekennen. Der Richter verurteilte ihn zu zwei Jahren auf Bewährung und machte zur Bedingung, daß er innerhalb eines Jahres seine Schulden zurückzahlte. Andernfalls würde er für den Rest der Strafe ins Gefängnis wandern.

Jim Williams legte Joes Karte entschlossen auf den In-Stapel. In der Tat: Joe Odom würde frischen Wind in die Veranstaltung bringen und entrüstete Blicke auf sich ziehen. Joe würde das alles sehr locker nehmen, und das bewunderte Jim Williams an ihm. Obwohl seine Lage immer schwieriger wurde, war Joe immer noch der gesellige, gutmütige Lebemann, der nie seine gute Laune verlor. Und so war es auch Joe Odoms Lachen, das mir entgegenschallte, als ich im Mercer House ankam.

»Nun haben Sie ja einen glücklichen Ausgang für Ihr Buch«, sagte er. »Sehen Sie sich nur um. Jim Williams ist kein verurteilter Mörder mehr, und ich werde kein verurteilter Fälscher mehr sein, sobald ich Mandy die 1193 Dollar und 42 Cents zurückgezahlt habe, die ich ihr eigentlich gar nicht schulde. Wir sind alle frei und feiern wieder Feste. Wenn das kein Glück ist, was dann?«

Ich grübelte noch über Joes Definition von Glück, als ich Minerva in schwarzweißer Dienstmädchenuniform erblickte. Sie trug ein Tablett mit Champagnergläsern, die Gäste drängten sich um sie und bedienten sich, und als das Tablett leer war, kam Minerva auf mich zu.

»Ich brauch ein paar Schnürbänder des Teufels«, flüsterte sie mir zu.

»Was ist das?« fragte ich.

»Eine Wurzel. Manche sagen auch ›Teufelswurzel‹. Ich nenn

sie mein Baby, weil sie mir hilft. Heute hab ich aber keine dabei, und ich brauch sie vor Mitternacht. Es ist was im Anzug. Der Junge macht wieder Ärger.«

»Danny Hansford?«

»Mm-mmh. Er kämpft immer noch gegen Mr. Jim.«

»Aber was kann er denn jetzt noch tun? Jim Williams ist doch freigesprochen und wird nie mehr wegen Dannys Tod vor Gericht kommen.«

»'ne Menge kann der Junge tun! Er braucht keinen Mordprozeß, um wer weiß was anzurichten. Der Junge hat Mr. Jim gehaßt, als er starb, und das ist der ekligste Fluch, den man auf sich laden kann. Er ist auch am schwersten wegzukriegen.«

Minervas Augen verengten sich. »Jetzt hör mir gut zu. Jemand muß mir die Wurzel bringen, und ich weiß, wo eine wächst. Es ist nur zwei oder drei Meilen von hier. Mr. Jim kann mich nicht hinfahren, weil er auf seiner Party bleiben muß, aber was ist mit dir?« Ich nickte, und Minerva bat mich, um elf Uhr am Denkmal auf dem Platz zu sein.

Falls der erzürnte Geist von Danny Hansford schwer auf Jims Party lastete, tat das jedenfalls der ausgelassenen Stimmung nicht den geringsten Abbruch. Sonny Seiler war da, mit roten Wangen und einem Lächeln auf den Lippen, und nahm die Glückwünsche für Williams' Freispruch und die Anteilnahme am kürzlichen Tod von Uga IV entgegen, der zu Haus an Nierenversagen starb, während er sich im Fernsehen ein Basketballspiel ansah. Die Bulldogge wurde in einer feierlichen Beisetzung am Tor 10 des Sanford-Stadions begraben, an der Seite von Uga I, Uga II und Uga III. Seiler wählte einen Nachfolger aus, und innerhalb von zwei Wochen erhielt er vom Staat Georgia das neue Nummernschild für seinen roten Kombi: UGA V.

Blanche Williams, die während des Martyriums ihres Sohnes

die Ruhe selbst gewesen war, trug ein Abendkleid mit rosa Anstecksträußchen. Sie sei dreiundachtzig Jahre alt und die glücklichste Frau der Welt, verkündete sie. Jetzt, wo ihr Sohn in Sicherheit sei, könne der Herr sie jederzeit zu sich rufen.

Williams war mit schwarzem Smoking und Fabergé-Manschettenknöpfen herausgeputzt. Er wandelte unter seinen Gästen umher, lachte aus vollem Herzen und wirkte so entspannt und zufrieden wie seit langem nicht mehr. Er zog die Augenbrauen leicht nach oben, als ich ihm sagte, daß ich später noch etwas für Minerva erledigen müsse.

»Ich glaube, jetzt übertreibt sie aber etwas«, meinte er, »das habe ich ihr auch schon gesagt. Vielleicht hat sie sich zu sehr an die fündundzwanzig Dollar gewöhnt, die ich ihr jedesmal für ein bißchen Wurzelarbeit bezahle. Aber was soll's? Es ist ja nur ein Bruchteil dessen, was ich meinen Anwälten gegeben habe.«

Um elf Uhr stiegen Minerva und ich in meinen Wagen und fuhren auf der Straße zum Flughafen in Richtung Westen.

»Es wächst genau auf dieser Seite einer Überführung«, sagte sie, »ich habe aber vergessen, an welcher Überführung.«

Wir bogen an der Lynes-Parkway-Überführung von der Straße ab. Minerva nahm eine Taschenlampe aus ihrem Ranzen und drosch auf das Dickicht ein. Mit leeren Händen kam sie zurück. An der zweiten Überführung hatte sie auch kein Glück. An der dritten stöberte sie weiter draußen auf dem Feld herum und kehrte mit einer Handvoll Unkraut und Wurzeln zurück.

»Wir haben sie«, sagte sie, »aber erst müssen wir noch den Häuptling aufsuchen.«

»Dr. Buzzard?« fragte ich. Plötzlich hatte ich das Gefühl, als würde man mich in ein langes und verworrenes Abenteuer hineinziehen. Dr. Buzzards Grab lag in Beaufort, eine Stunde Autofahrt hin und eine zurück.

»Nein, er doch nicht. Er hat alles getan, was er konnte. Wir gehen jetzt zu dem wahren Häuptling, dem einzigen, der der Sache ein Ende setzen kann.« Sie ließ sich nicht näher aus, und wir fuhren jetzt in östlicher Richtung auf den Strand zu. Um uns herum erstreckten sich in der Dunkelheit zu beiden Seiten weite Felder und Sumpfgras.

»Jim Williams scheint sich nicht so sehr um Danny Hansford zu sorgen«, sagte ich.

Die entgegenkommenden Scheinwerfer warfen ihr helles Licht auf Minervas Purpurgläser. »Er macht sich Sorgen«, sagte sie sanft, »und dazu hat er auch allen Grund. Weil *ich* und *er* und *der Junge* wissen... daß der Gerechtigkeit noch nicht Genüge getan ist.«

Sie starrte reglos nach vorn und sprach wie in Trance. »Mr. Jim hat mir nichts gesagt. War auch nicht nötig. Ich sah es an seinem Gesicht. Ich hörte es an seiner Stimme. Wenn Menschen mit mir sprechen, hör ich ihre Stimme nicht, ich seh ein Bild. Und als Mr. Jim sprach, sah ich alles: Der Junge hat damals in dieser Nacht Ärger gemacht, Mr. Jim wurde wütend, Mr. Jim hat ihn erschossen. Er hat mich belogen, er hat das Gericht belogen. Und trotzdem hab ich ihm geholfen, denn er hat den Jungen nicht umbringen wollen. Der Junge tut mir leid, aber ich bin immer auf der Seite der Lebenden, egal, was sie getan haben.«

Eine niedrige Brücke führte uns über den Inland Waterway nach Oatland Island. Nach mehreren Abzweigungen kamen wir an eine Bootsrampe, die ans Ufer eines breiten Baches führte.

»Soll ich hier warten?« fragte ich.

»Nein, du kannst mitkommen, aber nur wenn du dich ganz ruhig verhältst.«

Wir stiegen aus dem Wagen und gingen die Rampe hinunter. Die Nacht war still, irgendwo in der Mitte des Baches konnte man das Tuckern eines kleinen Motorboots hören. Minerva sah in die Dunkelheit und wartete. Es sei Neumond, sagte sie, und deshalb so dunkel. In Neumondnächten könne sie am besten arbeiten. »Bevor ich heute abend mein Haus verließ, habe ich die Hexen gefüttert. Das muß man tun, wenn es Probleme mit bösen Geistern gibt. Man muß die Hexen füttern, bevor man an die eigentliche Arbeit geht.«

»Wie machst du das denn? Was essen Hexen?«

»Am liebsten Schweinefleisch. Sie mögen auch Reis und Kartoffeln. Und Langbohnen und Maisbrot. Ebenso wie Limabohnen und Kraus- und Glattkohl, alles mit Schweinespeck gekocht. Hexen sind alt, die meisten jedenfalls. Sie kümmern sich kein bißchen mehr um Kalorien. Man tut das Essen auf einen Papierteller, steckt eine Plastikgabel rein und stellt es neben einen Baum. Und dann essen die Hexen.«

Plötzlich erstarb das Motorengeräusch des Bootes, und ein Ruder platschte ins Wasser.

»Bist du es, Jasper?« rief Minerva.

»Mm-mmh«, antwortete eine tiefe Stimme. Zwanzig Meter vom Ufer entfernt nahm ein Schatten Gestalt an. Es war ein alter, schwarzer Mann mit einem Schlapphut, der in einem kleinen Holzboot saß und paddelte. Minerva gab mir einen Stups. »Das ist nicht der Häuptling«, flüsterte sie. »Er bringt uns nur zu ihm.« Jasper tippte an seinen Hut, als wir einstiegen, paddelte vom Ufer weg und warf den Motor wieder an. Während wir durch die schwarze Nacht fuhren, tauchte Minerva ihre Wurzeln ins Wasser, um die Erde abzuwaschen. Sie brach ein Stück ab und steckte es sich in den Mund. Das Boot lag tief im Wasser, und aus Angst, es könnte bei der kleinsten Bewegung kentern, wagte ich kaum, mich zu rühren.

Am anderen Ufer erhob sich eine mächtige, tiefschwarze

Wand aus Bäumen, aus der kein Licht hervordrang. Jasper stellte den Motor ab und paddelte, bis das Boot auf den Sand stieß. Wir stiegen alle aus. Jasper zog das Boot ans Ufer, setzte sich hin und wartete.

Minerva und ich kletterten auf eine niedrige Anhöhe. Langsam, als sich meine Augen an die Dunkelheit gewöhnten, nahm ich das dichte Gebüsch um uns herum und die geisterhaften Girlanden des Spanischen Mooses wahr. Wir gingen tiefer in den Wald hinein, und ich sah nun massive Formen aus dem Boden ragen – Obelisken, Säulen, Gewölbe. Wir befanden uns auf dem Bonaventure-Friedhof. Ich war oft an diesem Ort gewesen, seit mich Miss Harty an meinem ersten Tag in Savannah hierhergeführt hatte, aber niemals nach Einbruch der Dunkelheit. Jetzt dachte ich plötzlich an die Geschichte, die mir Miss Harty erzählt hatte – daß man die späten Echos jener Dinnerparty neben dem brennenden Haus vernehmen könnte, wenn man aufmerksam lauschte: das Lachen und das Zerspringen der Weingläser, die die Gäste unter Trinksprüchen an den Baumstamm geworfen hatten. Alles, was ich heute abend hörte, war der Wind, der durch die Bäume stöhnte. Dann fiel mir ein, warum ich nie so spät hierhergekommen war: Der Friedhof schloß bei Einbruch der Dunkelheit seine Tore. Wir waren widerrechtlich eingedrungen.

»Ich glaube nicht, daß wir jetzt hier sein dürften, Minerva«, sagte ich. »Der Friedhof ist geschlossen.«

»Kann nichts dafür«, antwortete sie. »Die tote Zeit nimmt darauf keine Rücksicht.«

»Und wenn sie nun einen Nachtwächter haben?«

»Ich hab schon oft in diesem Blumengarten gearbeitet und hatte noch nie Probleme«, sagte Minerva entschlossen. »Die Geister sind auf unserer Seite. Sie passen auf uns auf.« Sie richtete den Strahl ihrer Taschenlampe auf ein Stück Papier mit einer handgezeichneten Karte.

»Und wenn sie nun Wachhunde haben?«

Minerva sah von ihrer Karte auf. »Hör zu, wenn du Angst hast, kannst du zurückgehen und bei Jasper warten. Du mußt dich nur schnell entscheiden, weil es schon zwanzig vor zwölf ist.«

Eigentlich fühlte ich mich aber schon bei Minerva und ihren Geistern geborgen. So folgte ich ihr, als sie sich nun mit Karte und Taschenlampe auf den Weg machte und ständig vor sich hin murmelte. Der Bonaventure wirkte bei Nacht riesengroß und melancholisch, gar nicht zu vergleichen mit dem freundlichen kleinen Friedhof in Beaufort, wo Dr. Buzzard begraben lag und die Jungs auf dem erleuchteten Platz hundert Meter weit entfernt Basketball spielten. Nach einigen Minuten erreichten wir offeneres Gelände mit ein paar vereinzelten Bäumen und bescheidenen Grabsteinen, die in Reih und Glied standen. Minerva schritt an ein paar Reihen vorüber und wandte sich dann nach rechts. Einige Schritte noch, und sie blieb stehen und sah erneut auf die Karte. Dann drehte sie sich um und leuchtete mit der Lampe auf den Boden. »Hier ist es«, sagte sie.

Zuerst sah ich gar nichts. Keinen Stein, kein Grab. Doch als ich näher trat, bemerkte ich eine kleine Granitplatte, die in den sandigen Boden eingelassen war. Der Strahl von Minervas Taschenlampe erleuchtete die Inschrift: DANNY LEWIS HANSFORD – 1. MÄRZ 1960 – 2. MAI 1981.

»Das ist er«, sagte sie. »Das ist in unserm Fall der Häuptling. Er macht uns all den Ärger.«

Zu beiden Seiten des Grabsteins verliefen tiefe doppelte Reifenspuren. Offenbar waren Nutzfahrzeuge über Dannys Einfassung vor und zurück gefahren. Auf dem Grabstein war sogar ein

Fleck Motoröl. All das wirkte wie ein stummer Hohn auf Dannys Träume von einem großen Grabmal, das er bekäme, wenn er im Mercer House sterben würde. Minerva kniete vor dem Stein und fegte mit der Hand sacht den losen Sand weg.

»Eine Schande, nicht?« sagte sie. »Jetzt weiß ich, warum er nicht losläßt. Er ist unglücklich hier. Er hat eine schöne Eiche und einen Hartriegel über dem Kopf, aber er ist nicht glücklich hier.« Sie grub ein kleines Loch neben dem Grab und tat ein Stück Wurzel hinein. Dann faßte sie in ihre Einkaufstüte und holte eine kleine Flasche Wild Turkey raus. Sie schüttete ein paar Tropfen in das Loch und trank den Rest selber aus.

»Man kann soviel trinken, wie man will, wenn man am Grab einer Person ist, die gern getrunken hat. Stundenlang, und man wird nie betrunken, weil der Tote den Durst aufsaugt. Mr. Jim hat mir erzählt, daß der Junge gern Wild Turkey trank, deshalb hab ich ihm 'n bißchen gegeben, damit er in bessere Stimmung kommt. Ich nehm gern Schnupftabak. Wenn ich tot bin, kannst du mir mein Lieblingszeug bringen. Pfirsich oder Honig. Steck es dir unter die Unterlippe, wenn du an meinem Grab sitzt.«

Minerva schien jetzt besserer Laune zu sein. Sie kippte den Inhalt ihrer Einkaufstüte auf den Boden und bedeutete mir, zurückzutreten und ihr etwas mehr Platz zu lassen. Dann begann sie mit der weitentrückten Stimme zu sprechen.

»Wo haben sie dich hingebracht, Junge? In den Himmel? Wenn du noch nicht im Himmel bist, willst du sicher dort hinkommen, oder? Denn find dich damit ab, Junge, du wirst eine lange Zeit tot sein. Jetzt hör mir zu. Der einzige Weg, daß sie dich hochholen, ist, *wenn du Mr. Jim in Ruhe läßt!*«

Minerva lehnte sich ganz nah an den Grabstein, als wollte sie Danny etwas ins Ohr flüstern. »Ich kann dir helfen, Junge. Ich hab Beziehungen! *Ich hab Einfluß!* Ich kenne die Toten. Ich werd sie rufen und ihnen sagen, daß sie dich hochholen sollen. Wer sonst kann das für dich tun? Niemand! Hörst du mich, Junge?«

Sie spitzte ihr Ohr. »Ich glaub, ich hör was, weiß nur noch nicht, was es ist.« Minervas erwartungsfrohe Miene wurde finster. »Hört sich wie Lachen an. Verdammt, er lacht. Er lacht sich einfach kaputt über mich, der Kerl.«

Minerva sammelte ihre Siebensachen ein und stopfte sie ärgerlich in ihre Tüte. »Verdammt, Junge, du bist kein Deut besser als mein Alter. Ich schwöre dir, von mir kriegst du keine Hilfe.«

Sie erhob sich und schoß die Reihe von Grabsteinen hinab, nicht mehr ganz fest auf den Beinen und vor sich hin murmelnd. »Du glaubst, du hast ein schweres Leben gehabt. Verdammt, du hast doch keine Ahnung. Du hattest nie Rechnungen zu bezahlen, keine Kinder zu füttern, kein Haus sauberzumachen. Du hast es verdammt leicht gehabt. Jetzt kannst du da liegenbleiben, bis du schwarz wirst. Das hast du nun davon.«

Minerva stürmte durch die Dunkelheit, der Lichtstrahl ihrer Taschenlampe tanzte vor ihren Füßen her. Wir kamen an den Gräbern von Johnny Mercer und Conrad Aiken vorbei, der berühmtesten Bewohner des Bonaventure-Friedhofs – Mercers Grabschrift beschwor ein Reich, in dem Engel singen, Aikens das Gespenst des Zweifels und der unbekannten Ziele. Danny Hansford mußte nun seinen eigenen Weg gehen. Ohne Minervas Hilfe. Zumindest für eine kleine Weile.

Als wir wieder im Boot waren, hellte sich ihre Miene auf. »Ich werd ihn da ein bißchen liegenlassen«, sagte sie. »Soll er sich doch grämen, daß er seine Chance verpaßt hat, in den Himmel zu kommen. Nächstesmal, wenn ich komme, wird er froh sein, mich zu sehen. Ich bring ihm etwas Wild Turkey und

Teufelswurzel mit und geb ihm noch 'ne Chance. Oh, er wird schon von Mr. Jim ablassen, nach und nach. Mm-mmh. Dann bring ich ihn nach oben, und er wird nicht mehr über mich lachen. Du wirst sehen. Ich und er werden dicke Freunde werden, und dann wird er mir bald Zahlen geben, damit ich spielen und Geld gewinnen kann!«

Kaum einen Monat später, am Morgen des 14. Januar 1990, kam Jim Williams die Treppe herunter, um die Katze zu füttern und sich eine Tasse Tee zu machen. Kurz danach, noch bevor er die Zeitung von der vorderen Veranda holen konnte, brach er zusammen und starb.

Williams plötzlicher Tod im Alter von neunundfünfzig Jahren setzte Gerüchte in Umlauf, er sei ermordet worden oder habe eine Überdosis Rauschgift genommen. Doch der Gerichtsmediziner fand keine Spuren von Fremdeinwirkung oder Drogenmißbrauch und verkündete, daß Williams eines natürlichen Todes gestorben sei, wahrscheinlich an einem Herzanfall. Nach der Autopsie ließ sich Genaueres sagen: Williams war an Lungenentzündung verschieden. Nun munkelte man in der Stadt, er habe Aids gehabt. Allerdings hatte Williams keinerlei Anzeichen der Krankheit gezeigt; ein paar Stunden vor seinem Tod war er sogar bei scheinbar bester Gesundheit auf einer Party gewesen.

Minerva hatte natürlich ihre eigene Theorie. »Das war der Junge«, sagte sie. Ein wenig beachteter Umstand an Williams' Tod gab ihren Worten einen schaurigen Klang von Wahrheit. Williams war in seinem Arbeitszimmer gestorben, in demselben Raum, in dem er Danny Hansford erschossen hatte. Man fand ihn auf dem Teppich hinter dem Schreibtisch, genau an der Stelle, wo er vor acht Jahren hingefallen wäre, wenn Danny Hansford wirklich auf ihn geschossen und getroffen hätte.

KAPITEL 30

Epilog

Zwei Tage nach Williams' Begräbnis besuchte ich seine Mutter und seine Schwester im Mercer House. Als ich mich verabschiedete, klapperte eine Pferdekutsche um den Platz und kam langsam vor dem Haus zum Stehen. Auf dem Bürgersteig konnte ich hören, wie die Reiseführerin ihren drei Insassen erzählte, daß General Hugh Mercer dieses Haus während des Bürgerkriegs gebaut hatte, daß der Liedertexter Johnny Mercer hier aufgewachsen sei und daß Jacqueline Onassis einmal zwei Millionen dafür geboten habe. Zu diesen, mir mittlerweile vertrauten Geschichten fügte sie die von den Dreharbeiten für den Film *Glory* hinzu, die hier im letzten Frühling stattgefunden hatten. Doch über Jim Williams oder Danny Hansford oder den sensationellen Mordfall, der die Stadt so lange in Atem gehalten hatte, verlor sie kein einziges Wort. In ein paar Stunden aber würden die Touristen Savannah verlassen, berückt vom Zauber dieser eleganten romantischen Gartenstadt und nicht ahnend, was für Geheimnisse sich hinter ihren schönen historischen Mauern verbargen.

Auch mich hatte Savannah verzaubert. Doch nach acht Jahren hatte ich gelernt, diese Stadt und ihre selbstgewählte Entfremdung von der Außenwelt zu verstehen. Zum Teil war es einfach Stolz. Dazu noch Desinteresse und auch Arroganz. Dahinter verbarg sich die tiefe Sehnsucht, einen Lebensstil zu bewahren, der überall im Untergang begriffen war. Aus diesem Grund hatte man verhindert, daß die Prudential hier in den fünfziger Jahren ihre regionale Zentrale einrichtete, woraufhin sich die Prudential in Jacksonville niederließ. Aus demselben Grund hatte man in den siebziger Jahren dem Spoleto U.S.A. Festival von Gian Carlo Menotti die kalte Schulter gezeigt, weshalb sich das Festival schließlich in Charleston ansiedelte. Savannah hatte nicht viel Sinn für das, was außerhalb seiner Grenzen geschah. Für populäre Massenkultur war die Stadt nur schwer zu begeistern, was Stars wie Eric Clapton, Sting, George Carlin, Gladys Knight and the Pips feststellen mußten, als sie in Savannah in halbleeren Sälen spielten.

Savannah wies alle Freier ab – Stadtentwickler mit hochfliegenden Plänen und Individuen (die Mary Harty als *Gucci-carpetbaggers* bezeichnete), die in diese Stadt zogen und sofort damit anfingen, Verbesserungsvorschläge zu machen. Savannah überstand wie damals im Bürgerkrieg gegen William Tecumseh Sherman alle Stürme. Sei es dadurch, daß man bürokratische Hindernisse in den Weg legte oder Touristen einfach nur das erzählte, was sie wissen sollten. Dem Fremden gegenüber war man in Savannah immer freundlich, doch seinen Verlockungen erlag man nicht. Die Stadt wollte nichts mehr, als daß man sie in Ruhe ließ.

Von Zeit zu Zeit erinnerte ich mich an das, was mir Mary Harty an meinem ersten Tag in der Stadt gesagt hatte: »Wir mögen eben die Verhältnisse so, wie sie nun einmal sind!« Wie tief dieses Gefühl verwurzelt war, zeigte mir erst ein Vorfall gegen Ende meines Aufenthalts. Die Handelskammer beauftragte eine auswärtige Beraterfirma, Savannahs ökonomische und soziale Probleme zu untersuchen. In ihrem Schlußbericht erwähnten die Berater auch, daß sie im Lauf ihrer Recherchen zwanzig prominente Bewohner nach ihrer Meinung gefragt hätten, wie die Stadt in den nächsten fünf, zehn oder fünfzehn Jahren aussehen sollte. Keiner der Befragten hatte jemals darüber nachgedacht.

Für mich machte gerade der Widerstand Savannahs gegen den Wandel ihren betörenden Zauber aus. Die Stadt blickte nach innen, schloß sich ab vom Lärm und den Zerstreuungen der übrigen Welt. Sie *wuchs* auch im Innern, und zwar so, daß ihre Bewohner gediehen wie Treibhauspflanzen, die mit Hingabe gepflegt wurden. Das Alltägliche wurde zum Außergewöhnlichen. Hier gediehen Exzentriker. Jede Nuance, jede Schrulle und jede Eigenart der Persönlichkeit leuchtete in diesem üppigen Garten heller, als das irgendwo anders auf der Welt möglich war.

ANMERKUNG DES AUTORS

Die Personen in diesem Buch sind nicht erfunden, doch für einige von ihnen habe ich Pseudonyme gewählt, um ihre Privatsphäre zu schützen. In ein paar Fällen bin ich einen Schritt weiter gegangen und habe sie anders beschrieben. Auch wenn dieses Buch auf tatsächlichen Begebenheiten beruht, habe ich mir gewisse erzählerische Freiheiten genommen, besonders was den zeitlichen Ablauf der Ereignisse betrifft. Überall, wo ich von den schlichten Tatsachen abgewichen bin, geschah das um der Wahrheit der Charaktere und des wesentlichen Stroms der realen Ereignisse willen.

DANKSAGUNG

Ich danke den mehreren Dutzend Einwohnern von Savannah, die in diesem Buch unter eigenem Namen oder unter Pseudonym als Charaktere vorkommen.

Darüber hinaus haben mir eine Reihe von Menschen in Savannah auf verschiedene Art geholfen, die nicht auf diesen Seiten geschildert wurden: Mary B. Blun, John Aubrey Brown, Peter und Gail Crawford, Mrs. Garrard Haines, Walter und Connie Hartridge, Jack Kieffer, Mary Jane Pedrick und Ronals J. Strahan.

Für ihre Begeisterung und tatkräftige Unterstützung, mit der sie dieses Buch ermöglichten, danke ich ganz besonders meiner Agentin, Suzanne Gluck, und meiner Lektorin Ann Godoff.

Für die kritische Durchsicht des Manuskripts und andere Formen von Rat und Hilfe danke ich auch Stephen Brewer, Rachel Gallagher, Linda Hyman, Joan Kramer, Russell und Mildred Lynes, Carolyn Marsh, Alice K. Turner und Hiram Williams.

Von allen, die mir halfen, hat jedoch niemand größeren Anteil an dem Fortgang dieses Buches genommen als Bruce Kelly. Der hochbegabte Landschaftsarchitekt, der aus Georgia stammt und ein echter Freund ist, hat als erster vorgeschlagen, dieses Buch zu schreiben, und mich mehr als irgendein anderer während all der langen Jahre, die ich dafür brauchte, unterstützt und ermutigt.

TEXTNACHWEIS

»Sentimental Gentleman from Georgia« by Mitchell Parish und Frank Perkins.
Copyright © 1932 (renewed 1960) by Mills Music c/o EMI Music Publishing.
All rights reserved. Reprinted by permission.
»Summer wind« by Johnny Mercer, Henry Mayer und Hans Bradke.
Copyright © 1965 by Warner Bros. Inc.
All rights reserved. Reprinted by permission.